공부의 전략

LEARN BETTER
Copyright © 2017 by Ulrich Boser
Published by agreement with The Marsh Agency, Ltd, Gillian MacKenzie Agency
and Danny Hong Agency.
Korean translation copyright © 2025 by SIGONGSA Co., Ltd

이 책의 한국어판 저작권은 대니홍에이전시를 통해 The Marsh Agency, Ltd, Gillian
MacKenzie Agency와 독점 계약한 (주)SIGONGSA에 있습니다.
저작권법에 의해 한국 내에서 보호를 받는 저작물이므로 무단 전재와 무단 복제를 금합니다.

LEARN BETTER
공부의 전략

평생 써먹는 가장 과학적인 공부법

울리히 보저 지음 · **조용빈** 옮김

SIGONGSA

✦ ✦ ✦

배움에 대한 열정을 심어 주신
부모님께 바칩니다.

들어가는 말

초등학교는 막다른 골목 끝에 있었다. 뉴욕 시에서 북쪽으로 16km 떨어진 교외 거리 사이에 숨겨진 낮은 붉은 벽돌 건물. 이 학교는 튼튼하게 지어진 농가와 웅장한 식민지 스타일의 주택들에 둘러싸여 있었다. 쌀쌀한 1986년 1월 6일 아침, 기온은 영하를 약간 웃돌고 있었다. 학부모들이 줄줄이 학교 앞에 차를 대자 아이들이 웃고 이야기하면서 때로는 소리를 지르며 차에서 내렸다.

오전 10시 30분경 한 소년이 학교 교실 의자에서 몸을 웅크렸다. 그의 눈동자는 초록색이었고 머리는 지저분하게 떡 진 금발이었다. 며칠만 있으면 11번째 생일을 맞는 이 소년은 매일 터틀넥 스웨터와 코듀로이 바지만 입고 다녔다. 가방에는 던전 앤 드래곤 게임을 보고 그린 그림들과 학교 숙제로 꽉 찬 공책이 들어 있었다.

초록색 눈을 가진 이 소년은 학습에 어려움을 겪고 있었고, 그날 아침도 다르지 않았다. 선생님은 한 분수식에서 다른 분수식을 빼는 방법을 설명했고 소년은 숙제 문제를 풀기 위해 칠판으로 걸어갔다. 그러나 소년은 공식을 잘못 적용해서 문제를 다시 풀어야 했다.

그런 다음 소년은 주의가 산만해져 의자에서 어쩔 줄 모르며 마치 마술사 지망생처럼 몸을 비비 꼬았다. 선생님은 그에게 집중하라고 꾸짖었다. 다른 아이들은 질문에 제대로 답했으며 문제도 해결했다. 녹색 눈을 가진 소년만 여전히 이해하지 못했다. 그래서 소년은 수학 문제를 푸는 노력을 하기보다는 그냥 옆에 앉은 친구의 풀이를 베껴 적었다.

수업이 시작된 지 20분쯤 지났을 때 선생님은 소년에게 나눗셈 문제를 물어보았다. 770을 77로 나누면 얼마지? 소년은 대답하지 못했다. 또 다른 나눗셈 문제가 나왔다. 소년은 혼란스러운 표정을 지었다. 그렇게 수업은 마무리되었다. 선생님이 숙제를 내주는 동안 녹색 눈을 가진 소년은 친구와 수다를 떨었다. 스포츠, 책, 쉬는 시간 등 주제는 끝이 없었다. 선생님은 수업을 마치기 전에 소년을 한 번 더 꾸짖었다.

녹색 눈을 가진 그 소년은 여러 면에서 우리의 어린 시절과 비슷하다. 그때는 숙제를 엉망으로 하고 쉽게 산만해지는 아이들이 많았다. 솔직히 말하면 그 아이가 바로 나였다. 나는 수업 시간에 잘 따라가지 못했고 성적도 좋지 않았다. 시험을 볼 때마다 허우적거렸다. 선생님들은 내가 잘 따라오지 못한다고 불평했고, 어떤 선생님은 내가 요리를 배우는 게 좋을 거라고 어머니에게 말했을 정도였다. 그러더니 1986년 1월 어느 날 아침 학교의 심리 상담사가 4학년 교실로 들어오더니 내 수업을 참관했다.

그날을 떠올리려고 노력했지만 기억나는 것이 전혀 없다. 하지만 나는 그 상담사의 상세 보고서를 수십 년 동안 보관해 왔다. 흑백 타자기로 작성한 싱글 스페이스 문서다. 이 보고서는 한 시간 동안 진행된 수업 중에 내가 어떻게 부정행위를 하고, 수업을 소홀히 하며, 집중력을 잃는지를 설명한다. '좌절감', '주의 부족', '산만함' 등은 심리 상담사가 나를 묘사하는 데 사용한 단어 중 일부다.

아마도 나의 학업 문제는 유치원 시절부터 시작되었을 것이다. 나는 반에서 가장 어렸고 진도를 따라갈 수 없었기 때문에 유급을 반복했다. 초등학교에서는 선생님들이 나를 특별 검사를 받도록 기관에 보냈고 덕분에 나는 오늘날 심리학 원론 수업에서나 들을 수 있는, 발음하기도 어려운 여러 종류의 심리 검사를 받아야 했다. 예를 들어, 시각 동작 벤더 게슈탈트 검사Bender Visual-Motor Gestalt Test, 자이틀린 대처 검사Zeitlin Coping Inventory, 투사적 그림 검사Projective Figure Drawing exam 같은 것들이다. 중학교 시절에는 몇 년 동안 매주 몇 시간씩 특수 교육을 받았다. 괴짜와 부적응자, 사회 낙오자, 학습 지진아를 위한 특별 수업이었다.

내 학습 부진의 원인에 대해 다양한 이론들이 제시되었지만 그저 막연하게 그럴 것 같다는 설명뿐이었다. 그중 하나는 이민 온 부모가 집에서 독일어를 사용하기 때문에 내가 배우는 속도가 느리다고 되어 있었다. 어떤 이들은 내게 청각 문제가 있다고 주장하기도 했는데 내 두뇌가 듣는 내용을 제대로 받아들이지 못한다는 것이었다. 또 다른 사람들은 내가 문제를 생각하고 해결할 수 있는 능력이 부족하고 지능이 낮다고 말했다.

각각의 이론에 어느 정도 맞는 부분도 있었다. 부모님은 수십 년 동안 이 나라에 살았지만 여전히 영어를 하다가도 슬그머니 독일어로 말하기도 했다. 내게는 실제로 청각 정보 처리 능력 저하로 발생하는 학습 장애가 있으며, 여전히 언어적 지시를 이해하는 데 어려움을 겪고 있다. 그리고 분명히 말하는데 나는 천재가 아니다.

그러나 일어난 일을 보는 또 다른 관점이 있게 마련인데, 돌이켜보면 나는 어떻게 공부해야 하는지 몰랐던 것 같다. 나는 내 생각이 무엇인지 몰랐으며, 스스로 질문을 하거나 목표를 설정하거나 심지어 무언가를 안다는 것이 무엇을 의미하는지조차 몰랐다. 학습 능력은 내 능력을 한참 벗어나는 것으로 보였고, 어떤 심리학자가 평가했듯이 나는 '길을 잃은lost' 상태가 되었다.

하지만 몇몇 선생님들의 도움으로 나는 몇 가지 기본적인 학습 전략을 개발했다. 그리고 나 자신에게 다음과 같은 질문을 던졌다. 나는 정말로 이것을 아는가? 배우고 있는 내용의 근본적인 논리를 이해했는가? 나는 또한 사람들의 습득 속도는 다르기 때문에 내가 또래보다 더 많은 노력을 쏟아야 한다는 점을 받아들였다. 수년에 걸쳐 나는 집중력을 향상시킬 수 있는 더 나은 방법을 발견했고 조용한 환경을 조성하는 데 모든 노력을 기울였다. 심지어 지금의 나는 귀마개를 박스 단위로 구입해 사용한다.

마침내 나의 학업 자신감이 상승하기 시작했다. 성적도 올랐으며 학생회 활동에도 관심을 갖게 되었다. 육상, 농구, 크로스컨트리와 같은 스포츠에도 관심이 생겼다. 나는 대학 입학 시험에서 좋은 성적을 거뒀다. 그 후 운이 좋게도—물론 많은 노력을 하기도 했지만—아이비 리그 대학에 합격할 수 있었다.

이 책은 나의 학습 경험을 다룬 책이 아니다. 사실, 내 학습 경험을 그저 그런 대학에서 받는 교육이나 부실한 기업 교육과 비교하면 나는 운이 좋은 편이었다. 늘 지원해 주는 부모님과 자금이 풍부한 학교 그리고 전반적으로 배려심 있는 선생님들이 있었기 때문이다. 게다가 청각 장애 때문에 내 학습 경험은 일반화시킬 수 없다.

그러나 결국에는 내 학습 경험이 나에게 흥미를 느끼게 하였고, 이는 직업으로 발전했다. 오늘날 나는 많은 사람들이 내가 초기에 이런 경험을 할 때의 나와 비슷하다고 생각한다. 즉 사람들은 새로운 지식과 기술을 습득하는 가장 좋은 방법에 대해 많이 생각하지 않는다. 예를 들어 사람들은 학습에 효과적인 접근 방식이 아님에도 불구하고 자료를 여러 번 다시 읽거나, 효과에 대한 근거가 매우 미약한 형광펜을 사용해서 학습한다. 사람들은 또한 자신의 학습 방법을 되돌아보거나 진행 상황을 추적하지 않는다. 이러한 접근 방식이 효과가 있다는 증거가 많이 있음에도 불구하고 그렇게 하지 않는다.

우리 대부분이 끊임없이 기술과 지식을 익히면서도 이런 일은 계속해서 발생한다. 시장에 새로운 소프트웨어가 출시되었는가? 그러면 우리는 사용법을 숙달해야 한다.(핵심 아이디어를 자기 것으로 만들어 진정으로 이해해야 한다.) 신규 고객을 확보하고 싶은가? 당신의 아이디어를 거부하기 어렵게 만들어 발표해야 할 것이다.(파워포인트 슬라이드에 도표를 너무 많이 넣으면 기억하기 어렵다.) 전화번호를 기억해야 하는가?(손가락을 사용하자. 손가락은 짧은 시간에 숫자를 암기하는 데 뛰어난 방법이다.)

얼마 전에 나를 가르쳤던 특수 교육 교사 한 명과 커피를 마신 적이 있었다. 우리는 스타벅스에 앉아서 옛 이야기를 하며 추억을 떠올렸다. 숙제와 관련된 문제 및 어떤 교사와 일부 학생들로 인한 문제 등 지금은 잊힌 초등학교 시절의 순간들을 이야기하다 보니 어색함과 당황스러움 등 어린 시절의 감정이 되살아났다. 그리고 중학교 이후에 배운 학습에 대한 모든 것을 그 교사에게 설명하려 했다.

그러나 말이 쉽게 튀어나오지 않았다. 순간 나는 당황스러웠지만 거만해 보이고 싶지 않았다. 이 책을 쓰게 된 동기는 교육에 대한 생각을 바꾸고 나 자신의 생각을 명확히 하는 등 여러 가지가 있었지만, 가장 중요한 목표는 커다란 금발 머리를 가진 초록색 눈동자의 소년에게, 그리고 이 책을 통해 도움을 받을 수 있는 다른 모든 사람에게 가이드를 제공하려는 것이다.

몇 년 전 뉴욕 시의 여학교에서 어떤 실험이 진행되었다. 벽에 십자가 몇 개가 걸려 있으며 침울하고 엄숙한 모습을 하고 있는 오래된 가톨릭 학교였다. 여학생들은 폴로 셔츠와 주름치마를 입은 고등학교 1, 2학년이었으며 연구에 참여하는 대가로 작은 선물을 받기로 되어 있었다.

실험에서 소녀들은 처음으로 다트를 던지는 법을 배웠다. 연구를 수행하는 두 명의 심리학자는 여학생들을 몇 개의 그룹으로 나누었는데 첫 번째 그룹의 구성원들은 성과 팀Team Performance으로 불렸다. 그들에게는 가능한 한 과녁의 중앙 가까이 다트를 던져야 이길 수 있다고 말했다. 즉 연구자들은 소녀들에게 이기는 가장 좋은 방법은 무조건 점수를 올리는 것이라고 알려주었다.

또 다른 그룹에는 학습 방법 팀Team Learning Method이라는 이름을 붙여주고 매우 다른 방식으로 다트를 배우도록 했다. 이 그룹의 여학생들에게는 '팔을 몸에 붙인 자세'처럼 기본적인 과정을 습득하는 것부터 시작해서 기술을 습득하도록 했다. 실험 대상자들이 어느 정도 기본자세에 익숙해지자 과녁을 맞추는 것으로 천천히 목표를 전환시켰다.

마지막으로 대조군control group이 있었다. 이들에게는 단순히 '최선을 다하라'는 지시가 내려졌다. 즉, 이 젊은 여성들은 다트를 배우는데 어떤 접근 방식을 취해도 괜찮았다. 이 그룹을 전통적 지혜 팀Team Conventional Wisdom이라고 부르자.

그 실험에 대해 더 알아보기 위해 나는 연구를 진행한 베리 짐머만Barry Zimmerman과 함께 참여했던 아나스타시아 키트산타스Anastasia Kitsantas를 만났다. 실험은 몇 년 전에 이루어졌지만 키트산타스는 여전히 조지 메이슨 대학의 사무실에 다트를 보관하고 있었다. 어느 비 오는 오후 그녀는 사무실 캐비닛에서 작고 노란 다트들을 꺼내어 나에게 보여 주고는 마치 사라진 남미 원주민의 소중한 유물처럼 내 앞에 다트를 쭉 깔았다.

키트산타스는 놀라울 정도로 중요한 결과 때문에 다트를 보관하고 있었다고 했다. 실험이 끝날 무렵 학습 방법 팀의 여성들은 다른 팀들보다 훨씬 뛰어난 성과를 거두었으며 전통적 지혜 팀보다 점수가 거의 두 배나 높았다. 이 그룹의 학생들은 다트 자체를 훨씬 더 즐겼다.

"실험이 끝난 뒤에도 다트를 더 가르쳐 달라고 부탁하기도 했습니다. 몇 주 동안 계속해서 저에게 요청했어요."

키트산타스가 덧붙였다.

다트 실험에서 얻은 교훈은 간단하다. 학습이야말로 과정, 방법, 이해의 체계라는 점이 점점 더 많은 연구를 통해 드러나고 있다. 학습은 집중과 계획 그리고 성찰을 필요로 하는 활동이며, 방법을 알면 훨씬 더 효과적인 방법으로 습득할 수 있다.

실제로 학습 과정은 학습의 성공을 결정하는 가장 중요한 예측 변수 중 하나로 밝혀졌다. 최근의 한 분석(즉 학습에 대한 연구)에 따르면 학습 방법에 따라 거의 모든 분야에서 결과가 극적으로 달라진다고 한다. 또 다른 분석에서는 학습 과정이 평균 학점과 밀접한 관련이 있는 것으로 나타났다. 한편 키트산타스와 짐머만이 주도한 후속 연구에서는 다른 분야에 다트 연구를 그대로 적용한 결과, 집중적인 전략을 구사하는 것이 배구부터 글쓰기에 이르기까지 모든 분야에서 성과를 향상시킨다는 사실을 발견했다.

일반적으로 우중충한 인지과학 연구자들의 커뮤니티에서 최근의 학습법 연구들은 예수의 재림에 버금갈 만한 흥분을 불러일으키고 있다. 어떤 학자들은 논문 제목에 '10분 만에 IQ 11점 향상하는 방법'과 같은 자극적인 표현을 사용하기도 했다.(연구자들은 문제 해결 시 다른 사람이 들을 수 있도록 소리 내어 자신의 생각을 말하라고 권장한다.) 어떤 연구자들은 인터뷰 중에 흥분을 감추지 못하기도 한다. "우리는 이 복음을 널리 퍼뜨려야 합니다"라고 연구자인 베넷 슈워츠Bennett Schwartz는 주장한다.(슈워츠는 자기 테스트self-quizzing를 많이 하는 것이 효과가 좋다고 말한다.)

이렇게 흥분을 불러일으키는 이유는 이러한 학습 방법의 발견이 독창적이기 때문이다. 보다 집중적으로 학습 방식에 접근해야 한다는 아이디어 자체도 생긴 지 겨우 20년밖에 되지 않았다. 오랫동안 전문가들은 학습 능력이 타고난 지능이나 끊임없는 노력의 문제라고 생각했기 때문에 그들은 실제로 이 문제를 연구하지 않았다. 그들은 사람들에게 학습 능력이 있거나 아예 없거나 둘 중 하나라고 생각했던 것 같다. 그들에게 지능, 즉 숙련도를 얻는 능력은 푸른 눈을 가진 것과 같이 타고난 특성이었으며 신의 선물 같은 것이었다.

학교 역시 이런 믿음을 따랐으며 수년에 걸친 교육과 학교생활에도 불구하고 대부분의 사람들은 학습하는 법을 배우지 못했다. 일반적인 사람들은 어떤 분야나 과목에서 전문 지식을 향상시키는 방법을 잘 알지 못한다.

예를 들자면 이렇다. '공부하기studying'라는 말을 생각해 보자. 사실 이 단어는 매우 모호한 표현이다. 공부한다는 것은 교과서를 여러 번 다시 읽는 것을 의미하는가? 연습 문제를 푸는 것인가? 암기하는 것인가, 아니면 위의 모든 것인가? 또 다른 예로 '연습practice'이라는 단어를 보자. 연습은 같은 기술을 여러 번 반복하는 것을 의미하는가? 연습을 효과적으로 하려면 구체적인 피드백이 필요한가? 연습은 어려워야 할까? 재미있어야 할까?

이것 말고도 우리가 잘못 알고 있는 것이 많다. 사람들은 학습에 관해서 연구로 입증되지 않은 것들을 믿는 경우가 많다. 미국에서 가장 존경받는 학습 전문가들과 협력하여 사람들이 기술을 습득하는 방법에 대해 무엇을 알고 있는지 알아보기 위한 설문 조사를 실시한 적이 있는데 그 결과는 놀라웠다. 압도적인 비율의 미국인들이 효과적인 가르침과 학습의 기본을 알고 있다고 말했지만, 학습 방식에 대해 어설프게 잘못 알고 있는 부분이 많았다.

이것도 예를 들어 보자. 사람들의 약 3분의 2는 지능이 높은 학생들을 칭찬해야 한다고 생각한다. 그러나 연구 결과는 반대를 보여 주어, 학생들은 단지 지능이 아니라 노력에 대해 칭찬받을 때 학습의 효과가 더 좋다고 한다. 또한 사람들은 특별한 지도guidance 없이도 효과적으로 배운다고 믿는 사람이 절반을 넘었다. 그러나 연구 결과는 학습이 전적으로 참여하는 과정이라는 것을 보여준다. 또한 학습 스타일learning style이라는 개념—누구는 몸으로 배울 때 효과가 좋고, 누구는 시각적인 학습 방식이 효과가 좋다는—을 뒷받침하는 연구는 없지만 대중의 80% 이상은 학습 스타일이 실제 존재한다고 믿는다.

그렇다고 하더라도 희소식은 있다. 왜냐하면 학습 과정을 개발하는 데는 많은 노력이 필요하지 않기 때문이다. 이상적인 보고서에만 존재하던 많은 학습 향상 전략들이 거의 추가적인 노력 없이 큰 성과를 보여주고 있으며 아나스타시아 키트산타스를 방문한 날 그녀는 학습 방식을 조금 조정하는 것만으로도 극적으로 결과가 향상될 것이라고 말했다. 예를 들어 다트 실험에서 '학습 방법 팀'의 참가자 중 약 절반이 다트를 던진 후에 점수를 기록했는데 이 작업만으로도 성과가 향상되었다는 것이다. "생각해 보면 정말 놀랍습니다." 그녀가 덧붙였다.

그러나 알다시피 우리 대부분은 거의 그렇게 하지 않는다.

학습 과정은 우리가 과학적 연구를 통해 이해하는 것을 훨씬 뛰어넘는 가치가 있다. 또한 오늘날 사회의 성격과 변화하는 전문성의 본질을 반영한다.

가장 최근에 구글에서 검색한 정보를 떠올려보자. 동네의 피자 가게 주소를 찾거나 팝스타 마이클 잭슨의 고향을 찾고 있었을지 모른다. 베시 스패로우 Betsy Sparrow 와 동료들이 실시한 일련의 연구에 따르면 실제 정보의 세부 사항보다 그 정보가 온라인 어디에 있었는지를 기억할 가능성이 더 높다고 한다.

따라서 마이클 잭슨의 고향을 검색했다면 실제 정보(인디애나주 게리시)보다는 위키피디아의 마이클 잭슨 관련 페이지를 기억할 가능성이 더 높다. 또한 웹사이트에서 피자 가게 주소를 찾았다면 레스토랑의 실제 주소보다 해당 웹사이트 주소 greatpizza.com 를 기억할 가능성이 더 높다. "우리는 컴퓨터 도구와 공생 관계를 형성하고 있으며 정보 자체의 보관보다는 정보의 위치를 파악하는 데 더 의존하는 상호 연결된 시스템으로 진화하고 있습니다." 스패로우와 그가 이끄는 연구팀의 말이다.

이 연구에는 몇 가지 중요한 시사점이 있다. 첫째, 우리 두뇌의 다양한 특징이 효과적인 학습의 핵심이다. 둘째, 우리의 두뇌는 종종 정보를 '방출 offload'하여 신경주름이 아닌 곳에 저장한다. 이러한 점에서 어떤 작가는 오늘날 스마트폰, 태블릿, 노트북이 말 그대로 일종의 '보조뇌 prosthetic brain'가 되었다고 말하기도 했다. 최근 연구에 따르면 우리가 박물관에서 그림을 보고 사진을 찍으면 그림 자체를 기억할 가능성이 낮다고 한다. 그림의 이미지가 디지털 장치에 저장되어 있다고 생각하므로 기억할 필요성이 낮아지는 것이다.

하지만 여기에는 디지털 시대에 대한 진실을 폭넓게 드러내는 좀 더 중요한 두 번째 교훈이 있다. 그것은 사실facts이 중요성을 많이 잃었다는 것이다. 세부 사항은 과거만큼 중요하지 않게 되었다. 우리 모두에게 오늘날 중요한 것은 데이터 자체가 아니라 어떻게 하면 그 데이터로 더 나은 사고를 하느냐다. 더 정확히는 어떻게 새로운 기술을 가장 효과적으로 습득할 수 있느냐다. 어떻게 하면 복잡한 문제를 더 잘 파악할 수 있을까? 머릿속에 기억을 저장해야 할 때는 언제고 컴퓨터에 저장해야 할 때는 언제인가?

당신이 불과 몇 십 년 전, 또는 빙하기가 끝날 무렵에 살았다면 이렇지 않았다. 외치Ötzi라고 알려진 남자를 생각해 보자. 그는 약 5,000년 전 청동기 시대 초기에 이탈리아 알프스에서 살았다. 신장이 약 150cm로 오늘날 기준으로는 작은 키였으며 얼굴은 두껍게 엉킨 수염으로 덮혔다. 이마는 눈 위로 낮게 늘어져 있었고 코가 부러진 적이 있어 은퇴한 권투 선수 같은 외모를 가지고 있다.

외치는 알프스 산맥의 깊숙한 곳에서 발견되었다. 고지대 산길을 올라가다가 바위 밑으로 떨어져 죽은 것으로 보이며 발견 당시 주먹을 꽉 쥐고 다리를 쭉 뻗은 채로 있었다. 화살이 그의 어깨를 꿰뚫어서 능 부분 출혈로 짧은 시간에 사망하였다. 살해당해 시체가 된 외치는 수 세기 동안 바위 사이에 있었으며 1989년에 몇몇 등산객들이 그를 발견할 때까지 눈과 얼음 속에 완벽한 상태로 보존되어 있었다.

몇 년에 걸친 고고학자들의 연구에 따르면 외치는 생존에 필요한 지식을 알고 있었다고 한다. 그는 반쯤 만들어진 화살촉들을 어깨에 걸치고 있었다. 이는 그가 활과 화살 제작의 기초를 어느 정도 알고 있었음을 의미한다. 머리카락 사이에서 매우 가느다란 금속 파편이 발견되었다는 점은 그가 금속 제련의 기본 절차를 이해하고 있음을 암시한다. 그리고 풀 조각으로 옷을 수선하려던 서투른 시도에서 외치가 기본적인 바느질 기술을 배웠음을 알 수 있다.

그러나 외치를 대단하게 보이게 하는 이런 지식들은 오늘날 우리에게 필요한 지식과는 종류가 상이하다. 그가 알프스 계곡을 떠난 시점부터 불과 몇 년 전까지만 해도 지식은 거의 변화가 없었으며 매우 비쌌다. 수 세기 동안 우리는 전문가들을 찾아다녔고, 그들이 우리에게 전수한 것은 4,000년 동안 거의 변하지 않았던 활과 화살 만드는 방법과 같은 기술이었다.

동시에 우리는 데이터를 매우 귀하게 여겼다. 데이터는 오랜 시간 동안 어렵게 손으로 필사한 귀한 문서에서만 찾을 수 있었고 그 후 구텐베르크가 인쇄기를 발명한 이후에는 빛바랜 책에서 찾을 수 있었다. 우리가 어렸을 때 학교 숙제를 하기 위해 도서관에서 대량의 정보를 보존하고 열람할 수 있도록 작은 필름에 인쇄된 문서 축소 이미지인 마이크로피쉬microfiche를 몇 시간이고 눈이 침침해질 때까지 스크롤해야 했다. 시험을 잘 치르려면 페이지마다 세부 내용까지 공부하고 날짜를 암기하며 공식을 외워야 했다.

대부분의 학교, 대학과 교육 프로그램에서 이런 방식의 학습 방법이 여전히 시행되고 있다. 학습을 위해 해야 할 일은 단지 두꺼운 교과서를 책장에서 꺼내는 것이다. 나는 최근에 교육 과정 전문가인 모건 폴리코프Morgan Polikoff와 존 스미스슨John Smithson과 함께 연구를 한 적이 있다. 우리는 널리 사용되는 초등학교 수학 교과서의 95% 이상이 암기와 풀이과정 이해와 같은 하위 인지 능력에 초점을 맞추고 있다는 것을 밝혀냈다.

그러나 인터넷 시대에는 정보가 헐값에 팔린다. 구글에서는 10분의 1초 이내에 단백질이 플라즈마와 어떻게 결합하는지 알아낼 수 있다. 식사 모임에서 누가 맞느냐는 논쟁은 휴대폰에서 손가락만 몇 번 밀면 쉽게 해결된다. 게다가 전문 지식 자체가 끊임없이 변화하므로 수명 주기는 점점 더 짧아졌다. 지난 10년 사이에 우버라는 카풀 서비스가 생소한 앱에서 누구나 다 아는 이름으로 급부상한 것이 한 예라 하겠다.

이런 현상은 새로운 기술과 지식을 습득하는 방법, 그리고 이유를 모두 바꾼다. 더 이상 연습만으로 완벽해질 수 없기 때문이다. 현대 사회에서 삶의 성공을 이루려면, 기본적인 절차를 숙달하는 것을 넘어서 사고 개인에게 반드시 필요한 능력을 배우고 배양하는 방법을 요구한다.

오해를 피하기 위해 분명히 해둘 것이 있다. 사실이 여전히 중요한 역할을 하며 지식이 학습의 기반이라는 점이다. 암기도 여전히 강력한 학습 도구이며, 기초 지식이 튼튼하면 새로운 것을 배우기가 쉽다. 나는 이를 지식 효과Knowledge Effect라고 부르는데 책의 뒷부분에서 다시 다룰 예정이다. 전문성을 갖추려면 기본이 단단해야 하기 때문이다.

그러나 사실을 아는 것은 시작일 뿐이다. 사람들이 학습에 참여할 때 그들은 관계를 이해하고, 인과 관계를 식별해야 하며, 유추할 줄 알아야 하고, 유사점을 찾아내야 한다. 결국 학습의 목표는 사실이나 아이디어에 대한 생각을 바꾸는 것이며, 우리가 무엇을 배운다고 할 때는 결국 우리는 사고 체계를 배우는 것이다.

따라서 미시경제학을 공부한다면 미시경제학적으로 생각하는 법을 배우는 것이고, 뜨개질을 배운다면 뜨개질 전문가처럼 생각하는 법을 배우는 것이다. 스쿠버 다이빙을 하고 싶은가? 그러면 세계적인 다이버처럼 사고하는 방법을 배우려고 노력해야 한다. 그래서 교육 심리학자들은 "학습이란 구조화되고 일관된 시스템의 구성 요소를 이해하는 것"이라고 말한다.

이 새로운 학습 접근 방식의 성패는 바로 스마트폰에 달려 있다. 결국 최근의 기술 발전으로 인해 절차적 지식procedural knowledge(특정 작업을 하는 방법know-how을 아는 지식—옮긴이)을 요구하는 직업이 상당수 사라졌는데 이는 상당 부분 우리가 다 아는 이야기다. 인터넷 여행 사이트의 등장으로 여행사의 몰락은 사실상 완료되었다. ATM은 은행 창구 직원의 일자리를 없앴으며, 계산원이라는 직업도 셀프 체크아웃의 출현으로 사라졌다.

이러한 변화는 가장 낙관적인 전문가들조차 예측할 수 없었던 속도로 일어나고 있다. 예전에 하버드 대학교의 경제학자인 리처드 머네인Richard Murnane과 프랭크 레비Frank Levy는 《새로운 노동 분업The New Division of Labor》이라는 책을 출간했다. 그들은 이 책에서 미래에 어떤 직업이 사라질지에 대해 일일이 예측을 했다. 그들은 비서직이 곧 사라지고 컴퓨터로 대체

될 것으로 예상했으며 공장의 노동자 일자리 역시 마찬가지로 사라진다고 했다.

하지만 컴퓨터는 결코 자동차를 운전할 수 없을 것이라고 예측했다. 두 경제학자에게 있어서 자동차를 운전하는 것은 단순히 너무 정교하고 복잡하여 어떠한 장치로도 대신할 수 없는 것이었다. 그들의 예측 중 대부분은 정확하게 들어맞았지만—비서직은 거의 사라졌고, 대부분의 공장 일자리도 마찬가지다—자율 주행 자동차에 관한 예측은 빗나갔다. 구글부터 테슬라까지 여러 기업들이 이미 무인 자동차를 출시했으며 싱가포르와 같은 도시에서는 이미 자율 주행 택시가 거리를 누비고 있다.

얼마 전 보스턴 외곽에 있는 그의 집에서 머네인을 만났다. 그가 문을 열고 나타났을 때 모습은 하버드 경제학 교수 때와 똑같았다. 흰 수염에 안경을 쓰고 전미경제연구소 National Bureau of Economics Research의 셔츠를 입고 있었으며 양말에 작은 구멍이 나 있었다.

거실에서 대화하면서 그는 자율 주행 자동차 예측이 '규칙을 증명하는 예외 exception that proves the rule (어떤 예외가 있다는 것은 그 외에는 규칙이 있음을 의미-옮긴이)'라고 주장했다. 기술은 대부분의 사람들이 생각하는 것보다 훨씬 빠른 속도로 세상을 변화시키고 있으며 그는 사람들이 성공하기 위해서는 '전문가적 사고 기술 expert thinking skills'이 필요하다고 주장했다. 실질적으로 이는 사람들이 '비정형적 문제 unstructured problems'를 해결하는 방법을 알아야 함을 의미한다. 가령, 컴퓨터 엔지니어라면 기술 매뉴얼에 명시되지 않은 기술 문제를 해결할 수 있어야 하며 언어치료사라면 쉽게 진단내리기 어려운 언어 문제가 있는 아이들을 도울 수 있어야 한다.

동시에 사람들은 새로운 데이터와 지식을 해석하고 이해하는 기술을 개발해야 한다고 머네인은 말했다. 따라서 당신이 광고 회사에서 일한다면 핵심 기술 중 하나는 최신 뉴스를 고객의 마케팅 캠페인에 어떻게 활용할 수 있는지 파악하고 설명할 수 있는 능력일 것이다. 반면에 당신이 주식 중개인이라면 기후 변화가 곡물 판매에 어떤 영향을 미칠 수 있는지 이해하는 능력이 될 것이다.

이 책의 독자는 단지 전국의 학생들이 아니다. 뒤에 이어지는 페이지에서 나는 사람들이 모든 유형의 지식 기반 작업에 보다 효과적으로 참여할 수 있는 방법에 대해서도 논의할 예정이다.

예를 들어 해결하기 까다로운 문제가 있을 경우 사람들은 자신의 분야 밖에서 유사한 문제 해결 방법을 찾아야 한다. 만약 당신이 영화계에서 어떤 문제에 직면했다면 음악 산업에서 혁신적인 단서를 찾아보라는 말이다. 당신이 마케팅 분야에서 곤란을 겪고 있다면 언론계에서 창의적인 영감을 찾아보자.

또한 사람들이 새로운 문제를 해결하는 능력을 향상시키는 방법도 다룰 예정이다. 우리가 어떤 문제를 해결하려 할 때는 문제되는 상황을 간결하게 요약할 수 있어야 한다고 생각한다. 문제를 명확하게 정의하면 지속적으로 발생하는 난제나 어려운 문제도 해결할 수 있다. 이 책에서는 또한 동료 간 학습peer learning과 사후 검토postmorten의 가치 같은 다양한 경영 관련 아이디어도 다룰 것이다. 결국, 리더십이란 사람들이 성장하고 발전하도록 돕는 것이기 때문이다.

> **깜짝 퀴즈 #1**
>
> 핵심 아이디어를 배우는 가장 효과적인 방법은 무엇인가?
> A. 지문에서 핵심 포인트에 동그라미 표시하기
> B. 지문 다시 읽기
> C. 지문에 제시된 내용에 대해 짧은 연습 시험 치르기
> D. 지문에서 핵심 아이디어에 형광펜으로 강조하기

그러나 시야를 더 넓게 보면 데이터로 가득 찬 이 세상에서, 사실과 수치가 넘쳐나고, 심지어 자동차가 스스로 운전하는 이 세상에서 우리는 새로운 형태의 전문 지식을 빠르고 효과적으로 습득할 수 있어야 한다. '학습하는 법 배우기'는 전문가들이 말하는 소위 '궁극의 생존 도구'인 동시에 현대 사회에서 가장 중요한 재능 중 하나로서 다른 모든 기술에 선행하는 기술이다. 왜냐하면 일단 학습하는 방법을 알게 되면 거의 모든 다른 것을 배울 수 있기 때문이다. 우리 사회는 정보와 지식을 활용하여 필수적인 문제 해결 능력을 개발하는 보다 포괄적인 교육적 접근 방식을 필요로 한다.

아직도 믿기 어렵다면 구글에서 찾아보기 바란다.

내가 학습 과정에 관심을 갖게 된 것은 한 통의 이메일 때문이었다. 당시 나는 '교육 예산이 증가하면 특정 학군의 학업 성취도에 어떤 영향을 미치는가?'라는 질문에 답하기 위한 프로젝트에 매달리고 있었다. 우리는 전국의 거의 모든 학군을 대상으로 조사를 했으므로 몇 달이 걸렸다. 게다가 데이터는 취약했고, 통계 수치를 작성하는 데에도 문제가 있

었다. 예를 들어 저소득층 지역의 어린이들이 종종 아침 식사를 하지 않고 학교에 오는 사실을 학업 성취도 파악에 어떻게 연결시켜야 할지 감이 오지 않았다.

프로젝트 막바지에 이메일로 결과 보고서를 받았다. 연구 조교가 통계 애플리케이션에 데이터를 대입한 결과 우리가 계속해서 관찰해온 패턴을 확인할 수 있었는데, 예산 집행과 학업 성취도가 일치하지 않았다. 일부 지역에서는 예산과 결과의 상관관계가 너무나 불분명했고 심지어 반비례 관계도 관찰되었다. 다시 말해 영화 〈머니볼Moneyball〉에서 빌리 빈Billy Bean이 사용한 것과 같은 데이터 중심의 색다른 접근 방식으로 데이터를 분석해 보니 학교 예산 증가가 학생 성적 저하와 상관관계가 실제로 있음을 발견할 수 있었다.

이것이 어떻게 가능한가? 물론 이유는 많지만 그렇다고 학교에 돈을 덜 줘야 한다고 주장하는 것은 아니다. 오히려 정반대이다. 그러나 시간이 지나면서 나는 교육 내에서 가장 큰 문제 중 하나가 학습의 질 자체라고 믿게 되었다. 다양한 분야의 상이한 수준인 교육 기관이 많지만 이들은 사람들이 기술을 습득하도록 제대로 돕지 못하고 있다. 더 직접적으로 말하면 너무 많은 곳에서 돈이 중요한 데에 쓰이지 못하고 낭비되고 있다.

구체적인 증거를 얻기 위해 강의실에 한 번 들어가 보자. 학생 수백 명이 수동적으로 강의를 듣고 있다. 하지만 '언젠가는 학생들이 이해할 것이다'라는 접근 방식이 효과적이지 않다는 것은 무수한 연구 결과로 입증되었다.

최근 한 연구에 따르면, 전통적인 강의 중심 과목에서 학생들의 낙제율은 50% 더 높다고 한다. 노벨상을 받은 어떤 이는 전통적인 방식의 강의는 한마디로 '비윤리적unethical'이라고 생각한다고 말했다.

또 다른 예로 자기 테스트를 생각해 보자. 이 전략은 결과를 극적으로 향상시킬 수 있으며, 때로는 50% 더 좋은 결과를 보여 준다는 것이 입증되었다. 그러나 학생들은 이 접근 방식을 거의 사용하지 않고 교과서를 다시 훑어보는 것을 선호한다.

(이 책에서는 최대한 퀴즈를 활용하기 위해 노력했고 독자들은 여러 '깜짝 퀴즈'를 찾을 수 있을 것이다. 나는 여러분이 읽은 내용을 더 잘 기억할 수 있도록 본문에 퀴즈를 삽입했다. 정답은 책의 끝 부분에 있다.)

이 책은 상당 부분 내가 미국의 주요 싱크 탱크 중 한 곳에서 일한 결과물을 반영하고 있다. 초등학교 시절에 혼란스러운 날들을 겪은 이후로, 아니 정확히 말하면 초등학교 시절의 혼란스러운 날들을 겪었기 때문에, 나는 배운다는 것에 매료되었다.

대학 졸업 후에는 학생들에게 더 나은 교육 기회를 제공하는 것을 목표로 교육 전문 잡지 〈에듀케이션 위크Education Week〉의 연구원으로 일했다. 그 다음에는 〈U.S. 뉴스&월드 리포트U.S. News&World Report〉에서 교육 및 기타 사회적 주제를 담당하는 기자로 일했다.

그러다 나는 워싱턴 D.C.에 위치한 싱크 탱크인 미국진보센터Center for American Progress의 선임연구원이 되었다. 그곳에서 헌신적인 연구원 및 정책 전문가들과 함께 교육 문제를 연구했으며 그간의 연구는 〈투나잇 쇼The

Tonight Show〉의 재치 있는 한마디부터 교육 정책의 변화에 이르기까지 상당한 영향을 미쳤다.

그러나 무엇보다도 이 책은 학습 과학을 연구해 온 수많은 과학자 및 연구자들의 노고를 바탕으로 하고 있다. 이 분야는 생소한 주제였지만 지난 수십 년에 걸쳐 확고한 학문 분야로 발전했다. 하지만 여전히 대부분의 연구 결과는 먼지 쌓인 학술지와 눈에 띄지 않는 정부 보고서에 묻혀 있다. 대중에게 전달된 내용은 턱없이 부족하며, 사람들의 학습 방식을 변화시킨 경우도 매우 적다.

이 책은 '미국 교육 시스템의 문제점'을 다루는 책이 아니다. 이러한 유형의 정책 선동은 이미 너무 많다. 오히려 나는 학습 과정을 개략적으로 설명하고, 우리가 가장 잘 학습할 수 있는 방법을 자세히 설명하려 한다. 이 책의 나머지 부분에서는 이러한 개념을 더욱 자세히 설명하고, 연구 결과를 기반으로 숙련도 획득을 위한 일반적인 방법을 제시할 것이다.

모든 학습 활동에 단계별 접근이 필요한 것은 아니다. 예를 들어 자동차 타이어 교체 방법을 배우고 싶다면 이제 아래에서 설명할 각 과정을 모두 따를 필요는 없다. 물론 도움이 될 수는 있다. 그러나 어떤 기술이 깊이 알아볼 가치가 있다면 제대로 아는 것이 중요하며 아래와 같이 전문성 개발을 위한 체계적인 접근 방식을 취해야 한다.

가치: 배우고 싶지 않다면 배우는 것은 불가능하며, 전문성을 얻으려면 기술과 지식이 가치 있다고 느껴야 한다. 더 나아가 우리는 의미를 만들어내야 한다. 학습은 무언가에 의미를 부여하는 과정이다.

목표: 숙련도를 높이는 초기 단계에서는 집중하는 것이 무엇보다 중

요하다. 우리가 정확히 무엇을 배우고 싶은지 파악하고 목표와 대상을 설정해야 한다.

발전: 어떤 형태의 연습은 다른 형태보다 더 완벽하게 만든다. 이 학습 단계에서는 사람들이 기술을 연마하고 전념하는 단계를 밟아 성과를 향상시켜야 한다.

확장: 이 시점에서는 기초 단계를 넘어 우리가 알고 있는 것을 응용한다. 우리의 기술과 지식에 살을 붙여 더욱 의미 있는 수준으로 이해해야 한다.

연결: 이 단계에서는 모든 것이 어떻게 연결되는지를 볼 수 있다. 궁극적으로 우리는 특정 세부 사항이나 프로세스를 이해하는 데만 관심이 있는 것이 아니라, 그 세부 사항이나 프로세스가 다른 사실 및 방법과 어떻게 상호 작용하는지 알고 싶기 때문이다.

성찰: 학습할 때는 오류를 범하거나 자만하기 쉬우므로 지식을 평가하고 이해도를 재평가하며 경험에서 통찰력을 얻는 것이 필수적이다.

이러한 단계 전반에 걸쳐 우리는 여러 가지 주제를 반복적으로 다룰 것이다. 학습은 종종 정신적인 활동의 한 형태이며, 적극적으로 참여할수록 더 많이 배우게 마련이다. 만일 당신이 새로운 글을 읽고 있다면, 스스로에게 물어보라. 이 글은 무엇에 관한 글인가? 저자가 전하려는 요지는 무엇인가? 혼란스러운 부분은 없는가?

동시에 자신의 학습을 관리해야 한다. 어떤 형태든 피드백을 받았는가? 정해진 기준에 의거하여 자신의 성과를 평가했는가? 연설을 해야 한다면 자신을 비디오로 촬영해 보자. 에세이를 작성하고 있다면 친구에게 읽어 보라고 부탁해 보자. 스페인어를 배우고 있다면 원어민과 대화를 시도해 보자. 학습에 있어서는 목표를 설정하고 우리가 정확히 무엇을 알고자 하는지 파악하는 것이 중요하다.

또한 당신의 사고 과정을 잘 생각해 보는 것도 중요하다. 정말로 이해하고 있는가? 망각 가능성을 고려했는가? 이러한 점에서 학습을 시간을 두고 분산시키는 것이 중요하다. 결국 우리는 종종 특정 사실과 세부 정보를 전부 기억하지는 못하며 어떤 실험에 의하면 한 시간 이내에 배운 것의 약 절반을 잃는다고 한다. 이는 며칠, 몇 주, 심지어 몇 달 후에도 자신이 알고 있는 것을 복습해야 한다는 것을 의미한다. 앞으로 살펴보겠지만 암기용 카드를 더 많이 만들고 학습 기간을 더 효과적으로 분배하는 것만으로도 결과를 30%까지 향상시킬 수 있다.

감정 또한 중요한 역할을 한다. 우리는 학습이 순수하게 이성적으로 작동하여 고도의 논리와 추론의 문제라고 생각하지만, 사실 우리의 뇌는 그렇게 작동하지 않는다. 전문성을 얻는 과정에는 인지적 요소와 비인지적 요소가 모두 포함되어 있다. 이런 면에서 우리는 배울 수 있다고 믿지 않으면 절대 배울 수 없다. 마치 엔진이 제대로 작동하기 위해 오일과 가스를 모두 필요로 하는 것처럼, 우리의 뇌는 높은 수준으로 기능하기 위해 이성과 감정이 모두 필요하다.

전문성을 기르기 위해 사람들은 연결점을 찾아야 하며, 효과적인 학습은 어떤 지식 체계 내의 연관성을 얼마나 이해하느냐에 좌우되는 경우가 많다. 따라서 스스로에게 질문해 보자. 이 아이디어를 설명하는 데 도움이 되는 비유가 있는가? 다른 분야나 주제와의 연결점이 있는가?

예를 들어 블랙홀 이론에 대해 학습할 때 개념적으로 유사한 무엇을 떠올릴 수 있는가? 블랙홀은 싱크홀과 유사한가? 아니면 폭포 또는 쓰레기통과 유사한가?

결국 더 나은 학습 방법은 있게 마련이며 우리는 모두가 성공하는 데 필요한 기술을 갖추도록 하기 위해 더 많은 노력을 기울여야 한다. 현대 사회에서의 목표는 단순히 똑똑해지거나 많은 사실을 암기하는 것이 아니며 그것만으로는 충분하지 않다. 오히려 목표는 21세기의 모든 도구를 활용할 수 있는 효과적인 학습자가 되는 것이어야 한다. 이 책이 여러분에게 그 방법을 보여 주고, 큰 변화를 촉진하여 우리가 새로운 기술을 습득할 수 있는 깊은 능력을 최대한 활용할 수 있기를 바란다.

차례

● 들어가는 말　　　　　　　　　　　　　　　　　　　　006

| 1장 | 가치 | VALUE |

- 가치를 중요하게 생각하는 마음 활용하기　　　　　　037
- 의미가 성취에 가장 큰 동력이 됨을 이해하기　　　　048
- 배움에 대한 욕구를 느끼기　　　　　　　　　　　　053
- 가치를 창출하고 학습을 유도하는 방법　　　　　　　057
- 사회적 정체성을 찾아가기　　　　　　　　　　　　060
- 두뇌 안의 주판을 이용하기　　　　　　　　　　　　065
- 현재의 지식과 배우고자 하는 지식을 정신적으로 연결하기　072
- 행동을 통해 배우기　　　　　　　　　　　　　　　076
- 적극적으로 가치 찾기　　　　　　　　　　　　　　081

| 2장 | 목표 | TARGET |

- 성공 목표를 설정하기　　　　　　　　　　　　　　093
- 학습을 위한 단계를 알기　　　　　　　　　　　　　098

- 단기 기억을 방해하지 않기　　　　　　　　　　　　101
- 전문성을 위해 명확하게 배경지식을 익히기　　　　105
- 전문성을 위해 좀 더 높은 수준을 공부하기　　　　110
- 더 나은 사고　　　　　　　　　　　　　　　　　　114
- 사고와 감정에 대한 생각　　　　　　　　　　　　123
- 학습에 대한 감정　　　　　　　　　　　　　　　128
- 학습과 관련된 감정을 다루기　　　　　　　　　　133
- 공부는 원래 불편한 것임을 알기　　　　　　　　　139
- 지지와 압박 사이에서 균형 잡기　　　　　　　　　144

3장　발전　DEVELOP

- 무엇을 어떻게 배울 것인지 생각하기　　　　　　　151
- 디테일을 만들고 피드백 받기　　　　　　　　　　155
- 선생님이 되어 보기　　　　　　　　　　　　　　165
- 고난과 반복에 익숙해지기　　　　　　　　　　　170
- 기억력 전문가가 실력을 키우는 법　　　　　　　　173
- 공부하는 신경 회로 만들기　　　　　　　　　　　177
- 실수의 심리학　　　　　　　　　　　　　　　　　181
- 스포츠에서 배우는 실수를 대하는 자세　　　　　　185
- 감정을 처리하는 정서적 회복 탄력성　　　　　　　188
- 실패에 대한 믿음을 갖기　　　　　　　　　　　　190
- 칭찬과 결과를 구체적으로 연결하기　　　　　　　193
- 우리가 해낼 수 있음을 증명하기　　　　　　　　　198

4장 확장　　　　　　　　　　　　　　　EXTEND

- ○ 관습에서 벗어나기　　　　　　　　　　　　　　**205**
- ○ 장기 기억의 본질 알기　　　　　　　　　　　　**208**
- ○ 나의 전문 분야를 확장시키기　　　　　　　　　**211**
- ○ 질문으로 지식의 영역을 확장하기　　　　　　　**215**
- ○ 논쟁을 통해 개념을 확장하기　　　　　　　　　**216**
- ○ 직감에 의존하지 않고 추론하기　　　　　　　　**218**
- ○ 구체적으로 응용하기　　　　　　　　　　　　　**220**
- ○ 온몸으로 배운다는 것을 알기　　　　　　　　　**222**
- ○ 아는 것을 활용하기　　　　　　　　　　　　　　**225**
- ○ 다른 사람에게 나의 지식을 설명해 보기　　　　**229**
- ○ 불확실성의 가치　　　　　　　　　　　　　　　**235**
- ○ 군중을 통해 지혜 얻기　　　　　　　　　　　　**240**

5장 연관　　　　　　　　　　　　　　　RELATE

- ○ 아인슈타인의 사고 실험　　　　　　　　　　　**253**
- ○ 다양한 요소를 연결하고 추론하기　　　　　　　**256**
- ○ 다섯 나라를 딸 일곱 명에게 나눠 주기　　　　**260**
- ○ 이론화하고, 검증하고, 반복하기　　　　　　　**266**
- ○ 특정 기술을 향상시키기　　　　　　　　　　　**272**
- ○ 개념 지도를 그리기　　　　　　　　　　　　　**275**
- ○ 유추의 가치　　　　　　　　　　　　　　　　　**280**
- ○ 유추를 활용하기　　　　　　　　　　　　　　　**287**

- 문제를 해결하는 능력 기르기   294
- 체계적으로 문제를 해결하는 법   298

6장 재고   RETHINK

- 거의 모든 사람이 빠져 있는 함정   305
- 읽고 있는 순간에도 이해 못 하는 나를 받아들이기   313
- 평가가 필요함을 인지하기   317
- 나를 점검하기   321
- 내가 무엇을 알고 있는지 퀴즈로 확인하기   325
- 시간 간격을 두고 여러 번 학습하기   333
- 자기 성찰하는 시간을 갖기   336
- 느린 사고법을 이용하기   344
- IT 도구를 사용하여 효율 높이기   350

● 맺는말   353

도구 모음

- 학습자에게 유용한 전략   367
- 부모, 교사, 관리자를 위한 학습 지원 전략   374
- 정책 입안자를 위한 전략   379

● 감사의 말   382
● 참고 문헌과 노트   385

일러두기

이 책에서는 내가 이전에 작성한 기사, 보고서, 블로그 등에 이미 사용한 텍스트가 있음을 알려 드린다. 또한 명확성을 위해 인용문을 편집하기도 했으며 일부 텍스트는 출처에 문의해 피드백을 받았다. 만약 누군가를 설명할 때 성만 사용했다면 그 이름은 가명임을 알려 드린다. 사실과 인용, 명확성에 오류가 있는 경우 웹사이트 www.ulrichboser.com에 기재하겠다.

참고 문헌은 전자책으로 볼 때 각주 사용이 불편하다고 느껴 출처, 주목할 만한 추가 설명 및 추가 참고서적 등과 함께 〈참고 문헌과 노트〉에 작성했다. 한편 내가 이 책에서 언급한 여러 조직과 재단을 위해 일한 경험이 있으므로 책의 내용 중 일부는 누구나 그렇듯이 이해 상충의 여지가 있음을 미리 공지한다. 다시 한번 말하지만 〈참고 문헌과 노트〉를 참조하기 바란다.

과거의 사건, 특히 나 자신과 관련된 사건에 대해 이야기할 때 문장 맨 끝에 '내가 아는 한'이라는 말을 붙이고 싶었지만 그렇게 하지 않았다. 따라서 독자께서는 내 기억이 불완전할 수 있다는 점을 양해해 주기 바란다.

| 1장 |

가치

LEARN BETTER

가치를 중요하게 생각하는 마음 활용하기

제이슨 울프슨Jason Wolfson은 자신이 얼마나 많은 레고 작품을 만들었는지 기억조차 하지 못한다. 그의 집 지하실에는 그의 작품들이 가득하다. 레고로 만든 용과 비행기, 날개폭이 15cm나 되는 거대한 레고 나방 등이다. 또 다른 상자와 비닐 봉투 안에, 그리고 앞에 놓인 테이블 위에도 그가 만든 작품이 즐비하다. 반쯤 조립하다 만 달 기지, 피사의 사탑, 카우보이 같은 레고 모형들이다.

그의 조립품 중에는 앤디 워홀의 작품과 장난감, 그리고 현실 세계의 판타지가 혼합된 듯 완성된 형태도 있고, 레고 조각으로 만든 인공 심장처럼 아직 제작 중인 것처럼 보이는 것도 있다. 벽과 바닥 그리고 천장까지 그의 작품의 원재료라고 할 만한 레고 블록이 수북이 쌓여 있다.

"와! 이 운석 좀 보세요." 울프슨이 플라스틱 상자에서 조그마한 운석 모형을 꺼내 마치 귀중한 보석 다루듯 손바닥 위에 올려놓고 보여 주었다.

하지만 누가 보아도 그는 레고에 미친 사람처럼 보이지 않는다. 그는 영화를 좋아하고, 휴가는 플로리다에서 보내며, 주말에는 크로스핏을 한다. 필라델피아 변두리 지역에서 성장했고, 고등학생 때는 육상을 했으며, 대학에서는 동아리의 운영진이었다. 오늘날 그는 엔지니어로 일하며 아내와 함께 살고 있다. 독립기념일이 되면 그는 집 앞에 큰 미국 국기를 걸어둔다. 40대 남성들이 그렇듯 머리가 조금씩 벗겨지기 시작했다. 청바지 외에 다른 옷을 입는 경우는 거의 없다.

그러나 레고에 대한 그의 열정은 여러 면에서 나타난다. 지하실을 보여 주면서 그는 그의 작품이 주는 의미를 계속해서 이야기한다. 실물 크기의 곤조 인형 모델을 가리키면서는 그의 부인이 미국의 인형 제작자인 짐 헨슨$^{Jim\ Henson}$이 만든 인형을 좋아한다고 말했으며, 파란색 경찰 초소 모형을 보여 줄 때는 자신이 TV 드라마 〈닥터 후$^{Doctor\ Who}$〉의 팬이었다고 했다. 수백 개의 레고 조각으로 만든 용 모양의 재버워키^{Jabberwocky}를 들어 보이면서는 자신이 〈이상한 나라의 앨리스$^{Alice\ in\ Wonderland}$〉를 매우 좋아했다고 설명했다.

처음에는 지하실에 들어온 작가가 혹할 만큼 그의 이야기가 단지 귀엽고 매력적으로만 들렸다. 그러나 점차 그 이야기들은 그가 레고에 정열적인 이유를 설명하는 데 결정적인 부분이 되었다. 그런 이야기야말로 울프슨의 레고 작품에 가치와 실체, 의미를 부여하기 때문이었다.

알고 보면 울프슨은 아무렇게나 쌓은 작은 플라스틱 조각에는 아예 관심이 없었고, 개가 물어뜯은 오래된 레고 상자 역시 거들떠보지 않았다. 사실 그가 매료된 것은 좋아하는 소설의 한 장면이나 좋아하는 TV 프로그램을 상징하는 전화 부스를 만들 때 사용되는 레고 조각들이었다.

우리 모두에게는 어느 정도 울프슨 같은 면이 있다. 비록 이상한 나라의 앨리스나 머펏쇼, 또는 레고에 대해 불타는 열정이 없다고 해도 우리 모두 마음속으로는 의미라는 틀을 통해 세상을 본다. 즉 우리는 어떤 가치가 있다고 믿어야 활동에 참여하는 것이다.

학습을 다룰 때 이 개념이 매우 중요하다. 어떤 종류의 기술이든 습득 과정의 첫 번째 단계는 동기 부여다. 우리가 그것을 배울 어떤 의미도 찾지 못한다면 무언가를 배우기는 어렵다. 따라서 우리는 이 장에서 가치가 어떻게 동기를 유발하는지 살펴볼 것이다.

그러나 의미가 중요한 이유는 또 있다. 의미는 이해의 첫 번째 단계이기 때문이다. 우리가 어느 수준의 전문 지식을 습득하게 되면 우리는 그것을 이해하기 시작한다. 우리는 이 장의 후반부에서 이 개념을 다룰 예정이다. 또한 우리가 배우고자 하는 것의 의미를 발견하는 것이 얼마나 중요한지에 대해서 논의할 것이다.

사물의 의미를 찾는 것은 우리 두뇌의 기본적인 기능이며 아무리 복잡해도 우리의 마음은 본능적으로 이야기를 만들어 낸다. 마치 영화감독처럼 우리는 항상 어떤 종류의 이야기를 만들고 어떤 식으로든 그것을 이해하고 그것에 의미를 부여한다. 예를 들어 처음으로 방에 들어가면 즉시 그 방의 목적을 설명하는, 판단이 들어간 이야기를 만들어 낸다. 깔끔하고 긴 탁자가 놓여 있는 넓은 공간이라면 회의실이라고 생각할 것이며, 바닥에 바벨이 몇 개 놓여 있다면 피트니스 클럽이라고 생각한다.

이런 현상은 2차원의 착시 그림에서도 발생한다. 우리는 그림에서 아름다운 젊은 여성을 보기도 하고, 때로는 나이 든 여성을 본다. 모든 그림은 단 한 번도 아무렇게나 그린 선의 조합인 적이 없으며 우리는 항상 그것에서 어떤 의미를 찾으려 한다.

의미는 우리가 능동적으로 구성해야 하는 것이기 때문에 이는 단순히 독특한 사고방식만으로는 설명이 안 된다. 사람들은 세상에서 자신의 가치를 찾는데 이때 의미는 관점, 마음가짐, 어떤 것을 놀랍도록 중요하게 만들거나 모든 의미를 상실하게 만드는 태도로서 작용한다. 더 직접적으로는 가치가 우리의 학습 동기를 촉진하는 궁극적인 자극제 역할을 한다. 우리는 의미가 주는 힘 덕분에 전문 지식을 얻으려는 동기를 갖게 된다.

여기서 레고는 좋은 사례다. 레고는 의미를 발견하기 쉽게 해 주기 때문에 성인들에게도 인기를 얻고 있다. 오늘날 여러 레고 전시회는 수만 명의 방문객을 끌어들이고 있으며 〈브릭 저널 Brick Journal〉과 같은 화려한 온라인 잡지는 최신 레고 조립 트렌드를 반영하고 있다. 레고 기술 강좌와 레고 조립 기술만 다루는 책이 있을 정도며 케임브리지 대학교에는 레고 교수도 있다.

울프슨 자신도 이러한 이유로 수십 년 동안 레고 조립 기술을 연마해 왔다. 그는 레고 구조물에서 의미를 찾기 때문에 곡선형 레고 구조물을 만드는 방법을 배웠다. 레고 자체가 사각형이라는 점을 감안하면 이는 매우 어려운 기술이다. 부드러운 외관을 만들기 위해 그는 레고판을 안쪽에 대고 구조물을 쌓는 기술을 개발했다. 심지어 한 프로젝트에서는 누군가가 지나갈 때 레고 구조물이 음악을 연주하도록 새로운 프로그래밍 코드를 개발하기도 했다.

그의 집을 나오기 전에 그는 또 다른 레고 구조물인 푸른색 달 착륙선 세트를 보여 주었다. 울프슨은 다섯 살 때 할머니집 부엌의 팔각형 나무 테이블에 붙어 있는 낮은 의자에 앉아 이 키트를 조립했다고 했다. 그는 조심스럽게 그 레고를 손에 들고 내게 구석구석 보여 주었다. 그건 어린 시절의 자신에 대한 찬가였으며, 그에게 의미가 있는 물건이었다.

무언가를 배울 때 의미는 저절로 생기는 것이 아니라 우리 스스로 발견해야 하는 것이다.

통계학을 예로 들어 보자. 데이터 분석이 강력한 도구라는 것은 누구도 의심하지 않는다. 금융, 의학, 스포츠 관리 등을 포함한 여러 분야에서 통계학에 대한 기본적인 이해 없이 깊이 들어가는 것은 거의 불가능해졌다.

그러나 일반적인 사람들에게는 통계학을 공부하려는 내재적인 욕구가 없다. 복잡한 선형 회귀 분석이나 지루한 교육 방식은 그렇다고 쳐도, 대부분의 사람들에게는 하루 종일 통계 코드를 검토하거나 히스토그램만 그리고 싶은 강력한 동기가 없게 마련이다.

버지니아 대학교의 심리학 교수인 크리스 홀레만[Chris Hulleman]은 이러한 갈등을 잘 알고 있다. 연구자로서 그는 모든 컴퓨터에 R이나 스타타^{STATA}와 같은 통계 프로그램을 설치해 놓고 있다. 견고한 데이터 분석 없이 연구 논문을 출판하는 일은 사실상 불가능하다.

그럼에도 불구하고 홀레만 교수의 심리학과 학생들 대부분은 상관관계^{correlation}라는 말만 들어도 투덜거리기 시작한다. 앓는 소리를 내는 학생도 있고 훌쩍이는 학생도 있다. 그의 학생들에게 통계학은 지루하고 고통스러운 과목이며 그들의 삶과 어떠한 관련성이나 가치도 없는 것처럼 느낀다.

대학 시절 홀레만은 미식축구팀의 최우수 오펜시브 라인맨으로 활약했다. 지금도 경쟁 스포츠를 많이 해 본 사람처럼 에너지 넘치고 포부가 크다. 몇 년 전 그는 이 문제를 해결하겠다고 마음먹고 통계학에 대한 학생들의 관심을 자극할 방법을 찾아보기로 했다. 그리고 몇몇 심리학과 학생들에게 통계학이 자신의 삶과 어떤 관련이 있는지에 대해 글을 쓰게 했다.

홀레만과 그의 연구팀은 학생들이 데이터 도구의 가치를 찾도록 돕기 위해 그들에게 다음과 같은 질문을 던졌다. "당신은 살면서 통계를 사용할 기회가 있을 것 같나요? 간호사, 판매원, 관리자와 같은 직업을 가지고 있다면 통계가 필요할 것 같습니까?" 학생들은 각자 노트북에 한두 페이지 분량의 짧은 에세이를 작성했다.

결과는 명확했다. 그들의 삶과 통계 사이의 연결 고리를 찾게 되자 학생들은 학업에 대한 동기가 훨씬 더 높아졌다. C학점에서 B학점으로 성적이 급격히 상승하는 경우도 있었다. 즉, 통계의 중요성을 미래의 직업, 취미, 장래에 꾸릴 가정과 연관 지어 설명하는 것만으로도 학생들의 학습 성과가 크게 향상되었다.

그 이후로 홀레만은 다양한 환경에서 유사한 프로젝트를 진행해 왔다. 그는 고등학생들이 과학이 중요한 이유를 이해할 수 있도록 과학이 그들의 삶에 미치는 영향에 대한 글을 작성하게 했다. 또한 동료 연구자 쥬디스 하라키위츠 Judith Harackiewicz와 함께 부모들에게 팸플릿을 제공했다. 그 안에는 자녀와 함께 과학이 학생들의 직업을 결정지을 수 있는지 이야기하고 과학 숙제를 더 의미 있게 만드는 방법을 제안하기도 했다.

어디서나 그렇듯 몇몇 사람들은 부정적인 반응을 보이기도 해서 어떤 고등학생은 "이딴 것에 내 시간을 낭비하고 싶지 않다"는 댓글을 달기도 했다. 하지만 대부분의 사람들은 긍정적으로 참여했다. 학생들은 자신들이 회사에서 일할 때 수학이 필요할 것이라고 쓰기도 하고, 이러한 기술이 개인적인 삶에 어떻게 도움이 될지에 관하여 이야기하기도 했다. 또한 특정 기술을 갖는 것에 대한 본질적인 즐거움이 있다는 것을 알았다고 말하는 사람들도 많았다.

홀레만과 나는 어느 이른 오후에 만나 이야기를 나누었다. 그는 가치를 창출하는 방법에는 여러 가지가 있다고 주장했다. 예를 들어 보상이나 새로운 경험 그리고 상황에 따라 개인이 느끼는 의미가 달라진다는 것이다. 이러한 의미에서 내재적 동기, 즉 자연스러운 관심은 그 자체로 가치의 한 형태로 간주된다. 우리는 그것을 하고 싶어서 하는 것이다. 하지만 홀레만은 사람들이 어떤 분야를 배우도록 동기를 부여하기 위해서는 결국은 그 과목에서 자신의 관련성을 찾아야 한다고 주장했다.

홀레만과 함께 연구했던 심리학자 켄 바론Kenn Barron은 다른 방식으로 이 아이디어를 이해할 수 있다며 공식을 하나 만들었다. 그리고 "40년간의 연구를 이해하기 쉽도록 간단하게 만들었습니다"라고 내게 말했다. 그 공식은 동기 부여란 비용(또는 작업을 완료하는 데 드는 노력의 양)과 기대감(또는 다음 장에서 논의할 자기 효능감이라는 개념), 그리고 가치가 되는 의미의 혼합이라는 것이다. 가장 중요한 것이 마지막 변수인데 바론의 표현을 빌자면 "나는 정말로 이 일을 하고 싶은가?"라는 것이다.

사실 이런 주장은 우리에게 익숙하다. 우리 모두는 "이것이 중요하다"라고 외치는 교사들을 만난 적이 있다. 부모님도 나의 학업과 관련하여 자주 "나중에 필요할 거야"라고 말하곤 했다. 이제 우리는 회사 인사팀에서도 비슷한 이야기를 듣는다. "당신의 퇴직 연금은 미래에 매우 중요한 역할을 할 겁니다."

하지만 이 연구의 핵심 요지는 다르다. 간단히 말해, 사람들에게 어떤 것이 중요하다고 말하는 것만으로는 충분하지 않다는 것이다. 홀레만은 단순히 사람들에게 어떤 정보가 가치 있다고 말하는 것이 역효과를 낳을 수 있음을 발견했다. 사람들은 어떤 느낌이나 사고를 강요당하면 위협을 느끼거나 과도하게 통제당한다고 느낄 수 있다.

대신 활동 그 자체에서 의미를 찾는 것이 바람직하다고 말한다. 즉, 가치가 학습자에서 학습 대상으로, 개인에서 지식이나 기술로 전이되어야 한다는 말이다. "사람들이 학습하는 내용과 삶에서 일어나는 사건 사이의 연결 고리를 만드는 것이 중요합니다"라고 홀레만은 주장한다.

"가치야말로 사람들을 움직이게 하는 원동력입니다. 그들에게 중요한 것은 '이것이 나에게 왜 가치가 있는지 알 수 있는가?'입니다."

위대한 대중 연설가들은 종종 이러한 접근 방식을 사용한다. 뛰어난 연설자는 주제가 청중과 관련이 있어 보이도록 한다. 대표적인 인물이 빌 클린턴Bill Clinton 전 미국 대통령이다. 대화 주제가 몰디브라면, 클린턴 같은 능숙한 연설자는 청중에게 알게 모르게 그 나라를 방문하고 싶은 마음이 들도록 한다. 주제가 전쟁이라면 군 복무를 한 친척을 생각하게 만들며 지루한 IT 이야기를 할 때는 사람들이 자신의 컴퓨터에 대해 생각하게 만든다.

이런 주장은 또한 우리가 어떤 것에 대해 경험이 있거나 경험할 예정일 때 그것을 배우고 싶어 하는 동기가 훨씬 더 강한 이유를 설명한다. 우리는 학습을 통해서 우리의 세상을 이해하고 싶어 하며 지식의 공백을 메우고, 가치를 보고 싶어 한다. 그러므로 의미는 자기 영속적인 성격을 가진다. 통계에 대한 이해가 깊어질수록, 우리는 통계를 활용하는 분야에 대해 더 알고 싶어지게 된다.

내가 무언가를 알고 있다면—예를 들어, 금성이 태양계에서 가장 뜨거운 행성이라는 것을 안다면—금성에 대해 더 많이 알고 싶어질 것이다. 그렇다면 금성은 왜 그렇게 뜨거운 것일까? 또는 내가 데이터 분석을 상당 부분 알고 있다면 평균값을 내보면 추세가 역전되는 심슨의 역설Simpson's Paradox을 이해하는 데 더 관심이 생길 것이다.

레고와 관련해서 이야기 해 보자면 이런 생각은 처음부터 명백했고 아니면 적어도 내가 '브릭 페어Brick Fair'라고 알려진 레고 박람회에 갔던 날에 더욱 명백해졌다. 주최 측은 브릭페어를 '레고 팬을 위한 미국에서 가장 큰 컨벤션 및 박람회'라고 홍보했다. 울프슨이 내게 참석을 제안해서 가게 되었고, 나는 각 부스를 돌아다니면서 사람들은 자신에게 깊은 가치를 지닌 것을 만들어 낸다는 것을 분명히 느낄 수 있었다.

한 소년은 M4A1 소총을 한 번 쏴 본 적이 있는데 그 느낌을 잊을 수 없어 레고로 소총을 만들어 전시했다고 내게 말했다. 한편 브렛 해리스라는 남자는 해병대에서 복무했기 때문에 군대와 관련된 물건을 만들었다고 귀뜸했다. 그러면 바티칸 성당의 피크닉 테이블이나 올트라몬타노 시계 옆에 매달려 있는 날개 달린 천사를 만든 사람은 누구였을까? 펜실베이니아주 스크랜턴 출신의 가톨릭 사제였다.

브릭 페어를 돌아다니다 브라이언 멜릭을 만났다. 키는 작지만 반짝이는 눈과 우렁찬 목소리를 가진 멜릭은 놀라울 정도로 열정적이었다. 내가 그와 이야기를 나누는 동안 어떤 남자가 다가오더니 멜릭의 딸에게 "아빠가 항상 이렇게 수줍고 부정적이니?"라고 농담조로 묻기도 했다.

멜릭은 드러머인데 오랫동안 '눈에 띈 물체found objects'를 사용하여 학생들이 타악기를 배우도록 하는 데 정성을 쏟아 왔다. 그는 학교, 박물관 또는 도서관에서 강의할 때 먼저 드럼 연주의 기본 원리—예를 들어 흔들거나 문지르기 같은—를 다룬다. 그런 다음 사람들이 눈에 보이는 모든 것을 이용하여—접시, 파이프, 심지어 막대기까지—흔들거나 문지르는 소리를 내게 한다. 이 수업이 "우리 자신을 우리를 둘러싸고 있는 것과 연결시킨다"고 멜릭은 말한다.

멜릭의 접근법은 내게 큰 울림을 주었다. 나는 하루 종일 레고 컨벤션에서 사람들이 어떻게 레고와 연결하고, 레고에서 가치를 만들어 내는지 찾으려 노력했다. 오후에는 레고 미니피겨를 커스터마이징하는 방법에 대한 강의가 있었다. 또한 장래에 선원이 되고 싶은 사람들이 호텔 수영장에서 레고 보트 경주를 하는 것도 관람했다. 심지어 사람들이 의미 있다고 생각하는 것을 만들 수 있는 '스테이 앤 플레이Stay and Play'라고 커튼으로 가려진 방도 있었다.

동기 부여에 대한 이 지극히 개인적인 접근 방식은 레고를 뛰어넘어 보다 광범위하게 응용될 수 있다. 결국 의미의 힘이 가진 가장 흥미로운 점은 그 힘을 과소평가하기가 매우 쉽다는 것이다. 여러 가지 이유로 우리는 사람들이 궁극적으로 의미를 원하고, 그 의미를 스스로 발견해야 한다는 것을 잊어버린다. 이 주장 속에서 우리는 의미가 중요하다는 것을 알고 있지만, 의미는 일종의 강처럼 흐른다는, 즉 강력하고 구불구불하며 한 방향으로만 흐른다는 사실을 잊곤 한다.

깜짝 퀴즈 #2

다음 말에 맞다 또는 아니다로 답해 보자.
"우뇌형 사람들이 학습에 대한 동기가 더 강하다."

비디오 게임 마인크래프트Minecraft가 대표적인 사례다. 몇 년 전에 프로그래머 마커스 펄슨Markus Persson이 이 온라인 게임을 처음 출시했을 때 성공할 것이라고 믿는 사람은 거의 없었다. 이 게임에는 극적인 자동차 추격전이나 대담한 행동을 과시하는 장면이 없었다. 심지어 누가 승자인지 알아내기 위한 점수조차 없었다.

대신 이 온라인 게임은 사람들에게 블록을 제공하고 온라인 세계에서 원하는 것을 무엇이든 만들 수 있도록 한다. 정사각형 블록을 사용하여 사람들은 넓은 성을 지을 수 있다. 만약 당신이 에펠탑을 좋아해서 블록으로 유사한 걸 만들고 싶다면 당신에게 적합한 게임이다. 하지만 펄슨의 전기를 쓴 작가들의 표현을 빌면 '사람들이 비디오 게임에서 원하는 것을 하나도 담고 있지 않았기 때문에' 여기에 투자하려는 사람은 없었다.

그러나 기존의 통념과 상반되며 슈팅 게임을 중심으로 한 거대한 게임 시장이 존재함에도 불구하고, 마인크래프트는 가장 인기 있는 게임 중 하나가 되었다. 전 세계에 1억 명 이상의 사용자가 있으며 테트리스, 슈퍼 마리오 브라더스, 심지어 콜 오브 듀티의 판매량을 넘어섰다. 왜일까? 그래서 펄슨이 최근 한 기자에게 마인크래프트에서는 "원하는 것을 무엇이든 직접 만들 수 있습니다"라고 말하지 않았던가?

의미가 성취에 가장 큰 동력이 됨을 이해하기

예일 대학교 경영학과 교수 에이미 브제스니에브스Amy Wrzensniewski키는 병원의 청소부들을 인터뷰한 적이 있다. 처음에 브제스니에브스키는 사람들이 예상하는 결과를 얻었다. 즉 병원의 청소부들은 돈을 벌기 위해 일했다. 그들이 매일 병원에 와서 화장실을 닦았던 이유는 월세를 지불하기 위해서였다. 돈이 청소부들이 매일 쓸고 닦도록 동기를 부여했던 것이다.

그러나 시간이 지나면서 브제스니에브스키는 청소부들이 자신을 병원의 핵심 구성원으로 여긴다는 것을 발견했다. 어떤 청소부들은 특정 환자들을 꾸준히 관찰하여 매일 방문객이 오는지 확인했다. 또 다른 청소부들은 환자들을 즐겁게 하기 위해 벽에 걸린 그림이나 조각품의 위치를 바꾸기도 했다. 한 청소부는 브제스니에브스키에게 "저는 병원의 대표입니다"라고 했고 자신을 '치유자[healer]'라고 부른 사람도 있었다.

이렇게 열정적인 청소부들은 동료들보다 훨씬 더 일에 몰두했다. 중요한 것은 그들이 삶 전반에 대해 훨씬 더 행복했다는 점이다. 브제스니에브스키는 작가 데이비드 작스[David Zax]에게 이렇게 말했다. "그들은 같은 직업을 가지고 있지만 그냥 더 좋게 느끼는 것이 아니었습니다. 그들은 아예 다른 일을 하고 있었습니다." 간단히 말하면 청소부들은 그들의 일상적인 노동에서 더 큰 의미와 가치를 발견했고 그것이 그들을 더욱 충만하게 만들었던 것이다.

병원에서의 경험 이후, 브제스니에브스키는 연구를 시작했고 의미가 성취의 가장 큰 동력 중 하나라는 것을 알게 되었다. 행복이나 이익보다 사람들은 자신의 삶에 더 가치가 있기를 원했으며, 더 높은 수준의 의미를 느끼는 사람들은 불안감이 적고 더 건강하며, 삶에 더 만족한다는 것을 발견했다.

그녀와 연구팀들은 사람들이 이러한 심리적 사고 습관을 활용할 수 있도록 하기 위해 경력 개발 도구를 개발하고 이를 '잡 크래프팅[job crafting](개인이 주도적으로 직무를 재해석하고 새로운 의미를 부여해 일의 목적, 일하는 방식 등을 새롭게 정의하는 일-옮긴이)'이라고 불렀다. 이 접근법의 기본적인 메시지는 자신의 관심사에 맞게 직업을 바꾸라는 것이다. 당신이 도서관에서 일하는 외향적인 사람이라면 도서관의 파트 타임 투어 가이드로 직업을 바꿔 보자. 당신이 비영리 단체에서 일하지만 데이터 분석을 좋아하는가? 그렇다면 마케팅팀으로 들어가 기부금을 늘리기 위한 추세 분석을 해 보는 것도 좋을 것이다.

저스틴 버그Justin Berg는 스탠포드 대학교의 경영학 교수가 되기 전에 브제스니에브스키와 함께 공부했는데 연구의 일환으로 직무 재구성 과정을 거친 교육자들을 인터뷰한 적이 있었다. 어떤 교사는 록스타가 되고 싶은 비밀스러운 욕망이 있었고, 그래서 자신의 수업에 롤링스톤스가 할만한 퍼포먼스를 포함하기 시작했으며 때로는 믹 재거처럼 교탁 위에 올라가 뛰기도 했다. 어떤 교사는 컴퓨터를 좋아했기 때문에 학교에서 IT관련 문제가 터지면 해결사 역할을 했다. "모든 것은 직업에 대한 마음가짐부터 시작됩니다. 그것을 더 의미 있게 만들 수 있는 방법이 있습니까?" 버그의 말이다.

학습 동기 부여에도 유사한 개념이 적용될 수 있다. '학습 크래프팅learn crafting'이라고 하는 것인데 한마디로 우리가 배우고 싶은 것을 더 관련성 있게 만드는 것이다. 즉 습득하고자 하는 기술에서 의미를 찾고 동기를 부여하는 방법이다.

이 접근법의 상당 부분은 관점의 전환을 요구한다. 웹 디자인과 같은 기술을 배우고 있지만 기술에 그다지 관심이 없다고? 그렇다면 그 기술이 당신이 개인적으로 관심 있는 고급 맞춤복이나 배드민턴과 같은 분야에 어떻게 적용될 수 있는지 찾아보자. 파산과 같은 금융 개념을 배우지만 돈 이야기를 싫어하는가? 그렇다면 어떻게 그 주제를 자신과 관련된 것으로 만들 수 있는지 생각해 보고 파산 위기에 처한 삼촌에게 어떻게 도움이 될 수 있을지 고민해 보자.

사실 이런 아이디어는 사람들이 전부 다르다는 더 심오하고 명백한 진리를 기반으로 한다. 우리는 다양한 취미, 배경, 걱정거리를 가지고 있고 관심, 동기, 개성 역시 다르다. 하지만 우리는 배우고 싶은 것을 항상 마음대로 선택할 수 없다. 때로는 어쩔 수 없이 통계학을 배워야 할 때가 있다. 어떨 때는 운전을 배우고 회사 소프트웨어를 마스터해야 한다.

여기서의 해결책이 바로 학습 크래프팅이다. 즉 정해진 일에서 의미를 찾는 것이다. 쉽게 이야기해서 스스로에게 이렇게 물어보는 것이다. 이 분야가 내게 어떤 가치가 있는가? 어떻게 하면 더 관련성이 있도록 만들 수 있는가? 내가 이 전문성을 내 삶에서 어떻게 활용할 수 있을까?

이 주장은 학습자에게 약간의 자유가 필요한 이유도 설명한다. 우리에게는 가치를 찾을 여유가 필요하며 학생들에게 과목 학습 방법에 대해 통제권을 주는 것이 중요하다는 것을 뒷받침하는 연구가 많다. 최근에 일부 고등학생들에게는 숙제에 대해 어느 정도 선택권을 주었고 다른 학생들에게는 전혀 선택권을 주지 않고 실험을 했는데 결과는 명확했다. 더 많은 자율권을 가진 학생들이 더 높은 동기를 보였고 학습 결과도 훨씬 더 좋았다.

몇몇 학교 및 직업훈련센터는 명확하게 '학습 크래프팅'이라는 용어는 사용하지 않지만 그 개념을 받아들이고 있다. 워싱턴 D.C. 외곽에 있는 세인트 앤드류스 성공회 학교에서는 학생들이 자신의 학습 결과를 입증하는 방법을 선택할 수 있는데 기존 방식으로 시험을 보는 것부터 영상으로 만들어 제출하는 것까지 다양하다.

학생들은 종종 자신의 기술과 지식을 보여 주기 위해 특정한 종류의 독립 프로젝트를 만드는 것을 선택하기도 한다. 이는 전통적인 시험 방식보다 3~4배 더 많은 노력이 들 수 있다고 혁신적 교육 및 학습 센터Center for Transformative Teaching and Learning 소장 글렌 휘트먼Glenn Whitman은 말한다. "그들은 훨씬 더 많은 의미와 관련성, 그리고 개인적인 주인의식을 느낍니다." 휘트먼의 말이다.

레고와 같이 겉보기에는 단순한 놀이라도 약간의 학습 크래프팅이 필요하다. 한 번은 캠 메이어의 주니어 브릭 빌더 협회 캠프Cam Meyer's Junior Brick Builder Association's camp를 방문한 적이 있는데 거기에는 절대적으로 지켜야 하는 규칙이 있었다. 바로 설명서가 없다는 것이다. 즉 레고 조립 설명서나 미리 포장된 키트가 없다. 학생들은 무엇을, 그리고 어떻게 만들 것인지를 스스로 결정해야 한다.

이는 분명히 레고 회사가 브릭을 판매하는 방식은 아니다. 거의 모든 키트에는 자세한 조립 설명서가 함께 제공된다. 그러나 메이어는 접근방식을 다르게 해서 내가 그의 교실에 들렀던 아침에 학생들에게 조립 설명서는 없다고 말했다. 학생들은 자신의 창의력에 의존해야 했다.

학생들이 이런 지침을 이해하는 데는 잠시 시간이 걸렸으며 10세 정도의 아이들은 좌절감으로 크게 한숨을 쉬었다. 작년 같은 경우에는 일부 학생들이 눈물을 흘리기도 했다고 한다. 그러나 학생들은 곧 조용해졌고 이들이 레고 조립에 몰두함에 따라 교실에서는 웅성거리는 소리가 들렸다. 한 소녀는 사나운 모습의 파충류를 만들었고 다른 아이는 비디오 게임 속의 동물을 만들었다. 그들이 단순히 일련의 지침을 따랐다면 훨씬 더 참여도가 떨어졌을 것이 분명했다.

"조립 설명서가 있는 편이 낫지 않니?"라고 파란색 티셔츠를 입은 소년에게 물어 보았지만 그는 고개를 지으며 이렇게 대답했다. "이렇게 하는 게 더 재미있어요."

"심지어 우리 엄마도 만들 수 없도록 설명서를 없앨까 생각 중이에요"라고 옆에 앉은 소녀가 덧붙였다.

여기에는 중요한 경고가 있다. 레고든 로스쿨이든 간에 설명은 중요하다. 우리는 전문 지식이 작은 단위로 나누어질 때 가장 효과적으로 배운다. 그러나 몰입하고 지속적으로 동기를 부여받으려면 선택권도 필요하다. 우리는 학습을 크래프팅할 때 일정 부분 개입해야 한다. 브제스니에브스키의 동료인 저스틴 버그와 이야기해 보니 "우리는 자신의 소명을 탐구할수록 그로부터 얻는 것이 있다"라는 말을 들었다. 물론 그는 일에 대해 이야기했지만 학습도 다르지 않다. 전문성을 얻으려면 우리는 자신의 소명을 더욱 탐구할 필요가 있다.

배움에 대한 욕구를 느끼기

우리가 아직 다루지 않은 중요한 질문이 있다. '왜 우리가 의미를 가져야 하는가'에 대한 질문이다. 그 대답은 종으로서의 우리가 누구인지에 대해 중요한 것을 말해 준다. 많은 면에서 의미를 찾고 싶은 우리의 욕구는 알고 싶은 욕구와 관련이 있다. 우리에게 배우려는 동기가 있는 이유는 우리 내면에 배우고 싶은 욕구가 있기 때문이다. 사람들은 가치를 찾고 싶어 하는데 이는 우리가 진화하면서 가치 탐색을 하도록 만들어졌기 때문이다.

이것은 생각하는 것만큼 간단한 순환 논리가 아니다. 인터넷 브라우저를 열 때마다 나는 알고 싶은 욕구에 사로잡힌다. 오늘 오후만 해도 나는 버즈피드 BuzzFeed라는 웹사이트에서 '인간성에 대한 믿음을 회복시킬 21장의 사진'이라는 배너를 클릭했다. 나도 안다. 안 했어야 했다. 나는 빠르게 이미지를 훑어보았다. 두 남자가 양을 물에서 구하는 모습, 고양이에게 산소마스크를 씌운 모습, 새 신발을 받은 한 노숙 소녀의 모습 등이었다.

그리고 내 시선은 또 다른 제목인 '초보자도 오를 수 있는 16개의 산'에 멈추었고 다시 그 사이트로 빠져들었다. 그 다음에는 어떤 하이퍼링크로 넘어갔는지 정확히 기억나지 않지만, 아마도 유튜브 채널이나 위키피디아 페이지, 아니면 악어를 먹고 있는 뱀 사진이었을 것이다.

심리학자 자크 판크세프 Jaak Panksepp는 오래전부터 인류는 이렇게 탐색하도록 설계되었다고 주장했다. 그는 탐색을 '시스템의 조부'라고 표현한다. 그에게 우리의 감정은 탐색하려는 욕구에 의해 움직이는 것이며, 그는 감정이 우리가 우리를 얼마나 잘 발견하는지를 알려 주는 탐색의 척도 역할을 한다고 믿는다.

이런 생각은 판크세프에게 사람들이 새로운 것을 시도할 때 행복감이 상승하는 이유를 설명한다. 기존의 것에서 벗어나 무언가 독창적인 것을 찾는 경험에서 도파민 분비가 증가하는 것이다. 반대의 경우도 마찬가지다. 우울증은 종종 세상이 아무 의미가 없다는 느낌으로 곤두박질치는 것인데 일반적으로 탐색 행동의 결여로 나타난다.

이러한 맥락에서 볼 때 탐색하는 행위는 먹고 자고 성행위하고 사랑하는 행위처럼 우리 DNA에 새겨진 행동이며, 당연히 우리가 발견하고자 하는 감정적 충동은 오랜 진화의 역사를 가지고 있다. 왜냐하면 새로운 것들은 종종 가장 큰 위험과 동시에 가장 큰 보상을 내포하기 때문이다. 새로운 아이디어, 새로운 사람들, 새로운 동물들은 우리를 도와줄 수도 있고, 우리를 죽일 수도 있다. 그리고 시간이 지나면서 이 새로운 것들은 고유한 가치를 얻기 시작했다.

사실 고대와 비교해도 우리의 삶은 크게 변하지 않았다. 우리가 매일 하는 일의 중심에는 여전히 발견이라는 감정적인 행동이 있다. 아침에 일어나서, 졸린 눈을 비비면서도 바로 뉴스와 입을 옷을 찾기 시작한다. 그런 다음 건포도 브랜의 상자가 어디 있는지 찾아서 아침 식사를 준비한다. 다음으로는 자동차 열쇠를 찾아야 한다는 느낌이 들면서 집을 나설 때까지 우리는 이미 수십 가지의 다른 것들을 본능적으로 찾고 있다.

여기서 중요한 것은 동기부여, 즉 우리가 중요하게 여기는 것은 논리적 추론만큼이나 강한 감정에서 비롯되는 경우가 많다는 것이다. 우리는 호모 사피엔스로서 본래 탐구하는 존재이기 때문에 끊임없이 탐구한다. 우리는 탐색하는 종이라고 할 수 있다. 한 시간 동안 인터넷을 검색하다가 위키피디아에서 유명 인사들의 스캔들이나 자극적인 기사를 다루는 웹사이트 TMZ를 지나 〈워싱턴 포스트The Washington Post〉로 옮겨 가는 것은 단순한 시간 낭비가 아니다. (종종 그런 경우가 있기는 하지만) 그것은 우리에게 일종의 단기적인 즐거움을 제공하기도 하는 것이다.

이런 종류의 탐색이나 발견은 종종 학습의 첫 단계를 구성한다. 가치관과 욕구를 키우기 위해 우리는 실험하고 조사하며 자신의 관심사와 원칙에 맞는지 궁금해한다. 공학을 알고 싶다면 레고를 조립할 것이고 조지 워싱턴George Washington과 트렌턴 전투battle of Trenton에 대해 배우고 싶다면 위키피디아의 해당 페이지를 정독할 것이다.

어떤 면에서 우리는 정확히 무엇을 알아야 하는지를 점진적으로 알게 되며 욕구라는 감각을 구축하고 있다. 수전 히디Suzanne Hidi와 켄 바론Kenn Barron같은 연구자들의 표현을 빌자면, 우리는 일종의 특정한 상황이나 환경에 의해 촉발되는 상황적 동기situational motivation를 발전시키고 있는 것이다. 상황적 동기를 마음의 미끼mind bait라고 생각하자. 우리는 무엇이 도파민 분비를 자극하는지 잘 알고 있다. 화려한 이미지, 경쾌한 소리, 아니면 단순히 고양이 동영상 몇 개 일 수도 있다.

물론 상황적 동기가 오래 지속되기도 해서 오전 내내 '당신이 나이가 들었다는 것을 느끼게 하는 40가지'라는 제목의 기사에서 모든 링크를 탐색하느라 시간을 보낼 수도 있다. 그러나 일반적으로는 순식간에 지나가 버리고, 느끼자마자 사라진다. 우리의 주의는 이미 다음 큰 종소리나 높은 음의 휘파람으로 옮겨갔다.

대조적으로 심층적 동기deep motivation라는 것도 있다. 이것은 자신에게 더 깊고 의미 있는 이유로 인해 생기는 동기다. 이러한 종류의 동기는 매우 심오하다. 상황적 동기가 마음의 미끼라면 심층적 동기는 빠져나가기 어려운 덫에 비유할 수 있다. 이러한 형태의 동기는 사람들이 유기화학을 공부하거나 에페 펜싱 기술을 연마하는 데 오랜 세월을 바치는 원동력이 되며 우리 정체성의 핵심과 연결된다.

가치를 창출하고 학습을 유도하는 방법

그렇다면 상황적 동기는 어떻게 심층적 동기가 되는가? 그 답은 가치에 있다. 결국에는 가치관이 동기의 덫에 빠지게 만든다. 상황의 추진력과 개인의 추진력 사이의 경계에는 의미가 있고, 우리가 의미 있는 것을 발견하면 훨씬 더 긴밀한 동기가 된다.

하이디Hidi와 그녀의 동료인 앤 레닝거Ann Renninger 같은 심리학자들은 어떻게 이 과정이 발생하는지 보여 주었다.

동기의 첫 번째 단계는 거의 상황에 따라 발생하는 관심이다. 예를 들어 가장 간단한 설명이 가장 좋은 설명이라는 오캄의 면도날Occam's razor 이론을 설명하는 유튜브 동영상을 접한다고 해 보자. 그 동영상은 설득력 있고 멋지므로 당신의 주의를 끈다.

두 번째 단계에서 사람들은 그 주제에서 일종의 가치를 보기 시작한다. 따라서 유튜브 동영상을 시청하면서 오캄의 면도날 원리가 논쟁에서 승리하고 문제를 해결하는 데 어떻게 도움이 될 수 있는지 이해하기 시작한다. 이제 동영상이 당신에게 가치가 있기 때문에 계속해서 이를 시청한다.

세 번째와 네 번째 단계에 가면 동기는 종종 점점 더 내적인 것이 되며, 우리가 주제에 충분히 집중하면 우리의 관심은 더 깊고 의미 있는 형태의 동기로 발전할 수 있다. 오캄의 면도날을 깊이 알게 되면 이 개념에 대한 다양한 해석을 이해하고 의학이나 스포츠 등 다른 분야와 어떻게 연관되는지에 대하여 관심을 갖게 될 것이다.

물론 항상 이런 것은 아니다. 성격, 경험, 배경, 문화 등에 따라 달라진다. 동시에 우리는 탐구 시스템, 즉 알고자 하는 욕구를 소중하게 다루고 키워야 한다. 간단히 말해, 위키피디아를 파헤치거나 다큐멘터리를 보거나 새로운 경험을 적극적으로 찾아다니면서 새로운 아이디어를 자유롭게 탐색하고 발견할 수 있어야 한다는 말이다.

동시에, 학습이 힘들어지면 우리에게는 격려나 조언 같은 감정적 지원이 필요하다는 것을 깨달아야 한다. 다시 말해 일을 성취하기 위해서는 탐구 시스템을 관리해야 한다는 뜻이다. 나의 경우 동기를 불처럼 여기는 관점을 가지고 있다. 불을 활활 피우려면 감정적인 불꽃이 필요하지만 관리하지 않으면 너무 빨리 꺼지거나 통제 불능 상태가 될 수 있다. 탐구하려는 열정이 없으면 흥분이 일어나지 않고 결국 알고 싶은 욕구를 잃게 된다. 그러나 탐구하려는 열정이 너무 크면 하루 종일 버즈피드에서 '불이 어떻게 작동하는지 모르는 사람'을 다룬 웹사이트를 보며 시간을 보낼 수도 있다.

버즈피드 같은 웹사이트의 성공은 가치를 창출하고 학습을 유도하는 또 다른 방법—우리의 사회적 본성—이 있다는 것을 암시한다. 결국 버즈피드나 TMZ의 인기는 우리의 집단적인 경향과 밀접한 관련이 있으며 이러한 웹사이트는 친구들과 공유하고 싶은 자료를 만들고 싶어서 생긴 것이다. 우리는 '불이 어떻게 작동하는지 모르는 사람들'과 같은 기사를 읽고 친구나 가족에게 트윗한다.

이러한 의미에서 동료들은 가치를 촉진한다. 특히 학습과 관련하여 의미를 보는 데 도움을 준다. 다른 예로 랭스턴 팅글링 클레몬스^{Langston Tingling-Clemmons}와 같은 사람을 들 수 있다. 그는 대학을 졸업한 지 10년이 넘었지만 버크넬 대학교에서 화학 수업 시간에 손을 들었던 일을 여전히 기억하고 있다.

키가 작고 몸집이 왜소한 클레몬스는 당시 교실 앞쪽에 앉아 있었다. 신입생답게 깔끔하게 차려입은 그는 넥타이 핀과 화려한 무늬의 페슬리 양말을 선호했다. 가족들은 그가 자궁에서 나올 때부터 잘 맞춰 입었다고 농담할 정도였다. 그는 운동을 할 때도 위아래 복장을 잘 갖추어 입었다.

그날 클레몬스가 하늘 높이 손을 들어 올리자 한동안 방 안의 모든 학생들이 그를 쳐다보았다. 당시 버크넬 대학교 재학생 약 3,000명 중 흑인 학생은 몇백 명밖에 되지 않았다. 그 역시 그 화학 수업의 유일한 흑인 학생이었다. 시간이 흐르고 교수가 마침내 그의 질문에 답했을 때 클레몬스는 혼자라는 느낌이 들었고, 마음속에서는 조용한 목소리가 속삭이는 것 같았다. '내가 정말 여기에 있어야 할까?'

그는 결국 화학 수업을 그만두었다. 학업이 문제가 아니었다. 클레몬스는 워싱턴 D.C.의 최고 명문 고등학교 중 한 곳을 졸업했지만 문제는 소외감, 낯선 사람이라는 느낌이었고 이는 그가 버크넬에 있는 동안 자주 발생했다. "내가 듣는 수업에서 내가 유일한 흑인 학생이었기 때문에 같이 듣는 학생들은 캠퍼스 어디에서도 나를 알아보고는 했어요"라고 클레몬스는 기억한다. "모르는 사람들이 내게 인사를 하기라도 하면 난 어리둥절했어요."

대학에 가는 것은 거의 모든 사람에게 어렵다. 새로운 친구를 사귀고, 더 어려운 과목을 수강하고, 처음으로 집을 떠나서 살아야 한다. 유색인종 학생들에게는 더더욱 어렵다. 그들은 소속감을 느끼지 못하는 경우가 많고 적응하는 데 어려움을 겪는다. 그들에게 대학 문화는 고향의 문화와 매우 다르다. "나는 때때로 나 혼자 섬에 갇혀 있는 것 같았습니다." 클레몬스의 말이다.

사회적 정체성을 찾아가기

몇 년 전, 데보라 비알Deborah Bial은 이 문제를 해결하기로 결정했다. 그녀는 대학에서 '소외된overlooked' 학생들을 돕는 프로그램을 시작해서 그들이 성공할 수 있도록 더 많은 사회적 지원을 제공했다. 포세Posse라고 불리는 이 프로그램은 일반적으로 소외된 유색인종 학생들을 10명씩 그룹으로 전국의 대학교에 보내는데 학생들에게는 그들을 지원할 사람들의 네트워크가 보장된다.

클레몬스는 버크넬에 온 최초의 포세 학생 중 한 명이었다. 화학 수업에서의 경험에도 불구하고 이 프로그램 덕분에 그는 다른 사람과 같다는 느낌을 가질 수 있었다. 다른 포세 학생들과 함께 음악을 듣고 식사를 하러 다녔다. 그들은 수업 중 어색한 순간에 대해 같이 이야기하고 농구를 하며 스트레스를 풀었다. 그룹은 작지만 끈끈했다. 그의 포세 친구 중 한 명은 나중에 그의 결혼식에서 들러리를 섰다.

이런 감정적 지원은 적극적으로 동기를 부여하여 학습에서 가치와 의미를 느끼게 한다. 포세 프로그램에 참여하는 학생들은 다른 학생들보다 대학 졸업률이 훨씬 높은 90% 이상이다. 클레몬스는 역사와 종교를 복수 전공하며 버크넬을 졸업했다. 4학년 때 그는 학생회장을 맡았다. 오늘날 그는 포세 프로그램이 그가 학교를 졸업하는 데 도움을 주었다고 생각한다.

가치 및 의미와 관련된 것들이 그렇듯 우리의 소속감에 대한 욕구도 간과되는 경우가 많다. 그 이유 중 하나는 사회적 신호가 미묘하기 때문이다. 사회적 신호는 큰 목소리가 아니라 속삭이는 방식으로 메시지를 전달하며, 목소리 톤, 억양, 자세 등 다양하고 미묘한 형태를 통해 단합과 사회적 가치를 표현한다.

이는 사회적 역학 관계에서의 사소한 변화가 엄청나게 다른 결과를 낳을 수 있다는 걸 의미한다. 예를 들어 한 연구에 따르면 비벡[Vivek]처럼 '누구나 알 수 있는' 아시아 이름을 가진 아시아 학생이 알렉스[Alex]와 같은 이름을 가진 아시아 학생보다 수학 점수가 더 높을 가능성이 높다고 한다. 교사들은 보다 아시아적인 이름을 가진 학생들이 수학 수업을 '더 진지하게' 받아들인다고 가정했기 때문에 더 높은 기대치를 가지고 집중적으로 수학 지도를 했기 때문이다.

우리는 또한 일반적으로 다른 정체성과 관련하여서만 자신의 사회적 정체성을 발견하는 경우가 많다. 예를 들어 나는 독일에서 있을 때 가장 미국인임을 느낀다. 거기서는 미국인의 정체성을 특징짓는 특성—너무 시끄럽고 지나치게 친절한—을 깨닫게 되고 솔직히 말하면 나는 대부분의 독일인보다 훨씬 더 시끄럽고 사교적인 편이다. 반대의 경우도 마찬가지다. 나는 미국에 살 때 자신이 가장 독일스럽다고 느낀다. 그래서 나는 대부분의 동료들보다 훨씬 더 시간을 잘 지킨다.

이런 작은 차이에도 불구하고 사회적 요인은 우리의 가치관에 엄청난 영향을 미친다. 가족과 또래, 친구와 동료들은 모두 학습에 정서적 의미를 부여하며, 우리가 스트레스를 받거나 긴장하거나 슬플 때는 다른 사람들을 찾는다. 시험 불안이 좋은 예이며 불안한 시험 응시자는 친구와 더 긴밀한 관계를 가질수록 더 나은 성적을 거둔다. 동료들의 지지는 시험의 정신적 부담에 대한 정서적 완충제 역할을 하는 것으로 보인다. 그들이 있으면 감정 조절이 더 쉬워진다.

사회적 네트워크도 일종의 동기부여다. 사람들은 소속감을 느끼지 못하면 훨씬 동기부여가 덜 되고 일반적으로 학업 성적도 떨어진다. 더 구체적으로 말하면 친구들과 함께 수업을 듣는 학생은 수업에 아는 친구가 없는 학생보다 일반적으로 더 높은 시험 점수를 받는다.

이런 주장은 또한 공개적인 약속이 왜 그렇게 극적인 영향을 미칠 수 있는지 설명한다. 사람들이 친구들에게 자신이 무언가를 할 것이라고 말하면 그들은 그 목표에 훨씬 더 충실할 가능성이 높다. 예를 들어 페이스북이나 트위터에 '나는 부동산 공인 중개사 면허를 취득할 것이다'라고 선언하면 우리는 그 약속을 지킬 가능성이 더 높다. 우리는 우리가 속한 집단에 대해 약속을 지키고 싶어 하기 때문이다.

이런 특성이야말로 또래 압력peer pressure(사회적 집단에 속한 사람들로부터 영향을 받아 특정한 행동, 태도, 또는 선택을 강요받는 현상-옮긴이), 팀, 부족, 친족과 집단의 긍정적인 측면이다. 어떤 집단에서 한 사람이 배우는 데 전념하면 다른 사람들 역시 열심히 공부하게 된다. 우리는 아웃사이더나 부적응자 또는 게으른 사람이 되고 싶어 하지 않기 때문에 동기와 의미가 집단 내로 퍼져 나가게 되어 있고 추진력이 다른 사람에게 전파되기 마련이다. 최근 한 연구에 의하면 '정신적 노력은 전염된다'고 한다.

학습에 관해 이야기하자면 우리의 전통적인 사회적 방식은 생각하는 것보다 훨씬 강력하다. 하버드와 같은 최고 명문대학을 살펴보면 교육 프로그램이 차이를 만든다는 것을 알 수 있다. 교수, 커리큘럼, 시설 모두 탁월하다. 결국 이것이 하버드의 학비가 그렇게 비싼 이유다. 학교의 팸플릿에 따르면 하버드 대학은 최고 수준의 교수, 교재 및 시설에 투자해야 하기 때문에 등록금이 높다는 것이다.

그러나 알고 보면 실제로는 다른 학생들의 역할이 엄청나다. 학생들은 다양한 사회적 압력, 규범 및 학문적 상호 작용 등을 통해 다른 학생들의 학습으로부터 크게 영향을 받는다. 실제로 일부 학교에서는 학교 명성의 3분의 2가 다른 학생들의 영향력 때문이라고 한다. 간단히 말해, 하버드의 성공 대부분은 교수나 커리큘럼이나 건물과는 거의 관련이 없으며 대부분 하버드에 다니는 학생들 때문이라는 것이다.

제이슨 울프슨을 보면 레고 조립 역시 통찰력을 제공할 수 있다는 것을 알 수 있다. 그는 레고에 대한 관심을 유지하기 위해 한 달에 한 번 레고 클럽 회원들과 만남을 지속하고 있다. 이들은 보통 지역 도서관에 모이며, 여느 친밀한 동호회와 마찬가지로 엄격한 규범을 가지고 있다. 점심 식사는 항상 인근 식당에서 하며 레고가 아닌 플레이모빌과 같은 브랜드의 제품은 철저히 금지되어 있다. 또한 다른 사람의 조립품을 허락 없이 만지면 강제로 탈퇴당하게 되어 있다.

일요일 오후에 이런 모임 중 하나에 참석했다. 이 그룹은 모든 사람이 명확한 역할을 맡고 있는 대가족처럼 보였다. 울프슨이 대외적으로 회장 역할을 했지만 사실상 운영은 켄 라이스가 했다. 디테일 조립은 킴 페티가 맡아 했고 전쟁의 역사나 레고 조립에 대해 배우려면 게리 브룩스에게 부탁하면 되었다.

울프슨에 의하면 이들 역시 어려운 시기를 겪었다. 10년 전에는 '모두의 열정이 똑같지 않기 때문에' 일부 구성원들이 그룹에서 탈퇴해 나간 적도 있다고 한다. 그러나 대체로 레고 네트워크는 참여할 만한 가치가 있으며 삶의 목표를 찾을 수 있기 때문에 울프슨은 거의 매달 참석하려고 노력한다. "모일 날짜가 되면 제 아내는 알아서 다른 일정을 잡을 정도입니다." 울프슨이 내게 귀띔했다.

우리가 앞에서 본 랭스턴 팅글링 클레몬스는 버크넬 대학교를 졸업한 다음 결혼하여 어린 딸을 두고 있다. 그는 현재 워싱턴 D.C.에 있는 흑인들만 모여 사는 가난한 동네에서 중학교 영어 교사로 일하고 있다. 만나서 술을 한 번 먹었는데 클레몬스는 이제 포세에서 배운 사회적 교훈을 자신의 교실에 적용 중이라고 설명했다.

학생들과 더 많은 사회적 관계를 쌓기 위해 클레몬스는 매년 반 학생들의 집을 방문하려고 노력한다. 그중 학생 6명의 멘토가 되어 그들의 스포츠 경기를 관람하고, 저녁 식사를 함께하러 나가는 등 긴밀한 유대감을 형성했다고 한다. 또한 그는 학생들에게 멘토를 찾으라는 조언도 해 준다. 학업을 계속하고 싶다면 대학에 진학할 사람들과 어울리라고 말한다.

맥주를 마시며 그는 학생들이 소속감을 느껴야 한다고 말했다. 그는 이러한 사회적 유대가 궁극적으로 학생들에게 공부하려는 동기를 부여한다고 믿는다. "나는 그들과 신뢰와 호감을 쌓고 그 영향력을 바탕으로 그들이 올바른 선택을 할 수 있도록 도우려 합니다."

두뇌 안의 주판을 이용하기

지금까지 이 장에서 우리는 가치와 의미가 학습에 대한 동기를 부여하는 방법을 살펴보았으며, 목적과 관련성이 새로운 지식과 기술을 습득하려는 욕구를 어떻게 촉진하는지에 대해 논의했다.

물론 이것들은 중요한 항목이다. 그러나 학습 과정에 있어서 가치를 찾아야 할 또 다른 이유가 있다. 그것은 실제로 우리가 배우는 이유이기도 하다. 우리는 우리의 경험을 이해하고, 주변 세상을 설명하기 위해 기술과 지식을 습득한다.

그러나 항상 이런 식은 아니다. 얼마 전 한 커뮤니티 칼리지 학생(이름이 조라고 하자)이 수학 문제에 대한 답을 적었다.

10×3=30

10×13=130

20×13=86

30×13=120

31×13=123

29×13=116

22×13=92

이상한 점을 눈치챘는가? 30×13의 답이 120인가? 또는 22×13의 답이 정말 92일까?

조는 수학을 제대로 이해하지 못했던 것 같다. 그는 문제를 제대로 파악하지 못했고, 중요한 패턴도 발견하지 못했다. 그는 몇 개의 단편적인 공식과 기본적인 연산 규칙을 활용하여 어떤 답을 내놓기 위해 억지로 끼워 맞추려고 한 것 같다. 당연히 이 답들은 틀렸다.

이게 뭐 그렇게 중요한 내용은 아니다. 결국 사실을 암기하는 것이 훨씬 쉽고 많은 분야에서 사람들은 어떤 주제에 대한 기계적인 지식만으로도 꽤 잘 해낼 수 있다. 실제로 조 자신도 고등학교 졸업장을 받고 커뮤니티 칼리지에 등록하는 데 성공했다.

더 큰 문제는 사람들이 종종 전문 지식을 어떤 '물건'으로 보고, 이것이 강의나 책에 담겨 있다고 여긴다는 점이다. 그래서 그들은 강의를 듣거나 웹사이트를 검색하거나 비디오를 시청하면 그 정보가 그냥 자신의 뇌 속으로 옮겨갈 것이라고 믿는다.

이러한 개념으로 본다면 학습은 비접촉 스포츠와 같다. 즉 데이터의 일부를 한 소스에서 가져와 두뇌 속으로 밀어 넣는 과정이라고 할 수 있다. 이를 교육에 대한 '자료^{stuff}'적 접근 방식이라고 부르자. 우리는 배워야 할 '자료'(사실은 몇 가지 절차와 공식)가 있다고 생각하고 그 자료를 낡은 양말처럼 두뇌의 저장 공간과 서랍에 쑤셔 넣고 싶어 한다.

하지만 우리의 뇌는 이런 식으로 작동하지 않는다. 사람들은 종종 뇌가 컴퓨터와 같다고 말하지만 정확하게 맞는 말은 아니다. 첫째로 이러한 생각은 단순히 하드 드라이브 공간을 추가하면 훨씬 더 똑똑해질 것이라고 생각하게 만들며, 둘째로 우리 두뇌는 정보를 수동적으로 받아들인다는 개념을 강화시킨다.

사실 우리의 두뇌는 도로와 고속도로의 네트워크 시스템으로 생각하는 것이 훨씬 낫다. 도로에 비유하면 단순한 길, 예를 들어 비포장도로 같은 경우는 만들기가 꽤 쉽다는 것을 알 수 있다. 결국 반복적으로 작업만 하면 되는 문제다. 학습도 마찬가지다. 기본적인 개념이나 기술은 비교적 배우기 쉽다.

게다가 이런 식의 비유는 우리의 두뇌에게 전문 지식이란 개념을 이해하고 특정 분야 내에서의 관계를 파악하는 능력에 관한 것이라는 점을 강조한다. 다시 말해 전문 지식이란 어떤 기술이나 지식 영역 안에서 깊은 네트워크를 갖는다는 뜻이다.

심리학자 스티븐 츄$^{Stephen\ Chew}$의 연구는 이 개념을 이해하는 또 다른 방법을 제시한다. 그는 학습에서 의미의 중요성을 설명하기 위해 청중을 대상으로 작은 실험을 자주 실시하여 전문성이 특정한 종류의 정신적 연결을 형성하는 것과 관련이 있음을 입증한다.

한 실험에서 추는 단어 20여 개가 적힌 카드를 배포한다. 그리고 청중의 절반에게 단어 안의 글자에 집중하고 철자 'g' 또는 'e'가 몇 번 나타나는지 세라고 요청한다. 그리고 다른 절반의 학생들에게는 단어의 '기분 좋음'에 집중하도록 한 다음 실험 참가자 모두에게 단어를 기억해보라고 말한다.

이 실험은 오래된 연구를 그대로 재현한 것인데 실험 결과는 항상 과거의 결과와 동일하다. 즉 더 의미 있는 접근 방식으로 단어가 자신에게 얼마나 기분이 좋은지를 생각하는 사람들은 단순히 'g'의 개수를 세는 사람들보다 더 많은 단어를 기억한다.

차이는 매우 뚜렷했다. 최초 실험에서는 더 의미 있는 형태의 처리를 하는 사람들—자료와 깊은 연관성을 형성한 사람들—이 기억하는 단어가 그렇지 않은 사람들보다 최대 7배 더 많았다. 심지어 추의 비공식적인 시연에서도 사람들은 대개 2배 이상 차이가 났다.

"정보에 의미를 부여하고 생각하면 피상적이고 무의미한 수준에서 생각하는 것보다 그 정보를 더 잘 기억하게 됩니다"라고 추는 말한다. "이것은 우리가 배우려는 의도가 있든 없든 상관없이 항상 적용됩니다."

무언가를 배우려고 하는 사람들에게 이런 주장이 중요한 이유는 또 있다. 그것은 의미가 학습에 유연성을 제공하기 때문이다. 우리가 무엇을 이해하면 다양한 상황에서 그 기술과 지식을 사용할 수 있다. 만약 우리가 특정 전문 분야를 이해하고 사고방식을 바꾼다면 다양한 상황에서 성공을 거둘 수 있다.

진토닉 칵테일을 제조하는 방식을 예로 들어 보자. 기본 절차를 외우는 것은 매우 쉽다. 진과 토닉을 1:1 비율로 섞고 라임을 추가하면 진토닉이 완성된다.

하지만 훌륭한 진토닉을 만드는 방법을 진정으로 이해하고 그 가치를 파악하려면 진, 토닉, 라임의 조합이 어떻게 1960년대 광고 업계를 중심으로 이야기가 펼쳐지는 세련된 감성의 드라마 〈매드 맨 Mad Men〉 속 시대의 독특한 칵테일 경험을 만들어 내는지 배워야 한다. 이러한 풍부한 형태의 학습이 문제를 해결하는 데 차이를 만들기 때문이다.

진과 토닉의 경우, 냉장고에 토닉 워터가 없다고 해 보자. 진토닉을 보다 깊이 이해하는 사람이라면 토닉 워터에 쓴맛이 있다는 것을 알고 오렌지 주스로 대체할 수 있을 것이다. 만일 진과 토닉워터가 둘 다 없다면 보드카와 진저에일을 섞어 유사한 맛의 음료를 제조할 수 있을 것이다.

학습에서는 이런 생각이 매우 중요해서 재차 강조할 가치가 있다. 우리가 배우는 이유는 의미를 찾고 생각을 형성하기 위해서이며 궁극적으로 배운 지식을 적용할 수 있기 때문이다. 따라서 당신이 다시 조라면 이 문제에 다시 부딪혔을 때 다른 접근 방식을 취할 수 있을 것이다.

$10 \times 3 =$

$10 \times 13 =$

$20 \times 13 =$

$30 \times 13 =$

$31 \times 13 =$

29×13=

22×13=

당신은 패턴이 있다는 것을 곧 깨닫게 되고, 이러한 문제들을 13의 힘을 이용하여 더 쉽게 해결할 수 있다는 것을 이해하게 될 것이다.

'머릿속 주판 mental abacus'으로 알려진 이 수학적 접근법은 우리가 어떻게 배움 속에서 의미를 찾는지에 대한 통찰을 제공한다.

머릿속 주판이 어떻게 작동하는지 감을 잡기 위해 도구 없이 다른 수학 문제를 풀어 보자. 펜이나 종이, 계산기 없이 머릿속으로 아래 숫자를 더해 보라.

86,030

97,586

63,686

38,886

운이 좋아 맞추었는가? 아니, 그보다도 1초 안에 계산을 끝냈는가?

대부분의 성인에게 이러한 계산은 두뇌에 과부하를 주게 마련이다. 우리는 숫자를 오래 마음속에 기억하기가 어렵다. 6을 더하고 1을 올리고 2를 가져오고 7을 기억하고 5를 유지하려고 노력하지만 우리 마음은 곧 숫자들의 얽힌 덩어리에 급속히 빠져들고 인지적 충격에 빠져 혼란스럽다.

여기서 더 중요한 질문은 "왜 계산이 안 되는가?"다. 최근에 나는 세레나 스티븐슨이라는 고등학생이 이런 종류의 수학 문제에 빠르게 답하는 것을 본 적이 있다.

스티븐슨과는 저녁 때 만났는데 그녀는 미키 마우스 추리닝을 입고 앉아 있었다. 우리는 뉴욕 시 외곽의 작은 지하 교실에서 만났다. 스티븐슨의 암산 강사는 몇 개의 숫자를 읽어 주었고 그 숫자들은 위로 던져진 동전처럼 공중으로 튕겨 올라갔다.

74,470

70,809

98,402

그리고 스티븐슨은 불과 몇 초 안에 암산으로 숫자를 더했다. 마치 미국 주의 수도를 암기해서 내뱉듯이 빨랐다.

스티븐슨은 당신이나 내가 단기 기억을 사용하여 문제를 푸는 방식처럼 문제를 해결하지 않았다. 대신, 스티븐슨은 마음속에서 주판을 시각화하고 손가락을 사용하여 문제를 해결하는 데 도움을 받았다.

옆에서 스티븐슨을 지켜보니 그녀는 문제를 풀 때마다 눈을 감고 손을 움직이고는 했다. 그리고 문제를 듣자마자 오른손 손가락이 꿈틀거리며 움직이며 시작했고 점차 빠르게 움직이며 꼬집고 쓸어내리는 일련의 동작을 반복했다. 실제 주판은 없었지만 마치 물리적인 주판을 사용할 때 사용하는 모든 손동작을 사용하여 문제를 푸는 것처럼 보였다.

그녀의 몸짓을 처음 봤을 때 나는 그것이 마치 물방울무늬 보타이를 매거나 반 고흐$^{\text{Van Gogh}}$를 '밴 고우'라고 발음하는 사람들의 허세 같은 거라고 생각했다. 하지만 그녀의 움직임이야말로 암산의 핵심이었고 그 움직임 (그리고 그와 관련된 정신적 상상) 없이는 정확도가 절반 이상으로 떨어지는 것으로 밝혀졌다. 하버드 대학교의 심리학자 니온 브룩스$^{\text{Neon Brooks}}$

는 이렇게 말했다.

"전문가들에게 몸짓을 못하게 하면 끔찍한 결과를 낸다. 그들은 완전히 무너진다."

이것은 결코 우연이 아니다. 학습에는 노력이 필요하다. 의미를 만들기 위해서는 우리가 가진 전문 지식을 적극적으로 이해해야 한다. 잠시 후에 살펴보겠지만 머릿속 주판이 뛰어난 이유는 마음과 몸을 연결하기 때문이다. 또한 주판을 이용한 이런 방식은 학습에 대해 보다 관계적인 접근 방식을 취하는 것으로 밝혀졌다. 게다가 또 다른 이점도 있다.

그러나 이보다 중요한 것은 머릿속 주판이 사람들이 단순히 다른 사람의 지식을 흡수하는 데 그치지 않고 적극적으로 지식을 생성하도록 만든다는 사실이다. 이것은 학습을 행동으로 만드는 과정이다. 최근의 연구 결과에 따르면 퀴즈 문제를 낸다거나, 다른 사람에게 설명하거나, 심지어 행동으로 옮기며 학습하는 방식처럼 인지적으로 더 몰입하는 학습 방식이 훨씬 더 좋은 결과를 보여 준다고 한다.

현재의 지식과 배우고자 하는 지식을 정신적으로 연결하기

심리학자 리치 마이어Rich Mayer는 학습을 일종의 정신적 행위로 보는 요즘의 사회적 시선에 대해 많은 글을 쓰면서 예상치 않게 새로운 전문 지식 습득 방식의 옹호자로 떠올랐다. 부드러운 말투에 미드웨스트 출신인 마이어는 옆집 아저씨 같다. 그는 누군가가 엉망으로 만들어 놓았다는 식으로 말하지 않고 그 사람은 '모범적인 것에서 다소 부족하다'고 말한다. 또한 사람들이 나쁜 의도를 가지고 있다고 믿지 않는다. 다만 잘못된 결정으로 나쁜 결과가 나왔을 뿐이라고 생각한다. 그가 가장 좋아하는 조언은 '부정적인 에너지를 발산하지 마라'다.

마이어는 학습을 집중적이고 적극적인 노력이라고 주장하는 사람들의 대표 주자가 되었다. 샌타바버라에 있는 캘리포니아 대학 연구실에서 그는 연구에 연구를 거듭하여 사람들은 알고 있는 것을 적극적으로 다른 사람들에게 전달함으로써 전문 지식을 얻는다는 것을 보여 주었다. 그는 내게 딱 잘라 이렇게 말했다. "학습은 생성적인^{generative} 활동입니다."

메이어는 이것이 어떻게 작용하는지 자세히 설명했다. 우선, 사람들은 분야를 선택해서 정확히 무엇을 배울 것인지 파악해야 한다. 예를 들어, 소련의 역사나 불교 철학 같은 것을 선택할 수 있다. 그런 다음 그 정보를 자신이 이미 알고 있는 것과 통합해야 한다. 즉, 현재의 지식과 배우고자 하는 정보 사이에 어떤 종류의 정신적 연결을 만들어야 한다.

예를 들어, 어떤 사람이 소련의 독재자 스탈린에 대해 배우고 있다면 자신이 알고 있는 것(스탈린은 독재자였다)을 배우고 싶은 것(스탈린은 크림반도에서 성장했다)과 능동적인 방식으로 연결하여 새로운 정보를 자신에게 의미 있게 만들어야 한다.

정신적으로 행동하는 것, 즉 전문 분야에서 가치를 창출하는 힘은 기본적인 기억 작업에서도 확실히 효과가 있다. 예를 들어 프랑스어로 '집'을 의미하는 메종^{maison}이라는 단어를 기억하고 싶다면 그 단어에 철자가 하나 빠진 상태(예: mais_n)를 보면 그 단어를 훨씬 더 잘 기억할 가능성이 높다. 즉 여기에 'o'를 추가해서 단어를 완성하는 식이다. 이는 사람들이 생각을 마무리하고 가장 기본적인 방식으로 학습을 생산하기 위해 어떤 작업을 한 것이며 학습을 더 의미 있게 만든다.

보다 적극적인 학습 방법의 이점은 더 어려운 정신적 과제에서도 마찬가지로 나타난다. 읽기를 예로 들어 보자. 우리가 읽고 있는 것에 대한 일종의 심상을 떠올리도록 스스로 노력해서 마음속으로 텍스트를 이미지화 시킨다면 메이어가 주장하듯 훨씬 더 많은 것을 기억할 수 있다. 일종의 '마음속 영화'를 만들어 정신적 연결을 구축하고 배운 내용이 더 오래 지속되도록 만드는 것이다.

다른 예로 '복창repeat backs'이라는 것을 생각해 보자. 이는 어떤 사람으로부터 자세한 설명을 듣고 이를 자신의 말로 반복하는 것이다. 이렇게 요약해서 반복하면 지식이 생성되고 그 정보를 기억할 가능성이 더 높아진다.

지난 몇 년 간 학습을 일종의 정신적 행위로 본 연구는 사람들이 전문 지식을 얻는 방법에 대한 통념을 많이 바꾸어 놓았다. 켄트 주립 대학의 존 던로스키John Dunlosky와 동료들은 최근 대규모 연구에서 형광펜으로 강조 표시하는 것이 학습에 큰 효과가 없음을 발견했다. 왜 그럴까? 그런 행동이 사람들이 지식을 구축하도록 충분히 압박하지 못하기 때문이다. 마찬가지로 여러 번 읽는 것도 효과가 제한적이었다. 다시 말하지만 그런 행위는 충분한 정신적 활동을 유발하지 못한다.

그러면 던로스키의 획기적인 연구에서 어떤 접근법들이 효과가 좋았을까? 던로스키에게 전화로 물어보니 가장 효과적인 방법은 자기 퀴즈self-quizzing나 자기 설명self-explaining과 같은 적극적인 학습 활동이라고 말했다. 그는 '이것이야말로 우리 마음이 작동하는 방식의 본질'이라고 주장한다. 그는 학습에 대하여 "우리는 정보를 단순히 복사하는 것이 아니라 사실을 이해하는 것입니다"라고 덧붙였다.

일종의 정신적 활동으로서의 학습은 인원이 많을 때에도 마찬가지로 효과가 있다. 한 번은 시애틀에 있는 워싱턴 대학교의 생물학 교수인 제니퍼 도허티Jennifer Doherty의 수업에 참석한 적이 있다. 이 강좌는 뛰어난 학업 결과로 오랫동안 칭찬을 받아 왔으며 강의실은 100명이 넘는 학생들이 청강하는 큰 규모였지만 도허티는 끊임없이 적극적인 노력을 통해 학습하도록 학생들을 독려했다.

예를 들어 수업 중에 그녀는 종종 모든 학생들을 대상으로 질문했고 때로는 학생을 무작위로 지명하기도 했다. 학생들끼리 짝을 짓게 하고 '식물은 흙이 없는 곳에서 어떻게 영양분을 얻을까?'와 같은 질문도 했다.

나는 암산 연습에 대해서도 직접 경험했다. 스티븐슨을 처음 만나고 몇 달 후 나는 초등학생 딸들과 함께 몇 가지 주산 강의에 등록했다. 손짓과 암산에 대한 글을 쓰려면 그 기술을 어느 정도 익혀야 한다고 생각했기 때문이다.

수업은 예상했던 것보다 내게 어려웠다. 고작 여섯 살 된 딸은 내가 틀린 부분을 지적하며 놀리곤 했다. 암산은 일종의 정신적 긴장감과 지적인 노력을 요구했다. 한 학생은 암산 연습을 '지적인 역도intellectual powerlifting'라고 표현하기도 했다. 그러고 몇 주도 되지 않아 이 적극적인 접근법은 이해력에서 성과를 냈고 수학이 더 쉬워졌다. 체육관에서 역기를 드는 것처럼 더 적극적으로 참여할수록 결과가 더 좋아지는 걸 느낄 수 있었다.

이런 결론을 내린 사람은 나만이 아니었다. 연구에 따르면 주산이 전통적인 수학 교육 방식보다 훨씬 높은 학습 결과를 산출하는 것으로 나타났다. 심리학자 데이비드 바너 David Barner 는 무작위 현장 실험에서 이를 연구했으며 주산이 수학 이해에 깊고 오랜 영향을 미칠 수 있다고 주장했다. 그는 "조기 수학 교육에 대해 우리가 알고 있는 모든 것을 고려할 때 주산을 공부하는 학생들은 SAT 점수가 더 높을 것이라고 예상합니다"라고 말했다.

> **깜짝 퀴즈 #3**
>
> **다음 말에 맞다, 아니다로 답해 보자.**
> "단순히 텍스트를 '공부'하는 학생은 텍스트를 개인적으로 '의미 있게' 만드는 방법을 찾는 학생에 비해 학업 성취도가 떨어지는 경향이 있다."

행동을 통해 배우기

학습이 일종의 적극적인 정신 활동이라는 여러 증거에도 불구하고 우리 학교와 대학 들이 이 점에 얼마나 관심이 없는지 놀라울 정도다. 어느 대학 캠퍼스 도서관에 들어가 봐도 학생들은 그저 수동적으로 책을 읽고 있다.(어떤 분야를 배우고 싶다면 보다 적극적으로 참여해야 한다.) 어느 고등학교를 가 봐도 학생들은 기계적으로 텍스트의 마지막 페이지에 강조 표시를 하고 있다.(자기 테스트가 학습 방법으로 훨씬 효과적이다.) 사람들은 중요한 회의를 앞두고 메모를 훑어보는 경우가 많다(더 나은 방법은 빈방에 들어가 실제로 하고 싶은 말을 해 보는 것이다).

워싱턴 대학교의 스콧 프리먼Scott Freeman은 수년 동안 행동으로서의 학습을 연구해 왔다. 사실 프리먼은 내가 워싱턴 대학에서 들었던 생물학 강의 수업을 만드는 데 도움을 준 이력이 있다. 최근 프리먼과 그의 동료들은 결과가 너무나 결정적이고 명백하여 이제 강의식 수업과 적극적으로 참여하는 수업 방식을 비교하는 연구조차 하지 않기로 결정했을 정도다. 프리먼은 내게 "만약 당신이 교수인데 능동적인 학습 방식을 거부한다면 그것은 윤리적인 문제가 될 수 있습니다"라고 말했다. "그건 마치 의사가 당신에게 효과가 별로 없는 약을 처방하는 것과 같아서 의료 과실 문제라고 생각할 수 있습니다."

톰 사토Tom Sato는 의미와 적극적 노력 사이의 연관성을 스스로 깨달았다. 수년 동안 사토는 개인 교사로 주산을 가르쳤다. 그에게 배운 학생 중 한 명이 고등학생인 세레나 스티븐슨이었다. 그는 시간이 지나면서 적극적으로 참여하는 형태의 학습이 더 깊은 수준의 이해를 이끌어낸다는 사실을 알게 됐다.

사토는 곧 자기 자신의 삶에 보다 적극적인 학습 방식을 사용하기 시작했고 최근에는 코딩을 배워 아이폰 앱을 만들 정도가 되었다. 얼마 전에는 샤미센samisen이라는 세 줄 기타를 배우기 시작해서 이제는 노래를 연주할 수 있게 되었다.

사토를 만났을 때 그는 무에타이라는 무술을 연습하기 시작했고 어느 날 이른 아침에는 그가 타격 연습하는 걸 본 적도 있다. 내가 방문한 날은 추웠다. 거리는 온통 눈으로 뒤덮였고 사토가 연습하는 동안 나는 빨간 매트가 깔린 좁은 운동장 한쪽에 앉아 그가 새로운 무에타이 펀치를 배우는 것을 지켜보았다.

"코르크 스크루 잽corkscrew jab(주먹을 회전시키는 가격 방식-옮긴이)을 날린다고 생각해요!" 그의 강사 지미가 소리쳤다.

사토는 두 번의 펀치 조합을 다시 시도했다. 그의 첫 번째 잽은 비트는 동작으로서 상대방의 왼팔을 잡아당기는 것이었다. 그런 다음 사토는 오른손을 휘둘러 상대의 관자놀이에 강력한 주먹을 날렸다.

사토의 공격은 처음에는 불안해 보였다. 상대방의 팔뚝을 제대로 잡아당기지 못했고 커다란 빨간 복싱 글러브는 지미의 팔뚝을 스치듯 닿았을 뿐이었다. 그러자 사토는 각 단계에 집중해서 천천히 움직이면서 펀치 조합을 다시 실행했다.

"완벽해요!" 사토가 열두 번가량 펀치를 날린 후 지미가 소리쳤다.

학습적인 관점에서 무슨 일이 일어나고 있는지 분명히 알 수 있었다. 사토는 펀치를 날리는 동작을 실행함으로써 이 새로운 펀치가 코르크 스크루 잽과 같은 다른 펀치와 어떻게 다른지 더 명확하게 이해할 수 있었다. 즉, 행위 덕분에 사토는 이 펀치가 다른 타격 기술과 어떻게 어울리는지 쉽게 파악할 수 있었다.

이런 방식은 행동으로 배우는 것이 어떻게 의미를 만들어 내는지 설명하는 데 도움이 된다. 이 접근 방식은 우리가 복잡한 관계를 이해하고, 미묘한 차이를 극복하며, 궁극적으로 우리가 생각하는 방식을 바꾸도록 도와준다. 더 정확하게 말하면 적극적인 참여 방식은 학습 수준을 유지하는 데 도움이 될 뿐 아니라 더 심오한 수준의 이해를 촉진한다.

글자를 배우는 아이의 사례를 들어 보자. 연구 결과 손으로 ABC를 직접 써 보는 학생들이 단순히 글자를 공부하거나 타이핑하는 학생들보다 더 체계적인 이해를 발전시키는 것으로 밝혀졌다. 글자를 직접 쓰면서 학생들은 글자들이 어떻게 모여 단어를 만드는지 더 잘 이해하게 되며 훨씬 더 빠른 속도로 읽는 법을 배운다고 한다.

또 다른 예로 자기 설명을 들 수 있다. 우리가 어떤 개념을 자기 자신에게 설명할 때 우리는 정신적인 활동을 하며, 연구 결과에 따르면 이런 식의 학습 방식을 통해 개념에 대해 보다 상호 연결된 형태의 이해를 할 수 있다고 한다. 예를 들어 내가 중력의 개념을 자신에게 설명한다면 나는 중력이라는 개념을 질량이라는 개념과 연결하는 것이다. 또한 아이작 뉴턴 경에 의한 중력 발견과 같은 다른 역사적 사실에 대해 스스로에게 설명하고, 중력을 운동, 무게 같은 다른 개념과 비교하기도 한다.

분명히 말하지만 열심히 노력하는 것만으로는 충분하지 않다. 사람들은 능동적인 자세로 배울 수는 있지만, 그렇다고 해서 반드시 많은 것을 배운다는 보장은 없다. 다시 말해 펀치를 날리는 것만으로는 무에타이와 같은 분야에서 전문성이 생기지 않는다.

또한 사람들이 정신적인 활동을 하기 위해 반드시 몸을 움직이며 돌아다녀야 하는 것은 아니다. 우리는 자리에 앉아서도 깊이 몰입할 수 있다. 연구원인 딜런 윌리엄Dylan Wiliam은 사람들이 깊이 집중하고 성찰하면 적극적인 학습 형태가 더욱 효과적이라고 주장한다.

우리는 이런 개념에 대해 알고 있으며 몇몇 특정 분야에서는 매우 익숙하다. 한 예로 꽤 오랜 역사를 가진 언어 손실language attrition이 있다. 이는 언어를 사용하지 않으면 그 언어를 구사하는 능력을 잃는 경우로 종종 제2 언어를 배운 사람들에게서 발생한다. 중국어든 리투아니아어든 실제로 언어를 사용하지 않으면 자신을 표현하기가 더 어려워진다.

더 놀라운 것은 언어 손실이 모국어 사용자에게도 종종 일어난다는 점이다. 얼마 전 볼리비아의 시골에서 자란 야오이 오타Yayoi Ota와 이야기를 나눌 기회가 있었다. 오타의 부모님은 일본인이었고, 그녀는 보통 부모님과는 일본어로 대화했다. 어렸을 때는 일본어로 글을 쓰는 법을 배웠고 방과 후에는 일본어 수업에 참석했으며 여러 친구들과 일본어로 대화했다.

고등학교를 졸업한 후 오타는 볼리비아에서 가장 큰 도시 중 하나인 산타크루즈로 이사했다. 그녀는 대부분 스페인어를 사용하며 지낸다. 주

깜짝 퀴즈 #4

다음 중 학습에 있어서 사실의 역할을 가장 잘 설명하는 말은?

A. 사실은 학습에 방해가 된다.
B. 사실은 학습에 중요하다.
C. 항상 인터넷에서 사실을 찾아볼 수 있다.
D. 사실을 잘못 이해해서는 안 된다.

위에 일본어를 하는 사람이 없으니 사실상 모국어를 잊은 것이다. 부모님과 몇몇 오랜 친구들과는 더듬거리는 일본어로 대화할 수 있지만, 그녀의 쓰기 능력은 거의 사라졌고 모국어와는 실질적으로 끊어져버렸다.

이런 현상이 이상하게 보일지 모른다. 오타의 첫 단어는 일본어였고 수년 동안 부모님과 일본어로 이야기했다. 하지만 이러한 유형의 언어 손실은 생각하는 것보다 원어민에게 훨씬 더 많이 일어난다. 탈레반에 5년 동안 억류되었던 보 버그달Bowe Bergdahl 병장은 영어 구사 능력을 잃었다. 아이다호에서 어린 시절을 영어를 사용하며 성장했음에도 아프가니스탄에 포로로 잡혀 있는 동안 모국어 능력을 잃은 것이다.

오타나 버그달 같은 사람들이 모국어 단어에 대한 지식을 모조리 잃는 것은 아니다. 예를 들어 오타는 여전히 몇 가지 기본적인 표현을 기억하고 쓸 수 있다. 반면에 단어가 가지는 의미는 기억하지 못한다. 오타와 같은 사람들은 언어가 어떻게 구성되는지 기억하지 못한다. 그들은 언어에 내재된 관계와 체계를 파악할 수 없는 것이다. 어떤 학자는 언어 손실이 '상호 연결된 복잡한 매듭이 서서히 풀리는 과정'이라고 표현한다.

적극적으로 가치 찾기

궁극적으로 우리가 지식을 쌓고 기술을 연마하는 이유는 그것이 의미 있는 관계를 형성하는 데 도움이 되기 때문이다. 그것은 우리가 가치 있게 여기는 것과 생각하는 방식을 만들어 내는 정보 조각들 사이의 연결을 강화한다.

무에타이 훈련을 마치고 사토와 나는 아침 식사를 하러 나갔다. 그는 피곤해 보였고 얼굴은 창백했다. 우리는 차를 주문했다. 음식이 나오자 사토는 몰입하는 접근 방식을 취하면 더 깊은 이해가 가능하다고 설명하며 이렇게 말했다. "단순히 사실을 암기하는 게 목적인가요? 아니면 사실 간의 조화를 이해하는 것이 목표인가요?"

어떤 분야에서 가치를 찾는다는 개념에 대해 우리가 꼭 알아야 할 것이 있다. 우리가 적극적으로 가치를 찾아야 한다는 것이다. 정신적으로 노력하고 있다고 해도 배우려는 목표가 없다면 배우지 못할 것이다.

예를 들어 보자. 의사들은 오랫동안 무릎 근육을 연구해 왔다. 무릎 관절 수술은 최소한 100년 전으로 거슬러 올라가며 매년 전국 병원에서 50만 건 이상의 무릎 수술이 시행된다. 정형외과 의사들에게 힘줄이 많은 무릎 근육은 자기 집처럼 편안하다. 그들은 수많은 근육을 속속들이 알고 있으며 거의 매일 힘줄을 탐구하고, 반월상 연골을 분리해 보거나 활액 조직 조각을 검사한다.

그런데 스위스의 연구자이자 정형외과 의사인 칼 그롭Karl Grob은 얼마 전에 무릎에서 새로운 힘줄을 발견했다. 그는 연구팀원들과 함께 무릎뼈 바로 위에 있는 작고 힘줄이 많은 근육을 발견했다. 이는 이전에 어떤 해부학 교과서에도 실린 적이 없고 어떤 외과 의사도 언급한 적이 없는 근육이었다.

그롭은 이 발견을 대수롭지 않게 여긴다. "저는 그저 평범한 외과 의사일 뿐입니다. 해부학은 일종의 취미라고 할 수 있습니다"라고 말한다.

하지만 다른 전문가들은 생각이 달랐다. 한 의학 블로거는 "새로운 근육을 발견하는 것은 전설적인 빅풋Bigfoot을 발견하는 것 이상으로 어렵다"고 표현했을 정도였다.

어떻게 이런 일이 일어날 수 있었을까? 어떻게 그렇게 많은 의사들이 매년 수십만 번 수술하는 무릎의 근육에서 힘줄을 보지 못하고 넘어갈 수 있었을까? 그 해답의 상당 부분은 사고방식에서 찾을 수 있다. 다시 말해 그룹은 힘줄을 찾고 있었기 때문에 힘줄을 발견했고, 무릎에 대해 배우고 싶었기 때문에 무언가를 배울 수 있었던 것이다. 사고방식이 달랐기 때문에 그룹은 다른 사람들이 아무런 가치를 보지 못한 근육에서 가치를 본 것이다.

심리학자 엘렌 랭거Ellen Langer는 수십 년 동안 이 개념을 연구해 왔다. 어느 날 오후에 사무실에서 만났는데 랭거는 의미 있는 학습을 위해서는 적극적으로 가치를 추구하는 마음챙김mindfulness이 필요하다고 말했다. 그에게 이러한 종류의 태도와 관점은 단순히 주의를 기울이는 것 이상이었다. 이는 또한 색다른 경험을 염두에 두고 새로운 관점에서 사물을 보려고 노력해야 한다는 의미였으며 뇌의 '자동 조종 장치automatic pilot'를 끄고 전문 지식을 적극적으로 찾아야 한다고 강조했다.

여러 가지 측면에서 이러한 종류의 마음챙김은 결국 상황이나 환경 같은 맥락에 따라 달라진다. 여기서 상황을 보는 관점인 프레이밍framing이 적극적인 태도를 개발하는 데 중요한 역할을 하며, 우리는 학습 자체에 주의를 기울이기 위해 어떤 계기나 인식 전환이 필요하다. 이는 내가 랭거와 대화를 나눌 때 분명하게 드러났다. 때로는 대화가 장난스럽게 흘러가기도 했다. 당시 분위기는 가볍고 익살스러웠으며 랭거는 "긴장했나 봐요!"라며 무언가를 잊어버린 내게 장난스럽게 농담을 건네기도 했다.

그러다가 내가 질문을 하면 프레임은 다시 좀 더 교육적인 무언가로 바뀌었고, 랭거가 날카로운 질문을 던지곤 했다. "내가 말하는 게 이해가 되나요?" 그리고 특정 도서를 읽어 보라고 추천하기도 했다. 그런 다음 대화는 새로운 것을 발견하는 데 초점을 맞춘 의미 탐구로 바뀌었다.

적극적인 태도를 촉진하는 다른 요소들도 있다. 랭거에 따르면 우리가 전문성을 더 개방적인 것으로 간주할 때 더 잘 몰입하고 세심한 주의를 기울일 수 있다고 한다. 또한 다양한 관점에서 문제를 보는 것이 도움이 되며 시각을 바꿀 때 일반적으로 더 많이 배우게 되는데 이는 우리가 전문 분야 내의 미묘한 차이에 더 민감해지기 때문이다.

하지만 아마도 가장 중요한 것은 의미 그 자체일 것이다. 뇌의 자동 조종 장치를 끄는 가장 좋은 방법 중 하나는 가치를 찾는 것이다. 예를 들어, 초기 연구 중 하나에서 랭거는 두 그룹의 학생들에게 교과서의 한 구절을 읽게 했다. 그녀는 두 그룹에게 똑같은 지시를 내렸지만 한 가지 중요한 차이점이 있었다. 한 그룹은 텍스트를 '공부하라'는 지시를 받았고 다른 그룹은 그 구절을 어떤 식으로든 '자신에게 의미 있게 만들라'는 지시를 받았다.

결과는 어떻게 되었을까? '의미 있게' 만든 그룹이 훨씬 더 적극적으로 참여했고 더 나은 결과를 보였다. 그들은 잘 이해했고 더 많이 기억했다. 더 중요한 것은 '의미 있게' 만든 그룹이 그 구절에 대해 에세이를 써야 할 때 훨씬 더 좋은 글을 생산했다는 것이다.

실제 사례로 언어 손실의 경우를 들어 보자. 이미 마음가짐이 중요한 역할을 한다는 것이 밝혀졌으며, 사람들이 자신의 모국에 대해 부정적인 생각을 가지고 있다면 모국어 능력을 잃을 가능성이 훨씬 더 높았다. 연구에 따르면 스페인어 원어민은 스페인에 대해 부정적으로 생각할 경우 스페인어를 잊어버릴 가능성이 훨씬 더 높다고 한다. 모국어에 대해 부정적인 마음가짐을 가지고 이해의 폭이 좁을수록 사람들은 모국어로 말하는 능력을 잃기 쉬워진다.

한편으로 이건 너무나 당연한 이야기다. 엑셀을 좋아하지 않는다면 엑셀을 배우기는 어렵기 마련이다. 여기에는 놀라운 점도 있는데, 사고방식이 매우 미묘하게 우리의 생각을 바꾼다는 것이다. 예를 들어 언어 손실 연구에 의하면, 모국에 대한 반감을 가진 사람의 경우, 모국어를 얼마나 많이 사용했는지는 중요하지 않았다. 모국에 대한 부정적인 견해를 가진 사람은 언어 사용 시간과 상관없이 모국어 실력이 훨씬 더 빠른 속도로 저하되었다.

랭거는 이 문제에 대한 몇 가지 실용적인 조언을 제공한다. 새로운 기술을 배울 때 개인은 미묘한 세부 사항과 뉘앙스에 세심한 주의를 기울이라는 것이다. 배우기 위해서는 특정 전문 분야에서 독창적이고 새로운 것을 적극적으로 찾아야 한다. 이런 의미에서 우리는 차이점을 찾을 때 진정으로 이해할 수 있다. "마음챙김을 한다는 것은 새로운 것을 적극적으로 관찰하고 인식하는 것을 의미합니다"라고 그녀가 덧붙인다.

랭거는 학습에서도 탐구적인 사고방식을 갖도록 권장한다. 따라서 수업 때문에 억지로 책을 읽는다면 성적에 집중해서는 안 된다. 그렇게 하면 극심한 스트레스를 받을 수 있다. 대신 책에서 당신이 궁금해하는 것, 즉 가치가 있는 무언가를 찾으려고 노력하라. 그러면 성적은 좋아질 것이며 경험은 훨씬 더 즐거워질 것이다.

마찬가지로 외과의사라고 항상 전방십자인대가 찢어진 부분을 찾아 치료하는 것만 생각해서는 안 된다. 잠시 여유를 갖고 못 보던 것을 찾고 발견해야 한다. 그러다 보면 결국 또 다른 새로운 힘줄을 발견할 수 있다.

그런데 이 장에서 논의한 개념에는 잠재적인 문제가 있다. 그것은 의미 찾기가 위험할 수 있다는 것이다. 학습자는 전문가가 아니기 때문에 실제로 가치가 없는 것에서 가치를 발견하여 잘못된 결론에 도달할 수 있다. 간단히 말해 우리의 판단이 틀릴 수도 있다는 것이다.

어떤 면에서는 학습이 누적되는 과정이기 때문에 문제가 발생한다. 전문성은 이전까지의 지식과 기술을 바탕으로 구축되며 이해는 이전까지의 이해를 바탕으로 이루어진다. 따라서 사람들은 특히 학습의 시작 단계에서 혼자 힘으로는 제대로 배우지 못하는 경향이 있다. 우리의 기술 수준은 취약하고, 전문 지식도 없으며, 뭘 모르는지도 모른다.

예를 들어 두 개의 봉투에 각각 3kg의 돌맹이와 깃털을 담아 어떤 사람 앞에 놓고 질량과 무게의 개념을 배우라고 하면 그는 아무 것도 배우지 못할 것이다. 중력에 대해 알고 있지 않는 한 같은 질량을 가진 물체는 같은 속도로 떨어진다는 결론에 도달하기 어렵다.(전해지는 말에 따르면 갈릴레오는 피사의 사탑에서 두 봉투를 떨어뜨려 질량과 무게가 실제로 다르다는 것을 보여 주었다고 한다.)

보다 실질적인 측면에서 볼 때 학습에는 지도가 필요하며 기술과 지식을 얻기 위해서는 지도와 지원이 필요하다. 멘토, 트레이너, 강사는 모두 엄청난 역할을 한다. 우리는 이 개념을 이 책 전체에서 반복적으로 다룰 것이다. 지금은 이것을 일단 교육자의 가치Value of Educators라고 부르자.

이상하게도 교사의 역할과 교사가 정확히 어떻게 학습을 촉진하는지에 대해 체계적으로 연구한 사람은 거의 없었다. 물론 전문가들이 수세기 동안 교수법을 이론화하기는 했다. 소크라테스식 문답법Socratic Method은 고대 그리스까지 거슬러 올라가고, 도제apprenticeship 모델은 중세 유럽으로 거슬러 올라간다. 중국의 한나라는 교육 분야에서 최초의 과거 시험을 시행하는 등 수준 높은 시험 제도를 도입했다고 알려져 있다.

하지만 어떤 연구자도 신뢰할 수 있는 방식으로 시험 점수나 설문 조사 또는 영상과 같은 강력한 데이터를 사용하여 훌륭한 교사와 평범한 교사의 차이를 측정하려고 시도하지 않았다. 마이크로소프트 설립자 빌 게이츠Bill Gates가 이 사실을 알고 개선할 필요성을 느꼈다. 그는 교사의 자질에 대한 연구 논문을 접하게 되었고, 그 문서에 자신의 메모와 낙서를 가득 채웠다. 게이츠는 교육에서 가장 기본적인 질문 중 하나가 현대의 연구 방법으로 해결되지 않는 이유를 이해할 수 없었다. 게이츠는 나중에 "그것에 대해 거의 연구되지 않았다는 걸 알고 매우 놀랐다"고 말했다.

결국 세계에서 가장 부유한 남자는 이 연구 프로젝트에 4천만 달러를 쏟아부었고 그 규모는 엄청났다. 수십 명의 연구진과 수백 개의 학교, 수천 명의 교사 그리고 거의 10만 명의 학생들이 참여했다.

프로젝트의 일환으로 연구자들은 교사가 수업 중인 교실을 '파노라마'로 보여 주는 새로운 유형의 비디오 카메라를 개발했다. 약 500명이 교사들의 비디오를 평가하기 위해 훈련받았으며 이 프로젝트에 참여한 모든 학생들은 설문지를 작성했다.

MET$^{Measures\ of\ Effective\ Teaching}$(효과적인 교수법 측정) 연구로 알려진 이 프로젝트는 2년 동안 진행되었다. 우리가 앞에서 간략하게 다룬 내용을 포함해서 훨씬 더 놀라운 내용들이 발표되었다. 예를 들어 연구에 참여한 교사 중 학생들에게 아이디어를 창조하도록 격려한 교사는 거의 없었고, 의미를 만드는 작업에 학생들이 참여하는 경우도 드물었다.

그러나 더 흥미로운 결과는 다른 곳에 있었다. 데이터를 연구하는 데 도움을 준 하버드의 론 퍼거슨$^{Ron\ Ferguson}$에 따르면 교수법과 관련하여 학생들의 성과를 이끄는 두 가지 주요 요인이 있다고 한다. 첫 번째는 연구자들이 '학업적 압박$^{academic\ press}$'이라고 부르는 것으로, 교사가 학생을 학문적으로 얼마나 압박하는지를 의미한다. 이는 교육자가 학생들이 얼마나 많은 노력을 기울이고 자료와 깊이 있게 상호 작용하도록 동기를 부여하는지에 관한 문제였다. 두 번째 요인은 '학업적 지원$^{academic\ support}$'으로서 학생들이 교사로부터 얼마나 동기 부여를 받는다고 느끼는가였다. 이 두 번째 요인은 학생과 교사 간의 연관성과 개인적인 유대감을 형성하는 데 중점을 두고 있다.

흥미로운 점은 MET 연구의 결론이 이 장에서 설명한 내용과 상당 부분 유사하다는 것이다. 보다 구체적으로 말하면 능력 있는 교사는 학생들이 학문적 도전을 받아들이고 주제를 진정으로 이해하고 씨름하기 위해 노력할 수 있도록 격려한다. 다시 말해 뛰어난 교육자들은 학생들이 학습을 수동적인 활동이 아닌 능동적인 정신 활동으로 접근하도록 장려한다. 동시에 이들은 이런 교사는 학생들에게 동기를 부여하고 지원하며 학생들이 학습에서 의미를 찾도록 돕는다. 또한 학생들이 교육에서 목적을 발견하도록 돕는 동시에 독립성을 부여하고 학습 내용에 대한 관련성을 키우도록 도와준다.

이것은 갑자기 튀어나온 발견이 아니다. MET 연구 훨씬 이전에 노벨상을 받은 칼 와이먼Carl Wieman은 사람들이 교사를 '인지적 코치cognitive coaches'로 생각해야 한다고 주장했다. 와이먼은 '교사teacher'라는 단어가 단순히 정보를 전달하는 사람을 연상시키는 것이 문제라고 생각했다. 그는 이러한 학습 접근 방식에 근본적인 결함이 있다고 주장한다. 그 이유는 물리학과 같은 주제도 강의만 들으면 쉽고 자연스럽게 이해할 수 있다고 느껴지기 때문이라고 한다.

와이먼을 직접 만나 보니 그는 교사들이 운동 코치와 더 비슷해야 한다고 주장했다. 그는 학생들이 "필요한 기본 사고 능력으로 주제를 분석하여 마스터하도록 안내한 다음, 이러한 기술을 적용하고 연습할 수 있는 기회를 제공해야 한다"고 설명했다. 동시에 교육자들은 학생들이 "이 힘든 작업을 수행하기 위해 최선을 다하도록" 동기를 부여해야 한다고 말했다. 즉 학생들에게는 감정적 지원이 필요하며 응원을 해주어야 한다는 것이다.

개인의 경우, 교육자의 도움을 받아 실력을 향상시킬 수 있다는 점이 중요하다. 우리는 학습할 수 있도록 다른 사람들로부터 도움을 받는다. 또한 정서적 지원의 중요성과 자료의 관련성 등 학습의 사회적 측면을 잊어서는 안 된다. 와이먼은 "당신이 학습할 때, 발전하도록 지원해줄 누군가가 필요하다"고 말한다.

흥미로운 사실은 MET 연구에 의하면 학생들은 누가 효과적인 교육자인지 잘 알고 있으며, 설문 조사는 미래의 학습 성공 여부를 예측하는 데 탁월한 지표가 된다고 퍼거슨 교수가 주장했다. 요약하자면 훌륭한 교사나 멘토를 찾고 싶다면 자격증을 보지 말아야 한다.(그것들은 그다지 큰 의미가 없다.) 교사가 해당 분야에서 몇 년 동안 일했는지에 대해서도 너무 신경 쓸 필요 없다.(다시 말하지만 시간이 지나면 다 비슷해진다.)

대신 다른 사람들에게 물어 보자. 교사가 학생들에게 도전 의식을 부여했는지, 설명을 명확하게 했는지, 수업에서 배울 게 많은지 등을 물어 보자. 또한 학업 지원에 대해서도 물어 보자. 트레이너가 그들을 진심으로 돌봐 주는 것 같았는지 그 사람이 자료를 관련성 있게 만들었는지, 교육자가 어려움을 겪는 학생들을 어떻게 도왔는지 물어 보자.

지원의 개념은 중요하므로 다음 장에서 이를 더 자세히 살펴볼 것이다. 무언가의 의미를 이해하는 것은 일반적으로 학습 과정의 시작일 뿐이며 궁극적으로는 학습을 통해 달성하고자 하는 목표를 명확하게 정의하고 계획해야 한다.

| 2장 |

목표

LEARN BETTER

성공 목표를 설정하기

'모두를 위한 성공Success for All'이라는 교육 프로그램은 오래 전부터 감동적인 이야기로 유명하다. 학업 성과가 좋지 않았던 딜론 중학교를 예로 들어 보려 한다. 언론에서도 이 학교는 사우스캐롤라이나주의 북쪽 코너에 위치한 빈곤 지역인 '수치의 회랑corridor of shame' 지역의 대표적인 학교로 꼽혔다. 한 다큐멘터리는 딜론 중학교의 부족한 학업 성취도를 다루었고, 오바마 전 미국 대통령이 첫 대선 운동 중 이 학교를 방문했을 때는 가장 기본적이고 적절한 교육 기준조차 충족하지 못하는 학교라고 표현했을 정도였다.

하지만 이 학교는 스스로 변화했다. 그 변화의 주요 동력 중 하나가 '모두를 위한 성공' 프로그램이었다. 학교가 이 프로그램을 도입한 직후,

읽기 성적이 거의 두 배로 향상되었고 딜론 중학교는 에어컨부터 새로운 컴퓨터까지 모든 것에 막대한 금전적 투자를 지원받았다. 여전히 문제점이 남아 있지만 이 학교는 빈곤 지역의 다른 학교들보다 더 나은 성과를 내고 있다.

모든 사례가 항상 이렇게 극적이지는 않다. 하지만 '모두를 위한 성공' 프로그램에서 이러한 결과는 매우 일반적인 현상이다. 시사 주간지 〈더 뉴요커 The Newyorker〉는 이 프로그램이 교육 분야에서 '가장 오래 지속된 성공 기록'을 가지고 있다고 주장한 바 있으며 미국 교육부는 최근 이 프로그램의 연구 결과를 검토한 후, 미국에서 가장 효과적인 교육 프로그램 중 하나라고 선언하기도 했다.

더 중요한 질문은 왜 성공했는가다. 이 모든 성공의 이유는 무엇일까? 마법의 개입이 아닌 다른 무엇으로 이 신데렐라 같은 변화를 설명할 수 있을까? 그 답의 상당 부분은 밥 슬래빈 Bob Slavin에게 있다. 존스 홉킨스 대학교의 교수인 슬래빈은 1980년대에 그의 아내인 낸시 매든 Nancy Madden과 함께 '모두를 위한 성공' 프로그램을 시작했다.

슬래빈은 학계에서 존경받는 연구자이고, 실험 효과의 유효성을 측정하는 최선의 방법에 대해 장시간 토론하기를 즐긴다. 그의 연구소에서는 〈주요 연구 개요 Best Evidence in Brief〉라는 뉴스레터를 매월 발행하고 있으며 슬래빈은 '모두를 위한 성공' 프로그램을 만들기 위해 어떤 연구를 프로그램의 기초로 사용할지에 대한 명확한 규칙을 정했다. 그는 3개월 미만으로 진행된 연구는 무시했는데 이는 너무 짧아 의미 있는 결론을 도출하기 어렵다고 생각했기 때문이었다. 사전 및 사후 테스트는 필수였으며 무작위 대조군도 중요하게 고려했다.

결과적으로 이 프로그램은 당시로서는 혁명적이었다. 협동 학습에 대한 데이터를 바탕으로 한 '모두를 위한 성공'은 그룹 학습을 강조한 최초의 프로그램 중 하나였다. 수업 시간의 가치를 소중하게 여긴 이 프로그램은 하루 중 상당 부분을 우선순위가 높은 학습 주제에 할당했다. 읽기 교육은 소리와 글자의 연결을 강조하는 방식으로 이루어졌는데 이 접근법은 당시에는 논란이 있었지만 현재는 널리 사용되고 있다.

하지만 무엇보다도 이 프로그램은 매우 목표 지향적이었다. 이 프로그램의 비결은 바로 '목표 설정targeting'이었고, 지금도 마찬가지다. 학생들을 그룹으로 분류한 뒤 다시 소그룹으로 재분류하여 정확히 배워야 할 것을 배우도록 했다. 뒤처지는 학생들을 위한 전담 강사도 배정되었다. 커리큘럼은 체계적으로 조직되어 있어 자물쇠처럼 맞물려 있었다. 심지어 이 프로그램은 교재 편집자들을 고용해 학생들의 특정 요구에 맞춘 자체 교재를 제작하기도 했다.

따라서 '모두를 위한 성공' 프로그램의 성공은 학습은 우연히 이루어지는 것이 아니라는 꽤 직관적인 개념에 기반을 두고 있다. 우리가 어떤 기술을 습득하기 위해서는 스스로 준비해야 하는데 어떤 면에서 보면 이런 개념은 학습을 과정이자 시스템으로 보는 개념에 뿌리를 두고 있다. 진정한 지식 습득을 위해서는 체계적이고 의도적인 학습 접근 방식이 있어야 한다.

이러한 접근 방식은 대부분의 사람들에게는 다소 이례적이다. 사람들이 보통 새로운 것을 배우려고 할 때는 바로 뛰어드는 경향이 있다. 그들은 스스로 전문가가 되려고 하다가 생각보다 어려워지면 "나는 원래 그런 건 잘하지 못했어"라고 생각한다. 이런 식의 탐색적 접근 방식exploratory approach에 대한 믿음은 널리 퍼져 있다. 일반인을 대상으로 설문조사를 실시한 결과, 절반 이상의 응답자들은 학습자가 능동적으로 지식을 발견하도록 유도하는 발견 학습discovery learning 또는 자기 주도 학습unguided learning이 새로운 기술 습득의 훌륭한 방법이라고 믿고 있었다.

여기서 중요한 것은 학습이 아무 생각 없이 자동으로 굴러간다고 생각하지 말고 창의적이고 모험적이어야 한다는 점을 인지하는 것이다. 깊이 있는 이해를 창출하는 기회 역시 마찬가지다. 하지만 사람들이 학습의 초기 단계에 있을 때는 학습 과정을 면밀히 관리해야 한다. 이 단계에서는 학습이 결국 일종의 지식 관리knowledge management로 귀결되기 때문이다. 여기서 중요한 것은 목표 설정과 계획 수립, 배경 기술 습득, 전문가 수준 달성 등이다.

이 장에서 우리는 이런 개념을 더 자세히 살펴보고 특정한 기술을 습득하려는 사람들에게는 매우 중요한 두 가지 질문을 자세히 살펴볼 것이다. 나는 무엇을 배울 것인가? 그리고 그것을 배우기 위해 어떤 계획을 가지고 있는가?

이러한 질문은 우리가 집중력을 유지하는 데 도움이 된다. 나는 밥 슬래빈과 함께 모두를 위한 성공 프로그램을 도입했던 윈저 힐스라는 초등학교를 방문한 적이 있다. 볼티모어에서 가장 가난한 동네에 위치한 이 학교는 오랫동안 힘든 상황을 겪어 왔다. 거의 모든 학생이 무료 아침 및 점심 급식 지원을 받을 만큼 가난했으며, 이 지역의 기대 수명은 북

한보다 낮았다. 학교의 교육은 효과가 없었고 한 교사는 학생들에게 "만약 너희들의 뇌를 새에게 이식하면 그 새는 뒤로 날아갈 거야"라고 말하기도 했다.

학업 결과를 향상시키기 위해 학교는 모두를 위한 성공 프로그램을 채택했다. 우리가 방문한 그날 아침 슬래빈과 나는 교실을 견학했다. 우리는 프로그램 참여 교사 여러 명과 이야기를 나누었고 슬래빈은 이 프로그램의 다양한 특징을 설명했다. 우리는 그냥 앉아서 수업을 지켜보기도 했다. 그리고 이 학교가 모두를 위한 성공 프로그램을 도입한 지 얼마 안 되었지만 이 프로그램은 학교의 학습 목표를 설정하는 데 많은 도움이 되고 있었다. 학습 결과는 천천히 향상되고 있었고 출석률도 마찬가지였다.

교사들은 학생들이 무엇을 알아야 하는지, 그리고 학생들에게 그것을 어떻게 가르쳐야 하는지에 대해 점점 더 알게 되었다. 교실을 방문해 보니 한 교사가 특정 읽기 문제를 바탕으로 각 학생의 수행 능력을 평가하는 것을 목격할 수 있었다. 다른 교실에서는 교사가 컴퓨터 프로그램에서 학생이 틀린 문제를 복습하면서 학생과 함께 내용을 복습했다.

깜짝 퀴즈 #5

사실은 학습에서 어떤 역할을 하는가?
A. 학습을 방해할 수 있다
B. 학습을 향상시킬 수 있다.
C. 학습에 영향을 미치지 않는다.

또 다른 수업에서는 교사가 학생들에게 스스로를 평가하도록 했다. 학생들은 한 소녀가 교과서의 일부를 읽는 것을 듣고, 그녀의 말하기 능력이 주요 평가 기준에 얼마나 부합하는지 토론했다.

학습을 위한 단계를 알기

"90점 같은데." 한 소년이 말했다.
"아니 두 군데 틀렸으니까 80점이야." 다른 학생이 대꾸했다.
"속도도 중요한가요?" 또 다른 아이가 물었다.

바로 그때 화재 경보가 갑자기 울렸고 학생들은 복도로 쏟아져 나왔다. 슬래빈과 나는 결국 학교 건물 밖으로 나와 교문 앞에서 기다렸다. 경보가 계속 울렸고 슬래빈은 포장도로 위에 서서 학습에는 원래 방해 요소가 있게 마련이라고 말했다. 계획대로 되는 것은 없으며, 때로는 학생에게 학업 문제 말고도 추가적인 정서적 지원이 필요하기도 하고, 주제에서 벗어날 때도 있으며, 화재 경보가 울릴 수도 있다는 것이다.

하지만 슬래빈에게 학습의 이런 사회적이고 정서적인 측면은 더욱 표적화된 접근 방식의 필요성을 강조할 뿐이었다. 그는 이렇게 말한다. "학습은 즉흥적으로 하면 안 됩니다. 물론 진행하다 보면 계획을 바꿀 수는 있지만 그래도 항상 계획은 필요합니다."

우리가 학습을 목표로 삼는 방법을 논의하기 전에 왜 이러한 집중적인 단계를 밟아야 하는지부터 살펴봐야 한다. 그 개념을 이해하기 위해 전화번호에 대해 이야기해 보자. 더 구체적으로는 새 전화번호를 기억하는 것이 얼마나 어려운지에 대해 이야기해 보자.

여러분도 경험해 봤을 것이다. 누군가가 여러분에게 231-555-0912와 같은 전화번호를 알려 주면 잠시 후 잊어버린다. 기껏해야 앞 세 자리 숫자만 기억할 수 있을 것이다. 231이었나? 하며 나머지 숫자들은 사라지고 기억은 희미해진다.

전화 회사들은 오랫동안 이 문제와 씨름해 왔다. 그들은 인간의 기억이 취약하다는 것을 알고 있었다. 그래서 1800년대 처음 전화선을 설치했을 때 사람들은 수화기를 들고 교환원에게 연결하고 싶은 사람의 이름을 말하면 되었다.

전화가 점점 더 보편화되면서 이런 식의 개인화된 접근 방법이 너무 복잡해지자 전화 회사들은 지역명을 활용한 일종의 보조 기억 장치를 통해 번호를 표준화하려고 시도했다. 예를 들어 당신이 만약 포터 시티Porter City에 살고 있다면 전화번호는 PORter 3234가 될 수 있었다. 마찬가지로 엘름우드Elmwood에 살고 있다면 ELMwood 4543이 되는 식이었다.

그러나 이 체계도 곧 고르디우스의 매듭처럼 복잡해져 긴 이름과 숫자의 조합으로 뒤엉키게 되었다. 그래서 1950년대 후반에 전화 회사들은 모든 전화번호를 7자리로 통일하는 새로운 시스템을 도입했다. 오늘날 이 방식은 전 세계적으로 널리 퍼져 있으며 대부분의 사람들은 7자리 정도의 전화번호를 가지고 있다.

그런데 이 방식도 그다지 효과적이지 않다는 것이 밝혀졌다. 인지 과학자들의 용어로 말하자면 7자리 숫자는 일반적으로 뇌의 단기 기억 용량을 초과한다고 한다. 단기 기억은 뇌의 스케치북으로 불리며 전화번호와 같은 임시 정보를 보관하는 곳이다. 하지만 이 공간은 상당히 제한적이어서 우리의 뇌는 한 번에 3~4개의 항목만을 처리할 수 있을 뿐이다.(반면에 뇌의 장기 기억은 용량이 상당히 크다. 여기에는 오랜 친구들, 어린 시절의 다툼, 그리고 모든 종류의 전문 지식이 저장된다.)

오늘날 전화 회사들은 단기 기억의 극심한 한계를 이해하고 있는 것 같다. 그래서 중요한 긴급 전화번호는 단 3자리로 구성되어 있는 것이다. 대부분의 사람들에게 이러한 짧은 번호(예를 들어 911)는 쉽게 기억되며 뇌의 단기 기억에 쉽게 들어맞는다.

이 개념은 단순히 전화번호를 넘어 훨씬 더 광범위한 의미를 가지고 있다. 존 스웰러John Sweller와 같은 학자들은 단기 기억이 학습 과정에서 중요한 역할을 한다는 사실을 증명하기도 했다. 발레 점프를 배우거나 미세유전학을 배우려면 단기 기억이 그 경험을 처리한 후에야 장기 기억으로 전달될 수 있다는 것이다.

문제는 단기 기억이 너무 짧으며 뇌의 스케치북은 기억 용량이 부족하다는 것이다. 여러 면에서 단기 기억은 좁은 출입구와 같은 기능을 해서 큰 것은 무엇이든 막아 버리고 큰 정보 조각들을 차단한다. 다시 말해 단기 기억은 느리고 불확실한 전화 접속 모뎀이라고 생각하면 된다.

이 사실은 우리가 학습에 집중해야 하는 이유를 잘 설명해 준다. 어떤 분야에 통달하려면 지식과 기술을 관리하기 쉬운 덩어리로 나누고 개별 구성 요소를 숙달하는 데 집중해야 한다. 새로운 전문 지식이 뇌의 출입구를 통과할 수 있도록 해서 장기 기억에 잘 저장되어야 한다.

단기 기억을 방해하지 않기

이런 주장은 학습 중에 다른 짓을 해서는 안 되는 이유를 설명한다. 음악, 운전, 컴퓨터 프로그램 등은 모두 단기 기억에 부담을 주어 정보를 완전히 이해하고 처리하는 능력을 방해한다. 실제로 교육 중 최소한의 배경 음악만 틀어도 사람들이 효과적으로 학습하는 데 방해가 될 수 있다. 한 연구에 의하면 배경 음악 없이 온라인 수업을 들은 사람들은 그렇지 않은 사람보다 학습 효율이 최대 150% 더 높았다고 한다.

학습 내용의 전달 방식도 중요하다. 단기 기억의 한계 때문에 우리는 학습량이 적을수록 더 잘 배우며, 페이지나 파워포인트 슬라이드에 그래픽이 적을수록 훨씬 더 많은 것을 얻는다. 이는 짧은 문장을 쓰는 작가가 인기가 좋은 이유를 설명한다. 문장을 간단히 하고 아이디어 사이에 여백을 많이 배치하면 사람들이 새로운 정보를 더 쉽게 이해할 수 있다.

그럼에도 불구하고 우리 대부분은 전화 회사와 같다. 우리는 단기 기억의 용량을 과대평가해서 한 번에 너무 많은 것을 배우려고 한다. 전문 지식을 얻기 위해 계속해서 지식을 투입하면 과부하가 걸리는 것이다. 예를 들어 사람들은 친구와 채팅을 하면서 다른 사람이 연설하는 내용을 파악할 수 있다고 생각할 수 있지만, 이는 불가능하다. 마찬가지로 사람들은 종종 복잡한 개념을 한꺼번에 이해하려고 시도하는데 이 역시 불가능하다.

심리학자 스웰러에게 연락하니 그는 외국어로 역사나 문학 또는 수학을 가르치는 프로그램을 예로 들었다. 그는 두 가지를 결합하면 학습 효과가 훨씬 떨어진다고 주장했다. "어느 것도 제대로 배우지 못합니다. 인지 과부하가 걸리거든요."

인지 과부하cognitive overload는 특히 장시간 계속되는 행사에서도 발생할 수 있다. 긴 강연, 장시간의 회의, 오래 지속되는 강의는 모두 단기 기억을 약화시켜 장기 기억으로 가는 제한된 경로를 막을 수 있다. 이러한 이유로 루스 콜빈 클락Ruth Colvin Clark 같은 전문가들은 성인을 위한 수업은 절대 90분을 넘어서는 안 된다고 주장한다. 사람들은 그보다 훨씬 더 오래 학습을 지속할 정신적 체력이 없다는 것이다.

마찬가지로 우리 자신의 부정적인 생각도 기억에 영향을 미치며, 단기 기억의 제한된 용량은 불안이 어떤 형태의 숙달을 달성하는 데 왜 그렇게 해로운지 설명하는 데 도움이 된다. 우리가 두렵거나 무서운 감정에 휩싸여 스트레스를 느낄 때는 집중하는 것이 불가능하다. 이때는 감정이 뇌의 스케치북을 채우기 때문이다. 심리학자 시안 베이록Sian Beilock은 이러한 종류의 스트레스가 어린 아이들에게까지 영향을 미치며, 심지어 1학년과 2학년 학생 조차 '너무 힘들다'는 생각으로 걱정에 사로잡히면 인지 능력이 현저히 저하된다는 사실을 발견했다.

내가 베이록을 인터뷰했을 때 실제로 이러한 경험을 했다. 어느 여름날 아침 일찍 베이록과 나는 그녀가 교수로 있는 시카고 대학교의 로비에 앉아 있었다. 우리는 그녀의 최근 연구를 포함한 연구 결과에 대해 이야기했다. 그런데 대화가 시작된 지 10분쯤 되었을 때, 베이록은 자신이 막 《몸이 마음을 아는 법How the Body Knows the Mind》이라는 제목의 책을 완성했다고 언급했다.

순간 내 두뇌는 멈췄다.

"잠깐만, 무슨 책이라고? 그녀가 막 책을 출판했다는 것을 알고 있어야 하는 거 아닌가? 그 책을 읽고 왔어야 하는 건데."

바로 이런 종류의 뇌 정지 또는 다른 무언가에 대해 걱정하는 순간이야말로 어떤 종류의 기술을 습득하는 데 방해가 된다. 단기 기억이 하기로 되어 있던 일, 즉 베이록을 인터뷰하는 일을 제대로 할 수 없었기 때문에 나는 집중할 수 없었고 날카로운 후속 질문을 하지 못했다.

의사소통에 뛰어난 사람들은 우리의 뇌가 쉽게 과부하된다는 것을 알고 있으므로 단기 기억의 좁은 공간에 맞도록 메시지를 단순화한다. 예를 들어 애플의 마케팅은 집중된 단순함을 통해 성공했다. 광활한 흰색 배경에 하나의 이미지로 구성된 광고가 이러한 접근 방식을 잘 보여주는 예다. 코카콜라의 슬로건은 딱 한 단어 '리얼Real'이었다. 아마도 역사상 최고의 광고 슬로건은 10개 글자로 이루어진 '저스트 두 잇Just do it'일 것이다.

여기에는 다른 메시지가 있다. 사람들은 자신이 이해하려는 내용에 집중해야 한다는 것이다. 예를 들어 마라톤 기록을 향상시키고 싶다면 언덕 지형에서 속도 향상처럼 구체적인 목표를 세우는 것이 훨씬 좋다. 마찬가지로 극작가의 경우 실력을 향상시키려면 감정이 담긴 대사를 더 잘 쓰는 것과 같이 매우 특정하고 구체적인 것에 집중해야 한다.

앞에서 말한 교육자의 가치가 여기서 중요한 역할을 한다. 효과적인 강사는 교육 내용을 학생들이 쉽게 소화할 수 있는 덩어리로 만들어 이해하기 쉽게 전달한다. 더 정확히 말하면 훌륭한 교사는 인지 부하를 잘 알고 있어서 학생들이 받아들이기 쉬운 방식으로 학습 내용을 전달한다. 수업 시간에 자주 무슨 말을 하는지 전혀 이해가 안 된다면 너무 많은 새로운 정보가 한꺼번에 들어오고 있을 가능성이 높으며, 이는 아마도 별로 배우는 것이 없을 가능성이 높다는 의미다.

동시에 단기 기억은 집중력이 중요하다는 것을 강조한다. 따라서 학습할 때는 정신적 긴장을 증가시키거나 주의를 산만하게 하는 모든 요소를 피하는 것이 중요하다. 따라서 수학 문제를 풀 때 엑스를 확인해서는 안 되며 중요한 강연을 들으면서 여행 계획을 점검해서도 안 된다. 전문 지식을 얻고자 노력하고 있다면 인스타그램을 멀리하자. 집중력을 분산시키는 모든 것들은 단기 기억을 약화시키고 학습을 방해한다.

단기 기억의 섬세한 특성에 관해 내가 가장 흥미 있게 생각한 연구는 수업 시간에 노트북을 사용하는 대학생들을 대상으로 한 연구였다. 이 연구는 인터넷에 접속한 학생들은 그렇지 않은 학생들보다 학업 성취도가 떨어졌다고 했다. 컴퓨터를 사용하는 학생들의 주의가 산만해져 학습량이 줄어든 것은 당연한 결과였다.

그러나 노트북을 사용하는 학생은 실제 웹 서핑을 하지 않았더라도 옆에 앉은 학생들의 성적에 영향을 미쳤다. 즉, 그 학생들은 다른 사람의 방해 때문에 집중력이 떨어진 것이다. 그들의 기억력이 다른 사람의 분산된 집중력에 의해 손상된 것이다.

학습 과정에 관해 이야기할 때 우리는 두 번째로 매우 중요한 이유인 지식에 초점을 맞출 필요가 있다. 우리는 이미 알고 있는 것을 통해 새로운 것을 이해하며, 우리가 배우고자 하는 모든 것은 이미 배운 것을 기반으로 이루어진다. 다시 말해 우리는 단기 기억의 역할을 넘어 장기 기억이 전문적인 지식 습득에 어떻게 영향을 미치는지 더 잘 이해해야 한다는 뜻이다.

전문성을 위해 명확하게 배경지식을 익히기

컴퓨터를 계속 사용하다 보면 몇 달에 한 번씩 어떤 기술적 지식을 배워야 하는 경우가 있다. 예를 들어 문서 인쇄가 안 되거나, 사무실 네트워크에서 외장 하드를 찾을 수 없는 경우 같은 것들이다. 컴퓨터를 재부팅하고, 인터넷에서 해결책을 찾아보고, 유튜브에서 동영상 몇 개를 보기도 했지만 아무런 성과가 없다.

결국 기술 지원 부서에 있는 누군가에게 연락할 수밖에 없다. 나의 경우 컴퓨터 사용에 문제가 있으면 거의 데스크톱 지원 기술자인 호레이스 페인Horace Payne이 특정 명령어를 사용하는 방법이나 소프트웨어를 수정하는 가장 좋은 방법을 설명해 주는 등 해결책을 알려 준다.

학습의 관점에서 보면 페인은 매우 기본적인 형태의 개인 지도, 즉 일대일 교육을 제공하고 있는데 이런 방법이 효과가 있다는 데이터는 무궁무진하다. 수십 년 전 심리학자 벤저민 블룸Benjamin Bloom은 개인 지도가 다른 어떤 형태의 교육보다 두 배나 효과적이라고 주장했다. 한 정부 보고서는 개인 지도를 '지금까지 알려진 가장 효과적인 형태의 교육'이라고 부르기도 했다. 기술 지원이든, 프랑스어 수업이든, 마케팅 전략이든,

학생과 교사를 짝 짓는 것은 가장 효과적인 학습 방법 중 하나다.

많은 조직들이 이를 깨닫고 있다. 예를 들어 일부 컴퓨터 회사들은 이제 매장에서 일대일 기술 지원 서비스를 제공한다. 마찬가지로 고급 호텔에서 흔히 찾아볼 수 있는 컨시어지 서비스도 여행자를 위한 일종의 개인 지도라고 할 수 있다.

물론 개인 지도의 문제는 비용이 비싸며 많은 인원이 필요하다는 것이다. 이것이 애플과 같은 컴퓨터 회사들이 '직접 진단' 서비스를 5분 이내로 끝내도록 노력하는 이유이며, 대부분의 저예산 호텔이 컨시어지 서비스를 제공하지 않는 이유다.

하지만 다른 측면에서 보면 개인 지도가 중요하고 효과 있는 이유가 분명히 있다. 일대일로 강습을 받으면 학생은 강사로부터 충분한 피드백을 받을 수 있으며, 교사는 학생들을 동기부여하기가 더 쉽다. 어떤 것이 학생들에게 의미 있는지 알고 있기 때문이다.

그리고 개인 지도가 학생의 지식수준에 맞춰 진행된다는 사실도 커다란 장점이다. 따라서 매우 집중적인 지도가 가능하다. 예를 들어 사무실의 IT 기술 지원 담당자인 페인은 내가 무엇을 알고 무엇을 모르는지 잘 알고 있다. 우리가 대화할 때 그는 먼저 정확히 무엇이 잘못되었는지 묻고, 그런 다음 내가 문제를 해결하기 위해 무엇을 했는지 묻는다. 프로그램을 업데이트했는가? 소프트웨어에 익숙한가? 이것이 전에 못 보던 문제인가?

이것은 개인 교습에서 흔히 볼 수 있는 모습이다. 일대일 수업에서 학생이 분수에 대한 개념을 잘못 잡고 있다면 선생님은 시간을 들여 그 문제를 설명할 것이다. 효모에 대해 모르지만 빵을 굽고 싶은가? 강사가 그 방법을 자세히 설명해줄 것이다. 새로운 도시에 도착했는데 언어를 모른다고? 컨시어지가 '감사합니다'라는 현지어 표현을 배우도록 도와줄 수 있다.

따라서 개인 교습은 우리가 알고 있는 것을 바탕으로 이루어지기 때문에 효과가 있다. 강사는 우리가 이미 이해하고 있는 것에 맞춰 가르치는 내용을 조정한다. 서문에서 이런 개념을 지식 효과라고 설명한 바 있다. 이것이 우리가 아무것도 모르는 상태에서 무언가를 배우는 것이 어려운 이유다.

이 개념은 수학, 미술, 목각 등 모든 분야에 적용된다. 사전 지식 없이는 학습이 불가능하다. 인지 과학자 댄 윌링햄$^{\text{Dan Willingham}}$이 주장했듯 사실과 수치는 더 풍부한 사고의 토대가 되며 배경지식은 거의 모든 것을 이해하는 데 필수적이다.

'Haben Sie heute gefrühstückt?'라는 문장을 보자. 독일어를 모르면 텍스트를 전혀 이해할 수 없다. 또는 다음 문장을 생각해 보자. '향상된 분산 강화 납-주석 합금 땜납이 제공되며, 이 합금에는 최대 약 5%의 작은 입자가 분산되어 있다.' 다시 말하지만 재료 과학에 대한 사전 지식 없이는 이 문장을 이해하는 것이 거의 불가능하다.

기존 지식을 학습의 중심 구성 요소라고 생각하자. 그것은 이해를 구성하는 벽돌과 시멘트이며 성공적인 학습의 가장 신뢰할 수 있는 지표 중 하나다. 이를 증명하는 사례는 무수히 많다. 긴 나눗셈을 숙달하게 되면 대수학을 더 잘 할 수 있다. 건설에 대한 전문 지식이 있으면 건축 기술을 발전시킬 수 있다. 사람들이 남북전쟁의 기본적인 사실을 더 잘 이해하면 남부 연합의 분리 원인을 더 잘 파악할 수 있다.

이러한 현상은 뇌가 우리의 경험을 장기 기억에 저장하기 위해 정신적인 템플릿을 만들기 때문에 발생한다. 더 정확히 말하면 우리의 뇌는 새로운 정보를 이전 정보와 '묶어' 저장하며 새로운 지식을 이해하는 데 기존 지식을 활용한다. 따라서 우리가 단기 기억으로 정보를 받아들인 후, 그 정보는 장기 기억으로 이동하여 이해의 폭을 늘리는 것이다.

우리는 이러한 정신적 습관을 학습에 활용할 수 있다. 예를 들어 숫자 1,945를 기억하고 싶다면 제2차 세계대전이 끝난 해인 1945년을 떠올리는 것이 한 가지 방법이다. 대부분의 사람들에게 이 방법은 새로운 숫자를 장기 기억에 연결시켜 1,945를 더 쉽게 기억할 수 있게 해 준다.

또 다른 예로 상사의 세 딸 이름 키에라[Kiera], 베아트리스[Beatrice], 페니[Penny]를 기억하고 싶다면 내가 잘 아는 것과 연결시켜 더 쉽게 기억할 수 있다. 이 경우 나는 농구 팀인 뉴욕 닉스[Knicks], 시카고 불스[Bulls], 디트로이트 피스톤스[Pistons]를 떠올리고 팀 이름의 첫 글자를 이용해 세 여성의 이름을 기억할 수 있다.

비슷한 원리로 태양계 행성의 순서를 기억하기 위해 사용하는 고전적인 연상 기호인 'My Very Educated Mother Just Served Us Nine Pizzas(수금지화목토천해명)'도 있다. 학습 도구로서 이러한 연상 기억술은 효과가 크다. 왜냐하면 이들은 새로운 지식을 기존 지식에 연결시키기 때문이다. 비록 그것이 단순히 어머니에 관한 문장일지라도 말이다.

그러나 지식과 장기 기억에 관한 이야기는 여기서 끝나지 않는다. 정보는 단순히 우리의 사고 과정을 위해 필요한 지적 연료가 아니다. 윌링햄이 말한 것처럼 오히려 정보와 사고는 우리 뇌 구조 안에서 깊숙이 얽혀 서로를 지지한다. 그래서 그는 '기억은 사고의 잔재'라고 주장한다.

이런 주장에는 부익부적인 측면이 있다. 우리가 이미 지식의 네트워크를 가지고 있다면, 그 네트워크에 더 쉽게 추가할 수 있다. 다시 말해, 통계학을 더 배우고 싶다면 가장 좋은 방법은 통계학을 공부하는 것이며, 스페인어 구사 능력을 향상시키고 싶다면 가장 좋은 방법은 스페인어를 더 공부하는 것이다.

기초가 없는 경우도 마찬가지다. 스페인어를 전혀 모른다면 우선 'hombre'나 'cuarto'와 같은 기본 단어부터 익히는 것이 가장 좋다. 기타를 배우기 시작한다면 코드 진행과 같은 기본적인 것들을 먼저 암기하는 것이 가장 바람직하다.

따라서 개인이 무엇을 배우려 할 때는 전문성을 습득하기 위한 배경지식을 명확히 파악하는 것부터 시작해야 한다. 이는 너무나 명확해서 예를 들어 수영을 할 줄 모르면 다리를 모으고 풀에 멋지게 뛰어드는 법을 배우기 어렵다. 하지만 일반적으로는 그렇게 간단하지 않다. 그러니 스스로에게 물어보아야 한다.

"나는 어떤 기술을 습득해야 하는가? 이 분야에는 내가 숙달해야 할 기본 개념이 있는가?"

이런 의미에서 전문성 습득에는 지식이 정말로 도움이 된다. 사실에 대한 이해는 전문성을 더 효과적으로 얻게 해 준다. 속독이 좋은 예다. 속독이 효과가 있다는 증거는 거의 없다. 전문가들은 그 방법을 거의 믿지 않으며 차라리 읽고 있는 내용에 대한 배경지식을 쌓는 것이 훨씬 낫다고 주장한다. 사전 지식이 있다면 텍스트에서 훨씬 더 빠른 속도로 정보를 얻을 수 있기 때문이다.

학습 내용을 단순히 달성해야 할 최고의 목표라고 생각하지 말고 학습에 필요한 수단이라고 생각하라.

전문성을 위해 좀 더 높은 수준을 공부하기

사람들은 학습이 정적인 것이라고 생각한다. 즉 전문 기술을 습득하고 나면 그걸로 끝이라고 생각한다. 그러나 학습과 전문성의 본질은 역동적이다. 전문성을 얻기 위해서는 자신의 현 수준보다 약간 높은 수준을 학습해야 한다. 더 직접적으로 말하면 학습에 안전지대 comfort zone 란 없다.

볼티모어의 원저 힐스 초등학교가 모두를 위한 성공 프로그램을 채택하고 우리가 그곳을 처음 방문했을 때, 밥 슬래빈과 나는 학생들이 학업 수행 능력에 따라 반이 재편성된 한 교실에 들어갔다. 거기서 우리는 나시르 Nassir 라는 소년에게 집중했다. 덩치가 큰 5학년인 나시르는 그의 가슴에도 미치지 못하는 2학년 학생들과 함께 수업 대부분을 듣고 있었다. 그는 마치 다 큰 학생들 사이에 선 거인처럼 보였다.

오전 내내 나시르는 학교 유니폼을 입고 교실 뒤쪽의 작은 의자에 앉아 있었다. 체격과 나이 차이에도 불구하고 그는 다른 아이들과 동일한 내용을 배우고 있었고 선생님은 모음 조합 'ur'에 들어가는 몇 가지 기본적인 발음을 연습시키고 있었다. 나중에 보니 나시르는 다른 소년과 함께 앉아 작은 화이트보드에 'fur'라는 단어를 쓰고 있었다.

모두를 위한 성공 프로그램이 반 재편성regrouping을 이용하는 방식은 1950년대부터 시작되었다. 이를 잘 이용하면 보다 목표 지향적인 수업을 할 수 있다. 반을 나이 또는 학년이 아니라 학업 수행 수준으로 편성하면 교사는 보다 방향성을 가지고 학생들을 지도할 수 있다. 이는 나시르와 같은 아이들에게 개인 맞춤형 수업을 제공할 수 있다.

이 프로그램을 도입한 학교에서는 이러한 종류의 재편성이 매일 아침 일어난다. 그래서 정확히 9시가 되면 학생 전체가 읽기 능력에 따라 다른 교실로 이동한다. 나시르의 경우 더 맞춤화된 지도를 받기 위해 5학년 교실에서 2학년 교실로 내려간다. 그리고 90분간의 읽기 수업 후 다시 올라간다.

물론 재편성에도 문제는 있다. 예를 들어 나이가 많은 학생들은 어린 학생들과 함께 수업 듣는 것을 부끄러워하는 경우가 많다. 하지만 이 접근법은 효과를 발휘한다. 나시르의 수준을 고려할 때 그가 다른 5학년 학생들과 함께 영어 수업을 들었다면 더 많은 어려움을 겪었을 것이 분명하다. 그는 그 정도로 5학년 수준의 과제에 참여하기에는 너무 뒤처져 있었다. 재편성을 하지 않았다면 그에게는 어떤 기회도 없었을 것이며, 학업은 진전이 없었을 것이다.

재편성은 지식 효과의 부수적인 원리를 기반으로 한다. 새로운 것을 배우려면 유명한 동화 주인공 골디락스Goldilocks의 말마따나 기술이나 지식이 '딱 맞아야just right' 한다. 배우려는 기술은 현재 기술 수준보다 너무 높아도 안 된다. 잘못하면 혼란 속에서 현 위치조차 파악하지 못할 수 있다. 반면에 지식이 너무 쉬우면 아무것도 배우지 못할 수 있다. 그렇다면 배우기에 가장 좋은 때는 우리가 알 수 있거나 할 수 있는 것보다 조금 모자랄 때다.

이를 더 자세히 알아보기 위해 컬럼비아 대학교의 심리학자 재닛 맷칼프Janet Metcalfe의 사무실을 방문한 적이 있다. 그녀는 오랜 시간 동안 수백 건의 연구를 통해 학생들이 무엇을 배워야 할지를 결정하는 과정을 관찰했다. 그녀의 연구에 따르면 사람들은 이 과정에서 종종 어려움을 겪으며, 집중해야 할 적절한 수준이나 자료 유형을 파악하지 못하는 경우가 많다고 한다. 즉 사람들은 새로운 것을 배우려고 할 때 '이미 알고 있는 것들이나 아니면 너무 어려운 것들'을 목표로 삼는다는 것이다.

맷칼프는 학습을 통해 최적의 '기회의 창window of opportunity'을 찾거나 현재의 이해 수준을 약간 넘어서는 콘텐츠에 몰입하는 것이 학습에 도움이 된다고 주장했다. 미술사에 대한 이해를 높이고 싶다고 해 보자. 대부분의 사람들은 이미 꽤 잘 알고 있는 내용을 복습하는 것부터 시작할 것이다. 예를 들어 렘브란트는 네덜란드 화가였고, 반 고흐는 후기 인상주의 화가였으며, 회화의 역사는 수만 년 전으로 거슬러 올라간다 등등.

그러나 우리는 편안하게 할 수 있는 것보다 약간 더 나아가도록 압력을 받을 때 무언가를 배울 수 있다. 배우기 위해서는 지식을 확장해야 하는데 가장 효과적인 학습은 아직 이해하지 못한 것들 중에서 가장 쉬운 내용을 배울 때 일어난다. 따라서 미술사를 배우는 사람에게 다음과 같은 질문이 더 효과적일 수 있다. 자코메티Giacometti는 누구인가? 루이스

네벨슨Louise Nevelson이 중요한 이유는 무엇인가? 드가Degas는 왜 최초의 현대주의 화가로 간주되는가?

멧칼프가 주장하듯 학습의 창은 항상 움직인다. 그것은 끊임없이 변화하는 목표로서 한 가지 기술을 배우자마자 다음 기술로 넘어가야 한다. 잘 설계된 비디오 게임은 이를 잘 구현한다. 즉 플레이어는 항상 자신의 기술 수준을 약간 넘어서는 단계까지 플레이하게 마련이다. 각 레벨은 이전 레벨보다 약간 더 어렵기 때문에 다음 단계로 올라서고 싶은 욕심 때문에 사람들은 더 집중해서 기술을 연마한다.

나시르는 학습의 이 '딱 맞는' 측면을 어느 정도 이해하고 있는 것 같았다. 그를 처음 알게 된 지 몇 달 후 나는 그와 함께 점심을 먹을 기회가 있었다. 여러 면에서 그는 전형적인 사춘기 소년이었다. 자신의 닌텐도 게임기와 가장 좋아하는 유튜브 크리에이터들에 대해 자랑스럽게 이야기했다. 한편 그는 학교 점심에 대해 불평했는데 그날 메뉴는 갈색 고기 덩어리가 들어간 미트볼 샌드위치였다. 그는 그것에 손도 대지 않고 바나나 두 개만 먹었다.

우리는 나시르의 가족과 친구들, 그리고 올리브 가든에서 했던 생일 축하 파티에 대해서도 이야기했다. 나시르는 시간이 지날수록 학업에 대한 기대치가 높아지면서 학교생활이 더 어려워졌다고 말했다. 그는 "그래도 더 열심히 공부해야 할 것 같아요"라고 자신을 다그쳤고 어떤 면에서 이것이 본질적인 메시지였다. 우리 모두는 현재 위치보다 약간 더 높은 학습 목표를 세우고 항상 이전보다 조금 더 열심히 노력해야 한다.

더 나은 사고

효과적인 학습 영역이라는 개념은 단순히 콘텐츠나 난이도를 넘어선다. 학습의 초기 단계에서 우리는 지식을 연결하고 사고력 향상을 목표로 한다. 이러한 맥락에서 전문 지식과 기억은 단순하고 선형적인 것이 아니라 다양한 허브와 링크로 이뤄진 광범위한 네트워크와 유사하다는 점을 기억해야 한다.

브로르 삭스버그$^{Bror\ Saxberg}$는 이런 개념을 누구보다 잘 알고 있다. 내가 아는 가장 뛰어난 학습자 중 한 명인 삭스버그는 하버드 대학교에서 의학사 학위를, 매사추세츠 공과대학교^{MIT}에서 공학 박사 학위를 취득했다. 또한 옥스포드 대학교에서 수학 석사 학위와 두 개의 학사 학위를 취득했으며 현재는 교육 회사 카플란^{Kaplan}의 최고 학습 책임자^{CLO}로 일하고 있다.

삭스버그는 그의 경력 초기에 전문가는 아마추어와 근본적으로 다른 방식으로 지식을 구성한다는 사실을 발견했다. 당시 삭스버그는 하버드의 의과대학 학생이었고 고통스러운 질병을 앓게 된 난치병 환자의 사례를 팀과 함께 연구하고 있었다. 그들은 혈압이나 각종 검사 결과 등 환자의 기본적인 임상 정보를 확인했지만 무슨 질병인지 진단을 내리지 못하고 있었다.

그 뒤 삭스버그와 동료들은 희귀한 질병을 찾아 교과서를 읽고 다양한 의학 매뉴얼을 뒤졌다. 그리고 더 많은 검사와 검진을 실시했다. 하지만 여전히 명확한 진단명은 나오지 않았다. 그러자 그들은 병원에서 가장 경험이 많은 의사 중 한 명에게 도움을 요청했다. 그를 와일덴슈타인Wildenstein 박사라고 부르자.

긴 흰 가운을 입고 항상 진지한 와일덴슈타인 박사는 환자의 방에 들어가 몇 초 만에 진단을 내렸다. 사실 박사는 환자의 문제를 파악하고 회복 경로를 자세히 설명하는 데 1분도 걸리지 않았다.

와일덴슈타인 박사의 이야기는 삭스버그에게 명확한 교훈을 주었다. 삭스버그와 그의 팀이 여러 가지 단절된 정보들만 가지고 있었던 반면, 와일덴슈타인 박사는 체계적이고 조직화된 형태의 전문 지식을 가지고 있었다. 경험 많은 의사는 개념과 상호 관계를 잘 이해하고 있었기 때문에 당면한 문제를 훨씬 쉽게 파악할 수 있다. 삭스버그는 와일덴슈타인 박사를 '걸어 다니는 데이터 분석기'라고 표현했다. 왜냐하면 그는 '무엇이 중요한지, 무엇이 중요하지 않은지를 인식하는 패턴 인식 능력'을 가지고 있었기 때문이다.

패턴 인식 능력이야 말로 여러 측면에서 숙련의 상징이다. 전문가라면 거의 모두 삭스버그가 말하는 '패턴 인식' 기술을 습득했다. 항공기 조종사부터 건축가, 야구 선수부터 음악가에 이르기까지 전문가들은 지식과 사실을 연결 짓고 관계를 만드는 방식으로 생각하는 경향이 있다. 그들의 장기 기억은 특징이 아니라 연결에, 사실이 아니라 시스템에 기반을 두고 있다. 따라서 예언가나 '걸어 다니는 데이터 분석기'처럼 그들은 문제의 표면적 특징 속에 있는 근본적 문제를 정확히 파악할 수 있다.

이를 뒷받침하는 여러 실험이 실시되었다. 인지 과학자 아트 그라서Art Graesser는 한 그룹의 사람들을 실험실로 불러 모아 토스터 오븐, 실린더

볼트, 식기 세척기와 같은 다양한 장치에 대해 배우게 했다. 그런 다음 그는 가전제품이 고장 날 수 있는 다양한 경우에 대해 설명했고 이미 이 장치들의 작동 원리를 이해한 참가자들은 잠재적인 문제에 대하여 보다 통찰력 있는 질문을 하는 것으로 나타났습니다. 연결 관계를 파악하고 관련성을 알기 때문에 그들은 장치가 작동하지 않는 이유를 더 쉽게 생각해낼 수 있었다.

이런 네트워크형 전문 지식을 개발하는 데는 오랜 시간이 걸린다. 다음 장에서는 이런 수준에 도달하기 위한 연습 방법에 대해 더 자세히 살펴볼 것이다. 하지만 그전에 무언가를 배우기 시작한 사람들에게 중요한 교훈이 있다. 주제의 여러 부분을 연결하는 기본 원칙에 집중하고, 전문 지식이 어떻게 구축되는지 이해해야 한다.

한 가지 접근법은 어떤 주제에 대해 새로운 것을 배우기 전에 그 주제에 대해 이미 알고 있는 것을 적어 보는 것이다. 예를 들어, 고기 굽는 기술을 연마한다면 이렇게 적을 것이다. '약간의 지방이 있는 스테이크를 선택한다. 고온에서 굽는 것이 가장 좋다. 고기가 촉촉하게 유지되도록 포크 대신 집게를 사용한다.' 반면에 선거인단에 대해 배운다면 '대통령을 선출하는 데 도움이 되는 정치적 과정'이라고 적을 것이다.

로버트 마자노 Robert Marzano 같은 전문가들에 따르면 이 접근법의 장점은 사람들이 고립된 사실보다는 연결에 초점을 맞추도록 한다는 것이다. 우리가 알고 있는 것을 적어봄으로써 우리는 그 전문 지식 내에서 더 많은 연결을 만들기 위해 마음을 준비하고 더 체계화된 사고와 이해를 창출한다.

학습을 더 효과적으로 연결하는 또 다른 도구는 저위험 평가low-stakes assessment다. 깜짝 퀴즈처럼 학생들의 최종 점수에 직접 반영되지 않는 형태의 테스트인 저위험 평가의 분명한 장점 중 하나는 명확성과 피드백을 제공하고 판단을 할 수 있게 해 준다는 점이다. 다시 말해 퀴즈는 정확히 무엇을 모르는지 알 수 있게 해 준다. 이러한 접근 방식은 도움이 많이 되는데 예를 들어 회계 시험에서 낙제를 했다면 회계를 더 공부해야 한다는 것을 알 수 있다.

마찬가지로 비공식적인 퀴즈는 지식을 보다 효과적으로 정리하는 데 도움이 될 수 있다. 예를 들어 '미국의 제3대 부통령 에런 버Aaron Burr는 왜 중요할까?' 또는 '사람들은 등반할 때 왜 아이젠을 착용할까?'와 같은 질문을 스스로에게 던져 보자. 그러면 필연적으로 관련된 사실과 생각에 대해 생각하기 시작할 것이다. 에런 버에 대한 질문의 경우, 그가 첫 번째 탄핵 재판을 감독했으며 현대 탄핵 재판의 개념을 만들었다고 생각할 수 있다. 아이젠에 대해서는 등산화에 달린 발굽이라고 생각할 수 있다.

실제로 기술과 지식을 효과적으로 습득하는 사람들은 종종 마음속으로 일종의 퀴즈에 참여한다. 그들은 학습하면서 스스로에게 질문을 던진다. '왜 이것이 사실일까?', '이것은 다른 아이디어와 어떻게 연결될까?' 그라서의 가전제품 학습 연구에서 '왜'와 '어떻게' 질문을 한 사람들은 그렇지 않은 사람들보다 해당 품목에 대한 훨씬 풍부한 이해를 보였다.

교육체인인 카플란의 최고 학습 책임자 삭스버그를 만났을 때 그는 대화에서도 이렇게 했다. 그날 오후 우리가 이야기를 나누는 동안 삭스버그는 거의 모든 문장 끝에 '맞죠right?'를 붙이고 잠시 멈추었다. 결국 그는 '우리가 왜 이것에 대해 이야기하고 있는가?', '당신은 이것을 얼마나 잘 이해하는가?'라고 묻고 있었던 것이다.

삭스버그는 카플란에서도 지식의 연결이 중요하다는 것을 인식했다. 그의 지도 아래 카플란은 로스쿨 입학시험LSAT 준비 수업에서 보다 목표지향적인 접근 방식을 사용하기 시작했다. 이전에는 특정 유형의 문제 풀이에 대해 열정적으로 강의하는 교수의 동영상을 사용하여 추론 LSAT 수업을 진행했다. 그러나 최근에는 복잡한 개념을 보다 명확하고 상호 연결된 방식으로 제시하는 학습 도구 모음을 만들어 학생들에게 필요한 기술을 직접 안내하고 구체적인 사례도 예를 들어 설명한다.

결과는 엄청났다. 학생들은 사후 테스트에서 훨씬 더 좋은 성적을 보였다. 게다가 학생들은 그 주제를 익히는 데 단 9분밖에 걸리지 않았다. 반면 동영상 기반 강의는 학생들이 약 90분 동안 학습해야 했다. 이는 거의 1시간 반 차이다.

문제는 과거의 동영상이 미흡하거나 교수님 실력이 없어서가 아니었다. 추가 예시를 통해 연결을 인식하는 새로운 방법이 더 효과가 있었을 뿐이다. 이 새로운 학습 도구는 자료를 더 일관성 있게 분석해서 지식 체계를 더 쉽게 배울 수 있게 만들었다.

다른 방식으로 이를 생각해 보면 어떤 분야의 전문가가 된다는 것은 단순히 내용을 이해하는 것 이상이라는 것을 알 수 있다. 전문성은 단순히 정보를 축적하는 것에서 끝나지 않는다. 진정으로 무언가를 알기 위해서는 일련의 사고 기술을 개발할 필요가 있다. 흥미로운 사실은 이러한 사고 기술이 너무나 복잡하고 정교해서 전문가들조차도 그것들을 설명하는 방법을 정확히 알지 못한다는 것이다.

몇 년 전 폰트 디자이너 매튜 카터Matthew Carter를 만났을 때도 비슷한 생각이 들었다. 기본적으로 그는 사용자가 읽고 있는 단어의 모양에 주목하지 않기를 바란다. 예를 들어 이 문장의 시작 부분에 있는 'T'가 작은 수평선체로 되어 있다는 것을 독자가 알아차리기 원하지 않는다. 또한 'W'의 굵은 아래쪽 획 때문에 이 글자가 고전적으로 보인다는 것도 눈치채지 말아야 한다. "독자가 활자를 의식한다면 그것은 문제가 있다는 뜻입니다"라고 카터는 내게 말했다. 활자는 눈에 띄지 않게 "작가의 생각이 독자의 마음으로 원활하게 전달되도록 해야 합니다."

카터가 이렇게 강한 신념을 가진 이유는 무엇일까? 그는 세계에서 가장 존경받는 폰트 디자이너 중 한 명이다. 마이크로소프트의 버다나Verdana 폰트는 카터의 디자인 중 하나이며 〈뉴욕 타임스The Newyork Times〉의 헤드라인 폰트와 스넬 라운드핸드Snell Roundhand 폰트 역시 그의 작품이다. 또는 버라이즌Verizon 전화번호부를 아무거나 집어 들어 보라. 그 안의 모든 글자와 숫자의 디자인은 카터의 손에서 나온 것이다.

우리는 케임브리지에 있는 그의 아파트에서 이야기를 나누었다. 키가 크고 수려한 외모에 흰머리를 뒤로 묶은 카터는 AT&T가 하질지에 인쇄할 수 있는 가장 작은 크기의 가독성 있는 글꼴을 만들어 달라고 요청했던 일화를 들려주었다. 그에 따르면 새로운 글꼴에 대한 아이디어는 묘지를 거닐다 묘비명을 보면 떠오른다고 했다. 그는 자신의 작품인 벨

센터니얼^{Bell Centennial} 폰트를 자세히 보면 문자 속의 여백을 늘리고 글자를 더 읽기 쉽게 만들기 위해 g의 측면에 평평하고 짧은 곡선이 있다고 설명하기도 했다.

하지만 그 겨울 오후 우리가 이야기를 나누는 동안 카터는 정확히 어떤 식으로 아름답고 읽기 쉬운 글꼴을 만드는지 설명하는 데 약간의 어려움을 겪는 것처럼 보였다. 예를 들어, 카터는 단어 속에서 h와 t가 어떻게 어울려야 하는지에 대해 이야기할 때 그 결정을 '순전히 미적인 것'이라고 했다.

글꼴을 만드는 과정에 대해서는 그저 따분하며 논의할 가치조차 없는 것이라고 말했다. "내가 작업하는 과정을 보는 것은 냉장고가 얼음을 만드는 과정을 보는 것과 같습니다."

의심할 여지없이 카터는 서체 제작 분야에서 세계 최고로 손꼽히며 서체 디자인계의 윈스턴 처칠이라 불린다. 하지만 여전히 그가 정확히 어떻게 디자인하는지에 대해서는 모호한 태도를 취했다. 나한테만 그런 것도 아니었다. 다른 인터뷰에서 카터는 겸손하거나 일부러 얼버무리는 태도를 보였다. 그는 어떤 기자에게 "내겐 카멜레온 같은 기질이 많습니다"라고 말한 적도 있었다.

특정 분야의 전문성을 확보하는 데 필요한 모든 요소를 다 나열하기는 어렵다. 일단 우리가 무엇인가를 알게 되면 그 지식을 다른 사람에게 설명하기가 어려워진다. 사우스캘리포니아 대학의 리처드 클라크^{Richard Clark} 교수는 여러 연구에서 이런 내용을 조사했다. 그는 숙련된 전문가, 예를 들어 경험 많은 간호사나 테니스 프로 선수, 또는 노련한 연방 판사를 대상으로 조사했다.

클락은 그들의 전문 분야에 대해 자세한 질문을 한다.

"이 단계를 수행하는 동안 무슨 생각을 하고 있습니까? 그것을 하는 동안 오른손은 어디에 있습니까? 어떻게 하는지 단계별로 말해 주세요."

이 사람들이 모두 높은 평가를 받는 전문가이기는 하지만, 클라크의 연구에 따르면 이들은 일반적으로 복잡한 일상 문제를 해결하거나 작업을 완료하는 데 사용하는 지식과 기술의 약 30%만 의식적으로 인지하고 있는 것을 발견했다. 그 나머지는 '완전히 자동화되고 무의식적인 것'이라고 클라크는 말한다. 즉 전문가들이 알고 있는 것의 대부분은 단순히 그들의 이해 범위를 넘어선다는 것이다. 그들은 실제로 자신이 무엇을 아는지 모른다. 그냥 자동적으로 하는 것이다.

이 모든 것이 분명히 보여 주는 것은 우리가 단순히 전문가에게 가서 무엇인가를 설명해 달라고 요청할 수 없다는 것이다. 전문가들도 잘 모르는 경우가 많기 때문이다. 또한 우리는 위키피디아 기사를 읽고 특정 분야나 전문 분야에 대한 정말 심도 있는 지식을 얻을 수도 없다. 대부분의 위키 페이지에는 서술된 내용에 대한 배경이나 발생 원인 등이 자세히 설명되어 있지 않다.

하지만 갈수록 더 어려워진다. 앞서 언급했던 것처럼 단기 기억이 전화번호 911과 같은 적은 양의 정보만 담을 수 있다는 것을 기억하는가? 단기 기억의 작고 좁은 통로 때문에 전문가로부터 배우는 것이 훨씬 더 어려워진다. 한 번에 대량으로 새로운 정보를 처리할 수 없기 때문이다. 누군가 자신의 모든 전문 지식을 한번에 설명할 수 있다고 해도 우리는 그것을 받아들일 수 없다. 너무 많은 새로운 정보가 한꺼번에 우리에게 쏟아지면 뇌에 과부하가 걸리기 마련이다.

그러나 학습이 진행됨에 따라 우리는 더 많은 정보로 이해의 공백을 채워 넣을 수 있다. 한 영역에 대한 이해가 자연스럽게 다른 영역으로 흘러들어가 이해를 풍부하게 하며 한 가지 기술에 능숙해지면 다른 기술도 강화되고, 장기 기억의 도움을 받아 시간이 지남에 따라 점점 더 큰 전문성을 발휘할 수 있다. 클라크는 전문성이란 "시간이 지남에 따라 반복적인 연습을 통해 자동적으로 습득됩니다"라고 설명하며 이렇게 덧붙인다. "이러한 자동화는 '사고 공간'을 확보하여 단기 기억에 부담을 주지 않고 새로운 정보를 흡수할 수 있게 해 준다."

하지만 결국 중요한 것은 훌륭한 교육자의 가치이며, 우리에게 필요한 것은 자신의 분야에 정통하고 이를 잘 설명할 수 있는 강사. 따라서 단순히 해당 분야의 전문성만을 기준으로 교육자를 선택해서는 안 되며 해당 과목에 대한 실제적인 강의 경험이 있고 필수적인 기술과 개념을 명확하게 설명하는 능력을 갖춘 강사를 찾아야 한다. 마찬가지로 우리는 전문 지식에 포함되어 있는 사고방식을 해석하고 이를 쉽게 이해할 수 있도록 목표에 맞추어 설명하는 학습 자료가 필요하다.

깜짝 퀴즈 #6

다음 말에 맞다, 아니다로 답해 보자.
"학습에 있어서는 지능보다 자신의 사고 과정을 성찰하는 메타인지 능력이 더 중요할 수 있다."

흥미롭게도 이러한 종류의 집중적인 지식 개발은 지식 그 자체를 훨씬 뛰어넘어 다른 분야까지 확장된다. 그것은 우리의 감정에도 중요한 역할을 하는데 우리는 곧이어 이 주제를 다룰 것이다.

사고와 감정에 대한 생각

지금 손에 들고 있는 책을 잠시 생각해 보자. 미국의 출판업계에서 이 책은 대중 과학서로 분류된다. 즉 학술 연구 결과를 더 많은 사람들에게 전달하는 것을 목표로 한다.

당신은 아마도 이런 종류의 책을 이전에도 접해 본 적이 있을 것이다. 말콤 글래드웰Malcolm Gladwell이 쓰는 책들도 일종의 대중 과학서다. 레베카 스클루트Rebecca Skloot가 쓴 《헨리에타 랙스의 불멸의 삶The Immortal Life of Henrietta Lacks》도 그렇고, 수전 케인Susan Cain, 대니얼 코일Daniel Coyle, 스티븐 존슨Steven Johnson, 아툴 가완디Atul Gawande 등도 최근 몇 년간 굵직굵직한 대중 과학서들을 써 왔다.

일반적으로 이런 책들은 특정한 패턴을 따른다. 거의 모든 책이 놀라운 주제나 새로운 아이디어를 내세운다. 예를 들어 말콤 글래드웰의 《블링크Blink》에서는 순간적인 결정이 신중한 결정보다 더 낫다고 주장한다. 첫 번째 저서인 《헨리에타 랙스의 불멸의 삶Immortal Life of Henrietta Lacks》에서 레베카 스클루트는 현재 미국 전역의 거의 모든 과학 연구실에서 사용되는 세포주cell line의 기원에 대해 다룬다. 한편 스티븐 존슨의 《퓨처 퍼펙트Future Perfect》에서는 사회 개혁에 대한 새로운 관점을 제시하며, 변화를 위한 상향식 접근 방식을 주장한다.

모든 다른 책과 마찬가지로 대중 과학서에도 단점이 있다. 때로는 자신들의 주장을 과장하고 통념과 다른 연구 결과를 제시하려는 열정 속에서 저자들은 중요한 세부 사항을 생략하기도 한다. 대니얼 코일이 《더 탤런트 코드The Talent Code》에서 주장하는 것과 반대로 재능은 두뇌의 특정한 성격이나 요인만으로 설명하기 어렵다. 말콤 글래드웰의 1만 시간의 법칙 역시 검증되지 않은 주장일 뿐이다.

이런 지적이 중요한 이유는 무엇일까? 당신이 읽고 있는 책의 성격을 제대로 알아야 그 의미를 완전히 파악할 수 있기 때문이다. 맥락을 알아야 똑바로 이해할 수 있다. 다르게 말하면, 학습하는 법을 배우는 것이 당신이 배우고 있는 분야를 제대로 공부할 수 있는 방법이다.

아래 텍스트를 살펴 보자.

옳은 방법과 그른 방법이 있다. 어느 쪽도 명확하게 설명되어 있지 않다. 만약 그른 방법으로 한다면 큰 실수를 할 수도 있다. 하지만 옳은 방법으로 한다고 해도 여전히 잘못될 수 있다.

이 네 문장을 원하는 만큼 읽고 또 읽어도 된다. 하지만 더 넓은 맥락을 모르면 그 단어들을 이해하는 것은 거의 불가능하다. 보다 큰 틀을 제공하는 맥락이 없다면 이 문장들은 논리적으로 이해하기 어렵다.

이 문장들은 폭탄 해체 방법에 대한 기술 매뉴얼의 일부일 수도 있고 결정 형성에 관한 재료 과학의 논문일 수도 있다. 아니면 신뢰할 수 없는 화자가 등장하는 20세기 스파이 소설일까? 행위의 본질에 대한 형이상학적 시일까? 이 문장들은 위에서 말한 어느 것에 등장해도 이상하지 않으며 단어에 실제 의미를 부여하는 것은 결국 맥락이다.

이런 주장은 우리가 학습에 집중하는 방식에 큰 영향을 미친다. 우리는 이런 방식을 메타인지metacognition라고 부른다. 심리학자들은 메타인지를 '생각에 대한 생각'으로 정의한다. 넓은 의미에서 그것은 당신이 어떤 것을 이해하는 방식을 이해하는 것이다. 이는 정신적인 관점을 개발하고 자신의 인지 과정에 대한 인식을 키우는 활동이 포함된다.

어떤 면에서 메타인지는 쉽게 일어난다. 당신이 설명서를 다 읽고 이케아 테이블을 조립하기 시작하기로 결정할 때 일종의 메타인지를 사용한 것이다. 중요한 시험을 앞두고 강의 노트를 부랴부랴 복습할 때? 약간 긴장된 상태의 메타인지라 할 수 있다. 고등학교 동창의 이름이 생각나지 않을 때 느끼는 그 안타까운 느낌? 그것도 메타인지다.

전문가들에 따르면 메타인지는 두 부분으로 나뉜다고 한다. 첫째, 계획적인 측면이다. 나는 내가 무엇을 아는지를 어떻게 알 수 있을까? 나의 목표는 무엇인가? 더 많은 배경지식이 필요한가? 둘째는 모니터링 부분이다. 이 개념을 다른 방식으로 배울 수 있을까? 나는 진전을 이루고 있는가? 내가 왜 지금 이것을 하고 있는가?

이런 종류의 메타인지는 종종 전문가들에게 쉽게 일어난다. 전문가가 문제를 해결할 때 그들은 문제가 어떻게 구성되었는지에 대해 많이 생각한다. 또한 그들의 답이 합리적인지 아닌지에 대한 감각을 가지고 있으며 어떻게 답에 도달했는지 생각해 본다.

전문가들에게만 이 '생각에 대한 생각'이 필요한 것은 아니다. 연구에 따르면 사실 초보자들도 전문가만큼이나 이런 메타인지적 사고가 필요하다고 한다. 다시 말해 우리가 메타인지적 질문을 더 빨리 할수록 새로운 기술을 더 빨리 습득할 수 있다.

학습에 있어 가장 커다란 문제 중 하나는 사람들이 메타인지를 충분히 활용하지 않는다는 점이다. 우리는 자신이 모른다는 사실을 잘 받아들이지 않으려 한다. 동시에 사람들은 자신이 알고 있는 것에 대해 지나치게 자신감을 느낀다. 그러므로 문제는 들은 것을 금방 잊어 버리는 게 아니라 자신의 생각에 대해 깊이 생각하지 않는다. 즉 더 깊이 알기 위해 스스로 노력하지 않는다.

이런 면에서 메타인지에는 우리가 스스로에게 묻는 일련의 질문들이 포함되어 있다. 내가 무엇을 알고 있는지 어떻게 알 수 있을까? 무엇이 혼란스러운가? 내 이해도를 측정할 방법이 있는가? 이러한 질문들은 강력한 효과가 있으며 학습 과정에서 메타인지는 단순한 지능보다 더 중요한 경우가 많다.

예를 들어 마르셀 베엔만Marcel Veenman 교수는 사고를 관리하는 능력이 풍부한 학생들은 IQ가 매우 높은 학생들을 능가할 수 있다고 주장하며 "학습 성적의 40%는 메타인지에 좌우되지만 IQ의 영향력은 25%에 불과합니다"라고 말했다.

글쓰기는 메타인지의 좋은 예다. 왜냐하면 문장과 단락을 구성할 때 우리는 중요한 메타인지적 질문을 스스로에게 하기 때문이다. 누가 이것을 읽을까? 그들이 나를 이해할까? 무엇을 설명해야 할까? 이것이 글쓰기가 생각을 정리하는 데 매우 효과적인 이유다. 글쓰기는 우리가 자신의 주장을 평가하고 이에 대해 곰곰이 생각하도록 만든다.

심리학자 덕 해커 Doug Hacker와 같은 사람들은 글쓰기를 '응용 메타인지'의 일종이라고 설명하는데 나도 이런 경험을 자주 한다. 예를 들어 글쓰기를 시작하기 전에 어떤 아이디어가 떠오르고 연결 고리에 대한 힌트나 추론으로 연결되면 그 개념이나 주장이 매우 설득력이 있는 것처럼 느껴질 수 있다. 오랜 대학 친구가 내가 사는 도시로 출장 왔을 때 아내에게 이메일을 보내 토요일 밤에 아이들을 봐 줄 수 있는지 물어본다고 하자.

그러나 막상 이메일을 쓰기 시작하면 내 논리는 간단히 무너진다. 지난달에도 친구를 만났기 때문에 내 주장이 실제로는 상당히 약하다는 것을 깨닫는다. 아내는 이를 받아들이지 않을 것이다. 그리고 이메일은 휴지통으로 간다. 해커의 말을 빌리자면 여기서 나는 일종의 메타인지를 적용해서 내 논리가 부족하다는 것을 발견했다.

우리는 혼자서도 이를 실천할 수 있다. 이제 여러분이 뛰어난 여행 사진작가가 되고 싶다고 해 보자. 그런 다음 사진을 촬영하기 시작하면서 메타인지적 질문을 스스로에게 던져 보자. "전문가는 이 사진에 대해 어떻게 생각할까? 나는 광선과 구도에 대해 어떤 가정을 하고 있는가?"

또 다른 예로 윤년의 개념에 대한 이해를 높이고 싶다고 해 보자. 여러분은 스스로에게 질문한다. "나는 윤년에 대해 무엇을 알고 있는가? 다른 사람은 윤년을 어떻게 알고 있을까? 왜 윤년이라고 불릴까?"

연구자들은 무언가를 배우기 시작하기 훨씬 전에 이러한 종류의 질문을 던지라고 권한다. 어느 정도 수준에 올라서기 전에 스스로를 탐구하면 메타인지 프로세스를 활성화시키고 학습을 더 오래 지속할 수 있다. 실제로 심리학자 린지 리치랜드^{Lindsey Richland}와 그녀의 동료에 따르면 텍스트를 읽기 전에 메타인지적 질문에 답하려고 시도하는 사람은 정답을 맞히지 못하더라도 훨씬 더 많은 것을 배운다고 한다.

또 다른 메타인지 사례도 있다. 당신은 이 책 전체에 깜짝 퀴즈가 흩어져 있는 것을 눈치챘는가? 생각에 대한 일종의 몰입형 사고를 유도하기 위해 모든 장에 퀴즈를 넣었다. 나는 여러분이 각 질문에 답하려고 시도하면서 "나는 학습에 대해 이것을 알고 있는가? 나는 학습에 대해 이것을 왜 알고 있는가?"라고 스스로 물어보기를 바란다. 그러면 결국에는 더 깊은 형태의 이해로 이어질 것이다.

학습에 대한 감정

메타인지의 영향력은 사고 과정을 넘어 감정까지 아우르며 학습 과정에서 감정을 조절하는 데 필수적이다. 메타인지가 생각을 계획하고 모니터링하는 것이라면 감정에도 동일한 접근 방식을 적용해야 한다. 따라서 사람들은 학습하면서 스스로에게 물어봐야 한다.

"나는 어떤 감정을 느끼는가? 이 과제는 좌절감을 주는가? 두려운가?"

우리는 학습이 강력한 감정적 경험이라는 점을 간과하는 경우가 많다. 우리의 감정은 어떤 종류의 기술을 습득하는 능력에 엄청난 영향을 미친다. 사람들은 이러한 감정적 어려움을 어린 아이들이나 겪는다고 생각하지만 실제로 일부 8학년 학생들조차 대수 수업에서 도움이 필요하다는 사실을 인정하지 않으려고 엄청 노력한다. 그들은 너무나 창피하기 때문이다.

감정은 성인의 학습에서도 엄청나게 중요한 역할을 한다. 감정은 종종 우리가 무엇을 배울지 결정한다. 심리학의 새로운 연구 분야는 감정이 실제로 우리의 지식과 기술의 기반 역할을 한다는 것을 밝히기도 했다. 우리의 생각은 항상 감정과 엮여 있으며 최종적으로는 인지적 학습 접근 방식과 비인지적 학습 접근 방식 사이에는 진정한 차이가 없다.

1970년대 후반 안토니오 다마지오Antonio Damasio의 사무실에 들어온 유명한 환자 엘리엇Elliot을 예로 들어 보자. 당시 다마지오는 아이오와 대학교의 신경학과 교수였고 엘리엇은 막 뇌에서 큰 종양을 제거하는 수술을 받았을 때였다. 종양은 엘리엇의 코 바로 위, 눈 뒤에서 시작되었고 결국 골프공만큼 커졌다.

수술 전 엘리엇은 자상한 아버지이자 성공한 사업가였다. 그는 똑똑하고 박식했으며 유머 감각도 있는 지역 사회의 귀감이었다. 수술 후에도 그는 여전히 매우 높은 IQ를 가지고 있었고, 테스트에서 뛰어난 점수를 받았다. 그는 여전히 정치와 뉴스에 대해 이야기할 수 있었고 농담까지 할 수 있었다. 하지만 그에게서 감정은 찾아볼 수 없었다. 다마지오는 그의 책 《데카르트의 오류Descarte's Error》에서 "그는 차분하고 냉정했으며, 당황할 법한 개인적인 사건에 대해 논의해도 전혀 동요하지 않았다"고 기록했다.

다마지오는 엘리엇과 비슷한 유형의 뇌 손상을 보인 환자들이 많다는 것을 발견했는데 그들 모두 비슷한 증상을 보였다. 그들은 모든 감정을 잃어버리고 완전히 이성적인 것처럼 보였다. 얼핏 들으면 매우 매력적이다. 감정이 없다면 명쾌하게 생각할 수 있을 것 같으니 말이다.

하지만 그렇지 않다. 그리고 엘리엇과 같은 환자들은 결정을 내리는 데 어려움을 겪었다. 감정이 없었기 때문에 그들은 합리적인 생각에 빠져 헤맸으며 문제를 생각하고 추론하며 해결할 능력이 부족했다. 엘리엇은 재정적인 어려움을 겪다가 결국 사기꾼에게 속아 상당한 돈을 잃었다.

이 환자들은 문제의 전체적인 성격을 느끼는 능력이 부족했다. 다마지오는 비슷하게 전두엽 손상을 입은 환자에게 다음 방문 계획에 대해 물어보며 환자에게 두 날짜를 제시했고 환자는 일정을 확인했다.

그로부터 30분간 환자는 두 날짜 사이의 결정을 내리는 데 관련된 갖가지 논리를 설명했다. 그에게는 두 날짜 이전의 약속과 이후의 약속이 있었으며 날씨와 시간, 그리고 다른 약속과의 충돌 가능성에 대해서도 언급했다. 환자는 자신의 결정에 영향을 미칠 수 있는 모든 것에 대해 장황하게 이야기했다.

"그 모든 것을 듣고도 테이블을 쾅 치며 멈추라고 고함지르지 않으려면 엄청난 자제력이 필요했습니다"라고 다마지오는 말했다. "하지만 우리는 마침내 조용히 그에게 두 날짜 중 뒤의 날짜에 와야 한다고 말했습니다. 그러자 그는 재빨리 침착하게 반응했습니다. 그냥 '알았습니다'라고 말하더니 수첩을 주머니에 넣고 방을 나갔습니다."

학습과 사고에 관해 이야기할 때, 우리의 감정은 일종의 방어선 역할을 한다는 것이 밝혀졌다. 감정은 우리가 이성 능력을 활성화해야 하는지 여부를 알려 주는 도어맨과 같은 역할을 한다. 엘리엇에게는 이성을 받아들여야 한다는 신호를 보내는 방법이 없었다. 그는 어떻게 생각해야 할지, 언제 생각해야 할지 몰랐다. 다마지오는 이 현상을 이렇게 설명했다. "감정과 이성은 서로 밀접하게 연결되어 있습니다."

그런데 알고 보면 생각과 감정 사이에는 훨씬 더 심오한 연관성이 있으며, 문제의 근원은 다시 우리 뇌로 거슬러 올라간다. 우리의 신경계는 독립적인 부품으로 구성된 자동차 엔진과는 성격이 다르다. 두뇌는 서로 연결된 구성 요소로 이루어진 복잡한 네트워크이며 사람들은 끊임없이 다른 목적을 위해 동일한 신경 경로를 재사용한다.

예를 들어 따돌림, 배신 등 타인과의 관계에서 발생하는 부정적인 감정인 사회적 고통 social pain 은 신체적 고통과 동일한 뇌 회로를 따라 작동한다. 마찬가지로, 정서적 고통은 신체적 고통과 동일한 신경계를 활성화한다. 관계의 단절에서 오는 고통과 손가락을 베는 고통 사이에는 신경학적 차이가 없으며 수학 문제를 풀 때 얻는 도파민으로 인한 행복은 친구와 연결되었을 때의 행복과 궁극적으로 다르지 않다.

달리 말하면 우리의 머리는 마음의 일부다. 즉, 우리의 몸이 바로 우리의 뇌라는 말이다. 이 연구를 뒷받침하는 실험실 연구는 매우 유명하며 솔직히 말해서 조금 이상하다. 예를 들어, 어떤 사람이 육체적으로 불편하면 다른 사람의 얼굴이 더 화난 것으로 보인다. 누군가를 용서하는 감정을 가지면 신체 능력 테스트에서 더 높이 뛸 수 있다. 내가 가장 흥미롭게 생각하는 실험은 사람들이 임의의 물체에 손가락 욕을 하면 그 물체를 처음 보았더라도 긍정적인 의견을 갖기 어려웠다는 결과다.

몸과 마음, 감정과 생각 사이의 깊은 연결은 우리가 1장에서 다루었던 수학 연습인 머릿속 주판의 힘을 설명하는 데도 도움이 된다. 사람들이 계산을 하면서 손가락을 움직이면 실제로 주판을 계산할 때 활성화되는 것과 동일한 회로가 작동된다. 하버드 대학교의 니온 브룩스가 말한 대로 손은 뇌가 암산을 통해 '생각'하는 것을 돕고 있다.

이 아이디어는 몇 가지 흥미로운 방식으로 응용할 수 있다. 혹시라도 다음 기회에 기하학 문제나 건축 도면을 접할 때 문제에 내재된 복잡성을 더 깊이 파악하기 위해 도면을 손가락으로 그대로 그려보는 걸 추천한다. 전문가에 따르면 이런 행동은 도면을 더 쉽게 이해하도록 만들어 학습을 촉진한다고 한다.

심리학자 시안 베이록Sian Beilock은 특정 아이디어를 기억하는 데 도움이 되도록 몸짓을 활용할 것을 권장한다. 따라서 큰 연설이 끝날 때 주최자에게 감사를 표하고 싶다면, 연습할 때 특정 움직임(예: 끄덕임)을 감사의 말과 연결시킨다고 주입시키면 된다. 그런 다음 실제 연설에서 고개를 끄덕이면 그 움직임이 감사의 단어에 대한 기억을 촉발할 것이다.

개인적으로 나는 화상 회의 전화번호를 기억할 때 손을 자주 사용한다. 얼마 전 전화를 걸어 회의에 접속해야 할 일이 생겼다. 전화번호에 연속적으로 4가 세 번 나왔기 때문에 손가락 세 개를 펴서 숫자를 기억하는 데 도움이 되도록 하여 기억을 효과적으로 손에 전달하고 신체를 기억의 도구로 활용했다. 잠시 동안 내 손가락이 내 마음이 된 것이다.

물론 감정에도 단점이 있다. 감정이 너무나 강렬하면 우리는 제대로 배울 수 없으며 정서적으로 불편함을 느껴도 기술을 습득할 수 없다. 스트레스를 느끼면 생각이 복잡해지며, 감정이 학습 결과에 부정적인 영향을 미칠 수 있다는 것이 여러 연구 결과를 통해 밝혀졌다. 슬픔, 우울함, 심지어 단순히 신체적 불편함까지도 학습에 지장을 준다.

학습과 관련된 감정을 다루기

학습과 관련된 감정을 어떻게 다뤄야 할까? 어떻게 감정을 잘 관리하고 전문 지식을 얻을 수 있을까? 짐 테일러Jim Taylor의 사례를 통해 이러한 질문에 대한 답을 찾아보자.

테일러는 실력 있는 슬라롬 스키 선수이기는 했지만 위대하다고까지 할 정도는 아니었다. 전국 순위에는 들었지만 경주를 완주하지 못하는 경우도 종종 있었다. 자신의 경기력에 대한 불안감과 기록에 대한 걱정 때문에 테일러는 기문gates(스키어들이 통과해야 하는 깃발과 깃발 사이의 공간-옮긴이)을 놓치곤 했다. 또는 서투른 실수를 저지르거나 회전 방향을 잘못 계산해 눈 더미 속에 처박히곤 했다. 테일러는 자신이 '엉망진창'이고 '나 자신의 가장 큰 적'이라고 말했다.

대학에서 심리학 수업을 들은 후 테일러는 레이스를 위해 심상 훈련을 사용하는 방식으로 훈련 방향을 바꾸었다. 테일러는 출발선에 서기 전에 자신이 스키를 타고 산을 내려가는 모습을 상상하며 모든 기문과 눈 언덕 그리고 힙턴 동작을 머릿속에 그렸다. 그것은 일종의 이미지 트레이닝으로서 자신의 동작을 '안에서 바깥으로' 지켜보는 것과 마찬가지였다.

테일러는 이렇게 별거 아닌 것 같은 훈련의 결과를 굉장하다고 표현한다. 이미지 트레이닝을 통해 그는 자신의 능력에 대해 훨씬 더 깊은 믿음을 얻었고 결국 경주에 대한 자신의 감정을 관리할 수 있었다. 테일러는 '의심에서 자신감이 생겨났고, 불안에서 집중력이 생겨났다'고 주장한다. 그리고 1년 만에 테일러는 자신의 연령대에서 전국 상위 20위 안에 드는 스키 선수가 되었고, 결국 국가대표 스키팀이 되었다.

이미지 트레이닝의 힘은 뇌가 상호 연결되었기 때문에 가능해졌다. 몸과 마음의 깊은 관계는 왜 이 훈련이 그토록 극적인 효과를 낼 수 있는지 설명해 준다. 상상 속의 경험과 실제 경험 사이에는 큰 차이가 없다.

이 훈련을 통해 테일러는 심리학자들이 자기 효능감 self-efficacy 이라고 부르는 것을 얻을 수 있었다. 그것은 자신의 능력에 대한 믿음, 즉 자신이 성공할 것이라는 느낌인데, 이는 학습 시 감정적인 변화에 대처하는 데 매우 중요한 것으로 판명되었다. 이는 감정을 관리하는 방법으로서 테일러는 이미지 훈련을 통해 매우 중요한 자신감을 키운 것이었다. "출발 라인에 섰을 때 나는 완주할 뿐 아니라 우승할 거라는 자신감이 들었습니다." 테일러의 말이다.

다른 심리학 이론들과 마찬가지로 자기 효능감이라는 개념은 단순하지만 심오하다. 스탠포드 대학교의 심리학자 앨버트 반두라 Albert Bandura 는

1970년대에 처음으로 이 개념을 발전시켰고, 여러 중요 연구 논문에서 사람들에게는 성공에 대한 기대감이 필요하다고 주장했다. 구체적으로 반두라는 사람들이 어떤 활동을 잘 해낼 수 있다고 믿을 때 그 활동에 참여할 가능성이 훨씬 더 높다는 것을 발견했다.

자기 효능감은 전반적인 자신감과는 다르며 자존감과도 다르다. 오히려 이 개념은 특정 과제를 성공적으로 완수하고 우리가 추구하는 좋은 결과를 얻을 수 있다는 확신에 초점을 맞추고 있다.

성공에 대한 이런 기대에는 여러 이점이 있다. 우리가 어떤 과제를 완수할 수 있다고 믿는다면 우리는 훨씬 더 노력을 기울일 가능성이 높게 마련이다. 충분한 자기 효능감이 있다면 목표에 도달할 가능성이 훨씬 높아지고 성취한 것에 대해 더 큰 만족감을 느낄 수 있다. 마찬가지로 중요한 것은 자기 효능감이 집중력을 향상시킨다는 점이다. 그것은 목표를 더욱 명확하게 만들어 주고 방해 요소들을 훨씬 더 잘 관리할 수 있게 해 준다.

내가 반두라에게 연락을 하니 그는 새 책을 쓰느라 '생산의 쳇바퀴'를 열심히 돌리고 있다는 답장 이메일을 보내왔다. '밤늦게까지' 일하느라 인터뷰할 시간이 없다는 것이었다. 이것이 바로 자기 효능감의 실제적인 모습이다. 우리는 자신감이 높아질수록 더 헌신적으로 몰두하며, 더 강한 통제력과 더 풍부한 주체 의식을 갖게 된다. 반두라에게는 쓰고 싶은 책이 있었고, 받은 편지함에 아무리 많은 이메일이 들어와도 무시하고 그 목표를 달성하려고 노력했다.

이러한 방식으로, 자기 효능감은 학습할 때 반드시 발생하는 좌절감을 피할 수 있는 완충 장치 역할을 한다. 우리가 성취하려는 것이 무엇인지 잘 알면 좌절감과 방해물을 잘 처리할 수 있으며 학습에 필요한 감정적 어려움과 지속적인 집중력을 더 잘 다룰 수 있다.

나중에 이루어진 인터뷰에서 그는 학습자에게는 지속적인 자기 의심과 불안을 극복할 수 있는 전략이 필요하다고 설명했다. 내가 과연 할 수 있을까? 실패하는 건 아닐까? 내가 틀렸으면 어떡하지? 차라리 다른 일을 하는 게 맞지 않을까? 반두라의 설명에 의하면 이런 부정적인 생각과 감정은 우리가 한 분야의 전문성을 획득할 가능성을 빠르게 앗아가며 단기 기억을 방해한다. 이러한 감정들 중 일부는 누구에게나 나타나는 것이지만 너무 많으면 '완전히 녹초가 될 것'이라고 주장했다.

이런 생각과 감정을 관리하는 방법은 여러 가지다. 우리는 동기를 유지하기 위해 계획을 세우고 장기 전략을 구체화해야 한다. 따라서 학습법을 배우는 것은 결국 일종의 프로젝트 관리라고 할 수 있다. 여기서 중요한 것은 목표를 설정하고 그 목표를 달성하기 위한 명확하고 실현 가능한 기준을 마련하는 것이다.

이에 관해서는 매우 많은 연구가 있는데, 압도적인 결론은 명확한 목표를 가진 사람들이 '잘 해내자'와 같이 막연한 열망을 가진 사람들보다 더 나은 성과를 낸다는 것이었다. 목표를 설정하면 사람들은 자신이 이루고자 하는 것을 더 잘 달성할 수 있다. 보다 구체적으로 말하면 학습 목표는 탱고를 마스터하겠다는 새해 결심 같은 것이 되어서는 안 된다. 지나치게 야심 찬 학습 목표는 너무 막연하고 먼 것처럼 보일 수 있어 역효과를 낼 수 있다고 반두라는 주장한다.

대신 그의 연구에 의하면 사람들이 쉽게 달성할 수 있는 목표를 가지고 있을 때 성공할 가능성이 더 높다고 한다. 따라서 탱고를 마스터하기와 같은 막연한 목표 대신 일주일에 한 번 탱고 수업에 참석하거나 수요일 저녁과 일요일 오후에 집에서 춤 연습을 하는 것과 같은 작은 목표를 세우는 것이 좋다. 이러한 종류의 목표는 매우 도움이 될 수 있으며, 종종 우리의 감정을 관리하는 가장 좋은 방법 중 하나로 작용한다.

동시에 감정적인 동기를 유지하는 것도 중요하다. 이런 맥락에서 자신과의 대화가 중요하며 흑백 논리적 사고를 피해야 한다. 따라서 '나는 최악이야'라고 말하기보다는 '요새 좀 힘드네'라고 말하자. 또한 "오늘 3시간 동안 일했어"라고 인정하는 등 사소한 성과도 인정하고 위로하는 시간을 갖자.

동기 부여를 유지하기 위해 자신과 내기를 거는 방식도 좋다. 몇 년 전, 프로그래머 프란체스코 시릴로(Francesco Cirillo)는 자기 효능감을 창출하는 데 도움이 되는 유용한 접근 방식을 개발했다. 당시 시실로는 대학생이었는데 종종 주의가 산만해져 어느 것에도 제대로 집중할 수 없었다. 그래서 그는 '자신과 내기'를 했다. 그는 주방 타이머(이탈리아어로 토마토처럼 생겼다고 해서 '포모도로(pomodoro)'라 불린다)를 10분으로 설정했다.

포모도로 기법은 효과가 있었고, 시실로는 곧 다양한 지속 시간으로 실험을 시작했다. 결국 그는 25분 동안 공부한 후 5분 동안 휴식을 취하며 페이스북이나 포켓몬 고와 같은 가벼운 즐거움을 누리는 것이 가장 좋은 방법이라는 것을 발견했다. 그는 이를 포모도로 기법이라고 이름 붙였다. 이는 휴식의 필요를 인정하면서도 작업을 달성하기 위한 목표를 설정하는 방법이었다.

나도 이 포모도로 기법을 수년 동안 사용했다. 이 방식은 효율성을 높이고 업무에 대한 접근 방식을 관리하는 데 도움이 된다. 또한 이를 통해 숙달을 위해서는 신중한 관리가 필요하다는 것을 깨달을 수 있었다. 우리는 전문성을 개발하는 과정에서 발생하는 불가피한 방해 요소와 어설픈 실수를 극복할 방법이 필요하다. 그래서 스키 선수 짐 테일러는 학습에서 중요한 것은 '마음의 눈으로 성공을 느끼는 것'이라고 말했다.

> **깜짝 퀴즈 #7**
> 다음 말에 맞다 또는 아니다로 답해 보자.
> "퀴즈는 학습에 효과적인 방법이다."

연구자들과 인터뷰를 하면 학습이 가진 사회적, 감정적 측면이 언급되는 경우가 종종 있었다. 이는 내가 특정 질문을 했을 때 주로 발생한다.

학습 전문가와 인터뷰를 할 때마다 나는 다음과 같은 질문을 하곤 했다.

"학습하는 방법을 어떻게 배웠습니까? 새로운 기술을 습득하려고 할 때, 그 방법에 어떻게 접근하나요? 당신의 자녀나 학생에게 사용하는 독특한 접근 방식 중 다른 부모나 교사와 차별화되는 방식은 무엇인가요?"

어떤 면에서 나는 그저 전문가들이 자신의 지식을 생활에 어떻게 응용하는지 알고 싶었을지 모른다. 내 마음속에서는 이를 '그 질문'이라고 불렀는데 전문가들은 대답하기 전에 잠시 머뭇거리거나 목청을 가다듬는 경우가 많았다. 때로는 그 사람의 관점이 학문적 관점에서 부모의 관점으로, 전문가의 사고방식에서 학습자의 사고방식으로 바뀌는 것을 느끼기도 했다.

당연하게도 답변에서는 전문가의 관점이 그대로 드러났다. 수학에 초점을 맞춘 전문가는 수학에 대해 이야기했고, 기억력에 대해 연구하는 전문가는 기억력에 대해 이야기했다.

그러나 전문가의 배경과 상관없이 학습의 감정적 측면은 반복적으로 언급되었다. 1장에서 다룬 머릿속 주판에 대해 연구한 데이비드 바너를 만났는데 저녁 식사에서 바너는 어린 딸과 함께 수학 퍼즐을 풀어 그녀가 수학이 재미있다는 느낌을 가질 수 있도록 한다고 말했다.

또 다른 연구자들은 전문가로서의 업무와 연구 결과를 가정으로 가져와 자녀 교육이나 일상생활에 활용한다고 대답했다. '그릿grit' 전문가인 안젤라 덕워스Angela Duckworth는 아이들이 아직 유치원에 다닐 때 '자제력self-control' 실험에 대해 가르쳤다고 말했다.

공부는 원래 불편한 것임을 알기

아마도 우리의 감성적 측면과 관련하여 가장 도발적인 답변을 한 사람은 인지 과학자 리사 손Lisa Son이었을 것이다. 어느 날 오후 우리는 뉴욕시의 한 스타벅스에서 만났다. 한동안 이야기를 나눈 후, 아이들에 대한 이야기가 나오자 나는 '그 질문'을 했다.

그러자 손은 미소를 지으며 바로 이렇게 대답했다. "나는 내 일에 대해 아이들에게 최대한 많이 설명하려고 노력합니다."

주로 학습에서 기억의 역할을 연구하는 손은 학생들이 어려움을 겪으며 공부해야 효과가 있다고 믿는다. 그는 학습이 어렵고, 고통스러우며, 불편함을 유발하는 것이어야 한다고 생각한다. 손은 나에게 이렇게 말했다.

"부모들이 해야 할 일은 아이들이 불편함을 느끼는 것에 익숙해지도록, 답을 모르는 상태에 괜찮아지도록 가르치는 것입니다. 학생들이 자신의 생각과 씨름할 기회를 결코 갖지 못한다면 미래에 부딪힐 어려움은 너무나 힘든 것이 될 수 있습니다."

그녀는 어떻게 하면 아이들이 진정으로 학습 과정에 깊이 몰입하고 도전하도록 만들 수 있는지 예를 들어 설명했다. 그녀는 아이들이 스스로 배울 수 있도록 핵심적인 지식을 알려주지 않는다고 한다. 예를 들어 과학 주제에 대한 답을 모호하게 하거나 아이가 물어본 수학 문제에 대해 정확한 답을 주지 않는 식이다.

실제로 손은 약간의 정신적 고통을 의도적으로 유도하는 것처럼 보인다. 예를 들어 손은 어린 아들이 정말로 머리 절개 수술을 할 정도로 심각한 부상을 입을 것 같지 않으면 부엌 테이블에 머리를 부딪히며 논다고 해도 막지 않는다. 손의 딸이 표준 시간대에 대해 물어도 몇 달 동안 그 개념을 설명하지 않는다. "연구자로서 나는 절대 아이들에게 답을 주지 않습니다. 절대로요"라고 그녀는 말한다. "오직 '힌트'만 줄 뿐이죠."

손의 접근 방식은 학습을 정신적인 노력으로 보는 개념에 기반을 두고 있으며 손 자신도 실험실에서 비슷한 효과를 관찰한 바 있다. 즉 우리는 더 많은 인지적 노력을 기울일수록 더 많은 것을 얻을 수 있다. 예를 들어 어린 학생인 모에^{Moe}가 몇 가지 철자 오류가 있는 짧은 에세이를 썼다고 하자. 손에 의하면 대부분의 사람들은 모에에게 틀린 단어의 올바른 철자를 알려 준다고 한다. 하지만 손은 그렇게 하지 않는다. 그녀는 모에에게 "에세이를 다시 읽어 보고 어려운 단어들의 철자가 맞는지 확인해 보라"고 말한다.

모에가 틀린 철자를 발견하지 못했다면 손이 틀린 단어를 알려 줄 수도 있다. 하지만 손의 연구에 따르면 모에에게 정답을 알려 주어서는 안 된다. 모에는 스스로 정답을 찾아야만 한다. "학생이 다른 책을 많이 읽으면 그 단어가 정확하게 철자된 것을 보게 될 것이고 그러면 정확한 철자를 결코 잊지 않을 것입니다. 사람들은 장기적인 학습 능력을 극대화시키기 위해서는 스스로 학습할 줄 알아야 합니다"라고 손이 덧붙였다.

학습을 하다 보면 당연히 어려운 상황이 올 거라는 것을 예상해야 한다. 어려움을 느끼는 감정은 극복할 수 있다는 자기 효능감이라는 개념을 기반으로 한다. 우리는 노력이 결실을 맺을 것이라고 믿어야 하고, 다른 사람들도 그렇게 믿어 주어야 한다. 나는 내 자신의 발전에서 가능성을 보았다. 아마도 내 자신의 경험에 가장 큰 영향을 미쳤던 노력은 보상받는다는 기대였다.

하지만 노력에 대해 항상 긍정적인 견해를 가졌던 것은 아니다. 학교에 처음 입학했을 때는 나 자신이 조금 느리다고 믿었는데 이는 선생님들의 역할이 컸다. 그들은 내 능력에 대해 상당히 부정적인 견해를 가지고 있었다. 1학년 때 선생님은 어머니에게 내가 요리사가 될 가능성이 가장 높다고 말했다. 또 다른 선생님은 나의 조부모님이 나치였는지 물어보기도 했다.

물론 내가 한 일들 때문이었다. 실제로 중학교 때 나는 실험실에 불을 내 정학 처분을 받았다. 불이 너무 크게 나서 산업용 소화기로 진화해야 했을 정도였다.

하지만 나의 정체성은 진화했다. 헌신적인 부모님 덕분에, 몇몇 도움이 되는 선생님들 덕분에, 나 자신에 대해 믿고 있던 것과 학습의 본질에 대해 알고 있던 것들이 바뀌기 시작했다. 나는 다른 사람들과 똑같이 기본적인 재능을 가지고 있지만 내 뇌는 자료를 처리하는 데 더 많은 시간이 필요하다는 것을 깨달았다. 나는 더 많은 노력을 기울여야 했다.

그리고 시간이 지남에 따라 어려움은 내가 학습을 이해하는 방식의 핵심이 되었다. 그것은 내가 살아가는 이야기가 되었고 내가 서명한 사회적 계약이 되었다. 나는 수업에서 그 어떤 사람보다 더 열심히 노력하겠다고 스스로 약속했다. 친구들에게도 나는 배움에 있어서는 사역용 말draft horse과 같다고 말했다. 이는 엄청난 노력 덕분에 성공하는 동물이라는 뜻이었다. 그 사이에 내가 만나는 사람들도 반항적인 사람들에서 좀 더 열정적인 사람들로 서서히 바뀌었다.

내가 근면한 집안 출신이라는 것도 도움이 되었다. 아버지는 종종 "머리가 없다면 힘을 쓰라"는 의미의 독일어 표현을 사용하곤 했다. 독일계 후손이라는 것 역시 한 역할을 했다. 근면을 강조하는 게르만족의 집착은 노력의 중요성에 대한 내 이해에 또 다른 차원의 사회적 의미를 부여했다.

시간이 흐르면서 다른 사람들은 나에게 더 많은 것을 기대하기 시작했고 나 역시 자신에게 때로는 심하다 싶을 정도로 많은 것을 기대했다. 대학교 첫 수업 전에 나는 감정적으로 준비하기 위해 텅 빈 강의실에 몰래 들어갔던 적이 있다. 먼지가 굴러다니는 빈 강의실 한 가운데에 서서 친구들과 가족들의 격려를 떠올리며 "나는 누구에게도 노력으로는 지지 않을 것이다. 나는 다른 어떤 사람들보다 더 열심히 공부할 것이다"와 같은 말들을 혼자 중얼거렸다.

돌이켜 보면 그때의 자기 격려와 다짐은 지나치게 과장되고 약간 청소년기의 망상이 담긴 것처럼 느껴진다. 이건 단순한 대학 강의지 문명 간의 충돌 같은 전쟁이 아니기 때문이다. 하지만 동시에, 때로는 이런 종류의 격려가 필요하다. 학습의 감정적인 측면에 관해서는, 우리는 혼자 배우는 것이 아니다. 그 텅 빈 강의실 안에서 나는 내 정체성을 강화하고 대학에서 성공하기 위해 필수적인 사회적, 감정적인 힘을 키우고 있었던 것이다.

여기서 얻을 수 있는 실질적인 교훈은 아주 간단하다. 우리는 언젠가는 고생한 보람이 있다고 믿어야 하고 학습이 어렵다는 것을 알아야 한다. 게다가 우리 주변 사람들도 그렇게 믿어야 한다. 그래서 학습의 어려움과 난관을 극복하기 위한 사회적 지원이 필요하다. 앞장에서 다루었던 포세 프로그램을 떠올려 보라. 그 프로그램이 매우 효과적인 이유 중 하나는 성공에 대해 강력한 집단적 기대를 만들기 때문이다.

나는 내 자신의 연구에서 이것을 보았다. 동료들과 함께한 연구에서 우리는 교사가 학생들을 대하는 태도가 결과에 엄청난 차이를 만든다는 것을 발견했다. 우리의 연구에 의하면 교사들이 대학을 졸업할 것이라고 예상했던 고등학생들은 실제로 대학 졸업장을 받을 가능성이 3배 더 높았다. 즉, 어떤 학생의 고등학교 교사가 이 학생이 대학 학위를 받을 것이라고 믿는다면 그 학생이 실제로 대학을 졸업할 가능성이 훨씬 더 높다는 것이다.

이런 주장은 리사 손이 문제에 접근하는 방식의 핵심이다. 그녀는 노력과 끈기 그리고 어려움을 극복하는 과정을 강조하는 프레임을 구축하고 있다. 손은 웃으면서 나에게 "내가 좀 심한 것 같기는 하지만, 만약 누군가가 내 아이에게 정답을 알려 주면 아마 길길이 날뛰면서 반대할 겁니다"라고 말했다.

지지와 압박 사이에서 균형 잡기

우리의 감정을 다루는 것과 관련하여 고려해야 할 마지막 중요한 교훈이 있는데 이 교훈은 밥 슬래빈의 모두를 위한 성공 프로그램과 다시 연결된다. 좀 더 정확히 말하자면 전문성을 성취하는 감정적인 측면의 중심에는 이상한 역설이 존재한다. 즉 우리가 무언가를 처음 배울 때는 사회적 지지와 사회적 압력 사이에서 균형을 잘 잡아야 하는 경우가 많다.

이러한 생각은 내가 슬래빈의 프로그램을 채택한 서볼티모어의 원저 힐스 초등학교를 방문했을 때도 떠올랐다. 그 좋은 예는 한 학생이 내게 "당신은 미식축구 선수 조 플래코Joe Flacco처럼 생겼어요"라고 말했던 그 아침에 발생했다.

당시 나는 교무실에 서 있었다. 맨 처음 슬래빈과 같이 방문한 이후 나는 그 학교를 계속 방문해서 1년 동안 네 번이나 들렀다. 나는 학교가 이 프로그램을 어떻게 시행하는지, 학습에 대한 목표화된 접근 방식이 시간이 지남에 따라 어떻게 효과가 나타나는지 궁금했다.

그날 아침 나는 학교 교장인 코리 바스마지안Corey Basmajian과의 회의를 기다리고 있었었지만 그 말을 들은 후 곧바로 휴대폰으로 볼티모어 레이븐스의 쿼터백 조 플래코의 사진을 검색하기 시작했다. "와, 내가 축구 슈퍼스타처럼 생겼다니 믿을 수 없군!"이라고 생각했다.

10분 정도가 지났을 때 나와 마찬가지로 백인인 바스마지안을 만났다. 교장은 학교 사람들이 자신을 조 플래코로 착각하는 경우도 많다고 말했고, 그때 비로서야 실제 외모가 닮은 것이 아니라 인종 차별 때문에 오해를 받았다는 것을 깨달을 수 있었다. 즉 실제 외모보다 인종 차별 때문에 내가 미식축구 선수의 도플갱어가 된 것이었다.

이를 진작에 깨달았어야 했다. 이 학교는 흑인 학생 비율이 압도적으로 높아 백인 학생은 한두 명에 불과했다. 특히 프레디 그레이Freddie Gray의 죽음으로 볼티모어에 폭동이 발생한 후 이 문제는 더욱 심각해졌다. 볼티모어 경찰은 마약 단속 중 그레이를 체포했고, 그는 경찰 밴 뒤에서 도움을 요청했지만 사망했다. 그레이의 죽음은 사회에 격렬한 분노를 일으켰고, 장례식 날 밤 사람들은 차를 불태우고 상점을 약탈했다.

폭동은 윈저 힐스 초등학교에서 불과 몇 블록 떨어진 곳에서 일어났다. 몇몇 중학생들은 거리를 휘젓고 다녔다고 자랑스럽게 떠들었다. 2학년 학생 한 명은 프레디 그레이의 조카였으며 신문 1면에도 등장했다. 나는 약탈이 진정된 다음날 방문했는데 경찰은 계속해서 도시를 순찰하고 있었고 주 방위군까지 출동하여 길모퉁이에 경계를 서고 있었다. 머리 위로는 요란한 헬리콥터 소리가 들려서 이곳이 전쟁으로 황폐된 국가인 것처럼 느꼈다.

이런 폭동을 겪고 나면 윈저 힐스 같은 학교는 학생들의 학업 성취도에 대한 기대치를 낮추기 마련이다. 우리가 보았듯이 감정이 너무나 강렬하면 학습이 어려워진다. 하지만 정서적 지원은 미끄러운 경사면과 같아서 잘못하면 너무 동정적으로 빠지거나 지나치게 관대해질 위험이 있다. 폭동 이후 몇 주 동안 윈저 힐스의 교사들은 이 딜레마를 헤쳐 나가기 위해 열심히 노력했다.

한편 교사들은 학생들을 지원하고 그들이 정서적으로 성장하는 걸 도와주고 싶어 했다. 그러나 다른 한편으로는 공부와 관련하여 학생들을 살살 대하는 법은 없었다. 그들은 학생들에게 도전 기회를 주려고 했다.

한 번은 나오미 블라우쉴드Naomi Balushild라는 교사의 수업을 참관한 적이 있었다. 오전 수업의 막바지였는데 그녀는 2층 교실에서 5학년 학생들에게 국어를 가르치고 있었다.

"우리는 이제 새로운 책을 시작했어요. 누가 새 책에 대해 말해 줄 수 있나요?" 그녀가 학생들에게 물었다. 잠깐의 정적 후 한 학생이 중얼거리며 "무슨 새 책이요?"라고 물었다.

블라우쉴드가 몸을 비틀었다. 그건 경고를 의미하는 듯했다. 그리고 나서 학생 한 명을 지목하더니 "디안테, 말해 봐요."

"독개구리처럼 독이 든 동물들에 대한 거예요"라고 소년이 말했다.

"고마워요. 누구 또 말해 보고 싶은 사람?" 그리고는 또 다른 학생을 불렀다. "라마커스?"

"위험한 동물들에 대한 거예요." 라마커스가 대답했다.

블라우쉴드는 근엄함과는 거리가 멀었다. 까다롭다고 말하기도 어려웠다. 학생들은 블라우실드를 안아 주며 애정을 표현했고 그녀는 잘 웃었다. 또한 블라우쉴드는 여러 그룹 활동을 배정해 학생들이 구석에서 시끄럽게 수다를 떠는 등 교실은 활기차게 돌아갔다. 수업이 끝날 때쯤, 아니 때로는 수업 중간에도 학생들은 블라우쉴드와 함께 춤을 추며 '두뇌 휴식brain breaks'시간을 가졌다.

블라우쉴드는 그저 중도적인 방식을 찾으려고 노력하는 것처럼 보였다. 학습에 관해서는 우리 모두 그녀의 접근 방식에서 얻을 것이 있었다. 사람들은 스스로 엄격한 목표를 설정해야 하며 많은 어려움과 좌절을 예상해야 한다. 동시에 우리는 우리의 매우 사회적인 방식을 지원할 정서적 공간을 만들어야 한다. 사람들은 배우지 못할 것 같은 생각이 들면 배울 수 없다.

깨어 있는 것 역시 중요하다. 학습에서 중요한 것은 우리가 무엇을 배울 것인지, 그리고 얼마나 잘 배우고 있는지를 아는 것이다. 우리는 배울 준비가 되어 있는가? 우리가 아는 것을 제대로 알고 있는가? 우리가 아직 배워야 할 것을 알고 있는가? 정확히 무엇을 다음에 배울 것인가? 새로운 분야를 숙달하기 시작할 때는 목표 지향적이고 메타인지적인 접근 방식이 중요하며, 주제에 대한 지식이 부족한 사람에게는 보다 구조화된 유형의 교육이 도움이 된다.

학습은 앞으로 나아가는 과정이다. 감정적으로도 전진하는 것이며 이해도가 높아질수록 자신감이 커진다. 또한 학습은 인지적으로도 전진하는 과정이며 이해를 할수록 더 복잡하고 개방적인 과제에 참여해야 한다. 전문성이 높아질수록 사람들은 더 새롭고 비정형적인 문제에 대한 지식과 기술을 연습해야 하는데 이 주제는 다음 장에서 다룰 것이다.

원저 힐스에 관해 이야기하자면 이 학교는 몇 가지 분명한 성공을 거두었다. 교장은 현장 학습 횟수를 늘리고 축구팀을 신설했으며 일주일간의 캠핑 여행을 추가했다. 하지만 외부 세력이 개입하는 사태가 발생했다. 구내 식당에서는 싸움이 벌어졌고 학교의 모든 무전기에서 경보음이 울렸다. 몇몇 교사들은 변화에 좌절하여 학교를 떠나기도 했다. 일부 교실에서는 에어컨이 작동하지 않아 6월인데도 열대 우림처럼 느껴질 정도였다.

원저 힐스를 마지막으로 방문한 날 나는 학교를 나와 천천히 내 차로 걸어갔다. 학교 정문에서 멀지 않은 곳에 주차했는데 차에 도착해서 뒤를 돌아봤다. 그 순간 뻗어 나가는 햇빛 아래 아이들의 목소리는 운동장을 가로지르며 울려 퍼지고 있었고 학교는 높은 지대에 자리 잡은 학문의 전당처럼 인상적이고 위엄 있어 보였다. 학교는 미래로 향하는 분명한 길 위에 서 있는 것처럼 보였다.

| 3장 |

발전

LEARN BETTER

무엇을 어떻게 배울 것인지 생각하기

처음 징조는 아마 3점 슛이었을 것이다. 농구 경기가 시작된 지 한 시간 정도 지났고, 내 티셔츠는 땀으로 축축하게 젖어 있었다. 귓가에는 맥박 소리가 쿵쿵 울렸다. 호르몬의 레드불 격인 아드레날린이 강하게 용솟음쳤다. 나는 코너에서 패스를 받았는데 상대 수비수는 3점 라인에서 나를 마크하지 않았다.

아무도 내가 슛을 던질 거라고 생각하지 않았다. 몇 년 동안 나는 코트에서 가장 형편없는 선수였다. 레이업 슛조차 간신히 할 수 있는 정도였다. 상대편 선수들은 공격할 때 내 수비는 거의 무시했다. 내 공은 쉽게 가로챌 수 있는 대상이었고 나는 쉬운 상대로 여겨졌다. 느리고 약한 중년 농구인들 사이에서도 나는 가장 만만한 대상으로 평가받았다.

하지만 나는 아무런 방해도 받지 않았기 때문에 팔꿈치를 모아 정확한 조준으로 힘차게 공을 던졌다. 공은 바구니를 향해 날아올랐고 주황색 구체는 공중에 매달린 작은 영원의 조각처럼 가만히 멈추었다가 놀랍게도 요란한 소리를 내며 네트 속으로 미끄러져 들어갔다.

"3점 슛이다!" 누군가가 소리쳤다.

'정말로 들어간 걸까?' 생각했다. 그리고 그 뒤에 다음과 같은 생각이 이어졌다. '농구 수업을 들은 게 효과가 있는 건가?'

내 농구 경력 이야기는 짧다. 나는 어렸을 때 농구를 많이 했고, 중학교 시절에는 매직 존슨의 포스터가 내 침실에 걸려 있었다. 하지만 10대 후반에 나는 그 스포츠를 포기했다. 다른 관심사가 내 주의를 끌었고 공부하느라 진로가 달라졌다. 오랫동안 나는 1년에 한 번 정도 코트에 올라가 주로 동생과 되는대로 길거리 농구를 하는 게 전부였다.

그러다가 몇 년 전부터 수요일 밤 농구 동호회 게임에 참여하면서 농구에 다시 푹 빠졌다. 힘든 운동이었지만 멋진 슛을 성공했을 때는 자부심을 느낄 수 있었고 게임 후 가지는 술자리도 좋았다. 하지만 나는 사람들이 자기 팀에 데려가고 싶어 하지 않는 그런 사람이었다. 어떤 날에는 두 시간 동안 경기를 해도 한 골도 넣지 못할 때도 있었다. 그나마 나를 끼워준 것은 파울을 해서라도 온몸을 던져 상대편을 방어하는 끈기가 있었기 때문이었다.

그러던 어느 날 중고 거래부터 구인 구직 공간을 제공하는 벼룩시장인 크레이그리스트에서 농구 강사 드웨인 사무엘스[Dwane Samuels]를 보고 그를 찾아갔다. 사무엘스는 20대 시절 유명 대학에서 농구 선수로 뛰었고 벤자민 월리스Benjamin Wallace 같은 NBA 올스타들과 서머 리그에서 함께 뛰기도 했다. 나중에 사무엘스는 할렘 글로브트로터스Harlem Globetrotters의 영원한 상대인 워싱턴 제너럴스Washington Generals에서 뛰기도 했다.

이제는 프로 농구에서 은퇴했지만 여전히 그는 체격이 장대했고, 근육질을 자랑하는 인간 벨로시랩터였다. 첫 수업에서 그는 내게 전력 질주와 줄넘기, 사다리 통과 훈련 등을 시켰다. 얼마 후에는 내게 농구공을 주고 가장 기본적인 동작들을 연습시켰다. 예를 들면 작은 주황색 콘을 통과하며 드리블하기, 레이업 슛, 두 발 점프 등등이었다.

그는 10대에 자메이카에서 미국으로 이민왔다고 했다. 내가 초등학교 때부터 해 왔던 연습을 반복하는 동안에도 카리브해 특유의 악센트로 끊임없이 조언과 격려를 해 주었다. "팔꿈치를 안으로 모아요. 그리고 백보드의 맨 위쪽을 겨냥해 보세요"라고 그는 말했다.

부끄럽고 창피해서 나는 수업에 대해 아무에게도 말하지 않았다. 친구도, 가족도, 물론 같이 농구하는 사람들에게는 더더욱 말하지 않았다. 마흔 살이 넘은 사람이 농구 수업을 받는다는 건 그 누구도 상상하지 못한 일이었다. 테니스 수업? 그럴 수도 있지. 골프 레슨? 괜찮지. 하지만 농구는 빠르고 민첩한 젊은 사람들의 게임이었다. 그리고 사무엘스의 학생 대부분은 내 아이들과 나이가 거의 같았다.

하지만 몇 주가 지나지 않아 내 점프슛이 더 잘 들어가기 시작하면서 3점 슛도 문제없이 넣었다. 다른 사람들이 알아차리기 시작했고 한 친구는 내게 슛 동작에 대한 조언을 구했다. 어떤 사람은 내게 "슛 동작이 완벽해요!"라는 이메일을 보내기도 했다. 실제로 기량이 너무 많이 향상되자 팀 동료가 농담으로 스테로이드를 복용했는지 물어볼 정도였다.

어떻게 몇 번의 수업이 그렇게 큰 영향을 미칠 수 있었을까? 사무엘이 일종의 미치광이 천재 강사였을까? 아니면 내가 오랜 세월 동안 놓치고 있었던 연습의 본질에 관한 무언가를 깨달았기 때문일까?

그 해답은 우리에게 학습 과정의 다음 단계인 기술과 지식 개발의 가치를 알려 준다. 무엇을, 그리고 어떻게 배울지를 파악하고 나면 우리는 숙련도를 향상시켜야 한다. 더 정확히 말하면, 우리 자신이 피드백 루프 안에 들어가 구조화된 방식으로 기술을 연마해야 한다는 말이다.

이런 의미에서 많은 사람들이 연습이라고 부르는 것은 사실 연습이 아니다. 이들은 개선에 적극적으로 집중하지 않으며 구체적인 학습 전략도 사용하지 않는다. 이를 입증하는 상당한 양의 연구가 있는데 연습을 많이 한다고 해서 실제 실력이 향상되는 게 아니다.

일부 대학교 1학년생들은 1,500개 이상의 기본 물리학 문제를 풀었음에도 불구하고 물리학의 기본 개념조차 이해하지 못하는 경우가 많았다. 따라서 학생들은 고등학교에서 연달아 뉴턴의 문제들을 풀었지만 여전히 뉴턴의 제3법칙을 제대로 설명하지 못한다.

여기서 중요한 역할을 하는 것이 지식 효과다. 우리가 할렘 글로브트로터스와 경기를 하든, 라틴어를 공부하든, 그것에 대해 무언가를 알지 못하면 어떻게 기술을 개발해야 할지 알기 어렵다. 이런 의미에서 모든 초보자는 자신이 무엇을 개발해야 하는지를 아는 메타인지 능력이 부족하다. 결국 그들은 초보자니 어쩔 수 없는 일이기는 하다.

예를 들어 나는 도시 계획 능력을 발전시키기 어렵다. 그에 대해 충분히 알지 못하기 때문이다. 또 다른 예로 조류 전문가들은 300가지가 넘는 비둘기 종류를 구별할 수 있다는데 나는 아마추어라서 솔직히 그들은 모두 똑같은 비둘기처럼 보일 뿐이다. 그러니 내가 숲비둘기와 멧비둘기의 차이점을 구별하는 능력을 향상시키기는 매우 어렵다.

학습에 있어서 서로에게 책임을 전가하는 경우가 많고 개인으로서 능력을 향상하고 성장할 수 있는 방법을 찾지 못하는 경우가 많다. 손글씨가 좋은 예다. 보통 초등학교 이후에는 의식적으로 쓰기 연습을 하지 않기 때문에 우리의 'g'는 's'처럼 보이고 문장은 호랑이가 발톱으로 할퀸 것처럼 지저분하게 보인다. 의학과 같은 분야에서는 알아보기 힘든 처방전 글씨 때문에 매년 약 7,000명이 사망한다는 사실에도 불구하고 이런 일이 발생한다.

깜짝 퀴즈 #8

다음 말에 맞다 또는 아니다로 답해 보자.
"당분이 들어간 음료를 자주 먹으면 학습에 방해가 된다."

디테일을 만들고 피드백 받기

기술을 연마할 때는 평가 역시 매우 중요하며 목표에 맞추어 집중적인 피드백이 필요하다. 훈련 전문가 안데르스 에릭손^{Anders Ericsson}에 의하면 연습이 별로 효과가 없는 이유는 충분한 집중적 모니터링과 비판이 없기 때문이라고 한다. 대부분의 사람들이 기술을 익힐 때 "무엇을 개선해야 할지에 대한 명확한 아이디어를 가지고 있지 않기 때문에 시간을 낭비한다"고 에릭슨은 말한다.

이 점에 있어서 나도 마찬가지였다. 사무엘스의 수업에 등록하기 전에 나는 주로 동네 운동장에 가서 연습했는데 30분 정도 슈팅 연습을 하면서 롱 슛을 던지곤 했다. 하지만 나는 진심으로 연습에 집중하지 않았다. 내 발놀림을 지적해 주는 사람도 없었고 특정 동작을 연습하지도 않았다. 오랫동안 나는 점프 슛이 얼마나 성공했는지 기억조차 없다.

하지만 사무엘스와의 훈련은 매우 달랐다. 우리는 블록에서의 짧은 점프 슛이나 원 드리블 풀업 샷처럼 매우 구체적인 것까지 연습했다. 집에 가서는 등을 대고 누워서 슈팅 폼을 연습하라는 숙제도 받았다. 한번은 슛을 할 때 손가락이 공을 놓는 정확한 방법, 특히 가운데 손가락으로 공의 회전을 유도하는 방법과 검지로 손가락을 물에 담그는 것처럼 마지막에 아래쪽으로 튕기는 방법에 대해 이야기하기도 했다.

사무엘스와 함께하는 동안 맞춤형 비판은 끊임없이 이어졌다. 연습하는 동안 나는 레이업 슛 연습보다는 공을 백보드에 높이 맞추는 연습을 했다. 슈팅 기술보다는 발놀림이 정확한지 확인하는 데 집중했다. 때때로 사무엘스가 내 발을 잡거나 엉덩이를 돌려 올바른 자세를 만들어 줬다. 사무엘스는 종종 이렇게 말했다. "디테일이 먼저다."

첫 번째 3점 슛을 넣은 다음 날 사무엘스에게 연락했다. 이메일로 7미터 거리에서 깨끗하게 슛을 성공시켰다고 말했다. 그는 놀라면서 엄청 기뻐해 주었다. 한 시간 후에 그에게서 답장이 왔다. "이제 발전하는 일밖에 없네요!"

어느 분야에서 숙달하려면 배우는 과정에 다른 사람의 피드백이 있어야 한다. 우리가 배우고 싶은 것에 대해 어느 정도 감을 잡고 학습을 시작했다면, 그 다음 필요한 것은 어떻게 진행되는지에 대한 정보다.

가장 대표적인 예가 토론토의 뇌 전문 외과 의사인 마크 번스타인Mark Bernstein이다. 그는 10년 이상 수술실에서 발생한 모든 실수를 기록했다. 튜브가 바닥에 떨어지는 사소한 실수나 봉합이 제대로 되지 않는 문제 등도 다 적어 두었다. 번스타인과 간호사 사이의 약간의 의사소통 오류조차 날짜, 환자의 나이 등 다양한 세부 사항과 함께 데이터베이스에 기록했다.

나중에 번스타인과 그의 동료들이 데이터를 자세히 살펴보니 오류를 기록하려는 노력이 엄청난 영향을 미쳤다는 것이 밝혀졌다. 실수를 적는 피드백 시스템을 만들자 번스타인과 그의 팀은 실수가 훨씬 줄어들었다. 일종의 성과 촉진제를 투입한 것처럼 효과는 즉각적이었고 도입 첫해에 그가 맡은 팀의 수술 오류율은 급격히 감소했다. 게다가 그 효과는 10년 이상 지속되었으며 번스타인의 수술 오류율은 결국 한 달에 3건 이상의 실수에서 약 1.5건의 실수로 줄어들었다.

번스타인은 모니터링을 통해 가장 기본적인 형태의 피드백을 시행한 셈이다. 번스타인에 대해 글을 쓴 에릭슨과 같은 연구자들에 따르면 그 관행은 결국 일종의 인식에 관한 문제라고 결론짓는다. 즉 결과를 추적하려면 무슨 일이 일어나고 있는지 알아야 한다는 의미다. 번스타인의 경우 이것은 실수를 주의 깊게 보고, 실패 사례를 찾고, 실수를 검토하는 것이었다. 게다가 그의 팀이 저지른 과실은 매우 명백할 때가 많았다. 기계가 제대로 작동하지 않거나 칼이 바닥에 떨어지면 오류가 발생한 것이었다.

그러나 일반적으로 번스타인의 실수는 더 미묘해서 스펀지의 위치가 잘못되었거나, 마취가 지연되었거나, 잘못 들은 단어 또는 명령과 같은 작은 것들이 많았다. 그리고 이러한 점에서 모니터링이 매우 중요하다. 오류를 찾으려면 오류를 추적하고, 실수를 관찰해야 한다. 그리고 각 수술 후 번스타인은 각 실수를 데이터베이스에 기록하여 오류의 심각도, 실수 유형 및 예방 가능 정도를 기록했다.

사람들은 보통 성과를 모니터링하기 위해 일기나 기록을 사용한다. 나 역시 오랫동안 글쓰기 실력을 되돌아보기 위해 일기를 써 왔다. 다른 사람들처럼 나도 관계대명사 'which'와 'that'을 혼동하는 문법적 실수를 자주 저지른다. 그리고 그 기록에서 내가 저지른 실수와 앞으로 오류를 피하거나 성과를 향상시킬 방법을 적어 놓는다.

또 다른 사람들은 영상을 활용해 결과를 추적한다. 예를 들어 전 미식축구 코치였던 존 그루덴Jon Gruden은 엄청난 양의 미식축구 경기 영상을 가지고 있다. 현재 그는 ESPN에서 일하고 있는데 20년 전의 연습 비디오를 포함하여 방대한 영상 데이터를 여전히 보유하고 있다.

언론 인터뷰에서 그루덴은 "나는 품질 관리 코치quality control coach처럼 영상을 모니터링합니다"라고 말한 적이 있다.

이러한 모니터링이 주는 이점 중 하나는 우리가 더 의식적으로 행동하도록 만든다는 것이다. 성과를 추적함으로써 우리는 개선할 점에 더 집중하게 되는데, 일반적인 사람들은 자신의 성과에 거의 관심을 기울이지 않는다.

운전이 좋은 예다. 운전을 더 잘하기 위해 노력을 기울이는 사람은 거의 없다. 사실, 우리 대부분은 17세 때와 마찬가지로 여전히 주차를 제대로 못 하거나 커브에 진입할 때 너무 많이 브레이크를 밟는다. 어떤 사람들은 깜박이를 켠 채 몇 킬로미터를 주행하기도 한다.

대중 연설도 마찬가지다. 우리는 가끔 많은 사람들 앞에서 연설해야 할 때가 있다. 또는 상사나 고객 앞에서도 발표를 한다. 하지만 사람들은 종종 고장난 태엽 장난감처럼 똑같은 실수를 반복한다. 그들은 너무 빨리 말하거나, 듣는 사람과 시선을 마주치지 않고 초조한 듯 손가락에 낀 반지를 만지작거린다.

사실 우리는 우리 자신이 일종의 자동인형automaton이라는 것을 잘 잊는다. 미식축구를 하든, 뇌를 수술하든, 어떤 작업이 무의식적인 습관이 되어 아무 생각 없이 하는 데는 그리 오랜 시간이 걸리지 않는다. 이것은 모니터링이 왜 그렇게 강력한 효과가 있는지를 설명하는 데 도움이 된다. 모니터링을 통해 우리는 자동 모드에서 벗어나 스스로에게 질문한다. 내가 이것을 제대로 하고 있는가? 혹시 실수는 안 했는가? 어떻게 하면 더 잘할 수 있을까?

성과를 추적하면 행동 패턴도 더욱 확실해진다. 번스타인의 경우 오염된 칼날과 같이 쉽게 피할 수 있는 것들을 주의하여 팀의 수술 오류를 압도적인 비율로 예방할 수 있었다. 놀랍게도 그는 일반적으로 환자가 많을수록 오류가 더 적다는 사실을 발견했다. 또한 수술팀에 새로운 직원을 추가해도 실수가 눈에 띌 정도로 증가하지 않는다는 점을 보여 주었다.

물론 이러한 종류의 면밀한 관찰에도 단점이 있다. 결과를 추적하는 일은 수치스러운 경험이 될 수 있다. 작가라는 내가 여전히 'which'와 'that'을 혼동한다는 것을 인정하기 부끄러운 것이 사실이다. 한편 번스타인의 팀은 수술 중 '카드 크기의' 두개골 조각을 바닥에 떨어뜨린 적이 있었다. 그는 그 경험을 '굴욕적이었다'고 묘사한다.

그럼에도 불구하고 이런 방식으로 집중도를 높이면 결과는 향상된다. 우리가 하는 일에 대하여 관찰을 더 많이 할수록 거의 모든 것을 더 잘하게 된다. 예를 들어 보자. 체중 감량을 위한 최선의 방법에 대하여 오랫동안 여러 논쟁이 있었다. 탄수화물의 섭취를 금지하는 앳킨스 다이어트부터 3천 년 전의 식단처럼 먹어야 한다는 구석기 다이어트까지 매일 새로운 다이어트 방법이 등장하고 있다. 물론 식료품점의 가판대에 줄지어 진열된 자극적인 이름의 보충제와 셰이크도 마찬가지다.

얼마 전 온라인 뉴스 사이트 〈복스^{Vox}〉의 필진인 줄리아 벨러즈$^{Julia\ Belluz}$는 실제로 체중 감량에 효과가 있는 것이 무엇인지 알아보기 위해 미국에서 가장 존경받는 다이어트 전문가 20명에게 연락했다. 이들은 탄탄한 연구 결과로 입증되는 최고 수준의 연구자와 학자들이었다. 그녀는 "체중을 감량하고 유지하는 환자들에게 공통적으로 나타나는 특징은 무엇인가요? 사람들은 어디에서 실패하나요?"라고 물었다.

과연 최고의 추천 사항 중 하나는 무엇이었을까? 놀랍게도 웨이트 와쳐스 같은 체중 감량 프로그램이나 앳킨스 다이어트 같은 특정 접근 방식이 아니었다. 3시간 운동에 대한 언급도 없었다. 벨러즈가 발견한 것은 장기간 체중 감량에 성공한 사람들은 '자신이 먹는 것과 체중을 꼼꼼하게 기록하는 사람들'이라는 것이었다.

다시 말해 체중 감량에 성공하고 이를 유지하는 사람들은 계속해서 자신의 체중을 확인한다는 말이다. 이들은 적어도 일주일에 한 번은 체중계에 올라가고 먹은 음식의 모든 칼로리를 추적한다. 오타와 대학의 요니 프리드호프Yoni Freedhoff는 매일 먹는 모든 것을 기록하는 식단 일기를 추천했다. 프리드호프는 벨루즈에게 "식단 일기는 매력적이지도 않고 재미도 없죠. 하지만 다이어트를 시작하기 전에 우선은 현재 상태를 알아야 바뀔 수 있기 때문에 필요합니다"라고 조언했다.

이런 점에서 다이어트는 학습과 다르지 않으며, 그의 조언은 다이어트만큼이나 전문 지식에도 적용된다. 어떤 기술을 개발하려면 자신이 무엇을 알고 있는지, 그리고 무엇을 바꿔야 하는지 알아야 한다.

사실 모니터링보다 더 강력한 형태의 피드백이 있는데 이에는 일반적으로 자신의 관점이 아닌 외부의 평가나 비판 등이 포함된다. 지금 생각해 보면 내 농구 실력을 향상시킨 것은 무엇보다도 외부의 피드백이었다.

이 사실은 드웨인 사무엘스와 연습하던 초기에 확실히 알 수 있었다. 그는 마치 예언자처럼 내가 볼 수 없는 것들을 볼 수 있었지만 많은 부분에서 나는 내 부족함이 어느 정도인지 전혀 감도 잡지 못하고 있었다.

점프 슛을 할 때 바스켓을 향해 몸을 똑바로 펴는 동작을 예로 들어 보자. 농구에서 이 개념은 농구인들에게 가장 기본적인 규칙으로 간주되며 나도 농구 레슨을 받기 전에 여러 번 들은 적이 있다.

하지만 나도 모르는 사이에 나는 어린 발레리나처럼 몸을 비틀며 골대를 향해 대각선으로 농구공을 던지곤 했다. 사무엘스는 첫 연습에서 이 문제를 지적했고 나는 곧 발 디딤을 바꿨다. 그 자세를 익히는 데 몇 주 더 걸렸지만 그 변화로 인해 내 슛은 훨씬 더 정확해졌다.

이러한 피드백의 효용은 비단 농구에만 적용되는 것이 아니다. 그 큰 이유 중 하나는 우리는 스스로 자신의 실수를 발견하기 어렵기 때문이다. 우리가 아무리 모니터링을 한다고 해도 모든 오류를 발견할 수는 없다. 이것이 학습의 본질이자 지식의 본질이며 선생님의 가치를 다시 한 번 상기시켜 주는 이유다. 우리는 외부인의 시각에서 우리를 비판하고 판단해 주는 사람이 필요하다.

이 책을 쓰는 것을 또 다른 예로 들어 보자. 편집자에게 초고를 제출하기 전에 나는 원고를 수없이 읽었고 17세기 수도승의 헌신적인 마음으로 각 문장을 검토했다. 오타? 전혀 있을 수 없다고 생각했다. 논리의 비약? 불가능하다고 생각했다.

하지만 편집자인 마리사 비질란테Marisa Vigilante는 내 글에서 명백한 실수, 빈약한 논리, 일관성 없는 문장 구성 같은 문제들을 발견했다. 내가 초고를 제출하기도 전에 비질란테는 거의 모든 작가—유명하든 유명하지 않든, 신인이든 경험자든—가 다 똑같다고 말했다. "아무리 똑똑하고 능숙하더라도 바로 이런 이유 때문에 자신의 글을 교정하는 것은 불가능합니다"고 비질란테는 내게 말했다. "하지만 나는 객관적인 관점에서 이 글을 읽습니다."

이러한 생각은 외부의 비판이 다소 굴욕적으로 느껴지는 이유를 설명해 준다. 결국, 우리가 무언가를 잘못하고 있다는 것을 다른 사람으로부터 듣는 것은 고통스럽고 특히 더 잘할 수 있다는 것을 알 때 더욱 그렇다. 더 정확히 말하면 비질란테의 편집 내용을 보는 것이 고통스러웠던 이유는, 지적한 내용들이 너무나 정확했기 때문이다.

물론 피드백에도 분명히 문제가 있다. 너무 과할 수도 있으며, 정말 좋은 피드백은 사람들에게 구체적으로 무엇을 해야 할지 알려 주지 않기 때문이다. 피드백을 들은 다음에도 우리는 여전히 학습에 적극적으로 참여하고 행동을 취해야 한다. 일반적으로 유용한 피드백은 방향을 제시하여 성장과 발전에 도움이 된다.

예를 들어 여러분이 스페인어로 수탉이 'pollo'라고 잘못 알고 있다고 해 보자. 약한 형태의 피드백은 단순히 정답을 알려 주는 것이다. ("틀렸습니다. 정답은 'gallo'입니다.") 또는 아무런 피드백을 제공하지 않을 수도 있다. ("다음 질문으로 넘어가세요.")

최고의 피드백은 관찰을 바탕으로 적절한 결과를 만들어 내는 방법을 혼합하는 것이다. 수탉의 예에서 가장 효과적인 피드백은 답이 틀렸다는 것을 알려 주고 약간의 힌트를 제공하는 것이다. ("스페인어에서 수탉은 'g'로 시작합니다.") 만약 누군가가 여전히 정답을 말하지 못한다면 아마도 정답이 나올 때까지 또 다른 힌트("ga를 생각해 보세요")를 제공할 수 있다.

이러한 종류의 구조화된 피드백은 학습 과정의 초기에 매우 중요한 역할을 하며 사려 깊은 비판과 지도는 초보자에게 엄청난 영향을 미칠 수 있다. 그러나 시간이 지남에 따라 피드백은 줄어들어야 한다. 그리고 개인은 스스로 답을 찾고 비판적 사고에 적극적으로 참여하며 스스로의 이해를 증진하는 데 더 많은 주도권을 가져야 한다. "오류에 대한 대응이든 또는 다른 무엇이든 단순히 사실이나 개념을 반복하는 것 보다는 개인이 스스로 정보를 적극적으로 '생성'하도록 유도하는 것이 훨씬 더 효과적입니다." 심리학자 밥 비요크Bob Bjork의 말이다.

피드백의 역할은 왜 교육 과정이 그토록 중요한지, 그리고 교과서와 문제지, 기타 연습 형태가 우리가 배우는 것에 왜 그렇게 큰 영향을 미치는지 설명해 준다. 동료인 맷 칭고스Matt Chingos와 첼시 스트라우스Chelsea Straus와 함께 수행한 연구에서 이를 확인할 수 있었다. 잘 구성된 교육 과정에서 얻는 학습 효과는—비용은 훨씬 더 저렴한데도—훨씬 비싼 수준의 강사로부터 얻는 효과와 거의 동일하다.

다시 말해 만약 당신의 교사가 실력이 없고 교육 과정도 효율적이지 못하다면 우선 더 좋은 교육 과정을 요구해야 한다. 결과는 거의 동일하지만 비용은 더 저렴하기 때문이다. 그리고 솔직히 말해서 새로운 교과서를 얻는 것이 새로운 교사를 찾는 것보다 훨씬 쉽다.

그렇다면 허술한 교육 과정이란 어떤 모습일까? 그런 과정은 충분한 피드백을 제공하지 못하며, 연습 문제와 교과서는 학생들이 생각을 키우도록 돕기보다는 단순히 정답만 제공하는 경우가 많다. 또한 부실한 교과서는 여러 주제를 피상적인 방식으로만 다루어 학생들이 어떤 분야에서 충분한 연습을 하지 못하는 결과를 낳는다.

피드백의 효과에 대한 여러 증거에도 불구하고, 사람들은 일반적으로 스스로 이러한 결론에 도달하기 전까지는 움직이지 않는다. 우리는 외부 조언이 필요하다는 것을 스스로 깨달아야 한다. 얼마 전 의사이자 〈더 뉴요커〉 필진이기도 한 아툴 가완디Atul Gawande는 외과 의사로서의 발전을 도모하기 위해 코치를 고용했다. 처음에는 어려웠다. 의사들은 성직자처럼 아무도 알지 못하는 곳에서 일하니 그가 당혹감을 느낀 것도 당연했다. 거의 10년 동안 그의 수술 과정을 지켜본 사람은 아무도 없었다. 그는 "왜 나 자신이 검사와 비판의 대상이 되어야 하는가?"라고 의문을 품었다.

하지만 가완디처럼 경력의 정점에 있는 사람에게조차도 분명 이 방식이 효과가 있었고, 그는 새로운 기술과 방법을 습득하면서 진료에 대한 귀중한 통찰력을 얻게 되었다. 시간이 지남에 따라 그는 다른 의사들을 위한 더 나은 지원을 제공하여 레지던트들이 필수 개념을 충분히 익힌 후 업무에 참여할 수 있도록 조치했다. 무엇보다도 가완디는 "내가 다시 배우고 있다는 것을 깨달았습니다"라고 강조한다.

선생님이 되어 보기

피드백과 학습 과정에 관해 중요한 것이 하나 더 있다. 그것은 사람들에게 자세한 설명을 해 주어야 한다는 점이다. 즉 무엇을 배우려면 그동안 자신이 왜 틀렸는지 이해해야 하고 우리의 사고방식에 대한 피드백을 받아야 한다. 이는 전문성을 개발하는 데 매우 중요하다. 왜냐하면 우리는 문제에 대해 생각하고 접근할 수 있는 새로운 기술과 통찰력을 다양한 방식으로 습득하기 때문이다.

이 문제를 해결하기 위해 교육자들은, 학습자가 교사의 행동을 따라 하고 지도를 받으면서 교사의 수준에 올라선다는 인지적 도제이론cognitive apprenticeships으로 알려진 프로그램을 시작했다. 그리고 나는 이에 대해 자세히 알아보기 위해 심리학자 게리 클라인Gary Klein을 만나 보았다. 게리 클라인은 심리학 분야에서 클라인은 꽤 유명 인사다. 직감적 결정의 힘에 대한 그의 연구는 사람들이 전문 지식에서 감정의 역할을 이해하는 방식에 혁명을 일으켰으며, 말콤 글래드웰Malcolm Gladwell의 저서 《블링크Blink》는 상당 부분 클라인의 연구에서 영감을 얻었다.

클라인은 최근 학습에 대한 인지적 도제 접근 방식을 사용하는 섀도박스ShadowBox라는 소프트웨어를 개발했다. 어느 날 오후 훈련 프로그램의 비디오를 시청했는데 그 비디오는 경찰관이 어린 스케이트 보더에게 다가가는 유튜브 동영상으로 시작된다.

"보드를 넘겨라." 경찰관이 말했다.

그곳은 보스턴 바로 외곽의 어떤 마을이었는데 경찰관은 키는 작지만 미식축구 선수처럼 어깨가 떡 벌어진 건장한 체격이었다. 어린 스케이트 보더는 아마 열여섯이나 열일곱 살 정도로 보이는데, 경찰보다 키는 컸지만 훨씬 말랐고, 네 살짜리 아이가 좋아하는 장난감을 들고 있는 것처럼 스케이트보드를 꽉 잡고 있었다.

"저는 미국 시민권자인데요." 어린 소년이 말했다.

"빨리 보드를 내놔."

"이유가 뭔가요?"

"경고를 받았잖아?"라며 경찰관은 소년에게 더 가까이 다가가며 말했다. "빨리 그 보드를 달라고."

나는 마우스 패드를 눌러 비디오를 일시 정지시켰고, 그 둘은 컴퓨터 화면 속에서 코가 닿을 듯 멈춰 있었다.

당시 클라인과 나는 그의 거실에 앉아 애플 컴퓨터의 큰 화면을 보고 있었다. 클라인이 볼륨을 높였는데 그건 마치 곧 유행할 것 같은 휴대 전화 영상을 보는 것 같았다.

훈련 프로그램의 일환으로 나는 경찰관이 상황을 고조시키거나 완화시키는 모든 순간을 기록하고 자세한 이유를 적어야 했다. 그래서 영상을 멈춰 놓고 경찰관이 상황을 진정시키는 것이 좋을 것 같다고 생각하는 순간을 골라 화면의 빈칸에 몇 문장을 적었다.

클라인에게 이것은 프로그램의 가장 중요한 측면 중 하나였다. 구체적으로 말하자면 내 생각을 전문가들의 생각과 비교하여 자신의 추론 능력을 파악하는 방법이었다. 내게 영상을 보여 주기 전에 이미 클라인은 법 집행 전문가에게 영상을 검토하도록 하여 그들이 상황을 어떻게 대처할지에 대한 답을 받았다. 그런 다음 클라인과 그의 팀은 전문가들의 사고방식을 정리하여 내가 내 추론을 법 집행 전문가들의 추론과 비교할 수 있도록 했다.

영상이 다시 시작되었고 나는 고조와 완화의 순간에 대해 몇 가지 메모를 더했다. 그리고 마지막에는 '전문가와 상담 진행 중'이라는 대화 상자가 나타났다.

놀랍게도 나는 평가에서 낙제했다. 중요한 순간 중 단 하나만 파악했던 것이다. 게다가 전문가들이 지적한 것 중 일부는 보지도 못했다. 예를 들어 경찰 출신의 전문가들은 경찰관이 젊은 남자의 스케이트보드에 손을 얹은 것을 알아차렸다. 하지만 나는 그걸 보지 못했다. 또한 나는 경찰관이 소년을 손으로 가리키는 걸 그다지 중요하게 생각하지 않았지만 전문가들은 그런 행동이 불필요하게 공격적으로 보일 수 있다고 말했다.

하지만 중요한 것은 내가 나의 피드백에 대한 피드백을 받고 있었다는 점이다. 마치 강사처럼 클라인은 내가 특정 경험을 잘못 판단한 이유를 설명하고, 논리의 허점을 지적했다. 그리고 전문가들이 그 청년이 스케이트보드를 자발적으로 포기하도록 설득하는 전략을 어떻게 찾아냈는지를 알려주었다.

교육학의 전문가인 존 해티$^{John\ Hattie}$는 오랫동안 피드백의 가치를 연구했다. 그는 피드백이 학습의 가장 중요한 측면 중 하나라고 믿고 있으며, 그의 아들들이 학교에서 돌아오면 저녁 식사 시간에 "오늘 학습에 대해 어떤 피드백을 받았니?"와 같은 질문으로 그들을 귀찮게 했다.

해티에게 효과적인 피드백이란 단순히 수정된 정보를 얻는 것뿐이 아니다. 물론 그것도 많은 도움이 될 수 있다. 하지만 해티나 다른 전문가들은 피드백이 새로운 형태의 추론을 제공할 때, 즉 어떤 주제에 대해 사람이 생각하는 방식을 바꿀 때 가장 효과적이라고 주장한다. 그래서 해티는 피드백이 '실수를 저지른 이유를 이해할 때 가장 효과적이다'라고 말했다.

이러한 관점에서 효과적인 피드백은 지도와 같은 기능을 한다. 그래서 개인이 자신의 이해를 발전시키는 방법을 파악하는 데 도움이 된다.

해티는 그의 저서 《보이는 학습$^{\text{Visible Learning}}$》에서 이 개념을 설명하면서, 좋은 피드백은 항상 '앞으로 나아가게 하는$^{\text{feed forwarding}}$' 요소를 포함해야 한다고 주장한다. 즉, 사람들이 자신의 학습에서 다음에 무엇을 할 것인지를 알려 주어야 한다는 것이다.

이 모든 것이 결국 인지적 도제 이론으로 이어진다. 왜냐하면 이런 프로그램들이 보다 역동적인 접근 방식을 강조하기 때문이다. 이는 섀도박스에서도 분명히 드러났고, 클라인과 함께 경찰관에 대한 프로그램을 진행하면서 나는 법 집행 전문가들이 상황을 어떻게 추론하는지 알 수 있었다.

법 집행 전문가들에게 가장 중요했던 것은 경찰관과 마을 사람들 사이의 신뢰―또는 신뢰의 부족―였기 때문에 그들은 경찰관이 상황을 진정시키기 위해 더 많은 노력을 기울여야 한다고 생각했다. 예를 들어, 젊은이로부터 뒤로 물러서 그에게 움직일 공간을 더 많이 주는 등의 조치를 취했어야 한다는 것이다.

클라인은 이러한 종류의 추론 변화를 일종의 사고방식 변화라고 부르지만, 결국에는 거의 같은 개념이다. 결국, 우리가 배우는 것은 생각을 바꾸는 법이기 때문이다. 즉 더 효과적으로 추론하는 법을 배우는 것이다. 적어도 경찰관의 경우 신뢰를 얻는 것이 목표라면 사람을 가리키는 것이 왜 잘못된 관행으로 간주되는지 이해하는 것이 중요하다.

고난과 반복에 익숙해지기

만일 기술 개발이 피드백에서 시작된다면 우리는 도전에 직면할 수밖에 없으며 필연적으로 어려움을 겪을 수밖에 없다. 궁극적으로 피드백이란 자신이 무엇을 잘못하고 있는지 파악하는 것이기 때문이다.

솔직히 말해서 이것은 사람들이 좋아하는 이론이 아니다. 특히 학습에 대해서는 더욱 그렇다. 거의 모든 사람들은 문제없는 개선 방법을 꿈꾼다. 우리는 학습이 시리얼을 먹거나 쓰레기를 버리는 것처럼 간단하고 직설적이기를 바란다. 이러한 욕망은 자동차 공학에서 컴퓨터 생성 지도 제작에 이르기까지 거의 모든 주제에서 명확히 드러난다.

최근에 화제가 된 사례로 드래곤 박스DragonBox라는 앱이 있다. 아이들이 이 앱을 실행시켜 수식 게임을 하다 보면 '자기도 모르는 사이에 수학을 공부한다'고 알려져 있다. 〈USA 투데이USA Today〉는 이 앱이 '훌륭하다'고 묘사했고 〈포브스Forbes〉는 '인상적이다'라고 평했다. 당연히 많은 사람들이 이 앱을 다운로드했다.

하지만 최근 연구에 따르면 학습 도구로서의 드래곤 박스는 학생들에게 그렇게 많은 것을 가르쳐 주지 못하며 이 게임을 하는 사람들이 대수 방정식을 푸는 데 크게 뛰어난 성과를 보이지 못한다고 한다. 로버트 골드스톤Robert Goldstone 교수가 최근 이 소프트웨어를 조사한 바에 따르면 그는 이 앱이 기타 튜닝만큼이나 대수에 대해 알려 주는 것이 없다.

솔직히 말해서 힘들이지 않고 배우는 방법은 없다. 어떤 수준의 기술을 익히려면 우리는 불편하고, 긴장되며, 약간의 어려움을 느끼는 과정을 거쳐야 한다. 학습 과학 분야의 거의 모든 중요 전문가들은 이 점에 동의한다. 심리학자 대니얼 윌링햄Daniel Willingham은 학생들이 학습에 어려움을 겪는 이유는 사고하는 과정에 어려움을 겪기 때문이라고 주장한다. 인지 과학자 밥 비요크는 숙달에서 중요한 것은 '바람직한 어려움desirable difficulties'이라고 말한다. 연습 분야의 대가인 안데르스 에릭손은 연습을 '힘든 일hard work'이라고 부른다.

역사상 가장 위대했던 지성인들조차 이 점을 인정했다. 소크라테스Socrates의 수제자이자 알렉산드로스 대왕의 스승이었던 아리스토텔레스Aristotles는 "배움은 즐거움이 아니라 고통을 수반한다"고 주장했다.

학습 과정에 이런 종류의 인지적 고통이 필요한 이유는 몇 가지가 있다. 우선, 우리가 보았듯이 학습은 정신적으로 부담을 주는 활동이기 때문이다. 그리고 재닛 맷칼프의 주장에 의하면 효과적인 학습은 우리의 안전지대 밖에서 이루어지는 경우가 많다고 한다. 또한 이 장에서 우리는 피드백을 받는 순간의 곤혹스러운 순간들을 여럿 살펴보기도 했다.

하지만 한 가지 이유가 더 있다. 한 분야 전문가가 되려면 지루한 반복이 필요하기 때문이다. 전문 분야를 연마하려면 가급적 다양한 방법으로 반복적인 연습을 하는 것이 필수적이다. 운동 경기에서는 이것이 분명하다. 테니스 오버핸드 서브를 단 한 번 만에 배우는 사람은 없으며, 한나절 연습하고 장대높이뛰기 기술을 익히는 사람도 없다.

하지만 이는 또한 모든 종류의 지식에도 해당되는 것으로 밝혀졌다. 심리학자 그레이엄 너슬Graham Nuthall은 몇 년 전에 이 개념을 알리기 시작했는데 그는 사람들이 실제로 어떤 분야를 제대로 배우려면 적어도 세 번은 해당 분야를 반복해서 공부해야 한다고 주장했다.

수학, 지리 또는 생소한 시민 사회 교육 등 분야가 무엇이든 전문가 수준에 도달하려면 여러번 그 분야를 경험해야 한다. 너슬은 "정보가 부족하거나 세 번 이상 다른 방식으로 배우지 않으면 제대로 배웠다고 말하기 어렵다"고 주장했다.

세 번으로도 충분하지 않을 수 있다. 사실 세 번은 최소한이며 우리는 기술과 지식을 반복해서 접해야 한다. 전문성을 얻으려면 학습이 습관화 되어야 한다. 외국어는 이 개념을 이해하는 데 가장 적합한 방법을 제공한다. 러시아어를 능숙하게 구사하고 싶다면 풍부한 러시아어 어휘를 알고 있어야 하며 이를 많이 연습해서 유창하게 구사할 수 있어야 한다. 모스크바의 카페에서 "커피 한 잔 주시겠어요?"라고 말하고 싶다면 '커피'를 뜻하는 단어 'кофе'가 망설임 없이 떠올라야 한다.

이는 거의 모든 고도의 숙달 영역에 해당된다. 기술을 습득하려면 기본적인 개념에 능숙해야 한다. 변호사가 되고 싶다면 '원고[plaintiff]'라는 단어가 무엇을 의미하는지 몰라서는 안 되며, 정치학자라면 법안[bill]과 법률[law]의 차이점에 대해 오랜 시간 고민하지 않는다. 전문 영화 제작자라면 '조명 기술자[gaffer]'라는 단어를 찾아볼 필요가 없다.

골프 기술을 연마하고 싶다면 수만 번의 골프 퍼팅을 연습해야 한다. 탱고의 고수가 되고 싶은가? 몇 년간 거의 매일 춤추는 신발을 신을 준비를 해야 한다. 러시아어를 더 잘하고 싶은가? 에릭손은 러시아어 어휘를 반복해서 연습하고 '신조어를 적극적으로 공부하라'고 조언한다.

에릭손이 강조하듯 유창함을 위한 연습은 의식적이고 계획적이어야 하며 우리는 항상 더 나아지기 위해 노력해야 한다. 다시 말해 학습의 안전 지대는 항상 바뀌어야 하고, 조금씩 더 어려워져야 한다. 항상 상방향으로 움직여야 하며, 각 학습 과정을 힘들게 수료해야 한다는 말이다.

학자들은 전문성에 관한 10년 법칙이라는 이론을 두고 갑론을박 중이다. 한편 말콤 글래드웰 같은 사람들은 1만 시간이라는 기준을 제시한다. 하지만 그런 건 크게 중요하지 않다. 10년이든 1만 시간이든 전문성을 갖추기 위해서는 상당한 시간과 노력이 필요하다는 생각은 전혀 새롭거나 획기적인 것이 아니다. 중세 시대에도 견습생들은 종종 전문가 밑에서 10년 동안 일한 후에야 독립할 수 있었다.

전문가들에게 이런 주장은 너무나 자명하다. 쿠엔틴 타란티노 Quentin Tarantino 감독은 수년 동안 너무나 많은 영화를 봐서 그의 친구들은 그를 강박적으로 영화만 보는 사람으로 기억한다. 한 번은 기자가 타란티노에게 어떻게 영화 전문가가 되었냐고 묻자 감독은 당황한 듯 미소를 띤 채 손을 내저으며 "글쎄요, 인생의 모든 것을 포기하고 한 가지에 집중하려면 그것에 대해 많이 알아야 하지 않겠어요?"라고 대답했다.

기억력 전문가가 실력을 키우는 법

많은 노력을 필요로 하는 성장의 한 유형 중에서 전문가들이 소위 '인출 연습 retrieval practice'이라고 부르는 연습 방식을 좀 더 자세히 살펴 보자.

베넷 슈워츠 Bennett Schwartz는 미국 최고의 기억력 전문가 중 한 명이다.

내가 플로리다 인터내셔널 대학에 있는 그의 사무실을 방문했을 때 그는 책상 앞에 서 있었다. 부드러운 햇살이 방을 가득 채웠고, 큰 창문이 야자수가 늘어선 마당을 액자처럼 감싸고 있었다.

반소매 셔츠와 바지를 입은 슈워츠는 조용히 혼잣말을 하는 것처럼 보였다. 낮은 목소리로 중얼거리는 것이 마치 심오한 다른 세계에 사는 수도승 같았다.

"안녕하세요?"라고 조심스럽게 말을 건넸다.

그는 즉시 몸을 돌리더니 가벼운 몸짓으로 책을 한쪽으로 치웠다.

알고 보니 슈워츠는 스크래블scrabble을 연습하고 있었다. 마침 다음 날 스크래블 토너먼트가 있어 그는 게임 준비용 책으로 단어를 연습하고 있었다. "다행히 감독님이 최고 수준의 스크래블 선수들과 대결할 기회를 주었어요." 그가 웃으며 말했다. "단어 공부를 열심히 해야 합니다."

과연 미국 최고의 기억력 전문가는 스크래블 실력을 어떻게 키우는 걸까?

슈워츠는 일종의 자기 테스트를 이용한다. 실력을 키우기 위해 다양한 단어를 기억할 수 있도록 스스로에게 끊임없이 질문하는 것이다. 그래서 슈워츠는 운전 중 빨간불에 걸리거나 사무실에서 누군가를 기다릴 때 배운 것과 배우고 싶은 것에 대해 스스로에게 질문을 던진다.

'인출 연습'으로 알려진 이 접근법은 최근 들어 기억에 대한 문헌에서 자주 등장한다. 경우에 따라 다른 학습 형태보다 50% 더 나은 효과를 보인다고 한다. 어떤 유명한 연구에서 한 그룹의 시험 참가자들은 특정 구절을 네 번 읽었고 다른 그룹은 그 구절을 한 번만 읽고 난 후 세

번에 걸쳐 그 구절을 떠올리는 연습을 했다. 며칠 후 두 그룹을 추적 조사해 보니 구절을 떠올리는 연습을 한 그룹이 훨씬 잘 기억했다. 다시 말해 정보를 단순히 다시 읽는 것보다 기억하는 데 집중한 참가자들이 훨씬 더 높은 이해도를 보였다는 말이다.

학습 과학 분야에서 인출 연습은 때때로 '시험 효과testing effect'라고도 불린다. 그 이유는 이런 연습이 사람들이 방금 배운 것과 관련하여 스스로에게 구체적인 질문을 던지기 때문이다. 하지만 여러 면에서 이 이론은 단순한 퀴즈보다 훨씬 더 심오하며, 인출 연습에서 중요한 것은 사람들이 자신이 아는 것을 떠올리기 위한 노력을 한다는 점이다. 그들은 자신이 알고 있는 것을 스스로에게 질문하고 답이 맞는지 확인한다.

더 구체적으로 말하면 인출 연습은 사람들이 몇 가지 답 중에서 선택하는 객관식 시험과는 다르다. 오히려 머릿속으로 세 문장짜리 에세이를 쓰는 것과 더 비슷하다. 즉 핵심 아이디어를 떠올린 다음 의미가 통하도록 요약하는 것이다. 이런 점에서 우리는 인출 연습을 일종의 '정신적 행위'라고 생각할 수 있다. 그것은 지식 사이의 연결을 구축하여 이해의 네트워크를 만드는 적극적인 과정이다. 심리학자 밥 비요크는 내게 이렇게 말했다. "기억에서 정보를 인출하는 행동은 매우 중요한 학습 행위입니다."

인출 연습의 여러 장점은 장기 기억의 본질과 관계가 있다. 과학 작가 마리아 코니코바Maria Konnikova는 그녀의 책 《생각의 재구성Mastermind》에서 장기 기억을 일종의 다락방으로 생각해야 한다고 주장한다. 다락방은 우리의 기억을 저장하는 공간이며 그곳에는 각각의 기억이 판지 상자처럼 느슨하게 연결되어 쌓여 있다.

코니코바의 주장은 우리의 기억을 연결하는 네트워크가 느슨하다는 점을 강조한다. 종이 상자처럼 기억이 너무 오랫동안 방치되면 희미해지고 먼지가 쌓인다는 것이다.

기억은 시간이 지남에 따라 퇴색된다. 결국에는 회색으로 변하고 알아볼 수 없게 되어 의미를 잃게 된다.

따라서 인출 연습을 하면 기억 상자 안에 무엇이 있는지 확실히 알 수 있다. 그것은 기억 사이의 연관성을 키우고, 더 오래 지속되는 형태의 지식을 만들도록 도와준다. 우리가 기억 속으로 접근하여 종이 상자 안에 무엇이 있는지 생각해 내면 그 회상은 더 오래 지속되고 이해를 구축하는 신경 연결망에 더 단단하게 얽히게 된다. 그래서 베넷 슈워츠는 이렇게 주장한다. "인출 연습은 또한 정보를 저장한 위치를 기억하는 데 도움이 되며, 특히 최근에 정보를 불러오는 연습을 한 경우 해당 정보에 더 쉽게 접근할 수 있다."

인출 연습은 단순히 사실을 암기하는 것에서 더 나아가 개념에 대한 이해를 심화시키는 데에도 사용할 수 있다. 한 가지 방법은 우선 사실을 나열한 카드 더미를 만드는 것이다. 그런 다음 '실생활의 예시를 제시하라' 또는 '이 개념을 그려 보자'와 같은 질문을 하는 두 번째 카드 더미를 만든다. 이 방식에서는 첫 번째 더미에서 카드 한 장, 두 번째 더미에서 카드 한 장을 뽑아 작업을 수행하면 그것이 바로 학습이다.

인출 연습을 반드시 글로 쓸 필요는 없다. 내가 대학생일 때 인출 연습의 한 형태로 진행되는 수업에서 조교로 일한 적이 있다. 이 강의에서는 일주일에 한 번씩 학생들을 교실에 모아 놓고 구두로 속사포 같은 질문을 했다. 수업은 비교적 짧아 매주 45분 정도였다. 하지만 자유 회상free-recall 연습의 효과는 명확해서 학생들은 기억을 더 많이 인출할수록 수업의 이해도가 높아졌다.

슈워츠는 자신의 심리학 수업을 듣는 학생들에게도 똑같이, 그들이 무엇을 알고 있는지 스스로에게 반복적으로 질문하도록 했다. "예를 들어 학생들은 매주 퀴즈를 봐야 합니다. 물론 좋아할 리가 없죠. 너무 심하다고 불평하며 할머니가 돌아가셨다는 등의 변명을 합니다." 하지만 짧은 퀴즈 덕분에 학생들은 꾸준히 기억 상자를 쌓아 기말 시험에서 더 높은 성적을 거둘 수 있었다.

슈워츠는 스크래블 대회에서도 좋은 성적을 거두었다. 대회 운영자는 그를 최상위 조에 배치해서 플로리다 주 최고의 선수들과 대결할 수 있었다. 인출 연습 기법을 활용하여 약 $\frac{1}{3}$의 경기에서 승리했다. 슈워츠는 이메일에서 농담조로 "꼴찌는 면했으니 잘한 거죠"라고 말했다.

공부하는 신경 회로 만들기

어려운 문제를 붙들고 고생하는 것은 우리의 두뇌에 도움이 된다. 실제로 기본적인 신경학 수준에서 볼 때, 복잡한 아이디어를 이해하기 위해 전력투구하면 우리의 신경 회로가 재구성되어 높은 수준의 경지에 도달하는 것으로 보인다.

어느 날 오후 교외의 커피숍에서 위쟁 후 Yuzheng Hu를 만나면서 이런 이론에 대하여 많은 것을 배웠다. 미국 국립 보건원 National Institute of Health의 뇌 가소성 연구원인 후는 시간이 지남에 따라 뇌가 어떻게 발달하는지를 오랫동안 연구했다.

후의 이야기는 베트남 국경에서 불과 몇백 마일 떨어진 중국의 시골에서 시작된다. 그가 자란 마을에서는 수돗물은 사치품이었고, 자동차는 드물었으며, 고등학교 교육을 받은 사람은 거의 없었다. "우리 마을은 청나라 시대 이후 별로 변하지 않았습니다"라고 그는 말한다.

후는 대학에 진학한 몇 안 되는 학생 중 한 명으로 중국의 명문대학인 저장 대학교에 합격했고 곧 백질 white matter이라는 물질에 대한 연구를 시작했다. 일종의 신경 전달 케이블인 백질은 뇌 전체에 메시지를 분배하는 역할을 한다. 즉 정보 흐름을 더욱 원활하게 하여 전자 펄스가 한 뉴런에서 다음 뉴런으로 더 쉽게 이동할 수 있도록 한다. 뇌를 일종의 배선 시스템이라고 생각한다면 백질은 메시지를 전달하는 물질인 구리선 역할을 한다.

후와 그의 동료들은 초기 연구 중 하나에서 특정 유형의 연습이 뇌의 백질을 증가시킬 수 있는지 알아보기로 결정하고, 혹독한 수학 훈련을 받은 젊은 피험자 그룹과 그렇지 않은 그룹을 비교했다. 연구에 따르면 수학 훈련이 의사소통을 촉진하는 조직인 백질을 증가시키는 것으로 나타났으며, MRI 스캔 결과 어려운 수학 훈련에 참여한 사람들은 뇌의 특정 영역, 예를 들어 뇌량 corpus callosum과 같은 영역에서 활동이 증가한 것으로 나타났다.

그의 연구는 우리의 뇌가 선천적으로 결정된 것이 거의 없이 유연하다는 것을 보여 주는, 10년간의 기존 연구를 기반으로 실시되었다. 우리의 뇌 시스템은 기본적으로 금속 조각처럼 딱딱하고 유연성이 없는 조직이 아니라는 것이다. 뇌는 오히려 가변적이며 환경에 잘 적응할 수 있다. 그러므로 신경 시멘트보다는 신경 구름이라고 표현하는 것이 더 맞을 것이다. 예를 들어 여러분이 가라테를 마스터하면 뇌의 백질 구조에도 명확하고 구조적인 변화가 일어나며 저글링이나 명상을 배울 때도 비슷한 변화가 일어난다.

이러한 이론은 우리가 고도의 기술을 개발하는 방법에 대해 몇 가지 중요한 의미를 시사한다. 첫째, 우리의 두뇌에는 일반적으로 생각하는 것보다 훨씬 적은 수의 신경 설정점neural set points이 있다. 우리의 뇌는 태어날 때부터 고정되어 있는 것이 아니며 우리의 정신 능력 역시 미리 프로그램되어 있지 않다. 예를 들어 오랫동안 사람들은 '결정적 시기critical periods'라는 개념, 즉 우리는 인생의 특정 시기에 특정 기술을 습득해야 한다는 믿음을 가지고 있었다. 그러나 몇 가지 특정 능력을 제외하고는 대부분의 기술은 언제든지 습득할 수 있다.

그러나 이 연구가 새로 밝힌 가장 중요한 내용은 뇌가 새로운 구조를 만드는 방법에 관한 것이다. 즉 뇌는 정신적 문제를 해결하기 위해 백질을 생성한다는 것이다. 우리가 아는 것과 할 수 있는 것 사이에 큰 차이가 있을 때 뇌는 문제를 해결하기 위해 구조를 바꾼다. 최근 한 독일 연구팀이 이 현상을 설명하는 새로운 이론을 개발했는데 이는 기술이나 지식에 대한 '수요'가 뇌의 현재 '공급량'을 초과할 때 새로운 신경 경로가 생성된다는 것이다.

후를 만났을 때 그는 뇌가 학습 기회에 긍정적으로 반응한다고 말했다. 어려움에 직면했을 때, 뇌는 그 기회를 포착한다. "뇌는 이런 식으로 그 과제를 수행하는 방식을 최적화하는 것입니다"라고 후는 말했다. "만약 당신이 무언가를 자주 연습하면 뇌는 이를 중요한 것으로 인식하고 성과를 향상시키기 위한 전략을 수립합니다."

다시 말해 뇌 자체는 고생의 가치, 즉 몸으로 체화하며 익히는 것이 가치 있다는 것을 이해하는 것 같다. 스타벅스에서 후를 만난 저녁 나는 용기를 내어 그의 오른손가락에 대해 물어보았다.

솔직히 말해서 그런 기형은 눈에 잘 띄었다. 그는 손가락 두 개가 붙어 있었다. 후는 선천적 결함이라고 했다. 그는 그 장애의 이름이나 원인에 대해 전혀 몰랐고 내가 물어보자 어깨를 으쓱하고 한숨을 쉬며 자신은 그것에 대해 거의 생각하지 않는다고 말했다.

후의 무관심은 이해가 되었다. 장애는 그의 일이나 운전, 아들과의 놀이에 아무런 영향을 미치지 않았다. 하지만 나는 약간 다른 결론을 내렸는데 그의 뇌가 이미 적응했기 때문이라고 생각했다. 즉 백질이 형성되면서 장애를 극복한 것이다. 어려운 장애물에 직면하자 그의 뇌가 스스로를 최적화한 것이다.

깜짝 퀴즈 #9

다음 말에 맞다 또는 아니다로 답해 보자.
"다른 사람을 가르치는 것은 매우 뛰어난 학습 방법이다."

이러한 신경 최적화는 우리가 새로운 것을 배울 때 정말 중요하다. 학습에는 종종 어려움과 실수가 수반되며, 이러한 실수는 사실 학습 과정의 중요한 부분이기 때문이다.

실수의 심리학

학습 연구자들이 항상 실수가 필요하다고 생각했던 것은 아니다. 고생이 늘 학습 과정의 일부는 아니었으며, 보다 수동적이고 행동주의적인 학습 모델에서 실수는 그저 실수에 불과했다. 그것들은 사람들이 제대로 배우고 있지 않다는 것을 보여 줄 뿐이었으며 큰 실수는 누군가가 잘못된 일을 하고 있다는 신호였다.

그러나 이제는 지식이 한 사람의 머리에서 그대로 다른 사람의 머리로 전달되지 않는다는 것이 분명해졌다. 우리의 뇌는 단순한 저장 장치나 자물쇠 또는 일종의 기억 저장소 역할을 하는 창고가 아니다. 우리는 어떤 아이디어를 이해하고 전문적인 지식을 파악해야 하는데 이는 실수가 불가피하다는 의미다.

이러한 개념은 인출 연습과 같은 것에서 매우 분명하게 드러난다. 만약 끊임없이 스스로에게 질문을 던진다면 당신은 몇 가지 실수를 할 수밖에 없을 것이다. 예를 들어 베넷 슈워츠 같은 사람도 스크래블 토너먼트를 연습할 때 종종 무언가를 틀린다.

마찬가지로 중요한 것은 실수가 의미를 만든다는 것이다. 실수는 이해에 도움이 된다. 예를 들자면 이렇다. 다음 질문을 생각해 보자. 호주의 수도는 어디일까?

만약 당신이 호주 출신이 아니라면 첫 번째 추측은 아마도 시드니일 것이다. 하지만 정답이 아니다.

그렇다면 두 번째 추측은? 멜버른? 또 틀렸다.

아니면 브리즈번? 퍼스? 애들레이드? 전부 오답이다.

알고 보면 정답은 캔버라다.

이상한 거 나도 안다. 호주 출신이 아니라면 캔버라가 정답이라는 사실에 깜짝 놀랄 것이다. 마치 "잠깐, 정말이야? 캔버라가 호주 수도라고?" 하는 느낌이다.

하지만 그 느낌, 바로 그 깨달음의 순간에 우리는 배운다. 이는 무언가를 이해하는 방식에 변화가 생겼음을 나타낸다. 실수를 했을 때 우리는 의미를 찾으려고 노력하고, 그래서 더 효과적으로 배울 수 있는 것이다. 이런 주장은 우리가 앞서 다루었던, 기억을 상자로 보는 비유와 관련이 있다. 실수가 발생했고, 그것이 두드러진 실수라면, 우리는 쇠로 된 다락방에 있는 기억 상자에 빨간색 유성 마커로 X 표시를 한다. 뇌 속에서 우리는 스스로에게 말한다.

"이거 잊지 마. 중요한 거야."

물론 여기에 문제가 없다는 건 아니다. 누구도 실수를 좋아하지 않는다. 실수는 날카롭고 고통스러우며 굴욕적이고 사기를 저하시킨다. 아주 작은 말실수나 심부름 실수조차도 사람들을 수년 동안 괴롭힐 수 있다. 이런 점에서 실수는 우리가 누구인지 다시 생각하게 만든다. 그것은 우리의 존재에 대한 위협이다.

얼마 전에 수학자 조던 엘렌버그Jordan Ellenberg를 만난 적이 있다. 그는 모든 면에서 신동이었고, 적어도 신문 기사에 따르면, 세 살 때 도로 표지판을 읽었다고 한다. 일곱 살 때 그는 고등학교 수준의 수학을 할 수 있었고, 수학 SAT에서는 만점을 받았으며, 〈워싱턴 포스트〉는 열일곱 살 때 그를 '진정한 천재'라고 부르기도 했다. 오늘날 엘렌버그는 위스콘신 대학교의 수학 교수이며 여러 논문과 책으로 호평받고 있다.

사실 이 책에서는 재능에 대해 별로 많이 이야기하지 않았다. 그 이유는 간단하다. 학습에서 재능의 역할은 그동안 너무 과장되었다. 일부는 허풍이고 일부는 변명이다. 우리는 적성을 노력, 헌신, 연습, 학습 전략과 같이 중요한 것들과 혼동하는 경우가 너무 많다. 단순한 답을 찾는 어린아이처럼 우리는 성공의 이유에 대하여 단 하나의 설명을 원하기 때문에 타고난 재능이라는 이유에 매달리게 된다.

게다가 우리는 학습 행위 자체가 지능 발달에 기여한다는 사실을 간과하는 경우가 많다. 더 간단하게 말해 학습이 우리를 더 똑똑하게 만드는 것이다. 두 요소는 서로 긴밀하게 얽혀 있다. 지난 수십 년 동안 IQ 점수는 꾸준히 상승했는데 여러 전문가들은 그 원인이 교육이라고 믿고 있다. 경제학자 루드거 뵈스만Ludger Woessmann은 "나는 항상 IQ 테스트를 타고난 능력과 학습을 결합한 측정치로 생각합니다"라고 말했다.

최근 들어 우리가 학습하는 방식이 지능보다 더 중요할 수 있다는 결론을 담은 연구 결과가 소수지만 점점 늘고 있는 상황이다. 우리는 이미 이 책에서 이 개념을 접했다. 강력한 학습 기술은 학업 성공의 가장 중요한 지표 중 하나로 입증되었으며 메타인지와 같은 능력은 타고난 지능만큼이나 중요한 것으로 나타났다.

물론 간혹 조던 엘렌버그와 같은 사람들도 있게 마련이다. 그들은 분명히 재능이 뛰어난 사람들로, 지능 분포 그래프의 맨 끝단에 있는 사람들이다. 그러나 여기에도 함정이 있다. 아무리 천재라고 하더라도 노력은 해야 한다. 고난도의 기술을 습득하기 위해서는 그들도 혼란과 반복되는 실수를 견뎌 내야 한다.

어린 시절 엘렌버그는 학습에는 고통이 수반된다는 생각을 받아들이지 않았다. 그리고 지능이 부족하기 때문에 실수를 한다고 믿었다. 그는 '열심히 일한다'는 표현이 잔인할 뿐만 아니라 무례하다고 믿었다. 엘렌버그는 천재성을 빨간 머리나 작은 키와 같은 신체적 특징처럼 타고나는 거라고 생각했다. 전반적으로 그는 신동으로 불리는 것을 즐겼다. 그에게 재능은 일종의 선물로서, 학습을 수월하게 만드는 특별한 힘이었다.

엘렌버그와 커피숍에서 만났을 때 이제는 그가 기술을 습득하는 방법에 대해 매우 다른 시각을 가지고 있다는 것이 분명해졌다. 오랜 세월 최고 난이도의 수학을 다루고 난 후 그는 학습에는 실수가 필요하다는 것을 깨달았다. 전문성을 습득하려면 반드시 실수하는 경험이 필요하며 잘못된 결정을 저지르기 마련이다. "엄청난 인내심을 가지고 실패를 받아들여야 합니다. 학습하는 시간의 95%는 불확실성과 혼란 속에서 보내야 합니다." 그가 덧붙였다.

엘렌버그가 학습의 본질에 대해 이런 주장을 펼치는 것을 듣고 나는 기분이 좋아졌다. 그는 내가 직접 만난 사람 중 가장 똑똑한 사람일 수도 있고, 파이 한 조각을 나눠 먹은 사람 중 가장 똑똑한 사람일 수도 있다. 궁극적으로 우리는 실수가 일상적으로 발생한다는 사실을 받아들여야 한다. 학습 중이든 아니든 누구나 실수를 저지르기 마련이다. 엘렌 버그처럼 가장 뛰어난 학습자나 재능 있는 수학자들도 가끔 실수를 저지르곤 한다.

게다가 실수는 사고 과정의 기본이며 모든 아이디어 형성의 핵심이다. 이해력을 높이고 전문성을 확보하기 위해서는 실수를 하는 것이 필수적인데, 이는 실수가 학습에 필수적인 요소이기 때문이다. 케스린 슐츠 Kathryn Schulz는 그녀의 책 《비잉 롱 Being Wrong》에서 실수를 금지하는 것은 더 심오한 추론의 기회를 박탈하기 때문에 의심을 금지하는 것과 비슷하다고 주장했다. 그녀는 실수는 적극적 사고의 필수 불가결한 요소이며 인간 본질의 기본이라고 말한다.

스포츠에서 배우는 실수를 대하는 자세

실수와 고생이 학습의 불가피한 부분이라면 우리는 그것들에 대비해야 한다. 이런 생각은 교육에서는 새로운 개념일지 모르지만 스포츠에서는 오래 전부터 확립된 원칙이다. 유소년 리그부터 프로팀에 이르기까지 모든 코치들은 정서적 회복력과 강한 정신력의 중요성을 열정적인 연설을 통해 강조해 왔다.

미식축구팀 코치인 짐 하보우 Jim Harbaugh는 이런 식의 우렁찬 연설로 유명하며 고인이 된 여자농구 감독 팻 서밋Pat Summitt도 마찬가지였다. 영감을 주는 이런 연설은 보통 비슷한 주제로 진행된다. 선수들이 라커룸에 모여 있는 가운데 괄괄하고 쉰 목소리로 감독은 다음과 같은 질문을 한다. "너희들은 모든 것을 다 바칠 각오가 되어 있는가? 강인함을 유지할 수 있을 것인가? 너희들은 패배, 고난, 그리고 어쩔 수 없는 실수를 딛고 다시 일어설 것인가?"

아이스하키 감독 허브 브룩Herb Brooks이 1980년에 한 라커룸 연설은 아마도 가장 유명한 연설일 것이다. 당시 올림픽 남자 하키팀은 대부분 10대 후반의 대학생들이었다. 반면에 러시아 팀은 수년 동안 이 스포츠를 지배해 온 슈퍼스타들로 구성되어 있었다.

경기가 열리기 직전에 브룩 감독은 미국 선수들을 모아 놓고 일종의 감정적 회복력을 강조했다. 그는 소련이 골을 넣을 수도 있고, 러시아가 더 강한 팀일 수도 있다는 점을 인정한다. 그러나 그는 미국인들이 스스로를 믿도록 격려했다. "여러분은 이 순간, 여기에 있기 위해 태어났습니다. 여러분은 이 경기에 있어야 할 운명이었습니다."

당연히 젊은 선수들은 힘을 얻었고 소련 팀이 경기 초반에 미국 팀 네트에 퍽을 날렸지만 미국은 다시 일어나 결국 4대 3으로 막강한 소련 팀을 이겼다. 그 게임이 바로 '빙판 위의 기적Miracle on Ice'으로 널리 알려진 게임이다.

강한 정신력이라는 개념은 운동 경기에서 꽤 많은 승리를 가져왔지만 이 개념이 학습에 영향을 미치기 시작한 것은 최근의 일이다. 이 모든 시작은 단 하나의 연구, 마시멜로 실험marshmallow test으로 거슬러 올라간다. 이 연구는 사람들에게 소개가 필요 없을 정도로 유명하다. 1968년에 월터 미셸Walter Mischel이 처음으로 시도한 이 독창적인 실험은 20세기 가장 유명한 실험 중 하나다.

대부분의 훌륭한 실험과 마찬가지로 연구 자체는 매우 간단했다. 미셸은 어린 아이를 방으로 오라고 한 다음 지금 먹으면 마시멜로 간식 하나를 먹을 수 있지만 기다리면 두 개의 간식을 먹을 수 있다고 말했다. 우리 대부분은 그 결과를 알고 있다. 어떤 아이들은 달콤한 맛의 간식을 바로 삼켜 버렸다. 그들은 만족을 지연시키지 않았다. 하지만 기다리는 아이들도 있었다. 이들은 충분히 인내심을 갖고 기다린 결과 두 개의 간식을 먹을 수 있었다.

충동적인 선택을 자제하는 이런 능력은 그들의 삶에 깊고 지속적인 영향을 미쳤다. 미셸은 네 살짜리 아이들이 자신들의 욕망과 감정을 다루는 능력이 그들 삶의 다양한 측면에서 도움이 된다는 것을 발견했다. 마시멜로를 바로 먹는 것을 미룰 수 있었던 아이들은 나중에 학교 성적이 좋았고 더 자신감이 있었으며, 스트레스 대처 능력도 뛰어났다.

미셸의 연구가 학문적으로 많은 주목을 받기는 했지만 실수를 처리하는 사회적 방식에는 거의 영향을 미치지 못했다. 학교는 여전히 조금이라도 실패의 낌새가 보이면 아이들을 보호한다. 헬리콥터형 부모helicopter parents(자녀의 모든 일에 간섭하며 과보호하는 부모-옮긴이)는 자녀가 놀이터의 미끄럼틀을 타고 내려오는 것과 같은 사소한 행동에도 '잘했다'며 과분한 칭찬을 쏟아 내는 등 지나치게 자녀를 치켜세우는 경우가 많다.

인내심에 대한 연구는 아직 초기 단계에 있지만, 개인이 실수와 좌절,

손실과 실망의 감정적 측면을 관리할 수 있는 전략이 필요하다는 것은 분명하다. 우리에게는 일종의 회복력이 필요하다. 이러한 점에서 배우는 과정은 감정 조절 과정이라고 할 수 있을 것이다.

감정을 처리하는 정서적 회복 탄력성

이러한 연습은 종종 어떤 감정을 느끼는지 아는 것부터 시작한다. 예일 대학교 교수 마크 브래킷Marc Brackett은 사람들이 자신의 감정을 파악하면 훨씬 더 회복력이 좋아진다고 주장한다. 친구와의 격렬한 논쟁이든, 단지 마시멜로를 원하는 것이든, 브래킷은 감정을 표현할 것을 권장한다. 예를 들어 자신에게 이렇게 말해야 한다는 것이다. '내 친구가 나를 화나게 해.' 또는 '나는 정말 저 마시멜로를 먹고 싶어.'

일단 자신의 감정을 알고 나면 감정을 관리하기 위한 조치를 취할 수 있으며 특정 감정에 이름을 붙이고 나면 그 감정을 처리할 수 있다. 이런 유형의 정서적 대처에는 일종의 자기 격려가 필요하다. 즉, 패배나 어려움 후에 우리 자신에게 지지를 보내는 자기 대화를 하는 것이다.

이러한 과정에 대해 최근에 여러 연구가 실시되었는데, 우리가 권위를 가지고 자신에게 말하는 것이 도움이 된다고 한다. 만약 어떤 사람이 마시멜로를 원한다면 자신에게 이렇게 말해야 한다. "지금 당장 마시멜로를 먹고 싶겠지만 나중에 두 개의 마시멜로를 먹는 게 훨씬 더 좋을 거야." 실제 연구에 따르면 자기 대화에서 1인칭 '나'를 사용하는 것보다

2인칭 '너'를 사용하는 것이 더 효과적이다. 그 이유는 2인칭이 더 단호하기 때문에 사람들이 마음 속 목소리를 더 잘 듣기 때문이라고 한다.

> **깜짝 퀴즈 #10**
>
> 한 그룹의 학생들이 나눗셈 실력을 향상시키고 싶어 한다. 가장 효과적인 연습 방법은 무엇일까?
> A. 긴 시간을 할애하여 나눗셈 문제를 집중적으로 푼다.
> B. 같은 나눗셈 문제를 반복해서 푼다.
> C. 나눗셈 문제를 풀다가 곱셈 문제도 풀고, 덧셈 문제도 풀다가 다시 나눗셈 문제로 돌아온다.
> D. 나눗셈 문제를 반복해서 풀 필요는 없다. 더 심층적인 기본 개념을 배우기만 하면 된다.

공동체 또한 중요한 역할을 한다. 포덤 대학교의 조슈아 브라운[Joshua Brown]은 오랜 기간 사회 정서적 프로그램에 대한 연구를 진행해 왔다. 그는 정서적 회복 탄력성이 사회적 연결, 즉 집단적 유대감과 깊은 연관이 있다고 주장한다. 예를 들어, 초기 미셸의 연구에서 아이들이 마시멜로를 참는 것이 그토록 어려웠던 이유 중 하나는 방안에 친구나 도와줄 사람 없이 혼자 있었기 때문이라는 것이다.

따라서 미셸은 사고방식의 전환이 필요하다고 주장한다. 감정을 잘 관리하고 회복 탄력성을 높이려면 어려운 과제를 다른 시각으로 보아야 한다는 말이다. 예를 들어 어떤 사람이 체중 감량을 시도하고 있다면 마시멜로는 '간식'이 아니라 '독'으로 간주되어야 한다고 미셸은 주장한다. 그렇게 하면 마시멜로 자체가 훨씬 덜 매력적으로 보이기 때문이다.

마찬가지로 미셸은 '만약 ~하면 ~한다$^{if-then}$' 구조를 활용하라고 조언한다. 그러므로 "나중에 공부해야겠다"라고 생각하는 대신 "만약 지금 공부하면 나중에 놀 수 있어"라고 생각하자는 것이다. 미셸은 규칙을 명확히 세워 놓으면 감정 처리와 의사 결정을 최소화할 수 있다고 말한다. 왜냐하면 관리해야 할 감정이 적어지기 때문이다. 느끼거나 의식적으로 생각하는 대신 사람들은 일종의 습관에 의존하는데, 이것이 감정 에너지를 덜 소비하는 방법이다. 미셸의 요점은 자제력을 자동화하여 '의식적인 노력을 덜 기울이는 것'이 목표라는 것이다.

실패에 대한 믿음을 갖기

감정에 대처하는 다양한 접근 방식에 대한 모든 논의에도 불구하고 우리는 학습 과정에서 가장 중요한 질문을 제대로 논의하지 않았다. 그것은 우리는 정말로 실패가 우리에게 좋다고 믿는지 여부다.

더 나아가, 최근에 무엇인가에 실패했던 때를 떠올려 보자. 어쩌면 상사에게 보낸 메모에서 실수를 했거나 친구에게 바보 같은 말을 했을 수도 있다.

실수 후에 당신은 스스로를 어떻게 생각했는가? "좋아. 어떻게 하면 더 나아질 수 있을지 고민해 보자." 아니면 "젠장, 난 항상 요 모양이야" 라고 생각했는가?

심리학자 캐롤 드웩$^{Carol\ Dweck}$은 수십 년 동안 이러한 다양한 반응을 연구해 왔다. 여러 연구를 통해 드웩은 우리 중 일부는 드러내지 않은 본질주의자essentialist(사람들의 능력과 특성이 유전이나 생물학과 같은 자연적 특성에 의해 결정된다고 믿는 사람-옮긴이)로서 소위 본성 캠프Camp Nature(능력은 타고 나는 것이므로 노력으로 변화시킬 수 없다고 믿는 사고방식-옮긴이)에 있는 사람들이라고 주장했다. 이러한 접근 방식에 따르면 성공의 핵심 결정 요인은 본성, 즉 타고난 생태와 유전자 그리고 DNA 등이라는 것이다. 따라서 사람들은 날 때부터 똑똑한 사람과 멍청한 사람, 강한 사람과 약한 사람, 좋은 사람과 나쁜 사람으로 구분되므로 무엇인가에 실패했을 때 우리는 "젠장, 난 항상 요 모양이야"라고 생각한다는 것이다.

이와는 대조적으로 드웩은 '발전론자nurturers'라고 불릴 수 있는 사람들도 있다고 주장한다. 그들은 서핑 기술이든 수학이든 그 어느 것이라도 배우고 발전할 수 있다고 믿는다. 연습과 개발을 통해 무엇이든 기술을 연마하고 성취할 수 있다는 것이다. 이런 사람들은 물론 낙관적이다. 하지만 그 이상으로 그들은 이 세상을 사람들이 성장하고 변화할 수 있는 곳으로 간주한다. 요컨대 개선 캠프Camp Improvement(능력은 고정된 것이 아니라 노력과 훈련을 통해 발전할 수 있다고 믿는 사고방식-옮긴이)에 있는 이들은 발전을 믿으며 실패를 경험하면 "좋아. 어떻게 하면 더 나아질 수 있을지 고민해 보자"라고 생각한다.

드웩의 연구는 이미 오래전부터 알려져 있고 미셸의 연구만큼이나 인기가 있지만 최근 연구들은 이러한 관점이 사람들이 학습에 접근하는 방식, 특히 도전이 필요한 모든 종류의 학습에 미치는 막대한 영향을 보여준다.

예를 들어 개선 캠프에 있는 사람들은 인지 활동에 더 많이 참여하여, 연구에 따르면 셀프 퀴즈를 더 자주 연습하는 경향이 있다고 한다. 또한 개선 캠프에 속한 부모들도 마찬가지다. 학문적 활동에 자녀와 함께 더 많이 참여한다. 다시 말해 개선 캠프에 있는 사람들은 노력에 대한 믿음이 더 강한 사람들이다.

최근 드웩과의 인터뷰에서 그녀는 오류에 대한 우리의 태도가 종종 사회적 요인에 의해 영향을 받으며 멘토, 리더, 부모의 몇 마디로도 본성 캠프에서 개선 캠프로 전환될 수 있다고 주장했다.

실제로 초기 연구에서 일부 연구자들은 아이들의 성과에 대해 "너는 정말 똑똑하다"는 말로 칭찬한 그룹과 "너는 정말 열심히 한다"는 말로 격려한 그룹의 성과 차이를 비교해 보니 작은 차이만으로도 영향이 큰 것으로 나타났다.

아주 최근에 드웩은 이와 같은 본성 캠프와 개선 캠프 사고방식과 관련하여 행동이 언어보다 훨씬 더 깊은 영향을 미친다는 것을 발견했다. 즉 드웩과 연구팀이 실시한 어떤 연구에서 부모의 믿음이 항상 자녀에게 전해지는 것은 아니라고 주장했다. 구체적으로는 부모가 자녀의 노력을 칭찬하더라도 그것이 반드시 자녀의 개선 캠프식 마인드를 심어 주지는 않았다.

더 중요한 것은, 자녀가 실패했을 때 부모의 반응이다. 부모가 자녀의 실패를 본성 캠프에 있는 사람처럼 타고난 능력 부족으로 인식했는가? 아니면 개선 캠프에 있는 사람처럼 학습의 기회로 보았는가? 부모가 후자의 접근 방식을 취했다면 자녀 역시 개선 캠프에 있을 가능성이 훨씬

> **깜짝 퀴즈 #11**
>
> 텍스트를 가장 효과적으로 학습하는 방법은 무엇일까?
> A. 텍스트를 읽고 또 읽는다.
> B. 읽으면서 핵심 아이디어를 자신에게 설명한다.
> C. 핵심 개념에 밑줄을 긋는다.
> D. 형광펜을 사용한다.

높았다. 즉 부모가 실수를 통해 성장할 수 있다는 것을 적극적으로 보여주면 자녀도 이를 믿을 가능성이 높아진다는 것이다.

개인에 따라 어떤 해결책이 종종 우리 자신과 대화하는 방식에 좌우되는 경우도 있다. 따라서 드웩은 이러한 내면의 대화를 의식적으로 변화시킬 것을 제안한다. 실수에 대해 걱정하지 말고 개선에 집중하라고 자신을 격려하며, 실수와 오류를 기술이나 지식을 얻는 기회로 여겨야 한다는 것이다. 예를 들어 실수 후에도 드웩은 "이것으로부터 무엇을 배울 수 있을까? 어떻게 개선할 수 있을까?"라고 스스로에게 물어보라고 권장한다.

칭찬과 결과를 구체적으로 연결하기

하지만 안젤라 덕워스 같은 다른 전문가들이 제시하는 해결책은 비슷하면서도 약간 다르다. 펜실베이니아 대학교의 심리학 교수인 덕워스는 사람들이 어떤 분야의 기술을 습득할 때 어려움을 예상하도록 자신을 단련하라고 말한다. 따라서 실수를 하거나 어려움을 겪을 경우에는 덕워스의 말마따나 "이것은 정상적인 것이다"라고 스스로를 다그쳐야 한다는 것이다.

시안 베이록 같은 전문가는 한 걸음 더 나아가 스스로를 실수할 수 있는 상황에 더 많이 놓아야 한다고 주장한다. 그녀는 "좌절할 필요 없어요"라고 격려한다. 예를 들어 대중 연설을 두려워하는 사람에게는 청중 앞에서 연설할 기회를 더 많이 만들라는 이야기다. 자신이 숫자에 약하다고 생각하는 사람에게는 식당에서 팁을 계산하는 것처럼 간단한 일이라도 자꾸 시도해 보라고 권장한다.

그렇다고 해서 연습이나 노력을 무조건 칭찬해야 한다는 의미는 아니다. 실수는 본질적으로 긍정적이지 않으며 회복력도 마찬가지다. 드웩은 칭찬을 할 때는 칭찬과 결과를 구체적으로 연결해야 한다고 주장한다. 따라서 사람들에게 "연습한 게 어떻게 결실을 맺었는지 알겠지?" 또는 "열심히 노력해서 큰 발전을 이루다니 정말 대단하다"라고 말해야 한다.

가장 중요한 것은 발전 가능성에 대한 믿음일 것이다. 실수로부터 배우고 효과적인 방식으로 발전하려면 개선 캠프식 사고방식을 절대적으로 받아들여야 한다. 소련을 이긴 미국 올림픽 하키팀의 코치였던 허브 브룩스는 이렇게 말했다. "성공은 승리를 믿고 그 순간을 준비하는 사람들에게 돌아간다. 많은 사람들이 승리하기를 원하지만 준비하는 사람들은 많지 않다. 그것이 큰 차이이다."

농구에 관해 이야기하자면 사실 나는 오랫동안 비밀리에 '본성 캠프'

소속이었다. 노력을 강조하는 격려 연설도 많이 들어 봤고, 게다가 교육 분야에서 여러 해 동안 일했음에도 불구하고, 나는 농구 경기를 할 때 본질주의적인 태도에 빠지곤 했다. 내 속에서는 본성 캠프의 교리가 강력하게 울려 퍼졌다.

짧은 점프슛을 놓치면 '나는 원래 슛에 재능이 없었어'라고 생각했고, 자유투를 던질 때면 '이거 안 들어 가는 거 아니야?'라는 생각이 들었다. 이런 일들은 연습 경기에서도 일어났다. 누군가가 나를 제치고 가면 '나는 원래 느려'라는 생각이 머릿속을 스쳐 지나갔다.

다른 많은 신념과 마찬가지로 이러한 태도에는 1991년 12월까지 거슬러 올라가는 쓰라린 역사가 있다. 당시 나는 고등학교 2학년이었고 키가 180cm도 안 되는 왜소한 청년이었다. 농구부에 들어갔지만 거의 벤치에 앉아 있기만 했다.

당시 우리 학교의 라이벌은 플레젠트빌 고등학교였는데 그곳에는 오티스 힐Otis Hill이라는 막강한 센터가 있었다. 205cm에 90kg이 넘는 힐은 나중에 시라큐스 대학교에 들어가 팀을 NCAA 선수권 대회에서 우승하도록 이끌었고 폴란드에서 프로 농구 선수로 뛰기도 했다.

우리 고등학교의 낮은 농구 수준으로 볼 때, 힐은 마이클 조던의 재림과도 같았다. 그는 도움닫기 없이 덩크슛을 할 수 있었고 한 걸음만 내딛어도 골대에 닿았다. 반면 우리 팀 선수 대부분은 고등학교 3학년이 되어도 골대에 손도 닿지 못했다. 물론 나도 마찬가지였다.

그러던 어느 날 경기가 있었다. 금요일 밤이었는데 드럼과 카우벨, 경적 등을 든 팬들이 가득 앉아 있는 플레젠트빌 고등학교 체육관에서 경기를 했다. 경기 초반에 우리 팀의 가드인 그렉 콘웨이Greg Conway가 맹렬한 기세로 질주했다. 3점 슛, 러닝 슛, 몸을 비트는 돌파까지 그는 혼자서 거의 40점을 넣었다.

동시에 우리 수비는 힐을 꽁꽁 묶었고 플레젠트빌의 이 스타 센터는 너무나 좌절한 나머지 하프타임 때 난투극을 벌일 뻔했다.

그리고 4쿼터에서 우리는 55대 54로 리드를 잡았다. 관중들은 열광했다. 우리는 행운의 번개에 올라탄 보잘 것 없는 고등학교 농구팀이었다. 반면에 상대는 NBA에서 활약할 가능성이 있는 포워드를 가지고 있었다.

그런데 종료가 12초 정도 남았을 때 우리 팀 감독인 에드 샌즈Ed Sands가 나보고 경기에 들어가라고 했다. 솔직히 말해서 나는 그 시즌 내내 다 합쳐서 10분도 채 뛰지 못했다. 하지만 우리 팀 선수 한 명이 파울 아웃되자 나는 어쩔 수 없이 코트에 서게 되었다. 관중들은 경기장 천장에 닿을 듯 꽉 차 있었고, 경기는 막바지에 이르렀으며, 우리 팀은 1점 차로 앞서고 있었다.

거의 모든 아이들이 팀을 승리로 이끄는—마지막 몇 초를 남기고 힘차게 달려가 멋진 슛을 던져 승리하는—꿈을 꾼다. 하지만 난 경기장의 딱딱한 나무 바닥에 선 채 바지 주름을 펴면서 온몸을 떨고 있었다.

감독은 내게 상대팀의 포인트 가드를 수비하라고 지시했다. 그가 바스켓으로 돌진하지 못하게 막으라고, 항상 그 선수 앞에 서서 방어하라고 했다.

그 가드가 내 쪽으로 공을 몰고 왔다. 비명, 함성, 계속되는 드럼 소리 같은 팬들의 소음이 온통 코트를 감싸는 것 같았다. 나는 정확히 무슨 일이 일어났는지 기억하지 못한다. 하지만 키 에어리어 끝에서 가드를 밀착 수비했다. 나는 공을 낚아채고 싶었다. 그 순간 감독의 지시는 내 머릿속에 없었다.

가드는 그것을 알아차린 것 같았다. 그리고 순식간에 나를 지나쳐 레이업 슛을 성공시켰다. 플레젠트빌은 이제 1점 차로 앞서 56 대 55가 되었다. 시간은 흘러갔고 경기는 끝났다. 우리는 졌다.

내 기억에 감독은 너무 화가 나서 나와 악수도 하지 않았고 몇 년 후 점심 식사를 함께 했을 때 그는 그 경기가 마치 전년도 NBA 결승전인 것처럼 이야기했다.

"그때 너는 너무 흥분해서 집중을 못했어." 샌즈 감독은 내게 이렇게 말했다 "공격수 앞을 막으라고 했지만 그는 드리블로 너를 제치고 레이업 슛으로 게임을 끝내 버렸어."

"경기에 지고 나서 내게 말조차 걸지 않았던 게 기억나시나요?"라고 내가 물어보니

"아마 그랬겠지." 샌즈는 웃으며 대답했다. "그 게임이 학교 역사상 가장 큰 승리가 되었을 수도 있었는데 네 실수로 다 망친거야."

플레젠트빌과의 경기 때문에 내가 20대에 농구를 그만둔 것은 아니었다. 하지만 동시에 그 경험은 스포츠에 대한 내 생각을 바꾸어 놓았다. 결국 나는 운동에 재능이 없고, 너무 느리며 균형감이 떨어진다는 결론을 내려 버렸다. 그래서 내 농구 실력이 모든 것을 망친 거라고 낙인찍었다.

고등학교 시절의 특정 순간을 회상하기 위해 이런 이야기를 하는 것은 아니다. 요점은 자신을 어떻다고 낙인찍는 것도 일종의 본질주의라는 것이다. '모두 망쳐 버렸다'와 같은 말은 본성 캠프적인 사고방식이며 드웩이 주장하듯이 본질주의는 일종의 고정관념이다.

이는 결국 사람들이 학습에 대해 지향하는 목표가 서로 다르다는 의미다. 우리가 숙달을 목표로 삼으면 스스로를 향상시켜 발전하고 기술을 연마하기 위해 애쓸 것이다. 이러한 접근 방식에서는 자신을 낙인찍는 데 집중하기 보다는 개선하는 데 더 관심을 갖는다.

우리가 해낼 수 있음을 증명하기

하지만 이와 반대로 우리가 성과에 집중하면 특정한 수준의 성취에 도달하기를 원한다. 다른 사람들에게 우리가 해낼 수 있다는 것을 증명해야 한다. 사람들이 결과에만 집중할 때는 승자가 되기를 원한다. 그들은 궁극적으로 본성 중심 사고방식의 소유자들이다. 그들은 우월한 유전자를 가졌으며 큰 경기에서 이긴다는 것을 보여 주려 한다.

물론 이 둘 사이의 구분이 명확한 것은 아니다. 숙달하는 것과 성과를 달성하는 것은 이분법적으로 딱 떨어지지 않는다. 맥락이나 과제 또는 사람에 따라 달라진다.

문제는 조금만 더 성과 중심적인 접근 방식으로 전환해도 위험하다는 것이다. 그러면 과제가 달성하기 어려운 것처럼 보인다. 성과 중심적 접근 방식에서는 과제에 성공하면 모든 것이 좋다. 그러면 우리가 똑똑하거나 강인하다고 생각한다. 하지만 실패하면 그 결과는 파괴적이 되어 우리가 멍청하거나 약하다고 생각한다.

그러나 성과에만 집중하면 다른 해로운 사고방식에 더 취약해지기 때문에 더욱 문제가 될 수 있으며 우리는 보다 쉽게 자신을 낙인찍게 된다. 사람들이 자신을 전통적인 심리학계의 금수저로 볼까 봐 걱정했던 조슈아 아론슨Joshua Aronson을 예로 들어 보자. 그의 아버지 엘리엇 아론슨Elliot Aronson은 전 세계에서 가장 존경받는 심리학자 중 한 명이다.

하버드와 텍사스 대학교에서 교편을 잡은 엘리엇 아론슨은 인지 부조화cognitive dissonace, 즉 사람들이 자신의 이상과 상충되는 행동을 하면 불편함을 느낀다는 개념을 발전시키는 데 중요한 역할을 했다.

이렇게 훌륭한 배경을 가진 조슈아 아론슨도 스탠퍼드 대학원에 심리학을 공부하기 위해 입학했을 때 불편함을 느끼지 않을 수 없었다. 그는 마치 아버지가 유명한 학자라서 입학이 허가된 '특별 전형'으로 입학한 것처럼 느껴졌다. 초기에 한 대학원생은 그에게 "당신이 우리 학교에 와 주시다니 영광입니다"라고 말했는데, 그 말은 분노와 두려움이 뒤섞인 감정을 불러일으켰다. "마치 '어서 와, 다 널 쳐다보고 있어'라고 말하는 것 같았어요"라고 그가 나중에 털어 놓았다.

시간이 흐르면서 아론슨은 그가 농담조로 '아빠 문제daddy issue'라고 부르는 상황을 극복할 수 있었다. 다시 말해 그는 자신을 증명하는 것보다 숙달을 얻는 데 더 집중하게 되었다. 그리고 그 때의 경험이 그의 연구 주제를 결정했다. 대학원 시절과 이후 뉴욕 대학교에서 아론슨은 사람들이 학습할 때 사용하는 낙인을 연구하기 시작했는데 이러한 명칭이 종종 수행 능력에 영향을 미친다는 것을 입증했다.

더 정확히 말하면 사람들은 종종 스스로 부여한 낙인에 맞춰 행동한다는 것이다. 예를 들어 기독교인들은 과학 문제에서 좋은 점수를 얻지 못한다는 것을 상기시켜 주는 것만으로도 그들은 실제 과학 문제에서 훨씬 더 나쁜 결과를 보인다. 마찬가지로, 여성들은 강당에 성공한 여성들의 사진이 걸려 있는 걸 보면 더 뛰어난 연설을 한다.

만약 사람들이 수행 목표를 가지고 있다면 이러한 낙인이 훨씬 더 큰 힘을 발휘한다. 하지만 결과에만 집중하게 되면 우리는 "내가 그렇지 뭐. 잘하는 게 있어야지. 여자는 중요한 연설을 잘 못 해. 유명한 교수들의 자녀는 항상 거저 입학해"와 같이 해로운 이야기에 빠져들게 된다.

이러한 종류의 불안한 생각은 발전하려는 노력에 치명적인 타격을 줄 수 있다. 마치 정신적인 컴퓨터 바이러스처럼 그 생각은 단기 기억을 손상시킨다. 반대로 숙달을 목표로 하는 사람들은 이러한 이야기의 영향을 훨씬 덜 받는다. 그들은 다른 사람들에게 자신의 기술을 증명할 필요가 없고 따라서 주어진 일을 하는 데 더 집중할 수 있다.

농구 훈련을 시작하기 훨씬 전부터 나는 조슈아 아론슨이나 캐롤 드웩과 같은 전문가들과 계속 소통해 왔고 당연히 그들의 학습관은 내 접근 방식에 영향을 끼쳤다.

그래서 개선 캠프에 참여했고 농구의 숏 과정에 더 많은 정신적 에너지를 집중했다. 어떤 일이 터져도 이를 개선할 수 있는 방법으로 보려고 노력했다. 그래서 점프 숏이 안 들어가면 자신에게 이렇게 질문했다. 발은 골대와 직각을 이루고 있었나? 다리를 제대로 사용했나? 손으로 끝까지 동작을 마무리했는가?

나는 실수에도 비슷한 접근 방식을 취했다. 누군가가 나를 제치고 드리블해 나가면 그 실수를 도전의 기회로 여겨 "어떻게 저게 가능하지? 다음에는 어떻게 막을 수 있을까?"라고 생각했다.

동시에 나는 스스로에게 어떤 꼬리표도 붙이지 않으려고 노력했으며 어떤 이야기에 휩쓸리고 싶지 않았다. 그런 이야기들은 마치 모든 것을 빨아들이는 블랙홀처럼 느껴졌다. 예를 들어 슛한 공이 골대에 닿지도 않았을 때 프로 선수들도 가끔 이런 어처구니없는 실수를 한다며 자신을 다독였다.

시간이 지나면서 나는 더 나은 형태의 연습을 내 연습 방식에 통합시켰다. 학습 기술 덕분에 더 잘 배울 수 있었고 동시에 내 동작을 훨씬 더 많이 모니터링했다. 때로는 특정 슈팅 기술을 연습하는 동안 제 모습을 녹화하여 슈팅 정확도를 높일 수 있는 방법을 찾아내기도 했다. 또한 내 자신이 수비하는 모습을 비디오로 촬영하기도 했다.(그 결과 충분히 자세를 낮추지 않기 때문에 동작이 느리다는 것을 깨달았다.)

집 근처에 있는 코트에서 연습할 때는 또 다른 형태의 모니터링을 사용했는데 그것은 코트 주변 특정 위치에서 넣은 슛의 비율을 기록하여 향상 내용을 더 잘 추적할 수 있도록 한 것이다. 예를 들어 코너에서는 10개 중 5개 성공, 3점 슛 라인에서는 10개 중 6개 등으로 기록했다.

기억력 전문가이자 스크래블 선수인 베넷 슈워츠의 조언을 받아들여 나는 깜짝 퀴즈나 인출 연습처럼 농구 연습 시간을 잘게 쪼개서 일주일에 한 번 코트에 가는 대신 거의 매일 코트에 나갔다. 비가 오든 춥든 상관하지 않았고 단 15분도 괜찮았다. 낮은 쇠사슬 울타리를 뛰어넘어야 하든, 크리스마스 다음 날이든 상관없이 하루도 빼지 않고 연습했다.

또 다른 중요한 전략도 있었다. 특정 기술을 더 자동적으로 만들기 위해 같은 루틴으로 자유투를 반복해서 연습했다. 두 번의 드리블 후, 잠시 멈추었다가, 무릎을 굽힌 후 커다란 호를 그리며 슛하는 동작까지 이어서 연습했다.

무엇보다 나는 숙달에 초점을 맞추었다. 내 목표는 나 자신의 실력 향상이었다. 즉 리바운드를 더 잘 캐치하는 방법을 배우고, 매 경기 득점을 올리며, 포스트 지역에서 방어력을 높이는 것 등이었다. 더 정확하게 말하자면 자신과 대화를 더 많이 했고, 특히 잘 안 풀리는 날에는 "그냥 게임일 뿐이야"라고 나 자신을 다독였다.

결국에는 모든 것이 조화를 이루기 시작했다. 퍼즐 조각들이 맞춰지면서 일관된 패턴을 형성했다. 슛이 들어가기 시작했던 수요일 밤 공이 '휙'하며 경쾌하게 골대를 통과하는 소리는 달콤했다. 코너에서 하나 넣고 3점 슛 라인에서도 하나 성공시켰다.

그때 팀 동료들이 내가 뭔가 달라졌다는 것을 알았다. 그날 밤 한 친구가 대놓고 "야, 연습 좀 한 모양인데?"라고 묻기도 했다.

다음 날 아침에는 또 다른 친구에게서 문자가 왔다. "어젯밤에 네가 엄청 잘했다는 소문이 났던데."

전반적으로 난 크게 할 말이 없었다. 나 자신을 믿고 노력했고 그래서 발전한 것뿐이었다.

| 4장 |

확장

LEARN BETTER

관습에서 벗어나기

1936년에 화가 잭슨 폴록 Jackson Pollock 은 뉴욕 시의 한 워크숍에 등록했다. 당시 스물세 살이었던 폴록은 잘생긴 외모와 반항적인 태도로 유명했다. 그는 자신을 짧은 붓을 든 반항하는 카우보이라고 생각하며 카우보이 모자와 부츠를 신고 맨해튼 거리를 활보하다가 술을 마시고 싸움을 벌이거나 창문을 깨고 낯선 사람들에게 욕을 퍼붓고는 했다.

그 워크숍은 멕시코 화가 다비드 알파로 시케이로스 David Alfaro Siqueiros 가 주최했는데, 벽화가이자 골수 사회주의자였던 그는 폴록보다 훨씬 더 심한 반항아였다. 미술 학교에 다니면서도 마르크스주의 단체와 힘을 합쳐 투쟁했을 정도였다. 나중에 이 멕시코 화가는 소련에서 망명한 레온 트로츠키 Leon Trotsky 를 기관총으로 쏘아 죽이려고 시도하기도 했다.

시케이로스 워크숍의 목적은, 폴록과 같은 젊은 예술가들이 이젤에 의존하는 기존의 관습에서 벗어나 회화를 매체로 새로운 실험을 하도록 장려하는 것이었다. 수업에서 그는 붓이 어색한 막대기에 불과하다고 주장했다. 액자라는 좁은 공간에 대해서도 별로 좋게 생각하지 않았다. 예술은 단순히 미적 만족감을 주는 것이 아니라 실제 삶을 반영하고 진정성을 가져야 한다고 믿었다. 이러한 신념은 그의 교육 방식에서도 분명하게 드러났다. 그는 종종 물감으로 뒤덮인 작업복을 입고 바닥에 뒹굴면서 학생들에게 강의하곤 했다.

"화가는 노동자가 일하는 방식으로 일해야 한다"고 시케이로스는 주장했고 1년 동안 진행된 워크숍에서 그는 폴록과 같은 학생들이 다양한 회화 기법을 실험하도록 격려했다. 학생들은 어린아이처럼 캔버스 위에 물감을 뿌리기도 하고 천 위에 유성 페인트를 직접 붓는 행동을 하기도 했다. 캔버스 위의 모래나 먼지 또는 흙을 부어도 더 풍부한 질감과 깊이를 표현하는 데 도움이 될 수 있었다. 그는 예술을 일종의 '통제된 사고controlled accident'라고 불렀다.

하지만 사이가 좋지 않은 형제들처럼 폴록과 시케이로스는 의견이 맞지 않았다. 시케이로스가 뉴욕 시를 떠나기 1년 전에 두 사람은 파티에서 서로의 목을 조르며 싸우기도 했다. 하지만 워크숍 경험은 의심할 여지없이 폴록에게 커다란 영향을 미쳤다. 폴록은 시케이로스와 같이 작업했던 경험을 '굉장한 일'이라고 묘사한 적이 있다. 시케이로스 역시 폴록을 존경했고, 워크숍이 끝난 직후 폴록에게 편지를 보내 "조금만 기다리세요. 우리 워크숍은 다시 시작될 겁니다"라고 말했다.

시케이로스의 워크숍은 적어도 폴록의 마음속에서 다시 문을 열었다. 폴록은 시케이로스가 개척한 물감 흘리기와 붓기 기법을 더욱 발전시켰다. 의욕적이고 헌신적인 폴록은 워크숍에서 얻은 예술적 기술을 계속 되풀이하며 연습했다. 캔버스에 물감을 떨어트려 작품을 만들면서 폴록은 자신이 아는 것을 토대로 그 기법을 발전시켰고, 한동안은 캔버스 모서리에 물방울 스타일로 그림을 그리기도 했다.

폴록은 미술 평론가 클레멘트 그린버그Clement Greenberg와 함께 재닛 소벨Janet Sobel처럼 물방울 스타일 기법을 실험한 다른 화가들을 연구하기 시작했으며 나중에는 물감을 뿌리는 기법을 사용했던 피카소와 초현실주의자들의 작품을 연구하기도 했다. 예술가로서 폴록은 물방울 그림을 감정을 표현하는 방법으로 여기게 되었고, 〈타임Time〉지가 폴록의 작품을 '혼돈스럽다'고 평하자 폴록은 짧은 편지를 써서 '제길, 뭐가 혼란스러워?'라고 반박했다.

일반인들은 폴록의 물방울 그림을 마치 하늘에서 뚝 떨어진 포스트모더니즘 천사들이 방문한 것 같다고 느꼈다. 실제로 폴록의 명성은 그를 '미국 예술의 찬란한 새로운 현상'이자 '특이한 창조적 천재'라고 묘사한 〈라이프Life〉지의 4페이지짜리 사진 기사에서 시작됐다. 이 잡지에는 심지어 제임스 딘James Dean의 반항적인 이미지를 연상시키듯 벽에 기대어 담배를 물고 있는 폴록의 사진이 실려 있다. 이 사진으로 그는 예술계의 젊은 말론 브란도Marlon Brando라는 이미지를 얻었다.

세상은 타고난 천재 이야기에 열광하게 마련인 바, 폴록 숭배는 계속되고 있다. 가장 최근에 출판된 그의 전기에서는 그를 '고뇌하는 천재의 전형'이라고 묘사했고, 최근에는 그의 작품이 프로 스포츠 선수의 연봉과 비슷한 1천만 달러라는 기록적인 가격에 판매되기도 했다.

하지만 폴록을 반항적인 천재로 보는 이런 이야기는 그가 어떤 학습 방법에 의존했다는 사실을 간과하고 있다. 그는 예술적 개념을 바탕으로 기존의 지식을 넓혀 전문성을 강화했다. 미술 평론가 로베르타 스미스Roberta Smith는 〈뉴욕 타임스〉에 기고한 글에서 "폴록이 물방울 기법을 실험한 유일한 화가는 아니지만 이 기법의 잠재력을 끈질기고 체계적으로 탐구했다는 점에서 독보적이었다"라고 평가했다.

장기 기억의 본질 알기

앞 장에서 우리는 기술을 개발하는 방법, 즉 고도로 집중적인 연습 방식에 대해 살펴보았다. 그러나 진정한 전문가가 되려면 단순히 연습하는 것만으로는 충분하지 않으며 특정 영역에서 기존의 지식과 기술을 넓히고 심화해야 한다. 학습, 특히 높은 수준의 학습에는 기존의 지식을 확장하는 것에서 그치는 것이 아니라 전문성도 필요하며 이 학습 단계에서는 해당 주제에 대한 더 깊은 이해가 필요하다.

이것이 장기 기억의 본질이다. 이런 접근 방식은 결국 학습이 도로를 연결하는 것과 같다는 주장과 일맥상통한다. 이 비유에 따르면 우리는 거리나 골목길을 확장하고 새로운 경로와 허브를 만들 때 훨씬 더 많은 것을 기억한다고 한다. 인지 과학자들의 용어로 표현하면 우리는 이전 지식을 바탕으로 더욱 심층적이고 네트워크화된 통찰력을 만들어 내는 것이다.

이에 대한 구체적인 사례로는 아이디어를 자신의 단어로 표현하는 행위인 요약하기summarizing가 있다. 이 방식은 자신에게 여러 질문을 던지는 것이다. 요점은 무엇인가? 이 개념을 어떻게 달리 말할 수 있을까? 이런 질문이 중요한 이유는 가장 중요한 아이디어를 요약함으로써 그 특정 아이디어에 대한 이해를 확장하고 보다 의미 있게 만들 수 있기 때문이다. 또한 이 과정을 통해 학습 성과가 눈에 띄게 향상된다.

우리 대부분은 이런 종류의 학습이 어떤 것인지 알고 있다. 그것은 머릿속으로 하는 또 다른 형태의 학습이다. 예를 들어 잡지에서 기사에서 본 내용을 친구에게 자세히 설명했던 기억이 있지 않은가? 이는 일종의 심화 학습이며 그 결과로 당신은 그 기사로부터 더 많은 것을 얻었을 가능성이 크다.

깜짝 퀴즈 #12

이 부분을 읽기 전에 그 내용이 무엇일지 생각해 보자.
A. 성격 파악 테스트
B. 지식의 중요성
C. 리프의 중요성
D. 학습 스타일

또 다른 예로 넷플릭스에서 다큐멘터리를 보고 내용을 자세히 적은 이메일을 작성한다고 해 보자. 다시 말해 당신은 그 아이디어를 구체화

했고, 더 직접적인 형태로 의미를 부여했으며, 연구 결과에 따르면 당신은 그 다큐멘터리 영화와 그 주제에 대해 더 풍부한 감각을 갖게 된다고 한다.

추가적인 논의를 하기 전에 우리는 먼저 솔직해질 필요가 있다. 사실 학습자들이란 어떤 분야를 발전시키고 새로운 아이디어나 또 다른 분야를 창조하는 전문가들이 아니다. 우리 대부분은 폴록처럼 급진적인 새로운 형태의 예술을 개발할 가능성이 없다. 그러나 우리는 적극적으로 기술을 습득하고 그 분야에 대한 전문 지식을 확장할 때 가장 효과적으로 배운다.

폴록도 분명히 그림에 대해 이렇게 느꼈을 것이다. 그는 자신이 알고 있는 것을 계속해서 확장했으며 물방울 기법을 자기 것으로 만들어 가면서 그의 작품은 더욱 난해해졌다. 그는 주제를 계속해서 발전시켰다. 폴록의 작품에서 이러한 측면을 처음 발견한 사람은 물리학자인 리차드 테일러Richard Taylor였다. 호주 출신인 그는 몇 년 전부터 폴록의 물방울 기법을 연구하기 시작했는데 폴록의 그림에 프랙탈 기하학fractal geometry적 요소, 즉 수정이나 눈송이에서 볼 수 있는 것과 유사한 복잡하면서 비반복적인 패턴이 포함되어 있다는 사실을 발견했다.

놀랍게도 테일러는 폴록의 그림에서 프랙탈 구조가 시간이 지남에 따라 더 밀집한다는 사실을 발견했다. 폴록의 물방울 기술 도입 초기에는 프랙탈의 복잡성은 그렇게 심하지 않았다. 그러나 시간이 지나면서 폴록은 이 접근 방식을 더 깊이 탐구했다. 이에 따라 프랙탈은 더욱 심화되어 각 그림이 이전 그림보다 더 정교한 디자인을 갖추게 되었고, 보다 정교한 수준의 혼돈을 표현했다. "이것이 미술 이론가들이 소위 '예술가의 터치hand of the artist'라고 부르는 것입니다"라고 테일러는 언론에 말한 적이 있다. 또는 진정한 전문성의 표시라고 불러도 될 것이다.

나의 전문 분야를 확장시키기

전문 분야 확장의 개념을 이해하는 또 다른 방법은 재즈 앨범 〈카인드 오브 블루Kind of Blue〉의 제작 과정을 살펴보는 것이다. 아마 여러분은 틀림없이 마일스 데이비스Miles Davis의 이 걸작 앨범을 들어 봤을 것이다. 이 앨범에 수록된 곡들은 전국의 커피숍에서 끊임없이 흘러나오며 공부할 때 배경 음악으로도 자주 사용된다. 이 앨범은 재즈 역사상 가장 많이 팔린 앨범이기도 하다.

〈카인드 오브 블루〉 앨범은 분위기가 있으며 거의 천상의 에너지를 가지고 있다. 연주자들은 자극적인 멜로디들 사이에서 반복하며 솟아오르고, 격렬한 솔로와 자유로운 피아노 리프riff(반복되는 짧은 멜로디나 코드—옮긴이)를 선보인다. 재즈 장르를 정의하는 듯한 목소리를 가진 이 앨범은 베토벤 곡의 복잡한 구조와 깊이를 지니고 있으면서도 나나 시몬Nina Simone(미국의 흑인 싱어송라이터 겸 인권 운동가—옮긴이)의 음색을 연상시킨다.

하지만 〈카인드 오브 블루〉는 단순한 재즈 앨범이 아니다. 재즈 역사상 가장 중요한 마스터 클래스이자 음악 학습의 정점이라고 할 수 있다. 마일스 데이비스는 앨범을 제작한 뮤지션 그룹에게 완전히 새로운 음악 접근 방식을 배우라고 요청했다. 과거에는 재즈 밴드가 코드에 맞춰 연주했기 때문에 솔로 연주자들은 정해진 화음 내에서 리프를 마무리해야 했다.

그러나 이 앨범 녹음 과정에서 데이비스는 연주자들에게 스케일scale(특정 규칙에 따라 음들을 순차적으로 배열한 것, 음계라고도 한다-옮긴이), 또는 모드mode(음악을 구성하는 음의 배열법, 선계라고도 한다-옮긴이)를 사용하는 방법을 가르치려고 했다.

재즈 평론가 프레드 카플란Fred Kaplan은 이렇게 평가했다. "이러한 차이는 별거 아닌 것처럼 보일 수 있지만 그 의미는 엄청납니다. 이제 뮤지션들은 거의 무한한 조합으로 코드, 스케일, 멜로디를 연결할 수 있게 되었습니다."

즉흥 연주의 열렬한 팬이었던 데이비스는 뮤지션들에게 새로운 접근 방식에 대해 어떠한 사전 공지도 하지 않았다. 예행연습이나 연습 세션도 없었고 스튜디오 회의나 연습도 없었다. 실제로 데이비스는 1959년 봄에 만나기 전에 그룹에게 몇 개의 짧은 멜로디만 제공했다. "이 스케일의 사운드로 연주하라"는 것이 악보 맨 위에 적힌 유일한 말이었다.

방에 있던 뮤지션들은 모두 전문가였고 데이비스는 그들이 리프를 통해 새로운 접근 방식을 배우기를 원했다. 그는 뮤지션들이 이 기술을 확장하고, 접근 방식을 구체화하여 새로운 기술을 매우 직접적인 방식으로 탐구하고 적용하도록 밀어붙였다. 데이비스는 나중에 자신의 자서전에서 이렇게 표현했다. "자신만의 것을 창조할 때는 하늘조차 한계가 되지 못한다."

마일스 데이비스의 음악적 개입은 성공했고, 그날 앨범에 참여했던 사람들은 모달 스타일modal style(전통적인 코드 진행과 달리 1~2개의 모드를 중심으로 즉흥 연주하는 방식-옮긴이)을 사용하기 시작했다. 몇 달 후에 빌 에번스Bill Evans도 모달 재즈를 연주하기 시작했고 색소폰 연주자 캐넌볼 애덜리Cannonball Adderley도 마찬가지였다. 존 콜트레인John Coltrane은 나중에 모달 접근 방식을 바탕으로 음악계에서 경력을 쌓았고, 이를 이용하여 블록버스터 앨범 〈자이언트 스텝Giant Steps〉과 〈어 러브 슈프림A Love Supreme〉을 제작하기도 했다.

학습의 방법으로서 리프를 연주하는 것은 전문성을 심화하는 데 도움이 되며 그 분야를 깊이 파고들게 하므로 숙련도를 증진시킨다. 리프를 연주하면 지식의 본질에 접근하고 인지적 연결과 연관성을 구축하는 데 도움이 된다. 즉흥적으로 연주하는 것은 수동적일 수 없기 때문에 더욱 효과적이다. 데이비스의 말을 빌리자면, 이는 '자기 고유의 것을 만드는' 일이라고 한다.

이러한 점에서 지식의 영역을 확장한다는 것은 그것을 설명할 수 있는 능력과 매우 유사하며, 연구에 따르면 사람들은 학습할 때 자신에게 질문을 던지면 훨씬 더 많은 것을 얻는다고 한다. 이를 구체적으로 표현하면 다음과 같다. 이 아이디어를 설명할 수 있는가? 이 기술을 명확하게 정의내릴 수 있는가? 내 방식으로 이를 표현할 수 있는가?

우리 자신에게 설명하면 그 주제에 대한 이해가 훨씬 풍부해진다. 몇 년 전 인지 심리학자 브라이언 로스Brian Ross는 일리노이 대학교에서 컴퓨터 공학 수업을 수강한 적이 있었다. 그는 학교를 졸업한 지 10년이 넘었고 공학과 관련된 어떤 수업도 듣지 않았기 때문에 당연히 눈에 띄는 존재였다. 다른 학생들에 비해 쉽게 10년은 더 나이 들어 보였고, 다른 학생들에게는 단지 '그 남자That Guy'로 통했다.

로스는 수업을 받는 동안 '자기 설명self-explaining'으로 알려진 기법을 사용했다. 이는 말 그대로 수업 준비로 읽은 텍스트의 내용을 자신에게 설명하는 방식이었다. 따라서 각 문단이나 문장을 읽은 후 그는 스스로에게 이렇게 물었다.

"내가 지금 읽은 것은 무엇인가? 그게 어떻게 연결되는가? 전에 이 개념을 접한 적이 있는가?"

이해하지 못하는 부분이 있다면 인터넷에서 찾아보기도 했으며 서로 다른 단어와 개념을 사용해 아이디어를 스스로 설명할 수 있도록 연관성을 구축하려고 했다. "자기 설명에서 당신이 하는 일은 결국 연결 고리를 만드는 것입니다. 아, 이게 이렇게 작동하는 이유는 이것이 저것으로 이어지고, 저것이 또 다른 것으로 이어지기 때문이구나." 로스의 말이다.

강의가 막바지에 이르렀어도 로스는 다른 학생들만큼 컴퓨터를 프로그래밍할 수 없었다. 그에게는 충분한 배경지식이 없었기 때문이다. 그러나 로스는 다른 학생들이 대답할 수 없는 질문에 대답할 수 있었고, 어떤 면에서는 해당 분야에 대해 더 연결된 감각을 가졌다. "때로는 내가 더 잘한다고 생각했어요"라고 로스가 내게 말했다. "나는 큰 그림에 집중하고 있었거든요."

질문으로 지식의 영역을 확장하기

지식을 확장하는 또 다른 방법은 '왜?'라는 질문을 던지는 것이다. 우리가 어떤 주제에 대해 알고 있을 때는 '왜?'라는 질문에 답하기 어렵지 않다. 만약 내가 당신이 자란 마을에 대해 질문을 한다면 대답은 꽤 쉽게 나올 것이라고 생각한다. 당신이 내게 왜 부모님이 뉴욕 웨스트체스터로 이사하기로 결정했는지 묻는다면, 부모님이 좋은 학교와 조용한 거리가 있는 울창한 교외 지역에 살고 싶어 했다고 설명할 것이다.

하지만 우리가 무언가를 모를 때는 '왜?'라는 질문은 더 어려워지고, 따라서 지식을 확장하는 계기가 된다. 이 연습을 설명하기 위해 "파도가 왜 있을까?"와 같은 질문을 생각해 보자.

우리 중 일부는 다섯 살짜리 아이가 이런 질문을 하면 기본적인 답변은 생각해 낼 수 있을 것이다. 아마도 "그러니까 파도는 바람과 관련이 있어. 바람이 물 위로 불 때 물결이 생기는 거지." 정도의 답을 할 수 있을 것이다.

하지만 곧 "그런데 바람이 왜 물 위로 불까?" 또는 "바람이 왜 물을 들어 올릴까?" 또는 "왜 바람이 없을 때도 파도는 칠까?"와 같이 자연스럽게 후속 질문이 나온다. 그러면 우리는 아무 생각도 떠오르지 않는다. 적어도 나는 그렇다. 그러면 답을 찾기 위해 인터넷을 뒤지고, 에너지가 물을 통해 어떻게 이동하는지에 대하여 알게 되고 결국에는 훨씬 더 많은 것을 얻게 된다.

마찬가지로 중요한 것은 '왜?'라는 질문이 우리의 사고방식에 대해 생각하도록 한다는 점이다. 이런 질문은 지식을 더 잘 이해하도록 만들어 주제에 대해 더 깊은 이해를 촉진한다. '왜?'라는 질문은 특히 책을 읽을 때 도움이 될 수 있다. 텍스트에서 더 많은 것을 얻기 위해 사람들은 스스로에게 '왜?'라는 질문을 자주 해야 한다. 저자는 왜 이런 주장을 할까? 왜 내가 저자의 말을 믿어야 할까? 왜 이것이 중요할까?

트럼펫 연주자 마일스 데이비스가 '왜?'라는 질문을 좋아했던 것은 분명하다. 음악가로서 그는 끊임없이 자신의 지식을 확장했고, 적어도 세 번이나 재즈를 재창조했다. 자신만의 방식으로 작품을 표현한 화가 잭슨 폴록도 크게 다르지 않았다. 그는 시케이로스의 작업장에서 배운 것을 바탕으로 리프를 만든 것이다. 그의 물방울 작품은 누가 봐도 몇 년 전에 배운 것의 확장판이었다. 더 직접적으로 표현하자면 폴록은 "물감을 그냥 흘리고 뿌려서 그림을 그릴 수 없을까?"라는 질문을 던진 것이다.

논쟁을 통해 개념을 확장하기

지식을 확대하는 또 다른 방식으로는 논쟁arguments이 있다. 아이디어를 탐색하고 개념을 확장할 수 있는 또 다른 접근 방식이다. 얼마 전 나는 코니 스콧 라이드Keoni Scott-Reid라는 한 10대 소년이 토론 대회에서 기조연설하는 것을 보았다. 그는 대중 감시 프로그램mass surveillance programs에 반대하는 주장을 펴는 임무를 맡았고 방청석 앞에 서서 마치 소를 거래하는 청년 경매사가 된 듯 속사포로 연설을 시작했다.

그는 세련되고 신중한 스타일로 대중 감시야말로 '사회 통제'의 한 형태라고 지적했다. 그는 대량 감시 프로그램이 도덕적으로 대단히 위태로운 틀 위에서 작동한다며 벤저민 프랭클린Benjamin Franklin의 말을 인용했다.

"맨 처음 욕망을 억누르는 것이 나중에 생기는 욕망을 충족시키는 것보다 훨씬 쉽다."

손에는 노트를 든 채, 몇 분 동안 여러 가지 논점을 설명한 후 그는 대중 감시가 궁극적으로 불법을 낳고 사회 질서를 약화시킨다며 "공격적인 경찰 활동이 실제로는 그 활동이 억제한다고 주장하는 범죄 행위를 영속화하고 있습니다"라는 말로 연설을 마쳤다.

법정에서 하는 반대 심문과 마찬가지로 라이드의 상대는 그에게 질문을 퍼부었다. 그들은 사법 제도가 현재의 법 집행 기관을 견제하고 있는지 여부를 두고 뜨겁게 논쟁했다. 어느 시점에 도달하자 라이드는 상대방에게 질문했다.

"증명해 보세요." 그는 큰 소리로 말했다. "증거를 보여 주시기 바랍니다."

결국 심판은 라이드의 손을 들어 주었다. 그의 논리가 더 탄탄했고 그가 든 사례가 더 설득력이 있었다. 판사가 말했듯이 그에게는 상대방의 주장에 기술적으로 이의를 제공하는 능력이 있었다. 이는 그가 토론자로서 가진 커다란 장점이었다. 심판은 그에게 이렇게 말했다. "당신에게는 사람을 발끈하게 만드는 기술이 있네요."

논쟁은 학습 확장의 또 다른 사례이며 지식의 영역을 발전시키는 또 다른 방법이다. 우리가 어떤 주장을 뒷받침하기 위해 증거를 제시할 때는 그 분야에 대한 지식을 향상시킨다. 그러므로 논쟁은 지식을 확장하는 방법 중 하나다. 사람들이 한 분야 내의 연관성을 구체화하도록 만들고 특정 지식 영역에 대해 깊이 생각하도록 하여 전문성을 향상시킨다.

직감에 의존하지 않고 추론하기

하지만 논쟁은 우리가 전문 분야를 확장하는 데 방해 요소로 작용하기도 한다. 그 이유는 논쟁이라는 행위를 하려면 추론하지 않을 수 없기 때문이다. 논쟁을 하려면 논리와 씨름해야 한다. 인지 과학자인 로런 레스닉 Lauren Resnick은 이런 개념이 학습에서 가장 중요하며 전문성을 얻기 위해서는 사람들이 '해석적 작업 interpretive work을 해야 한다'고 주장한다.

이런 의미에서 추론은 이해를 증진하는 데 도움이 된다. 사람들이 판단을 내릴 때 사실은 연결 고리를 만드는 것이다. 우리는 사물이 어떻게 서로 맞물리는지 고민하고 이를 통해 지식은 더 깊어진다. 이것이 약간의 혼동이 학습에 도움이 되는 이유다. 혼동은 우리가 문제를 스스로 해결하도록 만들기 때문이다.

다른 연구들도 이러한 접근 방식이 옳다는 것을 입증한다. 예를 들어 어린 학생들에게 기본적인 논리를 가르치면 일반적으로 읽기 및 수학 과목에서 더 나은 성적을 받는다. 아니면 코니 스콧 라이드를 다시 보자. 그는 토론 프로그램에 참여하기 전에는 학교에서 주로 D와 F 학점을 받았다. 하지만 1년이 지난 다음에는 주로 A와 B 학점을 받았다.

문제는 우리가 하는 추론이 논리적이지 못한 경우가 많다는 점이다. 심리학자 리처드 니스벳Richard Nisbett은 이런 주장에 대하여 설득력 있는 사례를 제시한다. 바로 대부분의 채용 결정이 거의 직감에 의존한다는 주장이다.

니스벳에 의하면 관리자들은 대면 인터뷰에 많은 비중을 둔다고 한다. 그러나 비영리 단체나 군대나 학계를 포함한 모든 분야를 연구한 결과 대면 인터뷰가 후보자의 직무 성공을 예측하는 데 거의 도움이 되지 않는다고 한다. 어떤 사람이 특정 직책에서 성공하는 데 훨씬 더 중요한 것은 객관적인 데이터, 즉 추천서나 이전 경험, 서면 평가 같은 것들이다.

문제는 인터뷰가 '옳다고 느껴진다'는 것이라고 니스벳은 말한다. 우리 대부분에게 누군가를 인터뷰하는 일은 감정적으로 생생하고 강력한 경험이다. 따라서 일반적으로 수년간의 진짜 증거를 담은 이력서보다는 20분 동안 매력을 발휘하는 능력으로 사람들을 판단하는 경우가 많다.

같은 원칙이 학습에도 적용된다. 증거가 미흡해도 사람들은 영향을 받는다. 계절이 있는 것은 지구와 태양 사이의 거리 때문이라는 설명은 직관적으로는 이해가 되지만 사실이 아니다. $\frac{1}{2} \times \frac{1}{4}$ 문제를 풀 때 단순히 분모만 곱하는 경향이 있지만 틀린 방법이다. 외교 분야의 경제 정책은 항상 기업의 이해관계에 따라 결정된다고 생각하기 쉽지만 실제는 그렇지 않다.

증거를 검토한다고 해도 항상 올바른 결론에 도달하는 것은 아니다. 그건 결국 전문가의 영역이다. 하지만 다양한 증거들을 신중하게 따져 보는 과정을 통해 많은 것을 배울 수는 있다. 논리를 검토하는 것은 그 자체로 일종의 숙련성을 얻을 수 있다. "제가 배운 것은 주장을 확장하는 방법이었습니다." 라이드의 말이다.

구체적으로 응용하기

전문 분야를 확장하는 과정은 가장 오래된 형태의 학습인 모방에 뿌리를 두고 있다. 동물들은 대개 이런 방식으로 배운다. 다른 원숭이가 돌로 견과류를 깨는 모습을 본 원숭이는 그 행동을 따라 돌로 견과류를 깨기 시작하게 마련이다.

학습 방법으로서 모방은 구체적이기 때문에 효과적이다. 모호하거나 추상적인 것이 없다. 말 그대로 '본대로 배운다'는 것이다. 이는 우리 모두에게 교훈을 준다. 학습을 보다 가시적으로 만들면 이해하기 쉬워지고, 학습 과정에서 기존 지식을 활용하면 학습하고자 하는 내용에 대한 이해를 높일 수 있다.

몇 년 전에 나는 어린 시절 친구와 함께 잭슨 폴록의 작업실을 방문한 적이 있었다. 그의 작업실은 폴록이 그의 아내 리 크라스너^{Lee Krasner}와 함께 살았던 롱 아일랜드 집 뒤에 있었다. 오래된 헛간을 개조한 작업실은 정사각형에 둥근 천장이 있어 유럽의 작은 예배당을 연상시켰다.

내부는 폴록이 자동차 사고로 사망한 이후 거의 변하지 않았다. 작업실 바닥은 일종의 표현주의적인 카펫 작품처럼 페인트 자국이 두꺼웠고 플렉시글라스(유리처럼 투명한 특수 아크릴 합성수지-옮긴이) 뒤쪽에는 물감이 굳어 두꺼워진 오래된 붓과 더불어 폴록의 페인트 통들이 있었다.

수년에 걸친 작업 끝에 보존 전문가들은 작업실 바닥의 페인트 방울 중 일부를 그의 그림과 연결하는 데 성공했다. 코발트색 발자국은 그가 〈파란 막대기들 Blue Poles〉라는 작품을 그릴 때 생긴 것인데 현재 이 작품은 호주 국립 미술관에 걸려 있다. 한편 모퉁이에 있는 빨간 점들은 그가 〈수렴 Convergence〉을 그릴 때 생긴 것으로 현재 올브라이트-녹스 미술관에 진열되어 있다. 작업실 바닥을 걸을 때는 페인트로 덮인 표면을 보호하기 위해 스티로폼 슬리퍼를 신어야 한다.

나는 전에 난해한 미술 전문 용어로 가득 찬 책에서 폴록의 작품을 접하기는 했다. 하지만 이곳에 와서야 그가 그린 그림들의 원초적인 에너지를 진정으로 이해하고 그의 물방울 기법의 반항적인 아름다움을 제대로 느낄 수 있었다.

사람들은 보통 나같은 반응을 하게 마련이지만 어떤 사람들은 그 공간에 들어서자마자 너무 감동을 받아서 그런지 욕을 하거나 비속어를 남발했다. 어떤 도슨트는 그곳을 '신성한 곳 holy place'이라고 부르기도 했다. 그날 나와 함께 미술관에 갔던 내 친구 댄 벨라스코 Dan Belasco도 마찬가지로 영감을 받아 결국 전문 미술 큐레이터가 되었다.

추상표현주의 전문가인 벨라스코는 폴록의 동료들에 대한 전시회를 자주 기획하는데, 그날 폴록의 작업실을 방문했던 것이 이 분야에 입문하게 된 이유 중 하나라고 말한다. 그는 "지나치게 미화된 박물관 전시보다 그 사람을 더 직접적이고 개인적으로 경험할 수 있었으며, 작업실을 본 것이 정말 강렬한 인상을 남겼다"고 내게 말했다.

온몸으로 배운다는 것을 알기

우리 뇌는 추상적인 것을 어려워한다. 우리는 사물을 직접 만지고 싶어 한다. 사물이 직접적이고 형체가 있을 때 더 이해하기 쉽다. 폴록이 20세기 가장 중요한 작품 중 일부를 롱 아일랜드의 오래된 헛간에서 어떻게 창작했는지에 대해, 책을 통해 아는 것과 오래된 헛간에 들어가 폴록이 바로 전날 아침에 그 방을 나간 것처럼 나무 바닥을 가로지른 파란 발자국을 발견하는 것은 매우 다른 경험이다.

만져질 수 있는 것에 대한 욕구는 우리가 생각하는 거의 모든 것에 영향을 미친다. 그것은 우리가 듣거나 보거나 믿는 거의 모든 것을 바꾼다. 예를 들어 어떤 일화를 떠올릴 때 구체적인 세부 사항이 포함되어 있으면 훨씬 더 기억에 남는다. 다음 문장을 보자.

곰은 크고 덩치가 컸으며 아주 튼튼한 발을 가지고 있었다.

그리고 다음 문장과 비교해 보라.

곰은 미니 쿠퍼 크기였고 발은 야구 글러브 같았다.

두 문장 모두 같은 곰에 대해 이야기하고 있으며 두 문장 모두 길이가 거의 같다. 하지만 더 뚜렷한 특징을 가진 두 번째 문장이 훨씬 더 인상적이다. 우리 뇌의 작동 방식 때문에 '야구 글러브 같은 발'을 가진 미니 쿠퍼 크기의 곰은 그냥 '큰' 곰보다 훨씬 더 무섭게 느껴진다.

이런 구체화는 학습에 있어서도 매우 중요하다. 이 방법이 지식을 확장하는 강력한 방법이기 때문이다. 우리가 냄새를 맡을 수 있고, 만질 수 있으며, 볼 수 있다면 무언가를 이해하기가 더 쉬워진다. 여기에는 여러 가지 이유가 있다. 사실 우리의 뇌는 매우 시각적인 기관이다. 설령 폴록과 같은 유명한 시각 예술가를 꿈꾸지 않더라도 뇌의 시각 정보 처리 능력은 매우 뛰어나다.

1장에서 다룬 주판을 이용한 암산 연습을 생각해 보자. 이 계산법이 매우 효과적인 이유 중 하나는 시각적인 방식으로 계산을 할 수 있기 때문이다. 즉 구슬과 막대를 보면 사람들은 더 쉽게 계산할 수 있다.

마찬가지로 우리는 그림을 그리면서 많은 것을 배울 수 있다. 심리학자 리치 메이어Rich Mayer에 따르면 우리는 펜과 종이를 사용하여 무언가를 그릴 때 더 잘 이해한다고 한다. 예를 들어 판 구조론plate tectonics에 대해 읽고 있다면 지구의 맨틀과 지각의 이미지를 보는 것에서 더 많은 것을 얻을 수 있다. 기억도 마찬가지여서 곰을 그리면 미니 쿠퍼 크기의 곰을 기억할 가능성이 더 높다.

시각적인 방법의 힘에 대한 또 다른 예는 스탠드업 코미디언 밥 해리스Bob Harris가 말하는 '끈적한 이미지sticky image'다. 해리스는 무언가를 기억하고 싶을 때 시각적인 그림을 그린다고 한다. 예를 들어, E.M. 포스터E. M. Foster의 소설 제목 몇 가지를 기억하고 싶었을 때 그는 자신이 방 안에 있는데 창밖에 '거대하고 꿈틀거리는 10미터 폭의 엉덩이'가 보이는 장면을 상상했다. 이미지가 다소 불쾌하기는 하지만 해리스는 이렇게 해서 《전망 좋은 방Room with a View》과 《하워즈 엔드Howard's End》를 외울 수 있었다고 했다. (end에는 엉덩이라는 뜻이 있음-옮긴이)

시각적 학습도 중요하지만 사물을 구체화하는 것은 단순히 보는 것 이상의 이점을 가지고 있다. 우리는 온몸으로 배우기 때문이다. 우리의 감정, 느낌, 심지어 촉각까지 모두 학습에 도움이 된다. 문자 그대로 학습은 일종의 행동이며 사람들은 주제나 기술과 물리적으로 상호 작용하면 더 많이 배울 수 있다. 또한 손재주가 좋은 사람이 머리도 좋다는 말도 있다.

우리는 학습의 이러한 측면을 잘 이용할 수 있다. 배운 개념을 실제에 활용하면 더 잘 배울 수 있다. 메이어는 단순히 텍스트를 읽는 것으로 끝나는 게 아니라 내용을 실천하면 텍스트만 읽은 사람들보다 훨씬 더 많이 배운다고 주장한다. 마찬가지로 일종의 시뮬레이션이나 역할 연기를 하면 더 빠른 속도로 전문성을 향상시킬 수 있다. 이런 연습은 기술에 대한 생생한 감각을 얻는 데 도움이 된다. 이것은 또한 2장의 슬라롬 스키 선수의 사례에서 본 것처럼 마음속 시뮬레이션이 자기 효능감을 키울 수 있는 이유를 설명한다. 자신이 어떤 일을 하는 것을 상상하는 것만으로도 실제 수행 능력이 향상되기 때문이다.

깜짝 퀴즈 #13

이전 장의 내용을 한 문장으로 요약하면 무엇일까?
A. 저자는 고등학교 농구 경기에서 진 후 자신의 명예를 회복한다.
B. 저자는 학습에는 많은 피드백과 노력이 필요하다고 주장한다.
C. 저자는 농구가 학습의 핵심이라고 믿는다.
D. 저자는 NBA에 합류할 계획이다.

아는 것을 활용하기

폴록 스튜디오 박물관은 우회적인 방식으로 학습 과정의 이러한 측면을 자체적으로 발견했다. 내가 방문하기 몇 년 전부터 직원들은 방문객들이 붓, 막대, 때로는 터키식 바스터(고기에 육즙을 주입하는 스포이드 형태의 기구-옮긴이)를 사용하여 폴록의 작품 〈No. 5〉를 자신만의 버전으로 체험해볼 기회를 만들었다.

직원인 해리슨에 의하면 몇 년 전 두 아버지가 아이들을 데리고 행사에 온 적이 있는데 그들은 반바지를 입고 야구 모자를 거꾸로 쓴 전형적인 '월스트리트 스타일'이었다고 한다. 하지만 그들도 나중에는 무릎을 꿇고 아이들이 정육점 종이 위에 물감을 던지는 것을 도와주었다.

"지금 나는 내 안의 잭슨 폴록을 표현하는 중이야"라고 아버지 중 한 명이 선언하며 캔버스에 물감을 흩뿌렸다. 그는 매우 구체적인 방식으로 내면의 폴록을 표현하고 있었던 것이다.

밖에서 봐도 하이테크 고등학교는 매우 다른 형태의 학교라는 것을 바로 알 수 있다. 샌디에이고 공항 근처에 있어 비행기가 머리 위로 굉음을 내고 날아다니며 검게 그을린 부랑자들은 근처 공원에서 서성거린다. 근처에는 해병대 주둔지가 있어서 잠수부들이 학교 앞 해변에서 수면 위로 떠오르기도 하는데 마치 큰 검은색 부표처럼 그들의 머리가 물 밖으로 삐져나오는 장면을 볼 수 있다.

이 학교의 내부는 자동차 정비소와 예술가 스튜디오를 결합한 다음 약간의 남부 캘리포니아의 쿨한 스타일을 가미한 느낌이 들었다. 로비에 들어서면 오래된 담배 자판기를 개조해 만든 소위 '아트 투 고Art to Go'라는 자판기가 있다. 방문객들은 5달러만 내면 작은 그림(초상화나 풍경)을 사서 학교를 지원할 수도 있다. 복도 안쪽으로 더 들어가면 미래적인 장치들이 구석에 웅크리고 있으며, 천장에는 독특한 벽화가 전시되어 있다.

설립자 래리 로젠스탁Larry Rosenstock의 아이디어인 하이테크 고등학교는 학생들이 배운 내용을 보여 주는 프로젝트를 만들어 지식을 활용하는 데 중점을 둔다. 학교에는 전통적인 연습장이나 문제 풀이와 같은 숙제가 거의 없으며 교과서도 없다. 바인더는 온라인 포트폴리오로 대체된다. 학교의 비공식적인 모토는 "하이테크 고등학교에서는 직접 만든 비디오 게임만 할 수 있다"다.

학교에는 교육 과정이 있지만 학생들은 보통 스스로 프로젝트를 개발한다. 10학년 화학 수업에서 한 그룹의 학생들은 작은 비누 회사를 설립하여 1만 달러 이상의 매출을 올리기도 했다. 중학교 수업에서 학생들은 양력을 배우기 위해 자신만의 연을 만들었고 6학년 학생들은 한때 샌디에이고 자연사 박물관을 위한 화석 전시회를 디자인했다.

우리는 이미 하이테크 고등학교와 같은 학교가 이렇게 성공을 거둘 수 있는 이유를 알고 있다. 배운 내용을 실제로 활용해 보면 이해가 부족한 부분을 더 잘 알게 된다. 예를 들어 연 디자인 프로젝트를 진행할 때 이해가 부족하면 연은 당연히 제대로 날지 못할 것이다. 우리가 보았듯이 활용 가능성 또한 동기를 부여한다. 나는 하이테크 고등학교에서 지루한 십대들이 복도를 서성거리는 것을 단 한 번도 보지 못했다.

하지만 우리가 고려하지 않은 것이 있다. 그것은 우리가 학습을 확장할 때, 즉 지식을 실제로 적용할 때 그 지식이 보다 커다란 시스템으로 통합된다는 점이다. 즉 전문 지식이 더 풍부한 지식 체계의 일부가 된다는 의미다. 지식을 활용하는 것은 해당 분야를 전체의 일부로 이해하도록 만들어 준다. 예를 들어 학생들이 연을 만드는 방법을 배울 때 그들은 물리학, 수학, 공학을 통합적인 방식으로 공부하는 것이며 누군가가 비누를 만들고 판매하는 방법을 배울 때 그 사람은 화학, 경영, 마케팅 문제로 고민해야 한다.

우리 모두는 하이테크 고등학교에서 실시하는 방법을 본받아 지식을 실천에 옮기기 위해 노력할 수 있다. 실제로 데이터 분석을 예로 들어 보자. 이 분야에 대한 이해를 깊게 하는 한 가지 방법은 야구 경기 통계를 분석하는 것이다. 이를 분석해 보면 우리는 분석이라는 분야가 과학(예측을 한다는 의미에서)과 기술(많은 경험 법칙이 있다는 의미에서)의 혼합체임을 알 수 있다.

건축도 마찬가지다. 더 나은 건축가가 되는 방법을 배우고 싶다면 새 집을 짓는 작업에 참여해 보면 된다. 배관, 전기, 공학이 어떻게 함께 작동하는지 쉽게 알 수 있다. 만약 당신이 영화감독을 꿈꾼다면 마찬가지로 스마트폰으로라도 영화를 만들기 시작해 보자. 단편 영화를 제작해 보면 시각적 내러티브, 그래픽과 청각의 혼합, 설명과 액션의 혼합으로 영화가 어떻게 작동하는지 훨씬 더 잘 이해할 수 있을 것이다.

그렇다고 해서 무작정 실습만 하자는 것은 아니다. 개념적 이해와 충실한 기본기 없이는 아무리 실습해도 큰 도움이 되지 않는다. 하이테크 고등학교가 좋은 예다. 이 학교는 여러 면에서 지나치게 실습 위주로 교육을 하는 바람에 탄탄한 배경지식이 없는 일부 졸업생들은 대학에 진학하여 어려움을 겪으며 교과서로 공부하는 방법을 안 배웠다고 불평했다.

하지만 전문성을 키우려면 실천이 필수적이다. 학습은 우리가 시운전해야 하는 자동차와 같아서 자꾸 굴려야 한다. 사람들은 자신이 아는 것을 실행하기를 꺼리는 경우가 있다. 우리는 2장에서 앨버트 반두라의 자기 효능감이라는 개념을 배웠다. 우리는 종종 성공하지 못할까 봐 지나치게 걱정한다. 하지만 기본적인 내용을 이해했고 조심스럽게나마 약간의 연습을 마쳤다면 집중적이고 명확한 방식으로 전문 지식을 활용해야 한다.

이러한 주장은 컴퓨터 시뮬레이션이 학습에 매우 긍정적인 영향을 미칠 수 있는 이유도 설명한다. 이를 통해 우리는 실제 상황이나 경험의 모델을 사용하여 기술을 연마할 수 있으므로 보다 체계적인 방식으로 지식을 적용할 수 있다.

내가 컴퓨터 기반 학습 시뮬레이션의 가치를 처음으로 깨달은 것은 몇 년 전 한 통의 이메일을 받고 나서였다. "10분 안에 회의실로 모이기 바랍니다." 그건 전무인 앨런 영Alan Young이 보낸 메시지였다. 그 메일에는 회사의 콜센터에서 큰 화재가 발생했으며 CEO는 배를 타고 나가 연락할 방법이 없다는 내용이 적혀 있었다. 위기를 해결하기 위해 이사회가 고위급 직원들에게 비상 권한을 부여했다고 했다.

당신이라면 어떻게 하겠는가?

허술한 TV 영화의 시작처럼 느낄지 모르지만 이것은 사실 브이리더vLeader라는 컴퓨터 기반 시뮬레이션의 한 시나리오였다. 이 기술을 통해 사람들은 높은 위험 부담 없이 실제 환경에서 자신의 기술을 적용해 볼 수 있다. 어떤 시뮬레이션 프로그램은 더 나은 소방관이 되는 방법이나 사회복지사 기술을 향상시키는 방법을 배우는 기회를 제공하기도 한다.

> **깜짝 퀴즈 #14**
>
> 다음 말에 맞다 또는 아니다로 답해 보자.
> "학습에는 실수가 필요하다."

시뮬레이션은 우리가 가진 지식을 실제 생활에서 활용하기 때문에 효과적이다. 시뮬레이션은 아이디어와 개념에 대한 전반적인 이해도를 높여 준다. 그 효과를 뒷받침하는 증거는 상당히 많다. 한 연구진은 전통적인 온라인 학습 프로그램을 집중적인 시뮬레이션 및 대화형 프로그램과 비교했다. 그 결과 후자의 접근 방식이 약 6배 더 높은 결과를 낳는다는 사실을 발견했다.

이 연구진들은 그 논문의 제목을 '학습은 구경하는 스포츠가 아니다'라고 붙였다. 이는 여러 면에서 핵심을 요약하는 제목이다. 기술을 완전히 습득하려면 해당 기술에 실제로 들어가 참여해야 한다.

다른 사람에게 나의 지식을 설명해 보기

우리가 아는 것을 적용하는 또 다른 방법은 다른 사람을 가르치는 것이다. 몇 년 전 데이비드 굿스타인David Goodstein이라는 사람은 양자 통계학과 관련하여 의문 사항을 가지고 있었다. 캘리포니아 공대의 물리학자이자 부총장이었던 굿스타인은 양자 물리학이 특정 유형의 아원자의 행동을 어떻게 예측하는지에 대해 더 알고 싶어 했다.

그래서 굿스타인은 리처드 파인먼Richard Feynman을 찾아갔다. 미국에서 가장 유명한 과학자 중 한 명인 파인먼은 원자 폭탄의 개발에 기여했고 광자의 새로운 모델을 개발해서 결국 노벨상을 받았다. 굿스타인은 파인먼에게 "스핀 $\frac{1}{2}$ 입자가 왜 페르미-디랙Fermi-Dirac 통계를 따르는지 이해할 수 있도록 설명해 보게"라고 말했다.

굿스타인의 질문을 듣고 파인먼은 잠시 가만히 있더니 그 개념을 설명하는 가장 좋은 방법은 학부생들을 위한 수업을 개설하는 것이라고 굿스타인에게 말했다. "내가 그 과목에 대한 대한 신입생 강의를 준비하겠다"고 파인먼이 굿스타인에게 선언했다.

파인먼은 고심하면서 강의를 준비했지만 결국 포기를 선언했다. 양자 물리학 중에서도 이 부분은 이상하게도 설명하기가 쉽지 않았다. 파인먼은 풀이 죽은 채로 굿스타인에게 이렇게 말했다. "있잖아, 도저히 안 되겠어. 신입생 수준으로 낮출 수가 없었어"라고 파인먼은 설명했다. "그건 우리가 그걸 정말로 이해하지 못하고 있다는 의미야."

다른 사람을 가르치는 것이 어떤 분야에 대한 통찰력을 얻는 좋은 방법이라는 것은 이상하다못해 아이러니하게 보일 수도 있다. 하지만 이런 주장을 심층적으로 연구한 결과도 있다. 수천 명의 학생들에게 강의를 하든 아니면 신입생 대상 소그룹 수업에서 무언가를 설명하든 우리는 가르침을 통해 전문 분야에 대한 더 깊은 지식을 얻을 수 있다.

학자들은 이것을 '프로테제 효과$^{Protégé\ Effect}$'라고 부른다. 이것은 진정한 지식 활용의 한 형태라고 할 수 있다. 우리가 특정 주제에 대한 강의를 하면 그 주제에 대한 우리 자신의 관점이 더욱 깊어진다. 즉 주제의 핵심적인 측면을 명확히 설명하고, 우리 자신의 언어로 표현하여 숙련도를 향상시킬 수 있다.

학습 방법으로서 다른 사람을 가르치는 것은 일종의 메타인지를 필요로 한다. 무언가를 설명하려면 듣는 사람의 사고방식에 대해 생각해야 한다. 다시 말해 다른 사람을 교육할 때 우리는 다음과 같은 일련의 중요한 질문을 스스로에게 던진다. "이 내용을 설명하는 가장 좋은 방법은 무엇일까? 학생들은 이 개념을 어떤 식으로 이해할까? 가장 중요한 핵심은 무엇일까?"

이러한 질문들은 가르치는 사람이 문제를 다방면에서 검토하도록 만들기 때문에 그들의 이해도가 심화된다. 그러므로 실제로 가르치지 않고 준비만 하는 과정에서도 이런 접근 방식이 주는 이점을 얻을 수 있다.

심리학자 존 네스토즈코$^{John\ Nestojko}$가 실시한 연구에 의하면 어떤 주제에 대하여 다른 사람들을 가르칠 준비를 한 사람들이 단순히 시험 준비를 한 사람들보다 더 많이 배웠다고 한다. 그는 다른 사람을 가르치게 될 거라고 생각한 피험자들이 실제로는 어떤 교육도 하지 않았더라도 내용을 더 잘 이해했다는 것이다.

가르치는 것이 중요한 또 다른 이유는 그것이 사회적이며 동시에 감정적인 활동이기 때문이다. 다른 사람을 가르칠 때 우리는 가치와 의미를 생각하고 열정과 즐거움을 느낀다. 어느 누구도 학생들이 마치 관공서에서 줄을 서 기다리는 것처럼 의자에 축 처져 앉아 있는 것을 원하지 않기 때문에 우리는 어떻게 하면 강의를 더 흥미롭게 만들고 아이디어와 기술이 청중에게 어떻게 효과적으로 전달될 수 있을지 고민한다.

사람들은 다른 사람을 가르쳐야 한다면 더 열심히 노력하게 마련이다. 다른 사람을 가르친다는 것이 가진 사회적 특징 때문에 우리는 더욱 노력을 기울인다. 게다가, 가르침은 반복적인 행위다. 학생들이 멍한 표정을 짓고 있는가? 그럼 내용을 다시 설명하자. 지루하게 여기저기 눈을 굴리는가? 잠시 멈추고 학생과 인간적으로 소통하자. 학생이 이전에 배운 내용을 잘 모르고 있는가? 그 부분을 다시 복습시키자. 이런 점에서 내가 다른 사람을 가르치는 모습을 사람들이 지켜볼 때 프로테제 효과가 가장 강력하게 나타난다.

가르치면서 배우는 효과는 우리가 이미 접한 여러 프로그램의 성공 원인이기도 하다. 1장에서 다루었던 워싱턴 대학교의 선구적인 신입생 대상 생물학 수업에 참관했을 때에도 가르침의 효과를 관찰했다. 여기서 학생들은 종종 소그룹으로 나누어 서로 가르치며 배우곤 했다. 2장에서 보았던 모두를 위한 성공 모델도 마찬가지다. 이런 식의 협력적 학습 형태는 혁신적인 학습 방식에서 가장 중요한 요소다.

오랫동안 사람들은 이런 접근 방식을 발전시켜 왔다. 예를 들어 스웨덴의 컴퓨터 그래픽 개발자인 다빗 뢴크비스트David Rönnqvist는 몇 년 전부터 사람들이 질문을 게시하고 답변할 수 있는 스택 오버플로우Stack Overflow와 같은 웹사이트를 방문하기 시작했다. 자신의 지식을 심화하기 위해 그는 스택 오버플로우에서 하루 한 시간 이상을 보내며 질문에 답했다. 그는 아예 그 사이트를 인터넷 시작 페이지로 설정했다. 그는 매일 아침 그 사이트에 들어가 때로는 천 단어가 넘는 긴 답변을 쓰기도 했다.

애니메이션 제작자였으므로 룐크비스트는 일반적으로 애니메이션 관련 질문에 답변했는데 시간이 지남에 따라 그는 사이트에서 질문에 답변하는 과정에서 많은 새로운 기술과 지식을 배웠다는 것을 알게 되었다.

한 번은 다른 개발자가 애니메이션을 반복하는 방법에 대한 질문을 한 적이 있었다. 이 접근 방법은 그가 익숙하지 않은 것이었으므로 그 기술을 연구한 결과 더 많이 알게 되었고 이제는 자신의 작업에서도 이 방법을 자주 사용하고 있다.

"질문에 답하면서 더 많은 것을 배웠습니다"라고 룐크비스트는 스톡홀름의 자택에서 내게 말했다. "나는 이전보다 조금 더 어려운 질문에 답하려고 스스로를 밀어붙였고 이를 통해 더 많은 기술을 습득하게 되었습니다." 결국 룐크비스트는 그의 긴 스택오버플로우 답변 게시물 중 하나를 이용해 스웨덴의 한 IT 회사에 취업할 수 있었다. 웹사이트에 올린 그의 글이 룐크비스트가 해당 내용을 잘 알고 있으며 다른 사람에게 친절하게 설명할 수 있다는 것을 보여 주었기 때문이었다.

물리학자 리처드 파인먼은 데이비드 굿스타인이 그의 사무실에 와서 아원자[subatom]에 대해 질문하기 여러 해 전부터 가르치는 것이 학습의 한 형태라는 개념을 알고 있었다. 1940년대 파인먼은 로스 알라모스 연구소에서 최초의 핵폭탄 개발에 참여하고 있었다. 이때는 파인먼이 유명해

지기 훨씬 이전이었고 당시 그는 연구소에서 가장 젊은 직원 중 한 명이었다. 연구소에는 로버트 오펜하이머Rovert Oppenheimer와 엔리코 페르미Enrico Fermi 등 쟁쟁한 물리학자들이 가득했다.

하지만 역시 유명했던 물리학자 닐스 보어Niels Bohr는 종종 파인먼을 사적으로 작은 회의실로 부르곤 했다. 그 당시 파인먼은 보어가 자신의 생각에 대해 왜 신경을 쓰는지, 왜 보어가 그들의 회의를 일찍 아침에 잡았는지 전혀 알지 못했다.

하지만 결국 파인먼은 보어가 연구소의 거의 모든 물리학자들에게 위압적으로 대한다는 사실과 그의 이론에 물리학자들이 절대적으로 복종한다는 것을 알게 되었다. 파인먼은 굴복하지 않고 반박했다. 보어에게 질문을 던졌고 심지어 그들의 첫 만남에서조차 많은 동료 연구원들 앞에서 보어의 논리에 오류가 있음을 지적했다.

그래서 이른 아침 회의에서 다른 물리학자들이 회의실로 들어오기 전에 보어는 파인먼에게 새로운 내용을 제시했고 우리의 젊은 과학자는 날카로운 질문을 던지려고 노력했다. 파인먼은 보어의 아이디어에서 결

깜짝 퀴즈 #15

인출 연습이란 무엇인가?
A. 개를 위한 게임
B. 스스로에게 물어보는 연습
C. 새로운 시험 형식
D. 테니스를 더 잘 치는 방법
E. 호주에서 발명된 스포츠

점, 문제점, 혼란스러운 점 등을 지적했다. "이건 맞지 않아요. 이렇게 하면 가능할 수도 있어요"라고 파인먼이 말하지 않았을까?

달리 말하면 파인먼은 보어가 스스로를 가르치도록 하여 더 잘 이해하도록 만든 것이다.

불확실성의 가치

이 장에서는 잭슨 폴록이나 마일스 데이비스처럼 잘 알려진 예술가부터 리처드 파인먼처럼 창의적인 분야에서 일하는 예술가까지 다양한 예술가들을 만나 보았다. 하지만 어떤 사람들에게 예술은 그저 취미일 뿐이다. 프랙탈을 연구하는 리처드 테일러는 아마추어 화가이며, 폴록 박물관의 헬렌 해리슨은 수년 동안 혼자 조각을 공부했다.

이것은 특이한 우연의 일치가 아니다. 주제에 대한 이해의 폭을 넓히려면 어느 정도의 창의성이 필요하며 우리는 복잡성과 불확실성에 익숙해져야 한다. 실제 연구에 따르면 주제가 가변성이 심하고, 불분명하며, 탐구할 여지가 많다고 느낄 때 개인의 학습 효과가 향상된다고 한다.

돌아보면 우리는 이 문제를 더 일찍 다루었어야 했다. 성장이 가능하다는 믿음 없이는 어떤 기술을 향상시키기가 어렵다. 학습을 단순히 정보를 수집하고 엄격한 절차를 확립하는 것으로만 생각하면 숙달을 심화할 동기가 거의 없다.

게다가, 지식은 본질적으로 불확실하기 때문에 모든 전문 분야에는 시험적인 이론, 미묘한 복잡성, 발견을 기다리는 미지의 영역이 존재한다. 전문가들은 이를 명확히 인식하고 있으며, 해당 분야의 선두에 있는 사람들은 불확실성을 당연한 것으로 받아들인다. 전문 지식은 지속적으로 변화한다는 사실을 알고 있기 때문이다.

과학 분야에서는 최고 수준의 연구자들이 끊임없이 새로운 지식의 영역을 구축하고 있다. 각종 학술지의 헤드라인이 끊임없이 변화하는 걸 보라. 문학 분야에서는 매주 위대한 미국 소설을 분석한 논문이 이미 다른 논문으로 넘치는 학계에 발표된다.

하지만 가장 기본적인 수학 문제조차도 새로운 지식 영역을 구축한다는 점에서는 크게 다를 것이 없다. 이러한 기본적인 문제도 의외로 복잡하여 우리의 이해를 어렵게 하고 다양하게 해석될 여지를 제공한다. 75에 962를 더하는 계산을 생각해 보자. 언뜻 보기에는 매우 간단해 보이지만 이 문제를 푸는 방법은 문자 그대로 천 가지가 넘으며 그 어떤 방법도 다른 방법보다 절대적으로 정확하지 않다.

이러한 접근 방식은 단순히 어떤 수준에 올라가는 것 이상의 더 깊고 중요한 목적을 가지고 있다. 물리학 교수인 앤드류 엘비[Andrew Elby]는 이것이 실제 목표가 되어야 한다고 주장했다. 결국, 우리가 배워서 전문가가 되려는 이유는 주변 세상과 씨름하고, 복잡한 상황을 이해하고, 생각을 바꾸기 위해서다. 이것은 저명한 전문가든, 이제 막 시작하는 초보자든, 모두에게 해당된다. 엘비는 내게 "학습에서 중요한 것은 단순히 정답을 찾는 것이 아니라 정답을 찾는 과정에서 발생하는 추론과 설명입니다"라고 말했다.

더 나아가 이런 주장은 우리가 살고 있는 세상이 지식 경제Knowledge Economy(생산, 소비, 성장의 핵심 동력이 지식과 정보인 경제 체제-옮긴이)에서 사고 경제Thinking Economy(비판적 사고, 창의적 문제 해결, 혁신적인 아이디어 창출 능력이 중요한 경제 체제-옮긴이)로 변화했기 때문에 더욱 적절하다. 즉 성공하기 위해서는 더 복잡한 형태의 지식이 필요하며 단순해 보이는 학문 분야도 더 이상 그렇게 기계적이지 않다는 것이다.

군대를 예로 들자면, 얼마 전까지만 해도 군대는 규칙을 배우고, 명령을 따르고, 지시를 실행하는 것이 전부였다. 미국은 정확히 이런 방식으로 제2차 세계대전에서 승리를 거두었다. 장군들은 엄청난 수의 병력을 벨기에 해안으로 보내 베를린까지 진격하도록 명령하면 되었다.

하지만 세상이 변하고 있기 때문에 군대도 변하고 있으며, 미국은 제2차 세계대전에서 했던 방식으로는 절대 앞으로 전쟁에서 승리하지 못할 것이다. 재래식 전쟁과 대오를 갖춘 전진의 시대는 끝났다. 한 군사과학 교수는 "이제는 '정답'을 정해 놓고 하던 훈련 유형에서 벗어나야 합니다"라고 말한다.

적어도 학습 분야 내에서는 심리학자 마크 룬코Mark Runco만큼 이런 주장을 보다 진지하게 받아들이는 사람은 없는 것 같다. 내가 인터뷰한 다른 어떤 학습 전문가보다도 그는 전문성에 대하여 '정답'을 찾는 접근 방식을 피하려고 노력한다. 조지아 대학교에 있는 룬코의 사무실에 연락했을 때 그는 자신은 절대 같은 길로 출근하지 않고 항상 다른 길로 학교에 온다고 말할 정도였다.

불확실성을 포용하고 새로운 사고방식을 촉진하기 위해 룬코는 매일 다른 방식으로 면도한다. 때로는 왼손을 사용하고 때로는 오른손을 사용한다. 또한 항상 얼굴의 다른 곳에서부터 면도를 시작한다. 심지어 매일 새로운 방법으로 신발 끈을 묶는다. 룬코는 "신발 끈 묶는 방법에 한계가 있다 보니 요새는 좀 어려워졌어요"라고 말했다.

그는 이러한 접근 방식이 그를 새로운 것에 더 개방적으로 변화시킨다고 주장한다. 그래서 조그만 차이에 더 귀를 기울일 수 있다고 한다. 또한 룬코는 사람들이 더 미묘한 차이를 알아차리기 위해서는 약간의 자극이 필요한 경우가 많다고 말한다. 예를 들어, 룬코의 실험실에서 실시한 연구에 따르면 사람들은 보다 적극적으로 학습에 참여하라는 말을 들으면 학습에 더 적극적으로 참여하는 경향이 있다고 한다. 그리고 "독창적인 아이디어만 생각해 보자"고 말하는 것만으로도 사람들의 독창적인 사고를 장려하는 데 충분할 때가 많다고 한다.

룬코의 접근 방식의 장점 중 하나는 사람들이 자신의 믿음에 의문을 제기하도록 한다는 것이다. 그는 고속도로를 타면 무조건 직장에 더 빨리 도착할 거라고 생각하지 않는다. 또한 오른손잡이임에도 불구하고 오른손으로 면도하는 것이 왼손으로 면도하는 것보다 더 깔끔할 거라고 예상하지 않는다. 이러한 변화 덕분에 그는 동네의 새로운 길을 훨씬 빨리 배울 수 있었다. 또한 양손잡이가 되어 매듭을 훨씬 더 잘 묶게 되었다. 그는 "창의성도 배우는 것입니다"라고 말한다.

솔직히 룬코가 지나친 것일 수도 있다. 가장 빠른 시간에 특정 목적지로 운전하려 할 때는 분명히 정답이 있다. 그렇지만 본질적인 교훈은 바뀌지 않는다. 즉 효과적인 학습에는 불확실성과 모호함이 포함되어 있어야 한다. 전문성은 기술이나 지식에 대한 사고방식을 어떻게 바꾸냐에 달려 있다.

이것이 관점을 바꾸는 것이 강력한 학습 도구가 될 수 있는 이유다. 다른 사람의 관점을 고려하면 우리는 더 세부적인 형태의 이해를 얻을 수 있다. 따라서 누군가가 소련의 붕괴에 대해 배우고 있다면 다양한 관점에서 문제를 살펴보는 것이 많은 도움이 될 것이다. 소련 지도자 미하일 고르바초프는 무슨 일이 일어났다고 생각했을까? 조지 H.W. 부시 대통령은 어땠을까? 당신이 모스크바에 살고 있었다면 정권의 퇴진을 촉구하기 위해 거리로 나갔을까?

> **깜짝 퀴즈 #16**
> 다음 말에 맞다 또는 아니다로 답해 보자.
> "지능은 선천적으로 정해진다."

자기 자신에게 질문을 하면 미묘한 차이를 발견할 수 있다. 예를 들어 다음과 같이 질문하면 더 많은 것을 배울 수 있을 것이다. '사람들은 왜 이런 주장을 믿을까? 그들이 틀렸다면 그 이유는 무엇일까? 다른 설명은 없는 것일까?'

심리학자 키이스 소여Keith Sawyer는 이에 대해 다음과 같이 유용한 방식을 제시한다. 즉 사람들이 더 많은 뉘앙스를 발견하기 위해 문제를 '늘리고stretch' 그 다음에는 '압축squeeze'해야 한다고 주장한다. 문제를 늘린다는 의미는 문제를 더 추상적으로 만든다는 것이며 따라서 해결하기가 쉬워진다. 문제를 압축한다는 의미는 문제를 더 구체화한다는 뜻이며 이를 통해 우리는 다른 통찰력을 얻을 수 있다.

예를 들어 항해에 어려움을 겪고 있다면, 우리는 그 문제를 늘려 다음과 같이 질문할 수 있다. '바람은 무슨 작용으로 돛단배를 움직이게 하는가? 태킹tacking(바람을 안고 지그재그로 앞으로 나가는 항해술-옮긴이)은 실제로 어떻게 작동하는가?' 또는 문제를 압축하여 구체적으로 만들면 더 많은 것을 배울 수 있다. '바람이 강하게 불면 방향타를 어떻게 사용해야 하는가? 빠르게 움직이는 배를 어떻게 감속시켜야 하는가?'

소여는 통찰력 있는 질문이 더 깊은 이해를 낳는 비결이라고 주장한다. 그런 질문이 문제를 구성하는 새로운 방식을 보여 주기 때문이다. 즉 거의 모든 주요 발명품은 기본적으로 새로운 질문에 답하는 과정에서 만들어졌다는 것이다. "어떻게 하면 인터넷에 졸업앨범을 올릴 수 있을까?"라는 질문이 페이스북을 만들었으며, 살 칸Sal Khan이 인터넷 과외 프로그램인 칸 아카데미를 만든 이유는 "어떻게 하면 사촌 나디아가 수학을 더 잘하게 도울 수 있을까?"라는 질문에 답하기 위해서였다.

자신에게 물어보자. '내가 아는 것을 어떻게 확장할 수 있을까?'

군중을 통해 지혜 얻기

학습에 더 많은 뉘앙스와 복잡성을 도입하는 쉬운 방법 중 하나는 사회적 다양성을 활용하는 것이다. 우리 주위의 사람들은 우리가 생각하는 방식에 깊은 영향을 미치며 필연적으로 서로 다른 배경을 가진 사람들은 더 복잡한 형태의 전문성을 키운다.

예를 들어 세계 최초의 거품경제 현상이었던 네덜란드의 튤립 폭락 사건을 떠올려 보자. 역사가들에 따르면 튤립 투기는 네덜란드가 부유해지기 시작한 17세가 초부터 시작되었다고 한다. 해외 무역 덕분에 네덜란드 상인들이 부자가 되면서 갑작스레 엄청난 부가 생겨났고 튤립은 당시의 고급 주택과 같은 부의 상징이었다.

튤립 가격이 오르기 시작했고, 여러 면에서 이 이야기는 역사를 아는 사람들은 잘 알고 있다. 투기꾼들은 튤립에 점점 더 위험한 투기를 했다. 계약은 더욱 복잡하고 난해해졌다. 사람들이 잘 알지도 못하는 튤립 구근을 거래하기 시작하면서 짧은 시간에 두 배의 이익을 보는 것이 다반사였다.

그러나 튤립 가격은 결국 폭락했다. 한때는 암스테르담의 고급 주택보다 더 높은 가격에 거래되기도 했지만 불과 몇 주 만에 흙 묻은 작은 갈색 구근은 거의 가치가 없어졌고 빵 한 조각과 교환하기도 어려워졌다. 이것이 바로 튤립 광풍Tulpenwoerde으로 알려진 사건이다.

현대적 기준으로 볼 때 튤립 거품은 사실 그렇게 큰 거품은 아니었다. 그러나 이 사건은 사회적 다양성 부족이 경제 위기 발생의 한 원인이 될 수 있다는 점을 강조한다. 마우리츠 반 데르 빈Maurits van der Veen 교수는 최근에 이 네덜란드 거래자들이 어떤 식으로든 서로 사회적으로 잘 알고 지낸 것이 원인이었다고 지적했다. 그들은 같은 교회를 다녔고 한 다리 건너면 다 친척이었으며 비슷한 직업과 성장 배경을 가지고 있었다.

빈 교수는 자신의 논문에서 이 거래자 그룹이 '촘촘한 사회적 네트워크dense social networks'를 형성했으며 "모두 서로를 동료 애호가쯤으로 알고 있었다"고 주장했다.

이러한 사회적 연결은 거래자들에게 영향을 미쳐 그들이 '동료들의 전문성을 과대평가했다'고 빈 교수는 말한다. 그는 또한 일종의 동료 압력peer pressure으로 인해 '촘촘하게 연결된 지역 소셜 네트워크가 거품을 일으켰다'고 주장한다. 즉 경제적인 집단 사고가 튤립 광풍을 불러일으켰다는 것이다.

여기서 중요하게 기억해야 할 것은 본질적으로 거래라고 하는 것이 주장이라는 점이다. 시장에서 무언가를 구매하면 우리는 그 품목이 저평가되었다고 주장하는 셈이다. 그렇기 때문에 거래는 종종 내기bets 또는 위험 회피hedges라고 불리며 대부분의 경우 시장은 어느 수준의 집단 지능 덕분에 작동하는 경우가 많다. 여러 사람들의 의견을 평균화하면 일반적으로 개인의 의견보다 더 정확한 경우가 많다.

이런 주장은 제임스 서로웨이키James Surowiecki가 쓴 《군중의 지혜The Wisdom of Crowds》 같은 훌륭한 책들에서 많이 다루어졌다. 보다 많은 사람들에게 문제를 해결해 달라고 요청하면 일반적으로 더 나은 해결책을 얻을 수 있다. 어려운 문제를 집단 앞에 제시하면 해답은 더 철저하게 검토되어 논리적으로 타당한 해결책을 얻을 수 있다. 이는 대기업에서도 마찬가지이며 사회적 다양성이 높을수록 생산성이 높아진다.

첫 번째 가장 중요한 점은 다양한 집단이 더 풍부한 사고방식을 촉진한다는 점이다. 우리는 다른 사람들과 함께 있을 때 복잡한 사고를 할 가능성이 더 높다. 텍사스 대학교의 신 러빈Sheen Levine 교수는 다양한 민족의 사람들이 집단 내에서 어떤 생각을 하는지 연구한 결과 민족적 배경의 차이가 증거를 보다 철저하게 검토하도록 한다는 것을 발견했다.

러빈은 우리는 자신과 같지 않은 사람들로 둘러싸여 있을 때 자신의 생각에 대해 더욱 비판적이 된다고 주장하며 주식 시장을 시뮬레이션한 환경에서 이를 입증했다. "사람들은 자신들과 다르게 보이는 사람들과 함께 있으면 그들의 합리성을 잘 믿지 않는 경향이 있습니다. 그러면 사람들은 상대방을 모방하기보다는 독립적으로 생각하게 됩니다." 러빈의 말이다.

그의 연구에서 민족적 다양성은 사람들을 더 회의적으로 만들어서 비판적 사고를 촉진하며 더 많은 질문을 하도록 만든다. 러빈은 실제로 자신의 삶에서도 이를 매우 중요하게 생각해서 자동차를 사든, 새로운 직업을 선택하든, 어떤 결정을 내릴 때마다 다른 배경을 가진 친구들과 상의한다. 연구 프로젝트를 위해서도 그는 가능한 한 다양한 팀을 만들려고 노력하며 주식 시장 연구 프로젝트도 구성원들의 나이, 성별, 종교, 민족 및 전문적 배경이 전부 다르도록 구성했다. "다양성은 당신을 더 빛나게 만듭니다"라고 그는 말했다.

학습을 할 때도 다양성이 효과가 있어서 단지 의심을 조장하는 것 이상을 한다. 또한 우리는 다른 사람들의 관점으로 전문성을 개발한다. 이 논리를 이해하는 가장 좋은 방법은 일반적으로 비슷한 배경을 가진 사람들로 구성된 집단을 상상하는 것이다. 이제 그들을 괴짜 집단Geeks이라고 부르자. 그런 다음에는 구내식당Lunch Room을 상상해 보자. 여기에는 괴짜들도 있지만 운동족^{jocks}(체육 활동이나 스포츠에 적극적으로 참여하는 사람들-옮긴이), 고스족^{goths}(어두운 중세 고딕 문화를 동경하는 사람들-옮긴이) 그리고 멍청이들^{airhead}(무책임하고 말을 함부로 하는 사람들-옮긴이)도 포함되어 있다. 사회학자 스콧 페이지$^{Scott\ Page}$가 실시한 실험에 따르면 일반적으로 구내식당이 문제 해결에 있어서 괴짜 집단을 이긴다고 한다. 괴짜 집단은 똑똑할지 모르지만 그들의 지식에 한계가 있다는 것이다. 그들은 괴짜 같은 사고방식에 갇혀 있어서 다른 방식으로 해결책을 생각할 수 없다. 이와 반대로 구내식당에 있는 사람들은 다양성을 활용해 문제를 더 잘 해결할 수 있다. 그들은 더 복잡한 형태의 전문성을 얻는다. "문제에 대한 새로운 관점은 어느 날 갑자기 하늘에서 뚝 떨어지는 것이 아닙니다. 다양한 관점을 가지고 있어야만 그런 해결책을 얻을 수 있습니다." 페이지의 말이다.

여기서 현대 커뮤니케이션 기술의 특성인 상향식 정보 전달이 중요해진다. 이러한 특성은 다양한 그룹 간의 연결을 구축하고 학습을 촉진하는 소통에 도움이 된다. 어떤 의미에서 이것은 인터넷의 고유한 이점 중 하나다. 엄청나게 다양한 사람들과 연결하는 비용을 거의 0으로 만들었기 때문이다.

예를 들어 보자. 얼마 전 멀리사 샤서$^{Melissa\ Schaser}$는 밴더빌트 대학교의 성경 수업에 등록했다. 해당 과정의 일환으로 목사가 되기를 희망하는 샤서는 자신의 이름으로 위키피디아 항목을 만들어야 했다. 그리고 다른 학생들은 그 항목에 댓글을 달도록 되어 있었다. 그녀는 또한 다른 학생들의 위키피디아 항목에 들어가 검토하고 피드백을 제공했다. 그녀는 한 학생이 만든 항목에 '본문에 대해 철저한 설명을 했군요!'라고 적기도 했다.

온라인에서의 의견 교환은 샤서의 이해를 발전시키는 데 도움이 되었으며 이를 통해 성경이 현대 세계와 어떻게 얽혀 있는지에 대해 더 깊이 성찰하게 되었다. 예를 들어 한 학생이 성경에서 소금의 역할에 대해 자세히 설명했는데 그는 다양한 종류의 소금에 대해 논의하고 성경이 다양한 제사 의식에서 이 광물을 다루는 방법을 설명했다. 샤서는 "이런 기회가 없었다면 나는 성경에 나오는 소금에 대해 결코 생각할 일이 없었을 것입니다"라고 말했다.

현재 샤서는 내슈빌에서 목사로 활동하고 있다. 신학교 수업의 영향으로 일상생활에서 얻은 참고 자료를 목회 활동에 자주 접목한다. 최근의 설교에서 샤서는 사무용품 회사 스테이플스Staples가 선보인 광고를 활용했다. 그녀는 "일단 익숙해지면 곳곳에서 성경적 은유를 발견할 수 있습니다"라고 말한다. "성경은 지극히 인간적인 텍스트입니다."

여기서 중요한 조건이 있다. 온라인이든 오프라인이든 우리는 실제로 다양성을 좋아하지 않는다. 우리와 다른 사람들과 교류하는 것은 사회적으로 불편하며 우리의 견해나 배경을 공유하지 않는 사람들과 교류하는 것은 사회적 불안을 초래한다. 그래서 한 학술 논문은 '다양성은 갈등 증가에 기여한다'고 결론짓기도 했다.

이것은 사람들이 자신과 비슷한 사람들과 시간을 보내는 경향이 있는 이유를 설명한다. 사람들은 자신과 비슷하게 보이고 행동하는 사람들과 같이 있을 때의 편안함을 원한다.

> **깜짝 퀴즈 #17**
>
> 다음 말에 맞다 혹은 아니다로 답해 보자.
> "무언가를 배울 때 목표를 정해서는 안 된다."

러빈 교수는 나와 대화하면서 수업 시간에 학생들에게 짝을 이루라고 하면 비슷한 또래들과 짝을 짓는다고 지적했다. 흑인 남학생들은 다른 흑인 학생들과 짝을 이루고, 백인 여학생은 다른 백인 여학생과 무리를 지어 모인다는 것이다. "그들은 딱 보기에 자신과 비슷한 사람들을 선택하는 경우가 많습니다"라고 그는 말했다.

놀라운 점은 러빈이 학생들에게 다양성의 이점을 설명한 후에도 이런 현상이 마찬가지였다는 것이다. 그는 "학생들은 민족적 다양성의 정서적 이점을 느껴 보라는 조언을 무시합니다"라고 말했다. 해결책은 무엇일까? 러빈은 더 다양한 관점을 확보하는 방식으로 그룹을 조직했다. "학생들은 이에 대해 만족하지 않지만 이를 통해 상대방의 의견에 더 기꺼이 이의를 제기하며 그래서 더 많은 것을 배웁니다."

어떻게 보면 나는 더 깊은 수준의 학습을 위해서는 어느 정도의 의심이 필요하다고 그동안 주장해 왔다. 전문성을 얻고 우리가 아는 것을 확장하려면 의심해야 하며 질문하고, 심지어 반항해야 한다고 생각했다.

그렇다면 잭슨 폴록의 이야기는 사례 연구로서 여전히 가치가 있다. 그의 성장은 일종의 반항에 의해 시작되었으며 폴록이 처음 뉴욕에 도착했을 때 사람들은 그를 엉터리 화가로 평가했다. 고등학교 친구 중 한 명은 "저 친구는 그림을 잘 못 그려요!"라고 말했으며, 또 다른 동료는 폴록에게 "자질이 부족했다"고 말하기도 했다.

하지만 폴록은 계속해서 자신만의 기법을 연구했다. 다른 걸 다 포기한 채 거의 강박적일 정도로 연습에 매달리며 작업실에서 몇 시간이고 시간을 보냈다. 결국 그에게 몇몇 열렬한 지지자들이 생겼다. 화가 토머스 벤튼Thomas Benton은 폴록의 틀에 얽매이지 않는 감각을 대단하다고 생각했고, 미술 평론가 클레멘트 그린버그Clement Greenberg는 그에게 엄청난 재능이 있다며 응원했다. 미술품 수집가인 페기 구겐하임Peggy Guggenheim이 가끔 그의 그림 한두 점을 사주는 것도 도움이 되었다.

폴록은 자신이 모든 기술적 기교를 완벽하게 마스터 한 것은 아니라고 인정했다. 그는 현대의 페르메이르Vermeer(빛을 다루는 솜씨로 유명한 바로크 시대의 네덜란드 화가-옮긴이)가 아니었다. 하지만 폴록에게는 하고 싶은 싸움이 있었고, 주도하고 싶은 반란이 있었다. 물론 폴록이 항상 자신을 믿었던 것은 아니었다. 정신 건강 문제로 고통 받던 그는 음주 교통사고로 사망했다. 오히려 약간의 야망과 심한 반항심으로 뭉친 폴록은 자신을 표현하기로 결심했고, 자신만의 독특한 메시지를 전달할 수 있다고 확신했다.

하지만 우리 대부분은 이렇지 않다. 사람들은 확실성을 좋아한다. 오래된 겨울 코트처럼 확실성은 편안함을 제공한다. 그냥 여러 사실을 배우는 것이 더 간편하며 절차도 꽤 쉽게 익힐 수 있다. '그냥 답만 알려 주세요. 우리가 알아서 할게요'라는 식이다.

확실성에 대한 선호는 우리 뇌에 뿌리 깊게 박혀 있어 일반적으로 익숙한 아이디어를 중심으로 생각을 하게 된다. 우리는 받아들일 수 있는 것에 집착한다. 예를 들어 1에서 100까지 숫자가 적힌 바퀴를 돌려 숫자 10을 뽑았다고 하자. 그런 다음 "비틀즈 앨범 중 몇 퍼센트가 그래미상을 받았습니까?"와 같은 질문을 한다. 심리학자 대니얼 카너먼^{Daniel Kahneman}의 연구에 따르면 사람들의 대답은 보통 25% 정도를 맴돈다고 한다.

바퀴를 다시 돌리자 이번에는 더 높은 65라는 숫자가 나왔다. 그런 다음 "개들 중 검은색은 몇 퍼센트일까요?"처럼 비슷하지만 조금 다른 유형의 질문을 한다. 카너먼의 연구에 따르면 사람들의 대답은 이제 55% 정도라고 한다.

카너먼과 같은 전문가들에게 여기서 무슨 일이 일어나는지 꽤 분명하다. 즉 먼저 말하는 숫자, 즉 10 또는 65가 기준점 효과^{grounding effect}를 나타내는 것이다. 그 숫자는 우리의 생각을 고정시켜 어떤 확실성을 제공하는 것처럼 보인다. 그래서 우리가 숫자 10을 보면 더 낮은 숫자에 대해 생각하고, 숫자 65를 보면 더 높은 숫자가 생각나는 것이다.

그런데 이 방정식을 바꾸는 것이 의심하는 태도다. 반항적인 기질은 우리를 더 호기심 많고 창의적으로 만든다. 그리고 학습 과정의 이 단계에서 배우는 사람들은 다른 주장도 고려해야 하고 이와 반대되는 이론도 찾아보려는 노력을 해야 한다.

자기계발과 관련하여 가장 먼저 권장하는 것은 개념 간의 연결 고리를 확립하기 위해 '왜'라는 질문을 지속적으로 던지는 것이다. 배운 지식을 실습에 적용하여 자료와 그 복잡한 특성을 충분히 이해할 수 있도록 하자. 다른 사람에게 숙달된 지식을 가르치려고 시도하면 해당 주제에 대한 자신의 이해가 더욱 확고해질 것이다. 또한 중요 논점에 대해 논쟁하는 것을 주저해서는 안 된다. 추론 능력을 개발함으로써 훨씬 더 많은 것을 배울 것이다.

대다수의 교육 이론이 그렇듯 이 개념 역시 극단적으로 받아들일 가능성이 높다. 물론 내가 모든 질문에 답이 여러 개가 있다고 말하는 것은 아니다. 75 더하기 962는 항상 1,037이다. 또한 특정 영역 말고는 이런 종류의 사고 능력을 개발하는 게 쉬운 일이 아니다. 다시 말해 지식 효과가 여전히 중요하다는 말이다.

하지만 어려운 질문을 통해 학습이 이루어진다는 점은 인정해야 한다. 학습에는 반항적인 태도가 필요하다. 이 접근 방식은 폴록에게서 강하게 나타났는데 미술 사학자 데보라 솔로몬Deborah Solomon은 그가 토머스 벤튼Thomas Benton부터 클레멘트 그린버그Clement Greenberg에 이르기까지 그가 만났던 모든 멘토에게 결국 반항한거나 마찬가지였다고 주장한다.

학습자로서 리처드 파인먼도 다르지 않았다. 그는 특히 자전거를 타다가 자동차 운전자들이 그를 가로막으면 이탈리아어를 모르면서도 마치 아는 것처럼 가짜 단어를 만들어 내뱉기도 했다. 파인먼은 "절대적인 자신감을 가져야 한다"고 조언했다.

하지만 아마도 최고의 조언은 마일스 데이비스가 한 말일 것이다. 그는 언젠가 "모든 재즈 아티스트를 평가할 때 중요한 부분은 그 사람이 자신의 음악을 잘 표현하는지, 독창적인 아이디어가 있는지다"라고 말했다. 학습에 관해서도 우리는 비슷한 평가를 해야 하며, 우리가 아는 것을 확장하려고 노력해야 한다. 데이비스의 말을 대입해 보자면 모든 학습자를 판단할 때 중요한 것은 그 사람이 지식을 확장하고 새로운 아이디어를 가지고 있는가의 여부다.

| 5장 |

연관

LEARN BETTER

아인슈타인의 사고 실험

알베르트 아인슈타인Albert Einstein은 종종 사고 실험thought experiment(현실에서 실제로 실험하기 어렵거나 불가능한 상황을 상상하여 그 결과를 추론하고 분석하는 방법-옮긴이)에 몰두하곤 했다. 아마도 가장 초기의 사고 실험은 아인슈타인이 십대였던 시절로 거슬러 올라갈 것이다. 1895년경 아인슈타인은 스위스에 살고 있었다. 그는 날렵하고 잘생긴 얼굴과 숱이 많은 머리를 가진 젊은이였다. 지역의 고등학교에 다니던 아인슈타인은 물리학과 화학 수업을 들었고 저녁에는 종종 교과서에 몰두하며 시간을 보냈다.

사고 실험의 일환으로 아인슈타인은 빛줄기가 파도처럼 공간을 가로질러 움직이며, 마치 바다의 파도처럼 일정하게 최고점과 최저점 사이를 왔다 갔다 한다고 상상했다. 그런 다음 아인슈타인은 자신이 빛을 따라 움직인다고 생각했다. 마음속으로 아인슈타인은 빛줄기와 같은 속도로, 정확히 같은 속도로 움직이고 있었다. 만일 그가 바로 옆에서 빛줄기를 따라 움직인다면 빛의 파동이 전혀 없는 것처럼 보일 것을 깨달았다.

아인슈타인의 깨달음을 다른 예로 설명하기 위해 당신이 시속 100km로 운전하고 있다고 상상해 보자. 당신이 옆에서 달리는 다른 차를 본다면 이 차 역시 움직이지 않는 것처럼 보일 것이다. 그 차가 당신의 차와 정확히 같은 속도로 가고 있기 때문에 나무나 바위처럼 정지해 있는 것처럼 보일 것이다.

하지만 아인슈타인은 무엇인가가 말이 안 된다는 생각이 곧바로 들었다. 빛의 속도가 일정하다는 것은 물리학의 기본이었지만 그는 사고 실험을 통해 바로 옆에 있는 관찰자에게는 빛의 속도가 움직이지 않는 것처럼 보이는 시나리오를 상상할 수 있었다. 이 두 가지는 양립할 수 없는 진실이었으므로 '온갖 종류의 신경질적인 갈등'이 발생했다고 아인슈타인은 나중에 회고했다.

깜짝 퀴즈 #18

다음 말에 맞다 또는 아니다로 답해 보자.
"형광펜은 학습에 유용한 도구다."

사고 실험은 학습 도구의 하나로 그 기원은 고대 그리스 시대까지 거슬러 올라간다. 본질적으로는 생각을 통해 아이디어를 탐구하는 방법이다. 사고 실험을 통해 우리는 어떻게 기술이나 전문 지식이 하나의 시스템으로 구성되는지 이해할 수 있다. 이 장에서는 특정 지식 영역에서 연관성을 파악하여 학습이 어떻게 이루어지는지 좀 더 자세히 살펴보겠다.

어떤 분야의 근본적인 관계를 파악하는 것은 학습에서 가장 어려운 부분이지만 궁극적으로 우리가 지식을 추구하는 이유이기도 하다. 이러한 이해가 숙달로 이어지기 때문이다. 실제로 아인슈타인은 자신의 사고 실험이 특수 상대성 이론의 계기가 되었다고 말했다. 그는 나중에 "이 역설에 이미 특수 상대성 이론의 씨앗이 포함되어 있었다"고 말했다.

시스템 사고에 대한 초기 연구 중 일부는 아인슈타인이 상대성 이론을 발표할 무렵에 이루어졌다. 이 연구는 시카고 대학교에서 진행되었으며 프로젝트의 일환으로 심리학자 찰스 저드 Charles Judd 는 두 그룹의 실험 참가자에게 물속에 잠긴 표적에 다트를 던지게 했다.

첫 번째 그룹 참가자들은 단순히 던지는 연습을 하여 수면을 기준으로 약 10cm 아래에 있는 표적에 반복해서 다트를 던졌다. 두 번째 그룹도 같은 연습을 했지만 빛이 물속에서 굴절되는 방식인 굴절이라는 개념에 대해서도 배웠다.

그런 다음 표적을 30cm 아래로 옮겼다. 두 그룹 모두 10cm 표적을 잘 맞추었지만, 30cm 떨어진 표적은 두 번째 그룹이 훨씬 더 정확하게 맞출 수 있었다.

즉 빛과 물의 관계를 이해한 학생들은 다른 환경에서도 표적을 더 잘 맞출 수 있었던 것으로 나타났다. 이들은 새로운 환경에서도 배운 것을 활용할 수 있었다. 그 지식이 더 풍부한 사고 체계의 일부였기 때문에 더 유연하게 활용할 수 있었던 것이다.

다양한 요소를 연결하고 추론하기

인지 과학자 린지 리치랜드는 최근 몇 년 동안 이에 대하여 많은 글을 썼다. 기념비적인 논문에서 리치랜드는 이해력, 문제 해결 능력, 비판적 사고를 개발하려면 개인이 주어진 분야의 기본 구조를 붙들고 고민해야 한다고 주장했다.

리치랜드는 수학에서 역사에 이르기까지 다양한 학문 분야에 걸친 광범위한 연구 끝에 이 이론을 공식화했다. 전문성은 궁극적으로 다양한 지식 요소 간의 상호 연관성을 얼마나 잘 이해하느냐에 달려 있다는 사실을 보여 주었다.

"고차원적 사고의 기초는 관계에 대해 추론하는 능력에 있습니다."

내가 시카고 대학교를 방문했을 때 리치랜드가 한 말이다.

전문가들은 이러한 유형의 시스템적 사고를 많이 한다. 자기 분야의 진정한 전문가들은 사물이 어떻게 함께 구성되는지 이해하므로 혼돈과 복잡성을 극복하고 아이디어의 본질을 발견할 수 있다. 파블로 피카소는 단 7개의 선만으로 황소를 그려 낸 일로 유명하며, 서굿 마셜Thurgood Marshall과 같은 훌륭한 변호사들도 비슷한 기술을 가지고 있어서 복잡한 법률 세부 사항 속에서 핵심 주장을 쉽게 찾을 수 있었다. 또 다른 예로 비틀즈 곡의 특징인 정제된 우아함을 생각해 보자. 비틀즈는 음악적 복잡성을 완벽하게 단순한 것으로 만들었다.

게다가 리치랜드는 기존 지식을 연결하면 추론 능력이 향상된다는 것을 보여 주었다. 예를 들어 어떤 사람이 수학 시스템 내의 관계와 시스템에 대해 더 많이 알게 되면 수학적 추론 능력이 향상되며, 마찬가지로 역사적 세부 사항이 어떻게 연결되는지 더 많이 알면 역사를 더 깊이 이해할 수 있다. "효과적인 학습은 결국 관계를 얼마나 이해하느냐에 달려 있습니다"라고 리치랜드는 주장한다.

바다에 대해 배운다고 해 보자. 리치랜드는 어떤 사람들은 수온이나 바다의 부피와 같은 단편적인 사실만 배우고 끝나기도 한다고 말한다. 그러나 추론 능력을 개발하고 시스템적 이해를 창출하려면 사람들은 다음과 같은 질문을 검토해야 한다. 염분 수준이 올라가면 바다에 무슨 일이 일어날까? 바다와 호수의 차이점은 무엇일까? 암초는 해류에 어떤 영향을 미칠까?

이런 종류의 질문들은 사람들이 특정 분야에 대한 사고력을 키우고 아이디어, 주제 또는 기술을 완전히 이해하는데 커다란 역할을 한다. "사람들은 무작정 외우라고 하면 좋아하지 않습니다. 효과적으로 배우려면 원리를 알아야 하며 비슷한 것과 다른 것을 찾아야 합니다." 리치랜드의 말이다.

리치랜드는 물리학이나 수학과 같은 학문 분야를 기반으로 이 이론을 개발했는데 그녀와 이야기를 나눠 보니 매우 흥미롭다는 생각이 들었다. 그래서 그 주장이 좀 더 학문적이지 않은 것에도 적용될지 알아보기 위해 와인 수업에 등록해 보기로 했다. 물론 사람들이 와인을 공부하는 방법에는 여러 가지가 있을 수 있다. 다양한 와인 산지를 여행하고, 워크숍에 참여하며, 무턱대고 여러 와인을 시음할 수도 있다.

하지만 리치랜드의 이론이 맞는지 점검하기 위해 나는 음식과 와인을 매치하는 방법에 대한 수업에 참여했다. 즉 음식의 궁합을 공부하면 더 풍부한 통찰력과 지식을 연마하는 더 나은 방법을 얻을 수 있는지 알고 싶었다.

와인 전문가 어맨다 위버-페이지Amanda Weaver-Page의 수업은 비오는 금요일 밤에 있었다. 흰색 요리사 복장을 입은 위버-페이지는 와인과 관련한 기본 사항을 설명하며 수업을 시작했다. 그녀는 산도acidity에 관한 이야기를 하면서 레드 와인에 톡 쏘는 맛을 주는 탄닌이라는 성분에 대해 자세히 설명했다. 입안에서 느껴지는 식감 또한 중요하게 다루었다. "우유에 비유한다면 가벼운 바디감을 가진 와인은 탈지유와 비슷하고, 무거운 와인은 전지유와 비슷합니다." 그녀의 설명이다.

페이지는 와인 매칭에서 가장 중요한 것은 상호 보완이라고 주장했다. 즉, 음식은 와인을 뒷받침해야 하고, 와인은 음식을 뒷받침해야 한다는 것이다. 일종의 음식에서의 음과 양의 조화 같은 것이다. 이런 이유로 가벼운 와인은 과일과 같은 가벼운 음식과 잘 어울리는 반면에 무거운 레드 와인은 등심 구이와 같은 음식과 잘 맞는다. "스테이크처럼 질감이 무거운 음식과 가벼운 바디감을 가진 와인을 함께하면 스테이크의 맛에 압도되어 와인의 풍미를 거의 못 느낄 것입니다."

솔직히 처음에는 페이지의 몇 가지 주장에 대해 다소 의문을 품었다. 고가의 예술품이나 고급 자동차에 대한 대화와 마찬가지로, 와인에 대한 대화에는 종종 과시나 허세라는 중요한 요소가 따른다고 생각했다. 하지만 곧 첫 번째 시식에서 염소 치즈 샐러드와 스페인산 알바리뇨 와인이 나왔을 때 두 음식 사이의 연관성이 분명히 드러나면서 이전에는 경험해 보지 못한 와인의 본질을 느낄 수 있었다. 부드럽고 라임을 연상시키는 와인의 기본 특성은 부인하기 어려웠다.

그다음에는 호주산 쉬라즈 와인이 나왔다. 이번에는 민트 페스토를 곁들인 양고기 구이와 함께 시음했는데 와인의 풍미는 수정처럼 맑고 풍부했으며, 마치 중세 시대 축제에서 튀어나온 듯 퇴폐적인 느낌이었다. 내가 리치랜드의 이론을 페이지에게 이야기하자 그녀는 고개를 끄덕이며 동의했다. "음식의 궁합을 맛보는 수업은 와인이 어떻게 작용하는지에 대한 훌륭한 입문 과정이 될 수 있습니다." 페이지의 말이다.

그녀는 요리 학교 초창기에 비슷한 경험을 했다고 한다. 한 강사가 준 탄닌이 가득한 와인을 맛보고 그녀의 입술은 초등학교 시절의 첫 키스처럼 오므라들었다고 한다. 그러자 강사는 이번에는 체다 치즈 한 조각을 주었다. "지방이 탄닌을 부드럽게 만들어 완전히 다른 맛이 났죠." 그녀의 기억이다.

두 시간에 걸친 수업을 마치고 나왔지만 여전히 궁금한 것이 많았다.

깜짝 퀴즈 #19

한 어린이가 3 + 3 = 6이라는 기초 수학 문제를 풀었다. 부모는 아이가 덧셈의 기본 원리를 이해하고 있는지 확인하고 싶어 한다. 다음 중 부모가 하지 않아야 할 질문은 무엇일까?

A. 더해서 6이 되는 두 수가 또 있을까?
B. 네 답에 대해 좀 더 자세히 설명해 줄 수 있니?
C. 왜 그 답이 맞다고 생각하니?
D. 네 답이 맞니?

페이지는 음식의 조합에 많은 신경을 썼다. 만일 내가 싸구려 와인 한 병을 집어 맥도날드 감자튀김과 함께 먹었다면 완전히 다른 경험을 했을 것이다. 하지만 나는 와인에 대한 생각이 바뀌었다고 확실하게 말할 수 있었다. 이제 와인 전문가처럼 생각하고, 와인의 세계를 좀 더 체계적인 방식으로 바라보는 것이 무엇인지 어렴풋이 느낄 수 있었다.

다섯 나라를 딸 일곱 명에게 나눠 주기

전문 분야 내에서 연관성을 발견하는 것이 중요한 이유는 이를 통해 그 분야의 근본적인 구조에 대한 통찰력을 얻을 수 있기 때문이다. 심리학자 롭 골드스톤Rob Goldstone을 만났을 때 다소 뜻밖의 방식으로 이러한 측면을 직접 배웠다.

인디애나 대학교 블루밍턴 캠퍼스의 교수인 골드스톤은 키가 크고 머리가 벗겨졌으며 약간 비웃는 듯한 미소를 가지고 있다. 우리는 워싱턴 시내의 한 커피숍에서 만났다.

한참 대화를 나눈 후 그는 "당신은 똑똑해 보이는군요. 내가 당신을 시험해 봐도 될까요?"라고 말했다.

"물론이죠." 난 긴장한 듯 메모장을 만지작거리며 대답했다.

그러자 골드스톤은 다음과 같은 문제를 냈다.

"늙은 왕이 자신의 왕국을 여럿으로 나누어 딸들에게 나누어 주려고 합니다. 물론 한 딸에게 여러 나라를 물려줄 수도 있습니다. 나라가 다섯 개고 딸이 일곱 명이라면 왕국을 분배하는 방법은 몇 가지입니까?"

골드스톤이 말을 마치자 나는 다섯 개의 나라와 일곱 명의 딸 같은 핵심 사항들을 적은 다음 영토를 그리기 시작했다. 상황을 시각화하면 해결책을 찾는 데 도움이 될 것 같았다.

"혹시 계승factorial(어떤 자연수 이하의 모든 자연수를 곱한 값-옮긴이)과 관계가 있나요? 어쩐지 친숙하게 느껴지는데요." 내가 물었다.

골드스톤은 목덜미를 긁으며 답했다. "거의 다 왔어요."

나는 계속해서 문제를 풀었다.

"힌트를 드려도 될까요? 왕은 한 딸에게 독일을 주고 나서 프랑스도 같은 딸에게 줄 수 있습니다."

나는 고개를 끄덕였지만 여전히 풀이에 어려움을 겪었고 결국 그가 답을 알려주었다. "다섯 개의 왕국을 일곱 명의 딸에게 나누어 준다면 경우의 수는 $7 \times 7 \times 7 \times 7 \times 7$ 또는 7^5입니다."

골드스톤은 이 문제가 복원 추출sampling with replacement(샘플을 추출한 후 다시 원래의 집단에 포함시키는 방식으로, 동일한 개체가 여러 번 선택될 수 있다-옮긴이)이라는 수학 개념과 관련이 있다고 설명했다. 이 개념은 일반적으로 중학교에서 가르치는데 그 공식은 '대상의 수를 선택 가능한 수로 거듭제곱한 값'이다.

그렇다면 나는 왜 답을 틀렸을까? 그 질문에 답하기 위해서는 먼저 문제의 본질을 이해하는 것이 중요하다. 골드스톤과 같은 심리학자들은 문제에는 표면적 특징과 심층적 특징이 모두 있다고 설명한다. 표면적 특징은 일반적으로 구체적이고 피상적인 요소다. 예를 들어 이 문제에서 표면적 특징은 영토와 아이들, 그리고 왕의 나이였다.

심층적 특징은 주로 개념이나 기술인 경우가 많다. 이 문제에서 심층적 특징은 '복원 추출과 대상 그리고 선택 가능성의 개념'이었다고 골드스톤은 말한다. 하지만 나는 심층적 특징을 보지 못했다. 표면적 특징이 방해했기 때문이다.

그는 커피숍 창가에 앉아 사람들은 문제의 표면적인 세부 사항에 종종 정신이 팔린다고 주장했다. 그는 이를 '가장 큰 인지적 어려움$^{\text{The greatest cognitive difficulty}}$'이라고 부른다.

또 다른 예로 다음 문제를 살펴보자.

어떤 사람이 자기 집의 방을 다시 칠하려고 한다. 거실과 식당 그리고 가족실 등을 칠할 것이다.(물론 여러 방을 같은 색으로 칠하거나 어떤 색깔도 칠하지 않을 수 있다.) 8개의 방과 3개의 색깔이 있다면, 그가 방을 칠할 수 있는 방법은 몇 가지일까?

이 문제 또한 골드스톤의 연구에서 뽑은 것이다. 하지만 사전에 복원 추출을 알지 못한다면 이 문제가 복원 추출과 동일한 개념을 다루고 있다는 것을 바로 눈치채지 못 할 것이다. 표면적으로 보기에는 다른 문제처럼 보이지만 실제로는 동일한 기본 개념을 다루고 있다는 점을 이해하기란 쉽지 않다. 골드스톤은 이렇게 말했다. "이러한 연관성을 보려면 두 시나리오에서 딸과 페인트 색깔이 어떤 역할을 하는지 알아야 합니다. 즉 이것들이 선택 가능한 옵션이라는 점을 깨달아야 해요."

그렇다면 사람들은 문제나 전문 분야에서 심층적 특징을 어떻게 볼 수 있을까?

가장 쉬운 방법 중 하나는 시스템, 즉 관계를 이해하고 학습 방법을 다양화하는 것이다. 표면적 세부 사항이 상이한 여러 가지 예시를 접하다 보면 기본 시스템을 이해할 가능성이 훨씬 더 커진다.

골드스톤은 자신의 연구에서 이런 경우를 많이 보았다. 사람들이 표면적으로는 다르게 보이는 복원 추출 문제를 많이 접하면 핵심 아이디어를 훨씬 잘 이해했다. 심층적인 시스템에 대해 훨씬 더 풍부한 감각을 얻기 때문이다.

다양한 학습 방식을 혼합하는 것이 효과가 있다는 주장을 뒷받침하는 연구는 많다. 1990년대에 실시된 한 연구에서 몇몇 젊은 여성들이 농구에서 자유투를 던지는 법을 배웠다. 한 그룹은 오직 자유투만 연습했지만 다른 그룹은 자유투뿐만 아니라 2.5m와 5m 거리의 슛도 연습했다. 결과는 놀라웠다. 여러 거리를 연습한 그룹이 훨씬 더 나은 성과를 보였으며 기본기에 대한 이해도 높았다.

기억력 테스트에서 문제 해결 능력에 이르기까지, 이는 다른 학문 분야에도 마찬가지로 적용된다. 연습을 혼합하고, 다양한 사례를 섞음으로써 사람들은 기본적인 관계에 대한 더 나은 감각을 갖게 된다. 때로는 40% 더 높은 결과를 얻을 수 있을 정도로 시스템에 대해 더 예리한 감각을 얻는다.

이 연구 결과는 실제로 여러 분야에 적용된 사례가 많다. 결국 다양한 방식으로 연습을 하고 가급적 반복을 피해야 한다는 점을 시사한다. 심리학자 네이트 코넬Nate Kornell은 "가장 큰 잘못은 같은 것을 여러 번 연속해서 연습하는 것입니다. 전염병처럼 피해야 합니다"고 말했다. 대신 "오랜 시간 연습하되, 아무것도 반복하지 말라"고 조언한다.

미국 역사에 대해 더 배우고 싶어 하는 사람이 있다고 가정해 보자. 그리고 그 사람은 미국 독립 전쟁에 관한 기사 2개, 남북 전쟁에 관한 기사 2개, 냉전에 관한 기사 2개를 읽어야 한다고 하자. 연구 결과에 따르면 이런 경우 텍스트를 섞어서 읽을 때 더 깊은 통찰력을 얻을 수 있다고 한다. 즉, 먼저 독립 전쟁 기사를 읽고 그다음 남북 전쟁 기사, 그리고 냉전 기사를 읽은 후, 이 과정을 처음부터 반복하는 것이다. 왜냐하면 기사를 섞어 읽는 것이 사람들이 서로 다른 주제 영역 간의 연관성을 파악하는 데 도움이 되기 때문이다.

물론 알아서 이렇게 하는 사람들도 있다. 예를 들어 스키를 타는 사람은 가파른 산, 모굴이 많은 언덕 등 다양한 환경과 가루눈부터 빙판까지 다양한 눈 상태에서 경험을 쌓으려고 할 것이다. 목공 일을 하는 사람들은 다양한 도구를 사용해서 참나무, 소나무, 전나무 등 다양한 종류의 나무를 연습한다.

하지만 일반적으로 사람들은 다양한 방식으로 연습하거나 사례를 충분히 접할 기회가 없다. 깊은 수준의 연관성을 파악하려면 많은 사례가 필요하다. 골드스톤의 실험에 의하면 사람들은 대여섯 문제를 푼 후에야 더 심층적인 구조를 제대로 배운다고 한다.

더 중요한 것은 우리가 그러한 사례들을 매우 즉각적인 방식으로 뒤섞어야 한다는 점이다. 즉, 각 경우는 즉각적이고 명확하게 달라야 한다는 것이다. 예를 들어 스키의 경우 한 해는 눈이 덮인 슬로프에서 스키를 타고 다음 해는 얼음 언덕에서 스키를 타는 것만으로는 충분하지 않다. 뒤섞인 형태의 학습이 갖는 이점은 바로 연달아 어떤 경험을 할 때 발생한다. 그러니 눈 덮인 슬로프에서 스키를 탄 직후에 바로 얼음 언덕을 찾아서 내려가면 좋다.

여기서 명심해야 할 또 다른 한 가지는 연관성을 찾기가 쉽지 않다는 점이다. 시스템을 찾고 더 심층적인 구조를 보는 것이 어려운 경우가 많다. 예를 들어 심리학자 브라이언 로스Brian Ross는 사람들이 자신이 파악한 심층 구조에 대해 명확하게 설명할 수 있어야 한다고 말한다. 그의 연구에서 로스는 사람들이 문제 옆에 개념(또는 심층 구조)의 이름을 적으면 문제를 훨씬 쉽게 해결한다는 것을 발견했다.

예를 들어, 어떤 사람이 다음과 같은 질문을 받았다고 하자.

스케이트 보더가 매우 빠른 속도로 곡선 경사로에 진입하여 초속 약 10km의 속도로 질주하다가 점프하면서 경사로를 벗어나 약간 느린 초속 6km의 속도로 감속했다. 스케이트보더와 스케이트보드의 총 질량은 55kg다. 그러면 경사로의 높이는 얼마일까?

학습자는 적용 원리를 명확하게 파악하고 그 개념을 문제 옆에 적어야 한다. 이 문제의 경우 다음과 같이 적으면 될 것이다. '총 역학 에너지는 처음 상태와 마지막 상태에서 동일하다.' 마찬가지로 일곱 명의 딸과 다섯 개의 영토를 가진 군주가 등장하는 문제에 직면했을 때는 '복원 추출'이라고 적어야 한다.

이론화하고, 검증하고, 반복하기

어떤 전문 분야 내에서 관련성을 찾는 또 다른 방법은 추측하는 것이다. 이해를 위한 도구로서, 학습 과정의 한 측면으로서의 추측conjecture은 꽤 오래된 관행이다. 성경만큼이나 오래되었고, 성경에도 다양한 종류의 추측이 많이 있다.

"만약 도시에 의인이 50명 있다면 어떻게 될까?" 아브라함은 고모라성이 멸망하기 전에 이렇게 묻는다. 구약성경 후반부에서 모세는 하나님께 "만약 사람들이 나를 믿지 않으면 어떻게 될까?"라고 묻는다. 나사렛 예수 또한 이 수사법을 자주 구사했다. "그렇다면 너희가 인자Son of Man가 전에 있던 곳으로 올라가는 것을 본다면 어떻게 할 것이냐?"라고 제자들에게 물었다.

적어도 이 점에서 성경은 확실하게 미래를 예언하지 않는다. 이슬람 경전인 코란 또한 온갖 종류의 가설에 의존하고 공자의 논어도 마찬가지다. 고대 작가들과 대부분의 현대 작가들에게 추측성 질문의 목적은 아이디어가 전체적으로 어떻게 결합되는지를 생각하도록 만드는 것이다. 가설은 우리를 시스템과 씨름하게 한다.

예를 들어 "남은 평생 말을 할 수 없다면 어떻게 될까?"라는 질문을 생각해 보자. 이 질문에 대하여 간단하게 예 또는 아니오, 라고 대답하는 것은 불가능하다. 답변을 하려면 친구와 어떻게 소통할지, 동료와는 어떻게 관계를 맺을지, 궁극적으로 만나는 모든 사람과 어떻게 교류할지 등 소통 시스템에 대해 생각하게 될 것이다.

추측을 하려면 특정한 종류의 사고방식인 추론이 필요하다. 또 다른 예로 이 장의 시작 부분에서 논의했던 아인슈타인의 사고 실험을 떠올려 보자. 여러 면에서 그 연습은 일련의 가설에 지나지 않았다. 아인슈타인이 빛의 속도로 움직이고 있다면 어떻게 될까? 빛이 전혀 움직이지 않는 것처럼 보인다면 어떻게 될까?

아인슈타인은 연구 생활 내내 가상의 시나리오를 이용했으며 일반 상대성 이론을 개발할 때 사용한 것과 유사한 사고 실험을 계속했다. 상대성 이론을 발견할 때 자신에게 이렇게 물었다. '지붕에서 누군가가 떨어지고 있다면 어떻게 될까? 떨어지는 사람 옆으로 공구가 든 상자가 떨어진다면 어떻게 될까?' 나중에 아인슈타인은 이 가정을 '그의 가장 행복한 생각'이라고 불렀는데, 이는 주로 여기서부터 새로운 깨달음이 연속되었기 때문이다.

더 최근의 사례도 있다. 애플의 공동 창업자 스티브 잡스Steve Jobs는 이러한 접근 방식이 중요하다는 것을 알았다. 그는 어떤 분야를 제대로 파악하고 싶을 때 추측성 질문을 하곤 했다. 예를 들어 1990년대 후반 잡스가 CEO로 애플에 복귀했을 때 회사에 대해 더 잘 파악하고 싶었다. 그래서 그는 관리자들을 불러 모아 "만일 자금을 무한 지원할 수 있다면 무엇을 하겠습니까?" 또는 "만일 제품의 절반을 단종시켜야 한다면 어떻게 하시겠습니까?"와 같은 질문을 퍼부었다.

우리도 이렇게 할 수 있다. 어려운 문제를 놓고 고민 중이라면 이런 '만약what if' 질문을 자신에게 해 보자. '만약 시간이 더 많다면? 만약 사람들이 더 많다면? 만약 자원이 더 많다면?' 대답은 종종 여러 생각을 하게 만들며 문제가 어떻게 하나의 시스템으로 작동하는지를 보여 준다.

흥미롭게도 이러한 가상적 사고의 힘은 우리의 어린 시절까지 거슬러 올라간다. 이는 스티브 잡스 같은 선구자와는 전혀 다를 것 같은 평범한 유아에게도 공통적으로 나타나는 특성이다. 아이들과 같이 시간을 보내 보면 그들이 가상 놀이에 얼마나 쉽게 몰입하는지 알 수 있다. 대부분의 아이들은 몇 시간이고 학교 놀이를 하거나, 망토를 두르고 마치 영웅이 된 것처럼 소파에서 뛰어내리며 팔을 벌리고 "기다려, 내가 간다!"라고 외친다.

여기서 중요한 것은 가상 놀이가 일종의 가정이라는 점이다. 아이들이 망토를 쓴 영웅이 되는 것처럼 상상력 게임에 참여할 때 그들은 추측을 하는 것이다. 앨리슨 고프닉$^{Allison\ Gopnick}$과 같은 학자들은 이러한 활동이 강력한 사고 능력을 개발하는 데 큰 도움이 된다고 주장한다. 그들은 "상상력 놀이는 중요한 학습과 사고의 한 형태인 '반사실적 추론$^{counterfactual\ reasoning}$(실제로 일어나지 않은 사건이나 상황에 대해 '만약'이라는 가정을 바탕으로 생각하고, 그 결과나 영향을 추론하는 사고방식-옮긴이)'과 관련이 있기 때문에 특히 더 중요합니다. 이러한 유형의 추론은 '인과관계 지식$^{causal\ knowledge}$(사건이나 현상 간의 원인과 결과를 이해하고 식별하는 능력-옮긴이)' 및 학습과 깊은 관련이 있습니다"라고 주장한다.

어른이 된 지금 우리는 어릴 때와는 달리 자신이 슈퍼맨이라고 생각하지 않는다. 하지만 특정 분야에서 시스템 사고를 개발하고 중요한 관계를 이해하는 다른 방법들이 있기는 하다.

한 가지 접근 방식은 과학적 과정$^{scientific\ process}$(관찰과 실험을 통해 새로운 지식을 얻는 체계적인 방법-옮긴이)이다. 대부분의 사람들은 아마도 그 기본을 기억할 것이다. 이는 실험을 통해 세상을 이해하는 전략이다. 그 과정은 다음과 같다.

1. 증거를 살펴본다.
2. 이론을 개발한다.
3. 이론을 검증한다.
4. 결론을 내린다.

흥미로운 점은 과학적 과정이 '만약' 질문과 크게 다르지 않다는 것이다. 이 방식은 데이터에 의존하는 추측 과정이며 두 가지 접근 방식 모두 상호 연결된 사고방식을 통해 주제에 대한 더 깊고 포괄적인 이해를 가능케 한다.

더 나아가 '이론화하고, 검증하고, 반복하는' 과학적 과정은 거의 모든 분야에 적용될 수 있으며, 촬영 기법부터 셰익스피어의 희곡에 이르기까지 모든 것을 이해하는 데 도움이 된다. 이 접근 방식은 문제를 적극적으로 해결하는 과정을 통해 학습하는 것이다. 즉 다양한 가설을 세우고 그에 대한 이론을 구축한 다음 논리와 추론을 통해 결론에 도달하는 것이다.

만약 누가 인테리어 디자인에 대해 더 알고 싶어 한다면 다음과 같이 스스로에게 질문할 수 있다. "만약 고객이 부유하고 금을 좋아한다면 욕실을 어떻게 디자인하면 좋을까? 만약 고객이 젊은 장애인이라면 욕실을 어떻게 디자인할까? 선박을 모티브로 한다면 욕실을 어떻게 디자인하면 좋을까?"

또 다른 예로 문학 작품을 생각해 보자. 사람들은 가설의 의미를 토론해서 많은 것을 얻을 수 있다. 로미오와 줄리엣을 더 잘 알고 싶은가? 그렇다면 젊은 연인들이 죽지 않았다면 어떻게 되었을지 상상해 보자. 캐플릿 가문과 몬테규 가문은 계속해서 불화를 이어갔을까? 이 연인들은 결혼했을까?

일러스트레이터 스티브 브로드너Steve Brodner의 작품에서 이 접근법의 힘을 매우 효과적으로 느낄 수 있다. 아마 여러분은 브로드너의 작품을 알고 있을 것이다. 그의 스케치는 〈더 뉴요커〉나 〈롤링 스톤Rolling Stone〉과 같은 잡지에 정기적으로 실린다. 브로드너는 소용돌이 모양이 가미된 익살스러운 스타일을 구사하는데 반은 만화고 반은 풍자라고 할 수 있다. 그는 미국에서 가장 성공한 일러스트레이터 중 한 명으로 칭송받는다.

브로드너는 수십 년 동안 일러스트레이션을 가르치면서 과학적인 접근 방식을 사용하여 학생들이 해당 분야의 원리를 이해할 수 있도록 도와주었다. 그의 수업에서는 이론화, 테스트, 반복 접근 방식이 학생들이 실제로 텍스트에 삽화를 그리기 전부터 적용된다. 그는 사람들이 목탄펜을 종이에 대기도 전에 그림을 한 문장으로 요약해 보도록 권장한다. 이것이 일러스트레이션의 '이론화'다. 브로드너는 "학생들은 '이 그림을 통해 무엇을 말하고 싶은가?'라는 질문을 스스로에게 던져야 합니다"라고 말한다.

학생들이 스케치를 하기 시작하면 그 다음에는 '테스트' 단계가 있어서 학생들이 자신의 그림을 다듬는다. 그는 학생들이 다양한 각도와 프레임 그리고 특이한 구도로 실험하기를 바란다. 그는 학생들이 끊임없이 자신에게 질문하라고 말한다. "이 요소를 더 전면에 내세우면 어떨까? 이 디테일한 묘사를 뒤로 배치하면 어떻게 보일까?"

브로드너는 일종의 집중적인 실험이 필요하다고 하면서도 동시에 방법론에 대한 조언도 많이 했다. 그는 전경의 중요성을 설명하고 노먼 록웰Norman Rockwell의 오래된 스케치 작품을 예로 보여 주기도 한다. 그는 또한 모든 것이 스케치에서 하나로 합쳐져야 한다고 주장하면서 일러스트레이션에 대한 자신의 이론을 제시한다. 브로드너는 이를 구성의 '통합 이론'이라고 불렀는데 다시 말해 '일러스트레이션의 한 부분을 변경하면 전체 작품에 영향을 미친다'는 의미다.

브로드너의 접근법은 그의 졸업생들을 보면 성공 여부를 잘 알 수 있다. 많은 이들이 현재 프로 일러스트레이터가 되었으며 그보다 더 중요한 것은 브로드너 자신인데, 그 역시 이런 방식으로 일러스트레이션을 배워 성공했다. 어렸을 때 그는 자신이 가장 좋아하는 일러스트레이션을 연구하며 패턴을 찾고, 모델을 찾아다니고, 다른 예술가들이 어떻게 스케치와 일러스트레이션을 구성하는지 이해하려고 노력했다. 그리고 자

깜짝 퀴즈 #20

어떤 텍스트에서 새로운 것을 배우는 가장 효과적인 접근 방식은 무엇일까?
A. 텍스트에서 핵심 요점을 동그라미로 표시한다.
B. 텍스트의 관련 부분을 다시 읽는다.
C. 텍스트 자료를 바탕으로 혼자 퀴즈를 만들어 풀어 본다.
D. 텍스트에서 중요한 아이디어를 강조 표시한다.

신에게 이렇게 질문했다. "만약 내가 그들의 접근 방식을 취한다면? 내 스케치는 어떤 평가를 받을까? 무엇이 다를까?"

그 방식이야 말로 실험을 통한 학습이었다.

특정 기술을 향상시키기

학습에서 관련성을 파악하는 단계에 오면 집중적인 실험은 특정 전문 분야의 기본 시스템을 파악하는 효과적인 방법이다. 그러므로 해킹이라는 또 다른 사례를 살펴 보자.

여기서 말하는 해킹은 범죄 행위로서의 해킹 hacking 이 아니라 특정 기술을 향상시키기 위해 과학적 과정을 활용하는 학습 방법으로서의 해킹을 말한다. 프로그래머는 코드나 특정 프로그램에 대해 더 알고 싶을 때 실험을 통해 시작하는 경우가 많다. 프로그래머 에릭 레이먼드 Eric Raymond 는 해킹의 신조가 "만들고, 테스트하고, 오류를 제거하고, 변경 사항을 문서화하는 것"이라고 말한다.

적어도 기술 업계에서는 해킹이 꽤 인기 있는 접근 방식이 되었고, 이제는 해커톤 hacker-thon (해킹과 마라톤의 합성어로 특정 주제나 과제를 놓고 짧은 기간 동안 여러 사람들이 모여 아이디어를 내고, 협업하여 시제품이나 결과물을 만들어 내는 행사-옮긴이), 해커 교실, 해커 콘퍼런스도 있을 정도다. 해커들의 공간은 낡은 차고가 많지만 어떤 곳은 꽤 격식을 갖추었다. 나는 전에 고급 어린이 박물관 같은 느낌의 해커 공간을 방문한 적도 있다.

학습의 다른 부분과 마찬가지로 해킹에서 중요한 것은 과정이다. 기술을 개발하려면 어느 정도의 자기 인식과 이해가 필요한 경우가 많다. 충분한 사전 지식과 집중적인 지도가 없다면 해킹은 무분별하고 무계획적인 학습으로 변질될 가능성이 높다. 그 결과 학생들은 아무것도 배우지 못한다. 깊이 있는 기초 지식과 충분한 사전 연습 없이는 세부 사항에 빠져 헤맬 수 있다. 그러면 뇌에 과부하가 걸리고 결과가 좋지 않다.

하지만 탄탄한 주제에 기반을 두고 통찰력 있는 멘토링과 결합하면 해킹은 기술을 개선하고 향상시키는 데 기여할 수 있다. 이는 사고 실험을 실천에 옮긴 것과 마찬가지다. 과학적 프로세스를 사용하여 어느 정도의 전문성을 달성하고 지식 분야 내의 연관성을 명확히 하는 방법이다.

이러한 접근 방식을 더 잘 이해하기 위해 최근 새로운 엔지니어를 위한 해킹 프로그램을 개발한 페이스북을 예로 들어 보자. 6주 동안 진행되는 이 프로그램의 목표는 참가자들이 가능한 한 빨리 회사 소프트웨어를 실험해 볼 수 있도록 하는 것이다. 과정을 시작한 지 하루나 이틀 안에 엔지니어들은 소셜 네트워크의 소프트웨어를 개선하기 시작한다.

새로 채용된 사람들은 버그를 찾고, 새로운 앱을 만들고, 더 나은 소프트웨어를 개발하는 일을 맡는다. 모든 사람이 라이브 코드 live code(코드가 작성되거나 수정되는 즉시 프로그램의 동작에 반영되는 코드-옮긴이)를 가지고 작업하며, 문제가 발생하면 전체 소셜 네트워크가 오프라인 상태가 될 수도 있고 업데이트와 친구 요청이 급증할 수도 있다. 한 과정에서는 어떤 신입 사원이 수백만 명의 서비스를 중단시킨 사태가 발생하기도 했다. 오늘날 이 사건은 페이스북이 집중적 실험을 통해 학습을 강력하게 지원한다는 것을 보여 주는 사례로 사내에서 회자되고 있다.

이 양성 과정이 일반적인 프로그래밍 기술을 처음부터 가르치도록 설계된 것이 아니라는 점을 이해하는 것이 중요하다. 대부분의 과정 참가자는 상당한 소프트웨어 경험을 가지고 시작한다. 그보다는 페이스북의 특정 코드에 대한 프로그래밍 기술을 연마하고 회사가 문제에 접근하는 방식을 배우는 과정이다.

페이스북의 조엘 셀릭스타인$^{Joel\ Seligstein}$은 언론과의 인터뷰에서 "이 양성 과정은 우리가 코딩하는 방법이나 시스템을 수행하는 방법뿐만 아니라 어떻게 문제를 해결하는지에 대한 페이스북의 사고방식을 엔지니어들에게 교육하는 방법이라고 설명하고 싶습니다"라고 말했다.

설립자 마크 저커버그$^{Mark\ Zuckerberg}$는 해킹을 회사 문화에 통합하는 다른 방법을 추진했다. 이 회사는 이제 직원들이 소셜 네트워크를 중단시키지 않고도 회사 코드를 실험할 수 있는 '테스트 프레임워크$^{test\ framework}$ (소프트웨어 테스트를 효율적이고 체계적으로 수행할 수 있도록 지원하는 도구, 라이브러리, 프로세스의 집합-옮긴이)'를 가지고 있다. 이제는 1년에도 몇 번씩

깜짝 퀴즈 #21

다음 중 무엇에 맞춰 학습 방식을 조정해야 할까?
A. 학습 스타일 (시각, 청각 등)
B. 이전 지식
C. 흥미
D. 능력
E. 우뇌와 좌뇌의 지배

회사에서 해커톤이 열린다.

저커버그는 회사의 모토 중 하나가 "빠르게 움직여 기존 질서를 파괴하라Move fast and break things"이며, 이는 기존 기술을 가진 사람들에게는 전문 분야의 기본 작동 방식을 파악하는 데 유용한 수단을 제공한다고 했다.

개념 지도를 그리기

어떤 분야의 시스템을 배우는 또 다른 방법은 시각적으로 접근하는 것이다.

여러 면에서 이것은 존 벤John Venn의 지속적인 공헌 덕분이었다. 19세기 후반 케임브리지 대학의 교수였던 벤은 꼼꼼한 성격을 가졌으며 세부적인 리스트와 엄격한 설계를 좋아했다. 아마추어 엔지니어였던 벤은 크리켓 공을 던지는 세계 최초의 기계를 만들었으며 호주 국가대표 크리켓 선수들을 삼진 아웃시킨 유일한 철학자로 알려져 있다.

벤은 삼단논법을 중심으로 전개되는 논리의 복잡성에 매료되었다. 물론 고전적인 삼단논법은 다음과 같다.

모든 인간은 죽는다.
소크라테스는 인간이다.
그러므로 소크라테스는 죽는다.

1881년에 출판된 책에서 벤은 시각적 접근 방식을 주장하며 삼단논법에 중요한 변화를 추가했다. 그는 논리를 설명하기 위해 텍스트를 사용하는 대신 원을 사용하자고 제안했다. 벤은 시각적 보조 자료가 필수적이라고 생각했다. 이를 이용할 경우 앞선 삼단논법의 다이어그램은 아래와 같다.

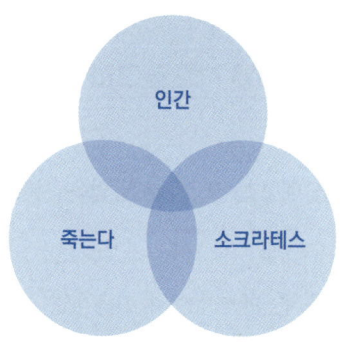

벤의 다이어그램은 지식 체계를 시각화하면 이해도가 높아진다는 학습의 핵심 원리를 강조한다. 지식 체계 내의 관계를 시각화하면 중요한 통찰력을 얻는 경우가 많기 때문이다.

이를 잘 활용한 사례 중 하나가 개념 지도 concept maps다. 벤 다이어그램의 사촌 격인 개념 지도는 지식을 이해할 수 있는 그래픽 도구를 제공한다. 개념 지도가 어떻게 작동하는지, 그리고 시스템에 대한 이해를 어떻게 촉진하는지 감을 잡기 위해 존 벤에게로 돌아가 보자. 우선 이 영국 철학자의 짧은 전기를 읽어 보기 바란다.

1834년 8월 4일에 태어난 존 벤은 벤 다이어그램을 발명한 이로 가장 잘 알려져 있다. 젊은 시절에 그는 현대 컴퓨터 프로그래밍의 기초가 된 조지 불George Boole의 논리 연구 대중화에 도움을 주었다. 케임브리지 대학교의 강사였던 벤은 빈도 이론frequency theory이라는 확률 이론도 개발했다. 오늘날 거의 모든 통계학자는 이 방식을 사용한다. 그는 1923년 4월 4일에 사망했으며 2014년에 테크기업인 구글은 이 영국 철학자를 기리기 위해 회사 홈페이지에 벤 다이어그램을 소개하기도 했다.

다음에는 동일한 내용을 아래와 같이 개념 지도로 표현해 보자.

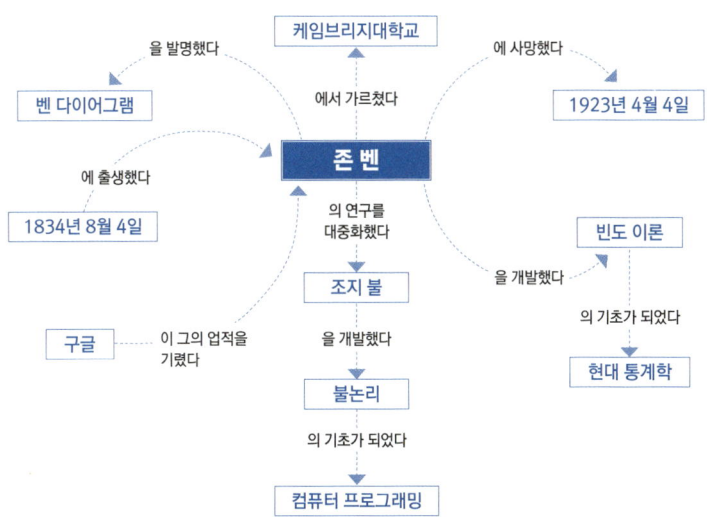

벤의 일생을 이해하는 두 가지 접근 방식을 비교해 볼 때 개념 지도가 관계를 더 잘 이해하는 데 도움이 된다는 것이 분명하다.

예를 들어 개념 지도를 보면 논리학 분야와 컴퓨터 프로그래밍 분야가 역사적으로 유사한 뿌리를 가지고 있음을 알 수 있다. 또한 개념 지도를 통해 벤이 단발성으로 성공한 학자가 아니었음도 쉽게 알 수 있다. 그의 저술은 컴퓨터 과학 분야를 개척하는 데에도 도움이 되었기 때문이다.

그러나 글로 된 전기에서는 이러한 연결이 덜 명확하다. 텍스트의 선형적linear인 특성 때문에 이러한 종류의 상호 연관된 관계를 파악하기가 어렵다. 솔직히 말해서 나는 처음으로 선형적 텍스트로 대표적인 백과사전을 읽었을 때 거의 이해가 되지 않았다.

켄 키에브라Ken Kiewra는 수년 동안 다양한 유형의 개념 지도를 연구해 왔으며, 그래픽 구성 도구graphic organizer의 주요 이점 중 하나는 지식 체계 내에서 보다 심오한 연관성을 보여 주는 능력이라고 주장한다. 그는 내게 "그래픽 구성 도구는 사람들이 흩어진 조각들을 맞추도록 도와줍니다"라고 말한다.

키에브라는 자신의 삶에서도 항상 이런 학습 도구를 사용한다. 직장에서 그는 모든 종류의 글쓰기 또는 연구 프로젝트에 이런 도구들을 사용한다. 집에서도 중요한 결정을 내릴 때 그것들을 이용하며, 아들이 대학에 대한 몇 가지 결정을 내리는 데에도 활용했다. 그는 내게 "정답이 알아서 툭 튀어 나옵니다"라고 이 도구를 칭찬했다.

개념 지도처럼 그래픽으로 개념을 표현할 때는 기술이 많은 도움이 될 수 있다. 아이러니하게도 우리는 기술 발전 때문에 너무 많은 정보에 빠져 헤매지만, 바로 그 동일한 기술에서 지나친 정보에서 벗어나는 방법을 찾기도 한다.

깜짝 퀴즈 #22

다음 말에 맞다 또는 아니다로 답해 보자.
"어린 학생들은 수학 문제를 손가락으로 '짚어 가며' 풀 때 학습 효과가 더 높다."

시사잡지 〈아틀란틱The Atlantic〉의 제임스 팔로우스James Fallows는 이와 관련하여 유용한 조언을 제공한다.

팔로우스는 미국에서 가장 존경받는 저널리스트 중 한 명이다. 그는 정보 관리 소프트웨어에 대한 리뷰를 자주 작성했는데 오랫동안 틴더박스Tinderbox라는 개념 맵핑 소프트웨어를 신뢰하는 글을 썼다. 이 도구는 파일을 정리하여 분야와 주제 간의 연결을 표로 보여 주는데 팔로우스는 간단하게 이를 '사고에 유용한 소프트웨어' 프로그램이라고 설명한다.

마찬가지로 작가 스티븐 존슨Steven Johnson은 데본싱크DEVONthink라는 개념 매핑 도구를 칭찬한다. 그는 이 소프트웨어가 '연결 능력'을 제공하며, 그렇지 않았더라면 발견하지 못했을 관계를 발견하는 데 도움이 된다고 주장한다. 그는 데본싱크를 사용하면 "소프트웨어가 만들어 준 연결성을 바탕으로 더 넓은 개념이 머릿속에 형성되기 시작합니다"라고 말한다.

나는 스크리브너Scrivener라는 글쓰기 소프트웨어의 열렬한 팬이었다. 내가 이 프로그램을 선택해서 글을 썼던 이유는 개념 매핑 방식을 채택하여 가상의 칠판과 상호 연결된 관리 시스템을 제공했기 때문이다. 놀랍게도 팔로우스와 존슨 모두 스크리브너를 이용한다고 했다. 하지만 나는 팔로우스처럼 소프트웨어를 책을 쓸 때처럼 대규모의 프로젝트에만 사용하는 경향이 있다. 다시 말해 텍스트가 많을 때 이 소프트웨어가 효과가 있다는 말이다.

이 마지막 요점이 중요한 이유는 우리가 많은 데이터를 가지고 있을 때 그 데이터를 정리할 강력한 도구가 필요하기 때문이다. 나무가 많으면 숲으로 어떻게 연결되었는지 파악할 장치가 필요하다. 이것이 바로 우리가 관계를 배워야 하는 이유이기도 한 것이다. 관계는 궁극적으로 우리가 배우는 데 도움이 되기 때문이다.

유추의 가치

이번 장에서 우리는 관계에 초점을 맞춰 더 심층적인 시스템을 살펴봄으로써 학습의 효과를 높이는 방법을 다루었다. 갖가지 형태의 연습을 혼합해서 학습을 개선하는 방법과 해킹과 같은 활동으로 깊은 수준의 이해를 할 수 있는 방법들을 살펴보았다.

물론 이 모든 것들이 중요하기는 하다. 하지만 우리는 무언가를 놓치고 있다. 더 구체적으로는 기술과 지식이 정확히 어떻게 서로 관련되는지를 알 수 있는 방법이 없는데, 이를 보완하는 방식이 바로 비교를 통해 학습하는 유추^{analogy}다. 다시 말해 관계적 사고를 동작시키는 것이 유추적 사고라는 의미다.

물론 유추는 난해한 것으로 보일 수 있다. 이 표현은 종종 IQ 테스트(새는 둥지에 살고 ○○○는 개집에 산다) 또는 '서열$^{pecking\ order}$' 같은 이상한 표현을 떠올리게 만든다. 하지만 유추는 관계를 이해하고, 복잡한 사고 체계와 씨름하며, 새롭거나 지속적인 문제를 해결하는 데 기본이 된다.

톰 마글리오지$^{Tom\ Magliozzi}$와 레이 마글리오지$^{Ray\ Magliozzi}$ 형제를 예로 들어 보자. 이들은 오랫동안 보스턴의 WBUR방송에서 자동차 수리에 대해 이야기하는 라디오 쇼를 진행했다. 〈카 토크$^{Car\ Talk}$〉라는 이 쇼는 수학 시간에 뒷자리에서 장난치는 10대들처럼 형제가 수다를 떨고 시답잖은 농담을 주고받으며 서로를 비웃고 말장난을 하는 모습을 보여 준다.

"내 동생처럼 운전하지 마세요"라고 톰이 말하면 "아니, 형처럼 운전하지 마세요"라고 레이가 대꾸하는 식이었다.

익살스러운 유머와 우스꽝스러운 농담을 하는 중간중간에 형제들은 자동차와 관련된 문제를 해결해 주었다. 한 번은 메리 고든 스펜스$^{Mary\ Gorden\ Spence}$라는 여성으로부터 전화가 왔다. 텍사스에 사는 이 여성은 마쯔다 트리뷰트 차량의 브레이크를 밟을 때마다 요란한 끽소리가 난다고 불평했다. 스펜스는 그 소리가 '고음의 단일한 톤'이라고 형제들에게 설명했다.

형제들은 듣고 나서 바로 해결책을 말했다. "파워 브레이크의 진공 부스터에 문제가 있습니다."

참으로 대단하다. 사실을 다시 검토해 보자. 형제들은 스펜스의 차를 직접 본 적이 없었다. 그들은 스펜스의 마쯔다가 오일이 새는지, 타이밍 벨트가 오래되었는지, 라디에이터에 녹이 슬었는지 알 방법이 없다. 하지만 이 형제는 문제를 해결했다.

어떻게 이게 가능할까? 형제들은 문제를 해결하기 위해 어떤 심리적 속임수라도 사용한 것일까?

글쎄, 해답은 바로 유추에 있다. 형제들은 차량을 물리적으로 평가할 수 없었기 때문에 마음속으로 비교를 한 것이다. 그들은 과거 마쯔다 또는 유사한 차량에서 끽끽거리는 브레이크 문제가 있었던 경험을 떠올렸다. 간단히 말해 이들 형제는 유사한 상황을 떠올린 것이다.

방송을 주의 깊게 들은 사람이라면 누구나 이 접근 방식이 끊임없이 사용되었다는 것을 알 수 있었을 것이다. 어떤 여성이 스바루 차량의 부식 문제를 이야기하자 형제는 자신들의 낡은 차량에 있는 녹에 대해 이야기했다. 아프리카에서 전화가 왔을 때 형제는 자신들이 아프리카에 갔던 이야기를 했다. 그리고 어떤 남자가 전기 윈치가 고장 났다며 전화를 했을 때 형제는 자신들도 비슷한 문제를 겪었다면서 "당신이 말하는 증상과 완전히 똑같았다"라고 말했다.

어느 정도까지는 유추를 관계적 사고의 한 형태로 볼 수 있다. 그러나 학습이라는 관점에서 볼 때 이 방식은 더 깊은 의미를 가지고 있다. 유추의 핵심에는 비교가 있다. 더 정확히 말하면 유추를 통해 유사점과 차이점을 모두 파악할 수 있다. 유추는 새롭거나 낯선 개념을 파악하는 데 도움을 주며, 뒤에서 살펴보겠지만 이 때문에 유추는 매우 강력한 학습 도구가 될 수 있다.

유추가 학습에 어떻게 도움이 되는지 더 잘 이해하기 위해 여러모로 잘 조직된 다음 문제를 고려해 보자. 당신은 의사다. 그런데 어느 날 아침 환자가 치명적인 종양이 위장에 생긴 채로 찾아 왔다. 수술은 불가능하다. 환자는 너무 많은 출혈을 겪을 것이다. 다행히도 당신의 동료 중 한 명이 최근에 종양을 죽이는 광선(Vapor 3000이라고 부르자)을 개발했는데 단 한 번의 긴 발사로 종양이 사라진다고 하자.

하지만 중요한 문제가 있다. 만약 당신이 최대 출력으로 그 광선을 발사하면 위장 주변의 모든 다른 모든 기관, 즉 장, 간, 결장까지 모두 없어질 것이다. 그러므로 문제를 해결하기 위해 최대 출력으로 발사해서는 안 된다. 하지만 또 다른 문제는 만약 당신이 저출력의 광선을 발사한다면 종양에는 아무런 일이 일어나지 않는다는 점이다. 단 한 번의 저출력 발사로는 충분하지 않다.

그렇다면 어떻게 해야 할까?

지난 40년 동안, 심리학자 키스 홀리오크Keith Holyoak는 이 문제를 수백 명의 다른 사람들에게 제시했다. 이 문제는 사실 그의 경력에서 가장 중요한 것이 되었는데 그 해답은 수렴convergence이라는 개념이다. 구체적으로 말하면 가장 좋은 해결책은 약한 광선을 여러 각도에서 종양을 향해 발사하는 것이다.

사람들이 이 정답을 찾아내는 방법은 여러 가지가 있는데, 공학 배경 지식을 가진 사람들은 더 쉽게 정답을 찾는다. 이는 다시 한번 지식 효과가 작용한 예다. 조언도 큰 도움이 되며 만일 홀리오크 같은 전문가가 단서를 제공하면 정답을 찾을 가능성이 훨씬 높아진다.

하지만 홀리오크가 수십 년에 걸쳐 보여 준 것은 유추가 학습에 가장 좋은 방법 중 하나라는 것이다. 정답과 유사한 것을 제시하면 사람들이 수수께끼를 풀 수 있는 능력이 크게 향상된다. 홀리오크는 약 40년 전에 종양 문제를 사용하여 이 사실을 처음으로 입증했으며 그의 주장에 대한 증거는 시간이 지남에 따라 훨씬 더 견고해졌다.

최근에 홀리오크는 일부 피험자들에게 종양 문제와 관련하여 유사한 해결책이 담긴 애니메이션을 보여 주었다. 여러 개의 대포가 원형으로 성을 둘러싸고 포탄을 발사되는 모습을 상상해 보라. 비디오를 본 후 사람들은 적절한 해결책을 제시할 가능성이 훨씬 더 높아졌다. UCLA에 있는 사무실에서 만났을 때 그는 "반복적으로 노출되면 사람들은 유추하기가 더 쉬워집니다"라고 말했다.

유추의 장점 중 하나는 새로운 개념과 아이디어를 이해하는 데 도움이 된다는 것이다. 유추는 사람들이 특히 익숙하지 않은 것을 이해할 수 있는 방법을 제공하며, 우리가 라틴어를 사용하여 이탈리아어를 이해하거나 스페인어를 사용하여 포르투갈어를 이해하는 것과 같은 방식으로 새로운 것을 파악하는 데 사용할 수 있다.

기업들은 이것을 알고 있으며, 많은 스타트업은 우버를 유사한 예로 사용하여 새로운 제품이나 서비스를 설명하는 데 활용한다. 블루 에이프런Blue Apron은 자신을 고급 요리계의 우버라고 홍보했다. 드라이클리닝 회사인 DRYV 역시 드라이클리닝 업계의 우버로 묘사되었다. 지금은 머리 자르기, 자녀의 셔틀 등을 위한 우버 서비스도 있을 정도다.

마케팅 캠페인도 비슷한 경우가 많다. 보험 회사 스테이트팜State Farm은 '좋은 이웃처럼, 스테이트팜이 함께합니다'라는 광고 문구를 활용해 왔다. 정치인들 역시 항상 이런 방식을 사용하며, 작가 존 폴락John Pollack이 그의 저서 《지름길Shortcut》에서 언급한 것처럼 의원들은 야구에 비유하여 '삼진 아웃three strikes' 형법을 추진하기도 했다.

유추는 또한 창의적인 발명의 어머니라고 할 수 있다. 유추야말로 우리가 예상치 못한 연결 고리를 만드는 방식이며, 창의적 발명의 역사는 유추를 기반으로 하는 반전으로 가득 차 있다. 요하네스 구텐베르크Johannes Gutenberg는 포도 압착기를 보고 인쇄기를 발명했으며, 라이트 형제Wright brothers는 새를 관찰하고 세계 최초의 비행기를 만들었다. 트위터는 문자 메시지와 SNS를 절반씩 합친 것이다.

이러한 점에서 유추는 동떨어진 아이디어나 개념 사이의 다리 역할을 한다. 예를 들어 대부분의 사람들은 〈로미오와 줄리엣Romeo and Juliet〉을 이미 잘 알고 있으므로 뮤지컬 〈웨스트 사이드 스토리West Side Story〉를 설명하기가 더 쉽다. 이 작품은 뉴욕을 배경으로 한 1950년대 버전의 〈로미오와 줄리엣〉이라고 생각하면 된다. 또 다른 예는 C.S. 루이스의 소설 《사자와 마녀와 옷장The Lion, the Witch and the Wardrobe》이다. 이 책의 줄거리를 설명하는 좋은 방법은 성경을 참조하는 것이다. 왜냐하면 이 책은 신약 성경의 판타지 소설 버전이기 때문이다. 영화 〈델마와 루이스Thelma and Louise〉는 또 어떤가? 이 1980년대 블록버스터 영화에 출연한 배우 수전 서랜든Susan Sarandon은 "남자 대신 여자가 나오는 카우보이 영화"라고 적절하게 이 영화를 표현했다.

이해를 증진하는 방법으로서의 유추는 어느 정도 주의를 필요로 한다. 홀리오크는 사람들이 잘 아는 출처를 바탕으로 유추해야 한다고 권장한다. 예를 들어 '칼로 벤 것처럼 아프다it cuts like a knife'라는 관용구는 사람들이 칼에 대해 상당히 잘 알고 있기 때문에 이해가 잘 된다.

유추를 이용하여 무언가를 이해할 때는 비유되는 두 개념 또는 사물 사이의 유사점을 구체적으로 명시해야 한다. 종양 문제의 경우, 홀리오크가 지적한 것처럼 비유되는 상황을 나란히 또는 바로 옆에 표시하면 사람들이 문제를 더 쉽게 해결할 수 있다.

물론 유추가 항상 효과가 있는 것은 아니다. 때로는 유사점이 거의 없는 경우도 있기 때문이다. 예를 들어 미국 대통령과 자동차 열쇠 세트, 또는 금붕어와 킬리만자로 산 사이에 강력한 연결 고리를 만드는 것은 어렵다.

그러나 약한 유추조차도 나름의 힘을 가지고 있으며 스티븐 라이트Steven Wright와 같은 일부 코미디언들은 유추를 소재 삼아 인기를 얻기도 했다. 라이트는 "세상이 좁다지만 그렇다고 해서 세상을 칠하고 싶지는 않아"라고 말했다.

제리 세인펠드Jerry Seinfeld도 마찬가지였다. 그는 "나는 친구 결혼식에서 들러리best man를 섰다. 그런데 내가 최고의 남자best man인데 신부는 왜 내 친구와 결혼하는가?"라고 말했다.

마글리오지 형제들도 마찬가지였다. 메리 고든 스펜스의 마쯔다 차량에 대한 첫 번째 통화 후 얼마 지나지 않아 두 형제는 그녀에게 다시 연락했다. 자신들이 정확한 답변을 제공했는지 알고 싶었다. 형제 중 한

깜짝 퀴즈 #23

다음 말에 맞다 또는 아니다로 답해 보자.
"학습은 시간을 두고 분산해야 효과가 좋다."

명이 물었다.

"그래서 진공 브레이크 부스터가 문제였나요?"

"당신들이 정답을 말해 주지 못할 거라고 생각했다면 전화하지 않았을 거예요. 당신들이 맞았어요. 아주 정확했어요." 스펜스가 대답했다.

하지만 그녀는 한 가지 불만이 있었다. 끽끽대는 브레이크 소리가 사라져서 더 이상 그 소리에 장단을 맞추어 연주할 수 없게 되었다고 했다.

"이제 운전이 너무 지루해요."

형제들은 웃었다. 그러다가 문제에 대한 새로운 전환점인 유추를 생각해 냈다.

"하모니카를 가지고 다니는 건 어떨까요?"

유추를 활용하기

학습 도구로서의 유추는 일련의 특정한 질문들을 던지게 하기 때문에 효과적이다. 예를 들어 '이러한 것들은 어떤 유사점이 있는가? 다른 점은 무엇인가? 어떤 면에서 비교 가능한가?'와 같은 질문이다.

다시 말해 우리는 유추를 통해 범주^{categories}를 알 수 있다. 그룹에 대해 생각하고 그룹을 구성하는 것이 무엇인가에 대해 고민할 수 있다. 예를 들어 사과와 오렌지가 둘 다 과일이라고 말할 때는 유추적 사고에 의존하고 있는 것이다. 즉, 사과와 오렌지의 속성―둘 다 씨가 있고, 나무에서 자라며, 과육이 있다는―을 일치시켜 과일이라고 판단하는 것이다.

또 다른 예는 개다. 털이 많은 대형견 말라뮤트와 1.2kg짜리 퍼그는 거의 비슷하게 보이지 않지만, 우리는 그들을 연결하는 유추를 이해하기 때문에 둘 다 개라고 부르는 데 문제가 없다. 우리는 두 동물 모두 특정한 공통점을 가지고 있다는 것을 알고 있다. 즉, 코, 꼬리, 다리, 날카로운 이빨을 가진 사회적 포유류라는 점이다.

롭 골드스톤의 주장을 다루면서 우리는 이미 유사점과 차이점의 가치를 접한 적이 있다. 사람들이 학습 방식을 혼합해야 하는 이유 중 하나는 공통점을 찾아야 하기 때문이다. 다양한 과일을 접하면 과일 범주를 더 잘 이해하게 되며 마찬가지로 다양한 개를 접하면 개라는 범주에 대한 이해가 더욱 깊어진다.

유추는 학습이 도움이 되며 다른 개념이나 사물을 명확하게 구별할 수 있도록 해 준다. 또한 유추는 학습에 비교와 대조를 이용한 접근법을 도입한다. 라디오 쇼 '카 토크'를 예로 들어 보자. 언뜻 보기에 이 쇼는 다소 혁명적으로 보일 수 있다. 왜냐하면 적어도 뉴스 보도 위주의 NPR National Public Radio에서 보기 힘든 익살스러운 농담과 실용적인 주제를 다루기 때문이다. 하지만 비교를 해 보면 '카 토크'는 NPR 역사에서 매우 정상적인 프로그램이었다. '카 토크' 이전에는 개리슨 케일러Garrison Keillor가 진행하는 〈프레리 홈 컴패니언Prairie Home Companion〉이 있었는데 이 프로그램 역시 익살과 사회 논평을 혼합한 형태였다.

또 다른 예는 이 장의 시작 부분에서 논의했던 아인슈타인이다. 우리는 그를 다른 위대한 물리학자들과 비교함으로써 많은 것을 배울 수 있다. 유사점과 차이점을 이해하면 어떤 사실이나 개념의 심층적인 특징을 더 예리하게 파악할 수 있다. 예를 들어 다른 최고의 물리학자들과 비교했을 때 아인슈타인은 수학에 그리 큰 비중을 두지 않았다. 그와 동시대 인물인 폴 디랙Paul Dirac은 그의 이름을 딴 방정식이 있을 정도다. 하지만 아인슈타인은 그렇지 않았다. 그는 동료들보다 사회 정의 문제에 훨씬 더 많은 관심을 가졌고 위험을 감수하는 성향도 강했다.

여전히 비교하고 대조하는 작업의 효과가 의심스러운가? 그렇다면 몇 년 전에 관리자들과 예비 관리자들이 한 방에 모여 받았던 직무 교육에서 있던 사례를 들어 보겠다. 교육 세미나에서 흔히 볼 수 있듯이 사례가 담긴 교육 자료가 있었고 교육생들은 그 사례들을 읽어야 했다.

이들은 일반적으로 협상에 매우 유용한 조건부 계약contingent contracts에 대해 배우기로 되어 있었다. 계약이 특정 행동이나 결과에 따라 조건부로 이루어지면 양 당사자는 일반적으로 더 많은 유연성을 갖게 된다. 하지만 여러 가지 이유로 사람들은 실제 협상에서 조건부 계약을 사용하지 않는 경향이 있다. 사람들은 그런 것이 있는지도 모르거나 아니면 내용을 이해하지 못했다. 이 교육은 그러한 문제를 해결하는 것을 목표로 했고, 모든 피교육생은 협상 역할극을 시작하기 전에 교육 자료를 읽어야 했다.

몇몇 심리학자들이 교육을 주관하면서 강의에 작은 변화를 주었다. 피교육생의 절반에게는 사례 연구를 '설명'하라고 했고 나머지 절반에게는 사례의 '유사점에 대해 생각'하라고 지시했다.

그 차이는 별로 크지 않았다. 정말 몇 단어에 불과했다. 하지만 유사점을 생각하라는 지시는 극적인 효과를 가져왔다. 두 번째 그룹은 비교와 대조를 이용하여 조건부 계약의 체결률을 두 배 가까이 높였고 개념에 대한 이해도도 상당히 깊어졌다.

데드리 겐트너Dedre Gentner는 이 협상 교육 연구에 참여한 심리학자 중 한 명이었다. 최근에 칙칙한 콘퍼런스 호텔 복도에서 그녀를 만날 기회가 있었는데 우리는 커피를 마시며 이야기했다.

내가 유추에 관심을 보이자 겐트너는 흥분해서 나를 쳐다보았다. "같은 것을 계속 반복하는 것도 좋기는 하지만 다른 것들을 보지 않으면 기본적으로 평생 같은 수준에 머무를 수밖에 없습니다."

"하지만 유추가 그렇게 쉬운 일은 아니죠"라고 내가 반박했다.

그녀는 고개를 끄덕이며 이렇게 말했다. "하지만 유추는 당신이 지식을 가지고 세상에 나갈 수 있도록 도와줍니다."

학습에 관해 기억해야 할 마지막 한 가지는 유추를 하면 더 심층적인 추론을 하는 데 도움이 된다는 점이다.

이 개념을 이해하도록 도와준 사람은 다트머스 대학교의 파멜라 크로슬리Pamela Crossley 교수였다. 크로슬리 교수는 잘못된 내용으로 가득 찬 책이나 기사를 읽고 오라고 과제로 내준다. 내용은 정말 황당하고 터무니 없는 것들이었다. 학생들은 금성이 한때 지구와 거의 충돌할 뻔했다고 주장하는 다큐멘터리를 보거나 초기 이집트인들이 고대 그리스의 발전에 많은 영향을 미쳤다고 주장하는 학술 논문을 읽어야 한다.

이 모든 것이 터무니없게 느껴질 것이다. 몇 년 전 크로슬리 교수의 수업에 등록했을 때 나는 확실히 그렇게 느꼈다. 당시 나는 20대 초반의 대학 졸업반이었고, 수업의 일환으로 《성혈과 성배Holy Blood, Holy Grail》라는 책을 과제 도서로 받았다. 1980년대에 출판된 이 책은 예수의 후손이 살아 있으며 이들은 현대판 '성전 기사단Knights Templar'같은 비밀 단체 네트워크를 통해 유럽을 통제하는 것을 목표로 삼고 있다고 주장한다.

그렇지만 우리는 이 책을 단순히 기괴한 음모론으로 치부할 수 없었다. 수업에서 크로슬리 교수는 우리가 그 책에서 무엇이 옳고 무엇이 틀렸는지 추론해 내도록 지시했다. 다시 말해 교수는 학생들이 책에서 주장하는 내용에 대하여 스스로 추론하기를 원했다. 실제로 책의 일부 내용은 정확하다는 것이 밝혀지기도 했다. 템플 기사단은 실제로 존재했으며 프랑스 왕은 결국 그 단체를 불법화하고 지도자들을 화형에 처했던 역사적 사실이 있었다.

하지만 우리는 동시에 이 책에서 무엇을 틀렸는지도 찾아내야 했는데 《성혈과 성배Holy Blood, Holy Grail》는 빈약한 논리로 가득차 있었다. 예를 들어, 책에서 저자는 만약 예수와 막달라 마리아가 서로 알았기 때문에 당연히 자녀를 가졌을 것이라고 주장했다. 하지만 두 사람이 결혼했다는 증거는 없다. 게다가 예수와 마리아의 후손들이 오늘날까지 살아 있으며, 세상을 장악할 계획을 세우고 있다는 주장을 뒷받침하는 증거는 더더구나 없다.

크로슬리 교수의 교수법과 학습법은 내가 알던 것과 완전히 다른 것이었다. 이전 수업에서는 모든 것이 옳거나 틀리거나, 참이거나 거짓이었다. 하지만 크로슬리 교수의 관점에서 세상은 그렇게 단순하지 않았다. 학습도 마찬가지였으며 학생들은 설명을 만들어 내야 했다. 교수는 우리가 어떻게 추론하여 답을 냈는지를 분석하고, 다양한 사고방식을 비교하며, 유추적 사고에 참여하기를 원했다. 크로슬리 교수는 최근 내게 "추론 자체가 바로 수업입니다. 추론 방법을 연구 대상으로 보는 것입니다"라고 귀띔했다.

여러 면에서 이 책을 쓰게 된 동기는 크로슬리 교수의 수업에서 시작되었다. 이 수업은 사람들이 효과적인 사고 능력을 얻는 방법에 대한 관심을 집중시켰다. 하지만 더욱 중요한 것은 이 수업이 추론의 마지막 이점—추론이 이성의 원동력이라는—을 강조한다는 점이다. 모든 개념의 중심이 되는 비교는 논리적 추론을 촉진한다. 인지 과학자 더글러스 호프스태터Douglas Hofstadter는 유추야말로 '사고의 연료이자 불씨'로 작용한다고 말한다.

우리는 추론 능력을 향상시킬 수 있으며, 유추적 사고로부터 실수의 본질을 배울 수 있다. 한정된 정보만으로 광범위한 결론을 내리는 과잉 일반화overgeneralization를 예로 들어 보자. 과잉 일반화는 흔히 저지르는 오류로서, 본질적으로 비유를 지나치게 확장할 때 발생한다. 예를 들어 한 번 사고가 났다는 이유로 특정 도로를 운전하지 않는다면 그것은 과잉

깜짝 퀴즈 #24

학부모가 학생이 수학 문제를 잘 풀었다고 칭찬한다. 다음 중 어떤 칭찬이 학생이 앞으로 어려운 문제를 해결하도록 동기를 부여하는 데 가장 효과적일까?

A. 너는 정말 똑똑하구나.
B. 너는 정말 열심히 노력했구나.
C. 너는 수학에 재능이 있구나.
D. 너에게 수학은 정말 쉬운가 보구나.

일반화이며 잘못된 유추다.

같은 맥락에서 우리는 가정assumptions에 주의해야 한다. 우리는 종종 유도성 질문이나 빈약한 전제를 바탕으로 추론해야 하는 경우도 있다. 이 때문에 여러 아이디어와 비유가 나쁜 영향을 받는다. 예를 들어 사람들은 바깥 기온이 낮기 때문에 지구 온난화는 잘못된 것이라고 주장한다. 여기서 빈약한 가정은 주변 온도가 지구 온난화를 판단하는 신뢰할 만한 기준이라고 생각하는 것이다.

그 다음은 사실의 무게를 판단하는 문제다. 이것은 《성혈과 성배》에서 가장 큰 문제였고 실제로 대부분의 음모론에서도 마찬가지였다. 이 책에서 저자는 예수와 막달라 마리아가 서로 알았기 때문에 분명히 결혼하여 자녀를 낳았을 거라고 추론한다.

그러나 이 주장은 두 가지 매우 다른 활동, 즉 친분과 결혼을 혼동하고 있다. 결론을 도출하고 강력한 유추를 할 때 우리는 어떤 것들에 너무 많은 무게를 주지 않도록 주의해야 한다.

학습의 다른 모든 측면과 마찬가지로 여기서도 지식 효과는 중요한 역할을 한다. 댄 윌링햄Dan Willingham 교수나 다른 여러 학자들이 주장했듯이 해당 주제에 대한 탄탄한 기초가 없다면 이러한 종류의 추론 능력을 가르치는 것은 매우 어렵다. 학습 과정에서는 내용을 이해하는 것이 연결보다 선행되어야 한다. 그러나 어떤 주제와 관련하여 암기만 하고 사고 능력을 배우지 않는다면 실제로 배운 것이 아니다.

문제를 해결하는 능력 기르기

우리는 이 책에서 문제 해결이 학습에 어떻게 도움이 될 수 있는지에 대해 많은 이야기를 했다. 이전 장에서는 학생들이 문제를 해결하며 수학과 과학을 배우는 하이테크 고등학교를 다루었고, 이번 장에서는 기술을 연마하기 위한 수단으로서 과학적 과정을 살펴보고 스티브 브로드너의 일러스트레이션 수업과 페이스북의 해커톤 양성 교육 프로그램을 분석해 보았다.

그러나 우리가 다루지 않은 중요한 것이 있다. 그것은 우리가 알고 있는 것을 연결하여 문제를 해결하는 능력, 즉 실제 문제를 해결하는 능력이다.

이것이 중요한 이유는 두 가지다. 첫째, 문제 해결은 그 자체로서 중요하다. 그렇기 때문에 우리는 문제를 해결하기 위해 기술을 배우는 것이다. 둘째, 관계 전문성을 갖추면 문제를 더 잘 해결할 수 있다. 시스템을 이해하면 다양한 상황에 지식을 적용할 수 있으며 궁극적으로 문제 해결은 유추를 통한 추론에 달려 있다.

거프리트 달리왈Gurpreet Dhaliwal은 이에 관련한 사례 연구를 많이 해 본 경험이 있다. 응급 의학과 의사인 달리왈은 의료 문제 해결의 '슈퍼스타'로 불린다. 그의 진단적 사고diagnostic thinking 능력을 보여 주는 논문이 여러 학술지에 많이 실려 있으며 그는 미국에서 가장 인정받는 의과 대학에서 임상 추론 실습을 가르친다.

얼마 전 호텔 로비 한쪽에서 그를 만났는데 그는 질병에 대한 남다른 안목을 가지고 있는 것 같았다. 풍부한 경험을 바탕으로 극심한 입마름 같은 쇼그렌 증후군Sjögren's syndrome의 징후를 즉시 알아차린다. 환자가 날카로운 옆구리 통증을 호소하면 보통은 맹장염이나 신장 결석 같은 일반적 질환을 예상하지만 신장 경색과 희귀한 질환의 가능성도 고려한다.

하지만 지식만으로는 충분하지 않을 수 있다. 증상이 항상 질병과 일치하지 않으며, 교과서적인 사례는 오직 교과서에서만 발견되기 때문이다. 예를 들어 현기증은 심각한 신호일 수도 있지만 단지 수면이 부족해서 생길 수도 있다. 피로나 가슴 통증도 마찬가지다. 심각한 심장 문제의 신호일 수도 있고 아니면 그저 스트레스 때문일 수도 있다. "무엇이 신호이고 무엇이 잡음인지 알아내는 것이 어렵습니다"라고 그는 말한다.

여기서 중요한 것은 환자의 상황과 의학적 배경이다. 성인의 허리 통증은 크게 심각한 것이 아닐 가능성이 높지만 어린이의 경우는 암과 같은 심각한 질환의 신호일 수 있다. 만일 애완용으로 앵무새를 키우는 사람이 응급실에 실려 왔다면 그에게 내릴 수 있는 진단은 일반적인 사람과 매우 달라질 수 있다. 새들이 폐 질환을 전염시키는 경우가 있기 때문이다.

중요한 것은 증상과 진단을 매칭시켜 질병과 증상 사이의 연관성을 만드는 것이다. 달리왈은 이것이 의학에서 가장 중요한 기술이며, 이러한 진료는 연결 고리를 찾아 패턴을 인식하는 과정이라고 주장한다. "진단은 일종의 매칭 연습입니다." 달리왈의 말이다.

이것이 어떻게 작동하는지 더 잘 이해하기 위해 한 번은 그가 객혈하는 노인의 복잡한 사례를 분석하는 것을 옆에서 지켜본 적이 있었다. 그것은 의학 관련 학술 대회였는데 그는 연단에서 조셉 코프만^Joseph Coffman 박사가 제공한 사례 세부 정보와 함께 자신의 분석 결과를 발표했다.

요약하자면 어느 날 안드레아스라는 남자가 응급실에 실려 왔는데 숨을 잘 쉴 수 없었다. 안드레아스는 약간의 열도 있었고 최근에 체중이 많이 줄었다고 했다.

달리왈은 진단의 첫 단계는 정확한 환자의 문제를 한 문장으로 간략하게 요약하는 것이라고 강조한다. 그는 이를 "정확한 구글 검색처럼 간결하고 핵심을 찔러야 합니다"라고 표현한다. 이 환자의 경우는 '객혈(피를 토하는 증상)이 있는 68세 남성'으로 요약할 수 있었다.

달리왈은 진단 과정 초기에 광범위한 가설을 세우고 조사를 진행했다. 안드레아스의 경우 폐 감염의 가능성이 있다고 생각했다. 아니면 자가 면역 문제일까?

하지만 신뢰할 수 있는 결론을 내릴 만큼 충분한 데이터가 없었으므로 달리왈은 우선 정보를 수집했다. 그러다가 흉부 X선 영상, HIV 검사 등 각종 결과가 들어오면서 달리왈은 다양한 가능성에 대해 논의하면서 정보를 여러 가지 방식으로 재조합하여 환자의 증상이 여러 잠재적 이론과 어떻게 일치하는지 평가했다. "진단하기 위해 때로는 데이터를 통합하려고 하고, 때로는 분할하여 조각내려고 합니다." 달리왈의 말이다.

하지만 안드레아스가 가나를 방문한 적이 있었다는 사실을 알고 달리왈은 다르게 생각하기 시작했다. 그것은 안드레아스가 에볼라와 같은 드문 질병에 걸렸을 가능성이 있다는 것을 의미했다. 그리고 달리왈은 안드레아스가 비료 공장과 납 배터리를 만드는 공장에서 일했다는 것도 알게 되었다. 달리왈은 여러 시나리오를 빠르게 검토했다. 공장 근무 이력은 안드레아스가 유해 화학 물질에 노출되었다는 것을 의미했으므로 한동안은 납과 같은 독성 물질이 질병의 근본 원인인 것처럼 보였다.

달리왈은 특히 실험실 검사에서 나온 비정상적인 적혈구 결과를 포함하여 납 중독 이론을 뒷받침할 만한 몇 가지 강력한 증거를 가지고 있었다. 그러나 달리왈은 증거의 깊이에 만족하지 못했다. 모든 증상을 고려했을 때 납 중독이라는 결론을 내리기에는 불충분해 보였다. "나는 말하자면 법정에 증거를 제시하는 변호사와 같습니다. 확실한 증거가 필요하죠." 달리왈의 말이다.

병이 진행되면서 안드레아스의 증세는 더 심해졌고 달리왈은 새로운 증상을 발견했다. 심장에 종양이 있다는 것이었다. 이것은 다른 방향으로 진단을 전환시켰다. 즉 납 중독은 심장에 종양을 유발하지 않기 때문에 독성 화학 물질로 인한 발병 가능성은 제외시켰다.

결국 추가 조사 끝에 달리왈은 안드레아스의 증상과 자신의 의학적 전문 지식 사이에 강한 상관관계가 있음을 확인하고 심장 혈관육종, 즉 심장암이라는 진단을 내렸다. 그러자 적혈구 수치의 감소, 심장에 생긴 종양 그리고 객혈 증상이 모두 설명이 되었다. 달리왈은 이렇게 말한다.

"진단이란 결국 여러 가지를 종합하는 능력입니다."

깜짝 퀴즈 #25

다음 말에 맞다 또는 아니다로 답해 보자.
"어떤 주제를 제대로 배우려면 그 주제와 관련된 사실을 알아야 한다."

결국 안드레아스가 사망한 다음 심장을 부검한 결과 달리왈의 진단이 옳았다는 것이 증명되었다. 그 일이 있은 후 수십 명의 다른 의사들이 그에게 질문을 퍼부었다. "폐에 헤모글로빈이 있었다는 것은 생각하지 않으세요?"라고 한 의사가 물었다.

몇 분 후 사람들이 사라지고 나자 달리왈은 공항에 어떻게 갈지 생각했다. 우버를 탈까? 아니면 택시를 잡을까? 그것은 또 다른 해결해야 할 문제였고 그는 우버를 선택하기로 결정했다. 더 저렴하면서도 택시만큼 편안할 것 같았다. 그것이야말로 문제에 가장 잘 맞는 해결책이었다.

체계적으로 문제를 해결하는 법

학습 자체가 그러하듯 문제 해결은 과정이자 방법이며 접근 방식이다. 이러한 개념은 헝가리의 수학자 포여 죄르지George Pólya가 처음으로 제시했다. 포여는 20세기 초의 중요하지만 잘 알려지지 않은 유럽인 중 한 명이었다. 반짝이는 눈과 두꺼운 안경을 가진 포여는 괴짜 학자처럼 보였는데 실제 성격도 그래서 한 학교에서는 다른 학생을 때린 이유로 쫓겨나기도 했다.

젊은 수학자로서 포여는 일련의 획기적인 논문으로 확률 분야에 혁명을 일으켰다. 또 다른 전문 분야는 정수론으로서 포여는 이 분야에서 중요한 이론 중 하나를 정립하기도 했다. 수년에 걸쳐 포여는 다항식과 조합론에 관한 중요한 논문도 발표했다. 결국 그는 자신의 이름을 딴 다섯 가지의 다른 정리를 갖게 되었고 사람들은 포여를 20세기 최고의 수학자 중 한 명으로 여긴다.

60대 후반 스탠퍼드 대학교에서 가르치던 포여는 문제 해결 방법에 집중하기 시작했다. 그는 모든 종류의 문제에 대한 '해결의 동기와 절차'를 체계적으로 정리하고 싶었고, 결국 네 가지 명확한 단계로 구성된 체계적인 접근법을 개발했다.

첫 번째 단계는 '이해understanding'다. 이 단계에서 사람들은 문제의 핵심 아이디어나 본질을 찾아야 한다. 포여는 이 단계에서 '문제를 이해해야 합니다'라고 주장했다. "미지수는 무엇인가요? 어떤 데이터가 있습니까?"

두 번째 단계는 '계획 수립devising a plan'이다. 문제를 해결할 방법을 계획하는 단계다. "데이터와 미지수 사이의 연결 고리를 찾아야 합니다"라고 포여는 조언한다.

세 번째 단계는 '계획 실행carrying out the plan'이다. 이는 계획을 실행하고 검증하는 단계다. "그것이 옳다는 것을 증명할 수 있습니까?"

마지막 단계는 '되돌아보기looking back', 즉 해결 방법으로부터 배우는 단계다. "결과와 그 결과로 이어진 경로를 재검토함으로써〔사람들은〕지식을 공고히 하고 문제 해결 능력을 개발할 수 있습니다."

포여의 접근 방식은 선구적이었다. 이전에는 그 누구도 문제 해결이라는 주제를 이처럼 집중적으로 연구한 적이 없었다. 그리스 사람이나 로마 사람, 홉스나 공자와 같은 철학자들도 마찬가지였다. 하지만 거의 여섯 곳의 출판사가 포여의 혁신적인 원고를 거절하며 "감사하지만 아쉽게도…"라는 내용의 답장을 보내 왔을 정도였다.

《어떻게 문제를 풀 것인가 How to Solve It》라는 제목의 책은 결국 출판되어 백만 부 이상 팔렸고, 포여의 해결책은 곧 수학뿐 아니라 다양한 분야로 퍼져 나갔다. 의학 분야에서는 이 방식이 거의 기본이 되었다. 예를 들어 거프리트 달리왈은 안드레아스에게 심장암을 진단하면서 포여의 방법을 거의 그대로 따랐다.

달리왈의 '구글 검색어' 비유는 포여의 2단계와 매우 유사하다. 그리고 포여의 3단계와 마찬가지로 달리왈은 의사들에게 질병에 대해 자세히 읽어 보며 세부적인 내용을 다시 확인하도록 권장한다. 달리왈은 내게 이렇게 말했다. "그건 위키피디아 페이지를 방문하는 것과 마찬가지죠. 지식을 새로 업데이트 해야 합니다."

엔지니어링과 같은 분야에서는 포여의 전략이 디자인 사고 design thinking (문제의 핵심을 파악하고 다양한 해결책을 탐색하여 최적의 결과를 도출하는 문제 해결 방식-옮긴이)로 발전했다. 이 접근 방식은 사회과학적 관점을 강조한다. 디자인 사고 전문가인 스탠퍼드 대학교의 버나드 로스 Bernard Roth 교수는 문제를 해결해야 할 때는 자신이 문제에 직면한 사람의 입장이 되어 "내가 이 문제를 해결하면 상황이 어떻게 달라질까?"를 고민해야 한다고 말한다.

이러한 문제 해결 접근 방식은 놀라운 이점을 제공한다. 〈뉴욕 타임스〉의 건강 칼럼니스트인 타라 파커 포프 Tara Parker-Pope 는 원래 최신 의료 트렌드에 대해 냉철한 시각을 가지고 있었고, 다양한 유행과 널리 받아들여지는 통념에 반박해 왔다. 예를 들어 포프는 부부싸움이 실제 결혼 생활에 긍정적인 영향을 미칠 수 있다는 주장도 했다.

그러나 포프가 자신의 체중 문제에 디자인 사고를 도입한 결과 확실한 효과를 보았다. 문제 해결 과정의 일부로 포프는 먼저 문제를 이해하는 것을 목표로 했다.(포여의 1단계) 결국 그녀는 수면 및 식단 문제와 함께 사회적 관계가 원인이라는 결론에 도달했다. 포프는 "진짜 문제는 체중이 아니었습니다. 오히려 친구 관계에 집중하고, 기본 에너지 대사량을 높이며, 질 높은 수면을 취하는 데 집중해야 했습니다"라고 말했다.

포프는 이러한 특정 문제점을 개선하겠다는 목표를 세우고 해결 방안을 계획했다.(포여의 2단계와 3단계) 그녀는 오후의 '식곤증'을 유발했던 밀가루 음식을 덜 먹기 시작했으며 더 많은 수면을 취하는 데 집중했다. 친구들과의 관계 역시 최우선으로 생각하면서 포프는 약 12kg의 체중을 감량했다. 그리고 자신의 경험을 반영한 기사를 신문에 발표했다.(포여의 4단계)

문제를 해결하는 방식에는 여러 가지가 있다. 연구에 따르면 스스로 질문하는 사람들은 그렇지 않은 사람들보다 문제 해결에 더 효과적이라고 한다. 예를 들어 다음과 같은 질문을 자신에게 해 보자. 충분한 증거가 있는가? 반대 주장은 무엇인가? 이와 마찬가지로 우리는 우리의 추론에 대해 이성적이어야 한다. 어떤 비논리적 사고에 빠졌는지, 어떤 편견에 취약한지를 살펴봐야 한다.

우선순위를 정하는 것도 중요하다. 의학이나 자동차 수리 같은 분야에서는 어떤 문제들이 다른 문제들보다 더 시급하게 마련이다. 누군가 군사 작전 중 문제를 해결하려고 할 때 가장 먼저 해야 할 일은 자신의 안전을 확보하는 것이다. 이는 비상사태 발생 시 비행기 승무원이 승객들에게 다른 사람을 돕기보다 우선 자신의 산소 마스크를 착용하라고 권하는 이유다. 숨을 쉴 수 없다면 다른 사람들을 돕기 어렵기 때문이다.

스탠포드 대학의 심리학자 댄 슈워츠 Dan Schwartz와 연락해 보니 그는 사람들이 접근 방식이 실패하고 있음을 깨달았으면 새로운 방법을 시도해야 한다고 말했다. 문제를 잘 해결하는 사람은 무언가가 잘 풀리지 않을 때를 잘 파악하고 다른 전략을 시도한다. "우리는 스스로를 평가할 줄 알아야 합니다"라고 슈워츠는 주장한다.

효과적인 문제 해결을 위해서는 이 책에서 논의한 몇 가지 개념에 따라 개인이 목표를 설정하고 계획을 세워야 한다. 그리고 적극적으로 참여하여 배경지식을 쌓은 다음 그 계획을 실행하기 위한 조치를 취해야 한다. 또한 다양한 아이디어를 평가하고 연관성과 유추를 찾고, 개념도와 같은 도구를 활용하여 패턴을 파악하고 시스템을 만들어야 한다.

포여는 또한 성찰하고 해결책을 뒤돌아보는 것이 중요하다고 강조했다. 이는 포여의 4단계의 핵심이다. 다음 장에서 이를 다룰 것이다.

| 6장 |

재고

LEARN BETTER

거의 모든 사람이 빠져 있는 함정

대니얼 카너먼Daniel Kahneman은 우리 시대의 가장 중요한 심리학자 중 한 명이다. 그는 인간 마음의 편향성에 대한 선구적인 연구로 노벨상을 수상했다. 동료 아모스 트버스키Amos Tversky와 함께 카너먼은 사실상 행동 경제학 분야를 창시했다. 《상식 밖의 경제학Predictably Irrational》이나 《넛지Nudge》, 심지어 《머니볼Moneyball》과 같은 책을 읽어 본 적이 있다면 이 책들이 모두 어떤 식으로든 카너먼의 연구에 의존하고 있다는 것을 알 것이다.

몇 년 전 영국의 일간지 〈더 가디언The Guardian〉의 기자가 카너먼을 인터뷰한 적이 있었다. 인터뷰는 런던 소재 호텔의 로비 옆 작은 방에서 이루어졌다. 80대의 카너먼은 조용했고 그의 목소리는 거의 속삭임에 가까웠다. 기자는 인간이 어떻게 더 나은 사고를 할 수 있는지에 대해 질문을 던졌다.

"만약 마법 지팡이가 있다면 내가 무얼 없앨까요?" 카너먼이 혼잣말처럼 물었다. "바로 과신 overconfidence 입니다."

카너먼의 대답은 얼핏 단순해 보이지만 그 중요성은 엄청나다. 사실 우리 모두는 지나친 과신으로 고통 받는다. 우리는 실제보다 훨씬 더 많이 알고 있다고 생각하며, 거의 모든 사람들이 자신이 평균보다 더 똑똑하고, 예쁘고, 숙련되어 있다고 생각한다. 직장에서는 옆에 앉아 있는 사람보다 자신이 더 일을 잘한다고 생각하며, 파티에서는 같이 노는 사람들보다 자신이 더 매력적이라고 생각한다.

이런 과신은 거의 모든 사람을 함정에 빠뜨릴 수 있다. 정치를 예로 들자면, 이라크 전쟁이 끝나지 않았음에도 불구하고 미국 전함에 걸려 있던 '임무 완수 Mission Accomplished' 배너가 대표적이다. 비즈니스계에서 AOL-타임 워너 합병 실패나 서브프라임 모기지 사태 속에서 리먼 브라더스의 파산을 설명할 수 있는 것은 지나친 자신감뿐이다. 스포츠에서는 복싱 선수 레녹스 루이스 Lennox Lewis 가 있다. 그는 헤비급 챔피언이 되었지만 무명의 선수에게 패배해 버렸다.

깜짝 퀴즈 #26

다음 말에 맞다 또는 아니다로 답해 보자.
"학생은 교육자의 자질을 정확히 평가할 수 있다."

과신은 효과적인 학습을 방해하는 주요 요인 중 하나다. 사람들은

자신의 능력을 과신하면 공부하지 않고, 연습하지 않으며, 자신에게 질문하지 않는다. 특히 더 어려운 형태의 학습에 참여할 때 과신이 주는 폐해가 크다. 우리가 무언가를 안다고 생각하면 아이디어를 연결하거나 우리가 아는 것을 확장하는 어려운 단계를 밟으려 하지 않기 때문이다.

문제는 단순히 모니터링이나 메타인지가 부족하다는 것이 아니다. 우리는 또한 숙고하고, 반성하고, 우리가 배운 것을 제대로 흡수했는지 확인하는 데 시간을 충분히 투자하지 않는다. 그러다 보면 제대로 반성하고 검토하지 못한 채 학습 과정의 마지막 단계에 도달하게 된다.

변기가 어떻게 작동하는지 아는가? 아마 대충은 알 것이다. 매일 변기를 사용하니 말이다. 변기를 사용하는 우리 대부분은 언젠가 변기 뒤에 있는 물탱크를 열어 스토퍼를 확인하거나 손잡이를 흔들어 본 적이 있을 것이다.

그렇다면 이 질문에 답해 보자. 변기 작동 방식에 대한 이해도를 1부터 10으로 나누어 평가해 보자.

1. 전혀 모름. 변기의 작동 방법에 대해 아무것도 모른다.
5. 중간. 기본적인 변기 작동 원리에 대해 알고 있다.
10. 전문가. 변기를 몇 개 설치해 본 적 있다.

당신은 아마 스스로를 5점 또는 6점으로 평가할 것이라고 생각한다. 평균보다 약간 높지만 그렇다고 전문가 수준까지는 아니라고 평가할 것이다.

처음에 심리학자 아트 마크먼Art Markman도 변기의 작동 방식을 꽤 잘 안다고 확신했다. 마크먼은 자신의 책 《스마트 씽킹Smart Thinking》에서도 말했지만 어렸을 때 변기를 많이 만져 본 경험이 있었고 그가 배관을 만질 때마다 부모님은 건드리지 말라고 소리치곤 했다. 대체로 마크먼은 화장실 작동 방식에 대한 자신의 이해도에 대해 최소 5점 또는 6점을 매겼을 것이다.

하지만 어느 날 마크먼은 변기에 대해 스스로에게 몇 가지 질문을 던지기 시작했다. 물은 어떻게 변기에서 흘러나올까? 변기 바깥쪽 바닥에 있는 그 튀어나온 부분은 뭘까? 물이 변기 안으로 어떻게 흘러 들어가는지 알기나 할까? 그때 마크먼은 화장실에 대한 자신의 이해가 별로 의미가 없다는 것을 깨달았다. 그는 실제로 장치가 어떻게 작동하는지에 대한 체계적인 이해가 부족했다.

마크먼의 화장실에 대한 이해는 사실 마음의 속임수sleight of mind였다. 그는 자신이 이해한다고 생각했고 설명할 수 있다고 믿었다. 그러나 마크먼은 장치가 어떻게 결합되어 있는지 설명하지 못했고 실제로 이해하지도 못했다. 변기를 분해했다가 다시 조립할 능력이 없었던 것이다.

문제는 시간 부족이 아니었다. 다른 사람들과 마찬가지로 마크먼도 배관 기술에 대해 생각할 시간이 충분했다. 그렇다고 재능이 부족한 것도 아니었고 한때는 인지과학회 사무총장을 지내기도 했던 사람이었다. 하지만 마크먼은 결국 자신의 능력을 과대평가했다. "변기 탱크에서 물이 빠져나가는 것을 그렇게 많이 보았지만 탱크에서 변기로 물을 옮겨 분배하는 메커니즘을 이해하지 못한다"라고 말했다.

이것은 일종의 학습의 역설이라고 할 수 있다. 즉 우리는 더 많은 지식을 습득할수록 더 많은 것을 안다고 생각한다는 것이다. 이런 의미에서 어설픈 지식은 실제로 매우 위험할 수 있다. 그것은 우리를 혼란스럽게 한다. 심리학자들은 수십 년 동안 이에 관한 연구를 하여 '전문가 맹점expert blind spot(전문가가 다른 사람들도 같은 수준의 이해를 하고 있다고 가정하고 그로 인해 그 분야에 대한 기초적인 사실이나 개념을 설명하는 데 어려움을 겪는 현상-옮긴이)', '유창성 휴리스틱fluency heuristic(정보가 명확하고 이해하기 쉬울수록 그 정보에 대한 신뢰도가 높아지는 현상-옮긴이)', '설명 깊이의 착각illusion of explanatory depth(사람들이 어떤 개념이나 사물에 대해 자신이 실제로 이해하는 것보다 훨씬 더 깊이 있게 이해하고 있다고 착각하는 현상-옮긴이)' 등 온갖 멋진 이름을 붙였다.

이들 멋진 이름은 결국 동일한 결론으로 귀결된다. 우리는 종종 우리가 아는 것보다 더 많이 안다고 생각하고 자신의 기술을 과대평가한다. 우리는 우리가 얼마나 모르는지 깨닫지 못한다. 당신은 아마 변기에 자신의 지식을 6점으로 평가할지 모른다. 그러나 당신은 대체로 4점일 것이다.

이는 결국 겸손해야 한다는 첫 번째 교훈으로 돌아간다. 나는 연구 활동을 하면서 이러한 겸손의 필요성을 보았고, 설문 조사를 통해 사람들에게 훌륭한 교육 방식을 식별하는 능력이 있는지 자신을 평가해 달라고 요청했다. 사람들이 자신의 능력을 제대로 알고 있다면 50%는 평균 이하, 50%는 평균 이상으로 균등하게 분포되었어야 했다. 하지만 그렇지 않았고, 거의 90%의 사람들이 훌륭한 가르침을 식별하는 데 최소한 평균 이상이라고 답했다.

물론, 이러한 뻔뻔함에 장점이 없는 것은 아니다. 약간의 과신 없이는 아무도 책을 쓰거나 연구 결과를 발표하지 않을 것이다. 또한 자신감은 일종의 동기 부여를 제공할 수도 있다. 예를 들어 면접에서 자신의 학점을 과장한 대학생들은 더 정직했던 학생들보다 나중에 성적이 더 많이 향상되기도 했다. 연구원 중 한 명은 과장해서 말한 사람들이 '더 높은 성취 목표'를 가지고 있었다고 말했다.

물론 누가 물어보았을 때 "잘 모르겠어요"라고 어깨를 으쓱하는 것도 창피하다. 잘 모르면서도 잘 아는 것처럼 허풍을 떤 것도 지금 생각하면 창피스럽기는 마찬가지다. 나는 길거리에서 야바위꾼들에게 돈을 잃기도 했고, 날짜를 착각해서 비행기를 놓치기도 했다. 몇 년 전에는 캘리포니아 주 의회에서 발표를 했는데 그 내용이 너무 엉뚱해서 한 의원은 농담조로 내게 결투를 신청하고 싶다고 말하기도 했다.

학습에서 과신을 유발하는 요인 중 하나는 친숙함이다. 아이디어나 사실이 우리에게 쉽게 다가오거나, 우리가 그것을 자주 접했을 경우 사람들은 그것에 대해 무언가를 알고 있다고 생각할 가능성이 훨씬 더 높다. 이것이 바로 사람들이 변기에 대해 많이 안다고 생각하는 이유다. 변기가 항상 주변에 있기 때문이다. 이것은 또한 사람들이 훌륭한 교사를 식별하는 능력에 대해 과신하는 이유를 설명해 준다. 그들은 많은 교육을 받았기 때문이다.

우리는 또 다른 방식으로 우리의 능력을 과대평가하기도 한다. 예를 들어 어떤 것이 단순하거나 흔해 보이면 배우기가 훨씬 더 쉬워 보인다.

사람들은 큰 사진이 들어 있는 기사를 읽으면 내용을 이해할 수 있다고 생각할 가능성이 더 높다. 교수가 수업을 열광적으로 이끄는 것을 보면 그 교수로부터 더 많은 것을 배울 수 있다고 생각하지만 실제로는 그렇지 않을 수도 있다.

텍사스 대학교 오스틴 캠퍼스에 있는 연구실에서 마크먼을 만났을 때, 그가 든 또 다른 사례는 테드^{TED} 강연이었다. 테드 강연은 저글링부터 윤리에 이르기까지 다양한 주제를 다룬다. 고도로 치밀한 연설로 강의계의 아이패드라고 할 수 있다. 여러 종류의 스토리텔링과 극적인 순간들, 밝은 조명과 예리한 카메라 앵글이 특징이다. 1천만 번 이상 조회된 강의 영상도 많다.

그러나 마크먼은 테드 강연이 학습에 있어 득보다 해가 더 클 수 있다고 말한다. "내가 그 강연에 문제를 느끼는 것은 강연 자체가 아니라 우리가 그것을 소비하는 방식입니다. 우리는 15분간 매끄럽게 발표되는 강의를 듣고는 바로 다음 강의로 넘어갑니다." 다시 말해, 테드 강연은 전문가가 잘 준비된 무대에서 강의하는 학습 경험처럼 느껴질 수 있다는 말이다. 하지만 이렇게 편하게 배울 수 있는 내용은 쉽게 잊기 마련이다.

이런 방식이 한 번으로 끝난다면 큰 문제가 아닐 수도 있다. 테드 강연이 주제에 대해 고도로 다듬어진 접근 방식을 취하는 게 뭐가 문제인가? 잘 준비해서 제작했다고 해서 누가 문제를 삼겠는가? 하지만 아이러니하게도 이렇게 잘 다듬어진 강연은 우리의 학습을 방해할 수 있다. 일부 심리학자들은 이를 학습의 '이중 저주$^{double\ curse}$'라고 부른다. 즉 자신이 옳은지 확실하지 않다면 자신이 틀렸는지도 확신할 수 없다. 따라서 어떤 것이 쉽게 보일 경우 사람들은 공부를 덜 하게 된다. 사람들은 간단하고 쉽게 배울 것 같은 것에는 노력의 양을 줄인다.

자신의 능력을 과신하는 두 번째 중요한 원인은 과거의 성과다. 우리는 과거의 경험을 바탕으로 학습 여부를 결정한다. 화학 시험에서 항상 좋은 점수를 받았다면 다음 화학 시험을 위해 공부할 가능성은 훨씬 낮아진다. 이전에 있었던 시험보다 훨씬 더 어려울 수도 있는데 말이다. 만약 우리가 계속해서 파워포인트 발표 준비를 해 왔다면 다음 회의를 준비하는 데 덜 신경 쓰게 된다. 매우 다른 회의가 될 수도 있는데 말이다.

군대에서는 이를 '승리병Victory Disease'이라고 부른다. 장군들이 여러 전투에 승리한 경험이 쌓이면 자만하게 되고 자신의 능력을 과도하게 믿게 된다. 커스터의 마지막 저항Custer's Last Stand이 그 좋은 예다. 1876년 여름 리틀빅혼 전투The Battle of the Little Bighorn가 있기 전 조지 암스트롱 커스터 중령Lt. Col. George Armstrong Custer은 군대에서 승진 가도를 달려왔다. 그는 게티스버그와 같은 남북 전쟁의 주요 전투에서 영웅적인 역할을 했다. 남군의 로버트 E. 리Robert E. Lee 장군이 애퍼매턱스 코트 하우스court house in Appomattox 전투에서 항복할 때도 커스터는 유리시스 S. 그랜트Ulysses S. Grant 장군과 함께 있었다.

커스터는 자신의 경험 때문에 결코 패배할 수 없다고 믿었던 것 같다. 수많은 증거와 명백한 징후에도 불구하고 커스터는 리틀 빅혼 전투에서 마주칠 아메리카 원주민 전사의 수를 크게 잘못 판단했다. 그는 수Sioux족이 탈출 경로를 차단할 계획을 세울 것이라고는 전혀 생각하지 않았으며 시팅불^Sitting Bull 추장이 이끄는 부족의 전투력이 그의 지친 병사들보다 다섯 배나 강력할 수 있다는 가능성도 무시했다.

그래서 커스터는 사전 계획을 세우거나 만일의 사태에 대비한 전략을 개발하지 않았으며 심지어 구체적인 명령조차 제대로 내리지 않았다. 결국 1,000명이 넘는 아메리카 원주민들이 커스터와 그의 병사 200명을 사살했지만, 전설에 따르면 커스터의 마지막 말은 "장병들아, 잘 했다. 우리가 해냈어!"였다고 한다.

깜짝 퀴즈 #27

다음 말에 맞다 또는 아니다로 답해 보자.
"우뇌형 인간은 배우는 방식이 좌뇌형 인간과 다르다."

읽고 있는 순간에도 이해 못 하는 나를 받아들이기

하지만 우리는 과신 문제보다 더 긴급하게 우리의 학습 방법을 다시 생각해야 할 필요가 있다. 사람들은 충분한 주의를 기울이지 않는 경우가 많다. 이런 점에서 우리는 종종 인간보다는 로봇에 가깝고, 신중하기보다는 드로이드^droid(영화 스타워즈에 등장하는 로봇류를 총칭하는 용어-옮긴이)에 가깝기 때문에 학습 방식을 다시 생각해야 한다. 문제는 우리가 무언가를 잘못 판단하는 것이 아니라 아예 판단조차 하지 않는다는 점이다.

어렸을 때 내 방문에는 성모 마리아 그림이 걸려 있었다. 그 그림은 중세에 그려진 그림을 복제한 것으로서 빛나는 흰색 목도리를 머리에 두른 채 아기 예수를 안고 있는 마리아의 우아한 모습이 특징이었다. 그림은 작은 원목 액자로 둘러싸여 있었고 아마 나는 그 작품을 하루에 6번 정도 지나쳤을 것이다.

그 다음에 일어난 일은 기억과 경고가 혼합되어 여러 차례 반복되는 가족 전설 같은 이야기다. 그 이야기는 어느 날 어머니가 부엌으로 급히 뛰어 들어오면서 시작된다. 어머니는 누가 성모 마리아에게 콧수염을 그려 넣어서 그라우초 막스$^{Groucho\ Marx}$처럼 보이게 만들었는지 알아내려고 했다.

"이런 짓 한 사람이 누구야?" 어머니는 따지듯 물었다. "누가 성모 마리아 그림을 훼손한 거야? 검은 콧수염을 누가 그린 거야?"

처음에 어머니는 가장 유력한 범인으로 형을 지목했다. 형은 분명 장난기가 많은 십대였다. "이 일에 대해 아는 게 있지?" 어머니는 말했다. "마커로 낙서를 한 거야? 이 일이 얼마나 심각한지 알기나 하니?"

하지만 형은 모든 것을 부인했다.

그러자 다음으로 누나가 의심을 받았다. "성모 마리아한테 낙서한 게 너야? 이게 무슨 장난이냐?"라고 어머니는 물었다.

누나 역시 모든 것을 부인했다. 아니라고 우기며 결백을 주장했다. 성모 마리아를 훼손하다니? 누나는 절대 그런 짓을 하지 않았다고 했다.

나는 당시 여섯 살이나 일곱 살 정도밖에 안 된 어린아이였으므로 유력한 용의자가 되기에는 너무 어렸다. 하지만 나 역시 심문을 받았다는 이야기도 있다. "이 일에 대해 아는 것이 있니? 혹시 네가 그림에 콧수염을 그렸니?"

어머니의 심문이 있던 그날 또는 그날 늦게 아버지가 킬킬 웃는 걸 볼 수 있었다. 며칠 전 아니 몇 주 전에 아버지는 마커를 가져와 그림에 콧수염을 그렸던 것이다. 아버지는 그 그림이 제대로 평가받지 못하고 있다고 생각한 것 같았다. 그는 그림이 조용히 우아하고 시적인 아름다운 순간을 묘사하고 있으며, 우리 삶에서 더 중요하게 다루어져야 한다고 주장했다. 아버지는 나중에 이 사건을 '콧수염의 복수'라고 불렀다.

이 사건에 대한 설명은 이렇듯 매우 간단하다. 하지만 카너먼이 설명했듯이 우리 모두는 어떤 사건에 대해 두 가지 다른 유형의 사고를 가지고 있다는 것이 밝혀졌다. 즉 자동적이고 빠른 본능적인 뇌가 있는 반면, 느리고 곰곰이 생각하는 숙고적인 뇌가 있다. 우리는 대부분의 경우 본능적인 뇌에 의존한다. 일반적으로 이 접근 방식이 우리에게 꽤 유용하기 때문이다. 이 방식은 시간과 노력이 덜 들어간다. 그리고 알다시피 우리는 생각하는 데 많은 에너지를 쏟으려 하지 않는다.

그러나 이것은 우리가 종종 세부 사항을 놓친다는 것을 의미하기도 한다. 우리는 텍스트를 읽기는 하지만 실제로 이해하지 못한다. 우리는 누군가로부터 기술을 배우지만 실제로 배우지는 못한다. 우리는 몇 주 동안이나 매일 큰 콧수염이 그려진 성모 마리아를 지나치지만 알아차리지 못한다.

본능적인 뇌에 대한 연구는 그 분야가 매우 광범위하며 다소 기괴하기도 하다. 어떤 연구에서는 사람들에게 가장 가까운 소화기의 위치를 아는지 물었는데 10년 이상 그 건물에서 근무한 사람 중에서 소화기의 위치를 제대로 아는 사람은 약 4분의 1에 불과했다.

또 다른 연구에서는 피험자들로 하여금 심리학자들이 미리 준비한 싸움 현장을 지나가도록 했는데, 대상자 중 약 50%만이 싸움이 있었다는 것을 기억했다. 다시 말해 길가에서 두 남자가 신음 소리와 비명을 지르며 서로를 주먹으로 때리고 있었지만 피험자의 절반 정도만이 그 싸움을 목격했다. 연구원들은 이 논문의 제목을 '싸움을 눈치채지 못하면 싸움에 대해 이야기하지 않는다'라고 이름 붙였다.

한편으로는 우리가 그저 게으르기 때문에 그렇다고 생각할 수도 있는데 인지적인 관점에서 보면 확실히 맞는 말이기는 하다. 제대로 집중하려면 에너지가 필요하기 때문에 우리는 주의를 기울이고 싶어 하지 않는다. 하지만 우리가 주의를 기울일 때에도 본능적인 뇌가 작용하기는 한다. 또한 우리가 의도적으로 행동할 때에도 본능적인 뇌는 즉각적으로 행동한다. 우리는 사실을 제대로 생각하기도 전에 종종 "내가 그럴 줄 알았어"라는 식의 정신적인 반응을 보이기도 한다.

내 삶에서도 쇼핑할 때 이런 일이 자주 발생한다. 예를 들어 가스 그릴을 사고 싶을 때, 새 그릴이 시간과 돈을 절약해 줄 것이라는 온갖 이유를 생각해 낸다. 구매를 정당화하기 위해 마음속으로 사야만 하는 이유를 긴 목록으로 만든다. 숯불 그릴은 비가 올 때 사용할 수 없으며 새 그릴을 사용하면 더 건강한 식생활을 할 수 있다. 숯을 찾는 것보다 가스통을 사는 것이 더 쉬운데 게다가 이 그릴은 지금 세일 중이다. 그리고 나서 구매하기를 클릭! 하지만 택배로 배달된 그릴은 이제 뒷마당에 방치되어 사용하지 않는다.

누구도 이러한 종류의 인지 편향에서 자유로울 수 없다. 전문가도 아마추어만큼이나 인지 편향에 빠지고, 대가라는 사람도 견습생 만큼이나 함정에 빠질 수 있다. 많은 돈이 걸려 있거나 얼마나 똑똑한 사람들이 있는지는 중요하지 않다. 찰스 다윈은 유전학과 관련하여 결코 실현되지 않을 예측을 했으며 토머스 에디슨은 교류 전류는 대규모 전력망에 적용하기 어렵다고 판단했다. 솔직히 말해서 그 누가 내가 자란 집에 살았다 해도 성모 마리아의 검은 콧수염을 놓쳤을 것이다. 다음으로 이 문제에 대한 대책을 살펴보자.

평가가 필요함을 인지하기

40번째 생일날 아침, 몇 가지 선물을 푼 직후 내 이메일함에는 '울리히 보서 Ulrich Boser 에게, 최대한 빨리 연락하려고 합니다'라는 제목의 이메일이 도착했다. 그건 빌앤드멀린다 게이츠 재단에서 온 메시지였다. 그들은 교육 기금에 대해 논의하기 위해 빌 게이츠와 나의 만남을 주선하고 싶어 했다. 가능한 한 빨리 재단에 연락해 줄 수 있겠느냐는 내용이었다.

처음에는 그 이메일이 가짜라고 생각했다. 40번째 생일을 맞이한 사람을 골탕 먹이려고 형이 보낸 장난 메일인 줄 알았다. 아내한테 이야기하니 같은 생각이었다. '여보, 빌 게이츠가 당신한테 뭣하러 메일을 보내겠어요?'라는 눈빛으로 나를 바라보았다.

하지만 그 요청은 진짜였다. 몇 주 후 나는 큰 회의실에 들어섰다. 뒤로 보이는 벽에는 책이 가득 찬 책장이 보였고 회의 테이블은 마치 거울처럼 반짝였다. 멀리 항구와 몇 척의 배들 그리고 반짝이는 야로우만 보였고, 방구석 끝에는 세계 최고의 부자가 옆 사람과 계속해서 이야기를 나누고 있었다.

회의가 있기 며칠 전부터 나는 재단 직원들과 함께 자금 지원과 교육 성과에 관한 보고서를 작성했다. 그 문서는 약 40페이지 분량에 8개의 서로 다른 부록이 포함되어 있었다. 그 문서는 회의 직전에 게이츠에게 보내졌다. 모두가 회의 테이블에 앉았을 때 회의가 시작되었다. 게이츠는 우리가 제공한 수치 중 일부에 대해 매우 꼼꼼하게 질문을 던지기 시작했다.

"보고서 중 본문과 부록의 지출액이 다른 이유가 뭔가요?"

그것은 화성에 존재하는 중성자의 무게나 미국 최초의 투포환 금메달리스트의 이름처럼 아주 사소한 문제로서, 말하자면 각주의 각주와 같은 것이었다. 처음에는 내가 잘못 들었나 생각했지만 잠시 후 그 세부 사항에 대해 설명했다. 부록에는 자본 지출을 포함한 총비용이 포함되어 있지만 본문에는 건물에 대한 지출을 포함하지 않는 경상 지출이 포함되어 있다고 말했다.

게이츠가 이런 종류의 질문을 할 수도 있다는 것을 미리 알고 있었던 것이 도움이 되었다. 회의를 위해 시애틀로 출발하기 전에 동료들이 게이츠가 종종 매우 구체적인 데이터를 가지고 회의를 시작한다고 알려 주었다. 하버드 대학교에 재직 중인 톰 케인 Tom Kane 은 "게이츠는 공을 공중에 계속 떠올 수 있는 사람과 배구를 하고 싶어 합니다"라고 내게 귀띔했다.

경영자적 관점에서 보면 빌 게이츠는 헛소리를 탐지하는 능력이 뛰어나다고 할 수 있다. 그는 회의 참석자들이 주제를 깊이 이해하고 있는지 확인하기 위해 일부러 난해한 질문을 던진 것이다. 학계는 기업보다 조금 더 예의를 갖추는 경향이 있기는 하지만, 여하튼 게이츠는 일종의 평가를 하고 있었다. 즉 회의 참석자들이 진정한 전문가인지, 각 개인이 문제를 얼마나 잘 알고 있는지, 참석자가 자본 지출과 경상 지출의 차이를 실제로 이해하고 있는지 등을 평가하려던 것이다.

게이츠가 왜 이런 접근 방식을 택했는지 정확히 알 수는 없다. 하지만 게이츠와 같은 사람들이 자신에게 보고되는 정보를 꼼꼼하게 확인해야 한다는 것은 분명하다. 주의해야 할 것은 첫째 '그럼요, 물론입니다'처럼 상사에게 아첨하는 접근 방식이다. 사람들은 종종 상사가 듣고 싶어 하는 말만 하려 한다. 둘째, 사람들이 과도하게 갖는 자신감이다. 우리가 보았듯이, 사람들은 실제로 아무것도 모르면서 무언가를 안다고 생각할 수 있다.

학습에 관해서, 게이츠는 중요한 것을 보여 주었다. 그것은 우리는 배운 것을 복습해야 한다는 것이다. 즉 편견을 피하고 과도한 자신감을 버려야 한다. 그리고 한 분야를 진정으로 숙달하기 위해서는 우리 자신의 생각과 주변 사람들의 생각을 비판적인 시각으로 검토해야 한다.

이 책에서 우리는 이미 여러 번 이런 주장을 다루었지만 학습의 마지막 단계인 이 단계에서는 이러한 집중적인 재평가가 매우 중요하다. 어떤 기술을 습득할 때 우리는 스스로에게 이렇게 질문해야 한다.

"아직 무언가 헷갈리는 게 있는가? 불분명한 것이 무엇인가? 내가 알고 있다는 것을 확인할 방법은 무엇인가?"

카네기 멜론 대학교의 마샤 로벳Marsha Lovett은 수업이 끝날 때쯤 학생들에게 한두 개의 서면 질문을 자주 던진다. 로벳은 이 질문들을 '래퍼wrapper'라고 부른다. 래퍼에 대한 대답을 찾기 위해 학생들은 자신에게 질문한다.

"오늘 배운 것은 무엇인가? 이해하기 어려웠던 것은 무엇인가? 불분명하게 느껴지는 것은 무엇인가?"

로벳은 이러한 '래퍼' 질문의 진정한 가치는 학생들이 이해하지 못하는 부분을 정확히 파악하고 더 잘 배울 수 있는 전략을 세우도록 유도하는 데 있다고 믿는다. 그녀는 학생들이 가장 어려운 영역, 즉 '가장 혼란스러운 지점'에 집중하도록 유도하는데, 바로 그 지점에서 가장 큰 학습 효과가 발생하기 때문이다. "내가 이 내용을 얼마나 잘 이해하고 있는가?", "내가 여전히 혼란스러워하는 부분은 어디인가?"라고 자문하여 보다 많은 것을 배울 수 있도록 한다.

환경이 약간 변해도 차이가 날 수 있다. 전달 수단을 바꾸면 문제를 더 쉽게 발견할 수 있다. 이것이 이메일을 보내기 전에 소리 내어 읽어야 하는 이유다. 실수를 발견하고 문법 오류를 찾기가 더 쉬워지기 때문이다. 또한 메모를 인쇄하여 종이로 검토하면 오타를 발견하는 데 도움이 된다. 화면이 아니라 인쇄된 문서를 보면 자료에 대해 다른 관점을 얻을 수 있고 실수를 찾아내기 쉽다.

나를 점검하기

이렇게 다양한 방식으로 검토하는 과정에서는 태도가 가장 중요하다. 이 책을 작업하면서 나는 삶의 몇 가지 핵심 측면에서 내 수행 능력에 안주하고 있다는 것을 깨달았다. 책을 쓰고 강연을 하지만 진심으로 어떻게 개선할 수 있는지에 대한 생각은 부족했으며, 아이들을 양육하고 사람들을 관리하지만 어떻게 더 나아질 수 있는지 깊이 생각하지 않았다.

나이 들어 어쩔 수 없다고 여기거나 바쁜 직장 생활 탓으로 돌릴 수도 있다. 하지만 나는 육아처럼 매우 중요하게 생각하는 것들조차 체계적인 방식으로 내 수행 능력을 평가하지 않았다. 그래서 나는 이 게으름에 맞서기로 했다. 거창한 것은 아니고 간단하게나마 어떤 일을 하고 나서 그것을 평가하는 방식이다.

예를 들어 강연을 할 때 어색하게 느껴지는 때가 있었다. 웅얼거리고 말을 더듬기도 했다. 마치 늦은 밤 술 취한 사람처럼 생각이 입 밖으로 잘 나오지 않았다. 그래서 발표하는 내 모습을 녹화한 영상을 보고 내게 특정한 버릇이 있다는 것을 알아냈다. 한번은 대중 연설 코치와 함께 앉아 몇 시간 동안 연설을 할 때의 개선 방법에 대해 조언을 받기도 했다.

글쓰기도 마찬가지였다. 나는 개선의 여지가 있다고 판단하여 프리랜서 편집자를 찾아 집중적인 피드백을 받고 내 문장과 단락의 약점을 정확히 짚어 냈다. 이를 계기로 나는 치료를 다르게 바라보기 시작했다. 집에서 멀지 않은 상담사를 정기적으로 방문하여 마음 챙김을 강화하고 생각을 더 잘 통제할 수 있도록 도움을 받았다.

내 목표는 이러한 모든 노력을 통해 성공과 실패를 점검함으로써 내 실력을 더 철저하게 평가하는 것이었다. 즉 결과를 보다 철저하게 돌아보고 평가하고 싶었다. 이것은 전통적인 학습 방식이 아니었으므로 수업에 참석하거나 시험을 보고 동영상과 교재를 통해 공부할 필요는 없었다. 단지 내 성과를 더 부지런히 평가하기 위해 의식적으로 노력했고, 그것만으로도 충분히 발전할 수 있었다.

우리는 전문적인 수준에 도달하기 위해 의식적인 노력이 필요하다는 것을 잊기 쉬우므로 스스로에게 물어볼 필요가 있다. "이걸 어떻게 알게 되었지? 나는 무엇을 알고 있지? 내가 아는 것을 확인해 봤나?" 빌 게이츠는 과거에 '가장 불만족스러운 고객이 배움의 가장 큰 원천'이라고 주장했다. 경제적인 맥락에서 보면 당연한 말이다.

부정적인 피드백을 통해 배운다는 생각을 고객 불만에만 국한해서는 안 된다. 실제로 나는 자신의 실수를 적극적으로 검토하고 자신이 진정으로 아는 것이 무엇인지 이해하는 것이 가장 강력한 학습 방법이라고 생각한다.

우리가 배운 내용을 다시 검토할 때는 외부적인 점검이 필요하다. 결국 사람들은 자신을 속이는 경우가 많기 때문이다. 특히 배움과 관련하여 우리는 마치 사기꾼이라도 된 것처럼 자신의 거짓말을 쉽게 믿으며 자신이 실제보다 훨씬 더 많이 안다고 생각한다. 이것이 외부 검토와 외부 반응, 날카로운 질문과 적절한 피드백이 필요한 이유다.

여기서 중요한 역할을 하는 것이 훌륭한 교육자의 자질이다. 예를 들어 대중 연설에 관해서는 강사가 조언과 피드백을 준 것이 큰 도움이 되었으며, 글쓰기는 외부 도움과 집중적인 평가를 받았기 때문에 향상되었다. 내 농구 트레이너 드웨인 사무엘스를 기억하는가? 또 다른 예로 그는 내가 점프슛에 대해 무엇을 알고, 무엇을 알지 못하는지를 이해하도록 도와주었다.

강력한 피드백의 또 다른 원천은 동료다. 동료들은 우리의 전문성을 평가하는 데 매우 긍정적인 역할을 한다. 공군에는 사람들이 집중적인 피드백을 받을 수 있도록 하는 교육 과정이 있다. F-16 전투기 훈련 비행 후 팀원들은 조종사와 모여 훈련에서 배운 교훈을 논의한다. 다른 조직들도 비슷한 노력을 기울인다. 미국 정치계에서는 그룹이 모여 검토하는 세션을 사후 검토postmorgem라고 하며 의료계에서는 이를 디브리핑debriefs이라고 한다.

어떤 의미에서 우리는 피드백이라는 개념에 대해 다시 이야기하고 있다. 사실 최고 수준의 전문가조차도 자신이 옳았는지 틀렸는지 알면 더 많은 것을 배울 수 있다. 예를 들어 보자. 메이저 리그의 야구 심판이 되려면 엄청난 노력이 필요하다. 심판 톰 핼리언Tom Hallion은 30년 전에 야구를 시작했다. 마이너 리그에서 몇 년을 보낸 후 마침내 메이저 리그로 올라갔고, 현재는 팔을 흔드는 역동적인 스트라이크 아웃 동작으로 유명하다.

심판이라는 직업이 힘든 것은 말할 필요도 없다. 메이저 리그 투수가 던지는 공은 시속 160km에 가깝기 때문에 심판은 빠른 시간 내에 스트라이크인지 볼인지 결정해야 한다. 잘못 던진 공이 핼리언의 마스크를 강타하기도 하고, 야유와 조롱이 끊이지 않는다. 한 번은 돈 매팅리Don

Mattingly 감독으로부터 "제기랄, 정신 좀 차려. Wake the fuck up"라는 말을 듣기도 했다.(매팅리 감독은 그 발언으로 경기에서 퇴장당했다.)

핼리언은 자신이 실수를 저지른다는 것을 기꺼이 인정한다. 스트라이크를 놓치기도 하고, 변화가 큰 커브볼을 잘못 판단하거나, 공이 플레이트를 어떻게 통과했는지 정확히 보지 못하기도 한다. 핼리언은 경기 후 인터뷰에서 "우리도 모든 플레이를 정확하게 판단하고 싶습니다. 그러나 우리도 인간이기 때문에 때로는 실수를 합니다"라고 말했다.

핼리언과 같은 심판들의 실수를 줄이기 위해 메이저리그 야구는 몇 년 전에 새로운 기술을 도입해서 심판이 스트라이크를 정확하게 판정했는지 보여 준다. 정교한 카메라와 다양한 동작 추적 장치를 사용하여 공이 실제로는 볼이 아니었는지 판단한다. 다시 말해 심판들이 자신의 판정을 평가하도록 돕는다.

이런 노력들 덕분에 심판들의 기량은 향상되었고 데이터는 심판들이 스트라이크 판정이 보다 일관되기 시작했음을 보여준다. 이 기술은 젊은 심판들에게 특히 유용했다. 그들은 훈련의 일부로 이 소프트웨어를 사용했다. 실제로 지금은 많은 젊은 심판들이 핼리언처럼 고도로 숙련된 심판과 비슷한 능력을 갖추고 메이저 리그에 진출하고 있다.

전문가들조차 자신이 알고 있는 것과 모르고 있는 것을 면밀히 검토하면 더 많은 것을 배운다는 결론을 내릴 수 있다. 다른 종류의 피드백과 마찬가지로 이러한 평가는 즉각적이어야 한다. 예를 들어, 메이저리그 야구에서 스트라이크 아웃 데이터의 한 가지 이점은 거의 즉시 처리된다는 점이다. 더스티 델린저Dusty Dellinger라는 심판은 자신의 스트라이크

존 데이터를 검토한 후 "그 데이터를 바탕으로 빠르게 스트라이크 존을 조정할 수 있었는데, 이는 저에게 큰 도움이 되었습니다"라고 설명했다.

내가 무엇을 알고 있는지 퀴즈로 확인하기

또 다른 형태의 평가는 퀴즈다. 퀴즈는 자신이 무엇을 알고 있는지를 알게 해 준다. 학습 전문가인 심리학자 리건 구룽 Regan Gurung은 학생들에게 항상 이 사실을 상기시키며 이렇게 말한다.

"스스로 시험해 보고, 교과서 뒤의 연습 문제를 풀어 보고, 모의고사를 보며, 가능한 한 많은 문제를 풀어 보세요."

구룽에 따르면 그 효과는 즉각적이다. "퀴즈를 많이 보면 성적이 급상승합니다"라고 그는 내게 귀띔했다.

시험에 기반한 복습 방식을 더 구체적이고 명확하게 알기 위해 한 번은 메릴랜드 대학교 컬리지 파크 캠퍼스의 물리학 강의를 참관한 적이 있다. 브랜든 피쉬 Brandon Fish라는 이름의 3학년 학생이 중간 열에 앉아 있었고 나는 그 옆의 작은 파란색 플라스틱 의자에 앉았다.

강의실에 있던 약 100명의 대부분의 학생들처럼 피쉬도 클릭커 clicker를 가져왔다. 이 장치는 작은 TV 리모컨처럼 생겼는데 무선으로 간단한 퀴즈에 답할 수 있게 해 준다.

봄 방학 후 첫날이었고 벤 드레이퍼스 Ben Dreyfus 교수는 강의실 앞 대형 스크린에 게시된 농담으로 강의를 시작했다. "봄 방학은 어땠나요?"

가벼운 웃음이 몇 번 터진 후, 부담이 적은 질문 네 개가 이어졌다. 전하가 콘덴서 전체에 퍼지는 방법에 대한 질문이었다. 물론 나는 아무것도 이해할 수 없었으므로 평가할 것도 없었다. 하지만 피쉬는 작은 검은색 버튼을 눌러 바로 답변을 입력했다.

이것이 스트레스가 많은 경험은 아니었다. 각 질문의 배점도 크지 않아 몇 점에 불과했다. 하지만 피쉬는 이것을 자신이 제대로 배웠는지를 측정하는 방법이라고 평가했다. 퀴즈가 끝난 후 스크린에는 차트가 나타났다. 차트는 퀴즈 질문에 대한 정답과 학생들이 각 항목에 대해 정답을 맞힌 비율을 보여 주었다.

전반적으로 결과는 좋지 않았다. 학생들은 봄 방학 동안 전에 배운 것을 잊어버린 것 같았고, 몇몇 항목에서는 오답을 택한 학생이 절반을 넘기도 했다. 요약하면 드레이퍼스 교수는 학생들이 자신의 학습을 평가하도록 도운 셈이고, 학생들은 많은 내용을 기억하지 못했다는 것을 알게 된 것이다.

그리고 나서 드레이퍼스 교수는 수업의 나머지 시간을 핵심 아이디어를 복습하고 더 많은 클릭커 질문을 하는 데 사용했다. 수업 후 피쉬와 이야기를 해 보니, 그는 퀴즈 중심의 접근 방식이 도움이 되었다고 말했다. 퀴즈의 질문은 그가 무엇을 배워야 하는지 그리고 무엇을 숙달했는지 알려 준다고 했다. "이 수업에서는 중요한 내용을 중점적으로 강조합니다. 저는 이것이 학생들을 가르치는 정말 효과적인 방법이라고 생각합니다. 자신이 모르는 것을 아는 것이 훨씬 더 도움이 되거든요"라고 피쉬는 평가했다.

우리는 더 많은 이야기를 나눴다. 그는 졸업 후에 진로에 대해 이야기했는데 "인구를 연구하는 학자가 되고 싶다"고 말했다. 퀴즈 기반 접근 방식이 혹시 무슨 문제는 없는지 물어보니 "사람들이 질문에 답하기를 꺼리면 어색한 침묵이 이어질 수 있죠"라고 대답했다.

피쉬는 이 평가 방법을 완전히 받아들인 것 같았다. 그는 스스로 이해가 부족한 부분을 발견하는 것이 중요하다는 점을 인식하고 있었다. 대화가 끝날 무렵 그는 대학생으로서는 놀랍게도 이렇게 말했다. "저는 퀴즈가 재미있어요."

깜짝 퀴즈 #28

처음으로 다트를 던지는 법을 배운다고 하자. 어떤 연습이 가장 효과적일까?
A. 학습 과정을 강조한다. (예: 성과를 반성하고 다트 잡는 방법을 다시 숙지)
B. 학습 결과에 집중한다. (예: 목표 맞추기, 가운데 맞추는 데 집중)
C. 다양한 방식으로 연습 방법을 소개한다. (예: 시각, 운동 감각 등)
D. 다트 던지는 방법을 배운다. (일단 던져 보고 어떻게 되는지 보기)

우리 모두는 잊어버린다. 다만 잊는 데 며칠이 걸릴 수도 있고, 몇 분밖에 걸리지 않을 수도 있다. 하지만 배우고 나서 곧바로 잊어버리는 경우가 많다. 기억에 관한 한, 뇌는 마치 알곡을 고르는 체^{sieve}와 비슷해서 많은 기억들이 단 몇 분 만에 사라진다. 더욱 안 좋은 것은 체에 남아 있는 기억조차 시간이 지나면서 사라지는 경우가 많다는 점이다. 이는 학습 과정에서 끊임없이 발생하며 심지어 집중적인 학습 후에도 마찬가지다. 한 연구에 따르면 의대생들은 몇 달 안에 배운 내용의 50% 이상을 기억하지 못한다고 한다. 따라서 의사가 되고 싶은 의대생이 1학년 때 해부학 시험에서 만점을 받더라도 1년도 채 안 되어 그는 동일한 시험에서 낙제할 가능성이 높다.

우리는 우리가 보고, 행동하고, 경험하는 모든 것을 기억한다고 생각한다. 하지만 중요한 기억들, 예를 들어 졸업식이나 친한 친구, 첫 키스를 기억하지 못할 것이라고 생각하면 고통스러운 것이 사실이다. 하지만 망각 과정에 대한 인지 과학자들의 연구에 따르면 우리의 기억은 거의 타이머처럼 작동한다고 한다. 타이머가 울리고 우리가 그 기억을 다시 떠올리지 않으면 기억은 사라지는데 이 현상을 망각 곡선forgetting curve이라고 부른다.

기억과 망각에 대한 연구는 수십 년 전부터 이루어졌지만 일반적으로 먼지 쌓인 연구 저널이나 수염 난 학자들이 쓴 잘 알려지지 않은 책 속에만 머물렀다. 적어도 로저 크레이그Roger Craig가 등장하기 전까지는 그랬다. 크레이그는 어렸을 때부터 게임을 좋아했다. 체스, 스크래블 단어 게임, 포커, 야구 등 그는 모든 게임에 열정을 쏟았다. "나는 승부욕이 매우 강합니다"라고 크레이그는 말했다. "저는 이기는 것을 좋아합니다."

그래서 대학원 시절에 크레이그는 퀴즈쇼 〈제퍼디!Jeopardy!〉에 참가하기로 결심한다. 그는 어렸을 때 할아버지, 할머니와 함께 그 쇼를 많이 보았다. 대학원 시절 그의 다른 친구 몇몇도 쇼에 출연하려고 시도한 적이 있었다. 크레이그는 학습을 시간에 걸쳐 분산시키는 공부 방법이 효과가 있다는 점을 자세히 설명한 〈와이어드Wired〉 매거진의 기사를 우연히 발견한 후 자신이 잘 할 수 있다고 생각했다.

"모든 학생은 벼락치기를 하지 말라는 경고를 받는다"라고 그 기사는 주장했다. "하지만 정확한 간격을 두고 실시하는 학습으로 얻을 수 있는 효과는 너무나 크며, 성과가 향상된다는 점이 너무나 명확하기 때문에 연구원이 간격 효과$^{spacing\ effect}$를 발표하자마자 심리학자들은 교육자들에게 이를 사용하여 학습 효과를 최대화하라고 권유했다."

크레이그는 〈와이어드〉의 기사가 매우 중요한 점을 설명하고 있다고 느꼈다. 버지니아 공과 대학교 시절, 시험 공부를 할 때 크레이그는 배운 내용을 잊어버리지 않도록 자주 들여다 보았다. 그는 심지어 정기적인 간격으로 다시 복습할 수 있도록 학습 간격을 조정하는 간단한 컴퓨터 프로그램을 만들기도 했다.

그러나 〈와이어드〉 매거진의 기사에서 간격을 두고 학습하는 방식에 대해 훨씬 심층적인 접근 방식을 알게 된 크레이그는 곧 안키^{Anki}라는 소프트웨어를 다운로드했다. 고도로 발전된 알고리즘을 사용하는 이 소프트웨어는 간격 학습 원리를 이용해 잊어버릴 만한 기억을 일깨워 주곤 했다. 이 소프트웨어의 웹사이트에는 "잊어버리기 직전의 내용만 연습하면 됩니다"라고 되어있다.

과거 〈제퍼디!〉 퀴즈 질문 문제집까지 준비한 크레이그는 실력을 연마하기 시작했는데 잊어버리는 속도에 맞춰 역대 대통령에 대한 세부 사항, 고전 영화 이름과 같은 것들을 복습했다.

크레이그가 어떤 사실을 틀리면 안키는 몇 분 후에 그 사실에 대해 다시 질문했다. 크레이그가 정답을 맞히면 그 질문은 며칠 동안 다시 나타나지 않았다. 크레이그가 어떤 문제를 두 번 연속해서 맞히면 그 문제는 몇 달 동안 다시 나타나지 않는 식이었다.

망각 곡선 그래프를 보면 이 방법을 더 잘 이해할 수 있다. 이 그래프는 새로 배운 정보를 기억할 수 있는 기간을 보여 주는데 며칠 또는 몇 분만 지나면 내용을 잊어버릴 가능성이 높다는 것을 알 수 있다.

따라서 파티에서 만난 누군가가 자기 이름을 테리라고 말하면 그것이 실선이다. 실선은 며칠 후 테리의 이름을 기억하지 못할 가능성이 높다는 것을 보여준다. 하지만 몇 분 후에 그의 이름을 다시 상기시키면 그것이 점선이다. 점선은 몇 분 후에 자신에게 상기시키는 것이 기억에 도움이 되지만 그다지 큰 도움이 되지 않는다는 것을 나타낸다. 어차피 몇 주 후에는 테리의 이름을 잊어버릴 것이다.

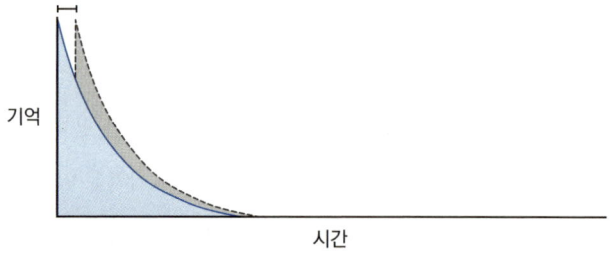

하지만 며칠 후에 그 이름을 다시 암기한다면 점선은 오른쪽으로 더 이동해서 아래와 같은 그래프가 될 것이다.

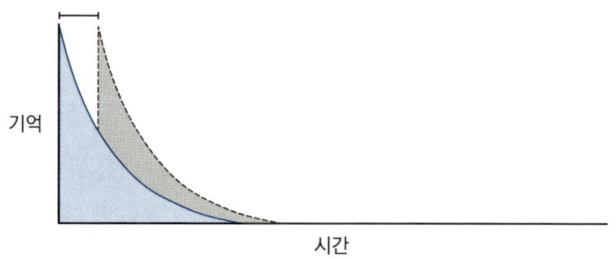

그 이름을 몇 주 후에 다시 상기한다면 망각 곡선은 아래와 같이 움직일 것이다.

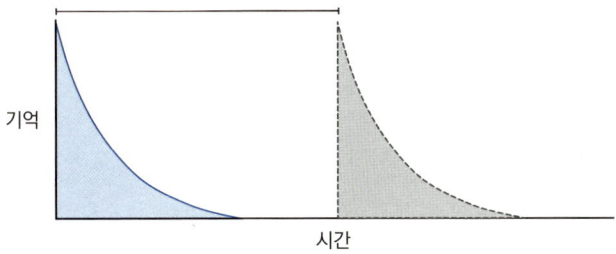

다시 말하지만 여기서 핵심은 점선이다. 그것은 학습해서 기억한다는 신호다. 그리고 로저 크레이그는 〈제퍼디!〉 준비도 그런 방식으로 했다.

크레이그는 2010년 9월에 처음으로 쇼에 출연했다. 사회자 알렉스 트레벡Alex Trebek과 두 명의 상대가 있는 스튜디오에서 모든 문제를 맞히며 경쟁자들을 압도했다. 그는 퀴즈 각 단계를 빠르게 통과하며 몇 년 전에 켄 제닝스Ken Jennings가 세웠던 기록을 뛰어넘어 단일 게임에서 가장 많은 상금을 획득하는 신기록을 세웠다.

그날 저녁 로스앤젤레스에 있는 호텔로 돌아온 크레이그는 감격보다는 놀라움을 느꼈다. 과학적으로 뒷받침되는 간격 연습 덕분에 좋은 성적을 거둘 수 있을 거라는 확신이 있었지만 이렇게까지 뛰어난 성적을 거둘 줄은 몰랐기 때문이다. 그는 너무 압도적인 성과를 내서 "와, 너무 잘 된 것 같아"라고 생각했다.

그날 밤 크레이그는 잠을 이루기가 어려웠다. 과연 〈제퍼디!〉에서 그를 다시 초대할까? 트레벡이 그가 알게 모르게 부정행위를 했다고 생각할까? 하지만 크레이그는 잘못한 것이 없었다. 그는 단순히 기본적인 기억력 연구에 의존하여 자신의 기술을 연마했을 뿐이었다. 결국 〈제퍼디!〉는 그에게 다시 출연을 요청했다. 그는 첫 출연에서 6개 이상의 게임에서 우승했으며 게임의 올스타들이 서로 경쟁하는 챔피언 토너먼트에서도 우승했다.

오늘날 크레이그는 뉴욕 시에 살면서 데이터 과학자로 일한다. 그는 업무뿐 아니라 다른 것을 배울 때도 여전히 안키를 사용한다. 크레이그는 간격 학습이 지식을 습득하는 데 매우 효과적인 방법이며 건망증을 예방하는 데도 도움이 된다고 믿는다. "누구나 어떤 분야에서 성공하고 싶으면 반드시 연습을 합니다"라고 크레이그가 NPR 기자에게 말했다. "당신은 아무 계획 없이 연습할 수도 있고, 효율적으로 연습할 수도 있습니다. 단지 나는 효율적으로 연습한 것뿐입니다."

깜짝 퀴즈 #29

다음 말에 맞다 또는 아니다로 답해 보자.
"학생들은 공부할 때 새로 배운 것과 전에 배운 것을 번갈아 학습해야 한다."

로저 크레이그의 '무계획적인 학습'을 끝내자는 주장은 헛되지 않았다. 학습을 며칠, 몇 주, 몇 달, 심지어 몇 년에 걸쳐 분산하는 소프트웨어는 최소한 여섯 개 이상 시장에 나왔다. 슈퍼메모^{SuperMemo}는 이 분야의 조상 격으로, 아마도 가장 오래된 프로그램일 것이다. 최근에는 보캅^{VocApp}이라는 프로그램이 시각 자료를 활용하여 시간 간격을 두고 학습할 수 있도록 지원한다. 듀오링고^{DuoLingo}는 외국어 학습에만 집중하여 사람들이 스페인어 단어 학습을 시간에 걸쳐 분산할 수 있도록 한다.

시간 간격을 두고 여러 번 학습하기

간격 학습법은 다른 분야로도 확산되었다. 일부 기업의 교육 프로그램은 보다 분산된 접근을 시도했다. 예를 들어 통신사인 버라이즌^{Verizon}은 직원들의 기억을 되살리기 위해 후속 교육 자료를 이메일로 전송하며, 톰슨 로이터$^{Thomson\ Reuters}$가 출시한 학습 도구 역시 중요한 내용을 '최우선으로 기억'하도록 이런 접근 방식을 사용한다.

    그러나 대부분의 경우 학습은 여전히 집중 방식으로 이루어진다. 간격 학습법은 널리 퍼지지 않았고, 이런저런 방식으로 사람들은 여전히 벼락치기 공부를 한다. 시간 간격을 두고 연습을 분산하지 않고 한나절 안에 모든 것을 배우려고 하거나, 중요한 개념 혹은 세부 내용을 복습하지 않는다. 예를 들어 대부분의 사람들은 미국 독립 전쟁의 마지막 전투 이름을 모른다.(힌트: 렉싱턴은 아니다.) 왜 그럴까? 나는 사람들이 관련 내용을 다시 보지 않았기 때문이라고 생각한다.

    학교 역시 벼락치기를 조장하는 경우가 많다. 연초에 '복습' 시간이 있는 경우를 제외하고는 배운 내용을 다시 가르치는 경우가 거의 없다. 간격 학습을 장려하는 여러 시험이 있지만 출제 범위가 보통 한 학기로 제한되는 경우가 많다. 교과서에도 각 장의 마지막에 한두 개의 질문을 제외하고는 복습하는 과정이 거의 없다.

하지만 약간의 간격만 두고 복습해도 결과는 크게 향상될 수 있다. 학습을 분산하기 위한 약간의 노력만으로도 엄청난 향상을 이룰 수 있다. 이에 관해 내가 가장 좋아하는 사례는 네이트 코넬Nate Kornell의 이야기다. 코넬이 캘리포니아 대학교 로스앤젤레스 캠퍼스에서 박사 후 과정을 밟는 동안 그는 학생들이 학업에 접근하는 방식에서 흥미로운 점을 발견했다.

코넬이 캠퍼스를 돌아다니며 보니 일부 학부생들이 특정 개념이나 세부 내용에 대한 이해도를 테스트하기 위해 작은 플래시 카드 더미로 스스로 퀴즈를 푸는 것을 발견했다. 각 주제별로 몇 장의 카드만 사용하여 학생들은 작은 묶음을 빠르게 넘겨보고 다 외웠다고 생각하면 카드를 치워 버렸다.

그런데 플래시 카드를 사용하는 또 다른 학생들도 있었다. 이들은 다른 방식을 사용했다. 그들의 카드 더미는 매우 컸다. 어떤 경우에는 이 카드 더미가 5~6cm로 두꺼워 학생들은 보다 긴 시간 간격을 두고 학습했다. 더 정확히 말하면 플래시 카드를 다시 보는 시간 사이의 간격이 더 길었으므로 학생들은 잊어버렸을 수도 있는 카드를 접할 가능성이 더 높았다.

코넬은 학생들이 그 차이에 대해 그다지 깊이 생각하지 않는다는 것을 알았다. 하지만 그는 카드 더미의 크기가 학습되는 내용을 바꿀 수 있다고 생각했다. 그래서 그는 간단한 실험을 계획했다. 실험실에서 한 그룹의 피험자들은 두꺼운 플래시 카드 더미를 사용하여 어휘들을 연습했다. 그런 다음 코넬은 두 번째 그룹에게 동일한 어휘들을 네 개의 얇은 카드 더미로 나누어 학습하게 했다. 참가자들은 단어의 의미를 암기해야 했는데 전에 들어본 적 없는 'effulgent'나 'abrogate'와 같은 고급 수준의 어휘들이었다.

코넬의 실험을 이해하는 또 다른 방법은 여러분이 발표를 준비하는 상황을 가정하는 것이다. 고객에게 프레젠테이션을 하거나 가족 행사에서 연설을 한다고 해 보자. 핵심 질문은 다음과 같다. 4일 동안 하루에 5분씩 전체 연설을 한 번 연습하는 것이 더 나을까?(두꺼운 플래시 카드 더미를 사용하는 학생들처럼) 아니면 연설을 네 개로 나누어 한 부분을 하루에 5분씩 집중해서 연습하는 것이 더 나을까?(네 개의 얇은 플래시 카드 더미를 사용하는 학생들처럼)

실험 참가자들은 대부분 얇은 더미를 선택했다. 그들은 집중하려면 나누어 학습하는 게 더 좋다고 생각했다. 실험이 시작되기 전에 거의 모든 학생들이 네 개의 얇은 카드 더미를 사용하면 더 많이 배울 것이라고 대답했다. 다시 말해 대부분의 사람들은 연설을 준비하는 가장 좋은 방법은 연설을 네 개의 짧은 부분으로 분할하여 연습하는 것이라고 생각한다.

하지만 실험 결과는 정반대로 나왔다. 간격을 길게 두어 연습을 분산시키니 매우 효과적인 것으로 판명되었다. 학습 시간이 동일하더라도 두꺼운 플래시 카드 더미 하나로 연습한 학생들이 더 높은 점수를 받았던 것이다. 게다가 이 학생들은 다른 학생들보다 약 3분의 1을 더 배웠다.

분야에 상관없이 무언가를 배우고 싶어 하는 사람들에게 분명한 교훈이 있다. 그것은 시간을 두고 학습을 분산시키는 것이 100% 효과가 있다는 것이다. 따라서 시간 간격을 두고 기술을 숙달하는 연습을 해야 한다. 바이올린을 연습하는 경우 한 가지 멜로디만 계속 몇 시간 동안 연습하지 말고 일정한 시간 간격을 두고 연습하여 기억 속에 각인될 수 있도록 해야 한다.

중요한 시험에서 높은 점수를 받고 싶은가? 그렇다면 일찍 시작하여 시간을 두고 학습이 분산될 수 있도록 하고, 내용을 확실히 알고 있는지 확인하기 위해 몇 주마다 스스로 만든 퀴즈를 풀어 보자. 우리 집에서는 학습을 분산시키기 위해 평일 밤에는 아이들의 숙제를 줄이고 대신 주말에는 더 많이 공부하도록 했다.

오늘날 코넬은 윌리엄스 칼리지에서 교수로 재직중이다. 그는 여전히 학생들이 얇은 카드 더미로 스스로 연습하는 것을 볼 때마다 고개를 젓는다. "간격을 두고 연습한다고 더 많은 시간이 필요한 것도 아닙니다. 추가적으로 필요한 것도 없으며 아이패드를 살 필요도 없습니다. 이건 선물과 같습니다. 훨씬 더 많이 배울 수 있는데 무료입니다"라고 말했다.

자기 성찰하는 시간을 갖기

복습은 평가에서 좋은 점수를 받으려는 목적만 있는 게 아니다. 우리는 우리의 지식과 기술에 대해 더 깊은 이해를 추구하고 신중하게 성찰해야 할 필요가 있기 때문이다.

우리 사회는 이러한 종류의 심사숙고를 별로 좋아하지 않는다. 우리가 사는 세계는 행동을 매우 강조한다. 생각하는 것은 종종 나약함의 표시가 될 수 있으며 결정을 내리는 데 많은 시간을 소비하는 사람들은 게을러 보일 수 있다. 조지 W. 부시George W. Bush 미국 전 대통령은 자신을 고민하는 최고 책임자가 아니라 결정하는 최고 책임자라고 불렀다.

축구 골키퍼를 또 다른 예로 들어 보자. 페널티킥 상황에서 골키퍼는 골대 기둥으로 다이빙하는 것보다 골대 중앙에 머무르는 것이 일반적으로 유리하다. 작지만 측정 가능한 차이로 대부분의 페널티킥은 중앙을 향해 날아오니 골키퍼는 골대 중앙에 머무르면 공을 막을 가능성이 더 높아진다.

하지만 일반적으로 축구 골키퍼는 왼쪽이나 오른쪽으로 다이빙한다. 왜일까? 지아다 디 스테파노Giadia Di Stefano와 연구팀에 따르면 "아무것도 하지 않는 것보다 무언가를 하면 공을 놓쳐도 보기 좋고 기분이 좋다"고 한다. 즉, 골키퍼는 목적의식을 가지고 참여하고 결단력 있게 보이기를 원하므로 실제로 골을 막을 가능성이 더 낮음에도 불구하고 왼쪽이나 오른쪽으로 점프한다.

교육과 관련된 사례로 시험에서 정답을 바꾸는 것에 대해 이야기해 보자. 정답을 바꿔야 할까? 아니면 즉각적인 본능을 따라야 할까? 여러 사람에게 물어보면 대부분 시험에서 처음 떠오른 답이 맞다고 말한다. 다시 말해 사람들은 일반적으로 직감을 따르기를 원한다는 의미다. 마치 축구 골키퍼가 그런 것처럼 사람들은 우왕좌왕하거나 골똘히 생각하는 것처럼 보이는 걸 좋아하지 않는다. 하지만 그렇지 않다는 증거는 많다. 시험 답안을 수정하면 일반적으로 점수가 향상되며 한 번 더 생각해 보면 보통은 성과가 좋아진다.

학습에서 생각이 중요하다는 것은 이미 밝혀졌다. 어떤 기술이나 지식을 이해하려면 그 기술이나 지식을 다시 생각해 보아야 한다. 이는 단순히 세부적인 내용을 확인하는 것과는 다르며 과거의 경험을 성찰하는 것이다.

전문가들은 늘 이를 실천한다. "하는 일에 대해 생각하는 것이 그 일을 하는 것보다 더 중요하다"라는 말은 〈카 토크〉의 레이 마글리오지가 책상 위에 걸어놓은 인용구였다. 미식축구팀 뉴잉글랜드 패트리어츠의 빌 벨리칙Bill Belichick 감독도 마찬가지로 이전 경기를 몇 시간이고 다시 돌려 보면서 놓친 득점 기회를 찾고 팀이 더 나아질 수 있는 방법을 알아내어 개선하려고 노력한다.

하지만 최고의 예는 기타리스트 팻 메스니Pat Metheny일 것이다. 재즈 기타계에서 메스니는 슈퍼 스타이다. 그는 B.B. 킹B.B. King부터 데이비드 보위David Bowie까지 여러 사람들과 협연하며 그래미상을 20여 개 받았다. 하지만 메스니는 자신이 알고 있는 것을 계속 되돌아보며 더 나아질 수 있는 방법을 생각하는 데 시간을 쓴다. 매 공연 후 그는 공연 경험에 대해 6페이지 분량의 글을 쓴다. 그 짧은 에세이는 자신의 공연 방식을 되돌아보고, 음악적 성공과 실패를 자세히 설명하며, 무엇이 효과가 있었고 효과가 없었는지에 대한 기록이다.

메스니가 괜히 자신의 생각을 글로 적는 것이 아니다. 글쓰기는 사고의 속도를 늦추고 신중하게 생각하도록 돕는 도구 역할을 한다. 학습 결과를 향상시키는 효과적인 방법 중 하나는 일기를 쓰는 것이다. 수업이나 연습 중에 잘된 모든 것을 적어 두는 학습 일기라고 생각하면 된다.

생각이 반드시 심오할 필요는 없다. "오늘 하키 수업에서 엉덩이를 더 많이 사용해야 한다는 것을 알게 되었다." 또는 "연기 선생님께서 목소리를 더 크게 내야 한다고 말씀하셨다"와 같이 평범한 지적도 학습 향상에 도움이 될 수 있다.

때로는 소리 내어 말하는 것도 큰 도움이 될 수 있다. 이는 성찰 과정을 늦추는 또 다른 방법이며 어떤 경험을 한 후, 또는 경험 중에도 성찰을 장려하는 방식으로 스스로에게 말하면 학습 능력을 향상시킬 수 있다. 예를 들어 "다음에는 무엇을 해야 하지?" 또는 "내가 지금 다시 풀고 있는 게 뭐지?"와 같은 말이다.

학습에서 성찰의 역할을 더 자세히 알아보기 위해 인지 과학자 수전 앰브로스Susan Ambrose를 만난 적이 있다. 그녀는 《학습은 어떻게 이루어지나How learning works》라는 책을 쓰기도 했다. 보스턴에 있는 노스이스턴 대학교의 수석 부총장으로도 지냈다. 우리는 대학 본관의 잘 꾸며진 사무실들 사이에 있는 부총장실에서 만났다.

앰브로스는 깊이 있는 사고를 통한 성찰을 당연하게 여기는 경우가 많다고 주장했다. 사람들은 누군가에게 정보만 제시하면 그 정보가 자동으로 학습으로 전환될 것이라고 믿는다는 것이다. "이는 대학 강의에서 흔히 일어나는 일입니다"라고 그녀는 말한다. "교수들은 자신의 과목에 대한 열정이 있기 때문에 학생들에게 최대한 많은 자료를 제공하려고 노력합니다."

하지만 학습은 그런 식으로 이루어지지 않는다. 우리는 어떤 기술이나 지식을 집중적으로 생각할 시간이 필요하다. 앰브로스는 말한다. "지식이 많아질수록 그것들을 더 많이 연결해야 합니다. 그것도 의도적으로 해야 합니다."

노스이스턴 대학교에서 앰브로스는 학생들이 이러한 종류의 성찰에 더 많이 참여하도록 하기 위해 다양한 프로그램을 도입했다. 예를 들어 학교의 다양한 인턴십 프로그램에 참가하는 학생들은 이제 기업이나 비영리 단체에서 인턴으로 일하는 것이 어떤지에 대해 정기적으로 답변해야 한다. 카라 모건 Kara Morgan은 대학의 개편된 인턴십 프로그램에 참여하여 캄보디아 프놈펜의 캄보디아 인권 센터에서 인턴으로 일한 학생 중 한 명이다.

모건에게 캄보디아에서의 생활은 짜릿한 경험이었다. 새로운 나라, 새로운 언어, 새로운 직업도 좋았지만 글쓰기 과제는 모건이 자신의 경험을 이해하고, 배운 것을 되돌아보는 데 중요한 역할을 했다. "그곳에 있는 동안 무엇을 더 성취하고 싶은지 생각하게 되었어요. 글을 쓰면서 잠시 멈추고 성찰하는 기회를 가질 수 있었습니다." 그리고 그것이 바로 글쓰기의 목적이었다.

내가 말하는 종류의 성찰은 보통 차분한 순간을 필요로 한다. 조용히 에세이를 쓰거나 샤워하면서 혼잣말을 할 수도 있다. 하지만 어떤 형태로든 집중적인 심사숙고를 하려면 약간의 인지적 고요함 cognitive quiet (외부 자극이나 내면의 생각으로부터 방해받지 않은 평온하고 집중된 상태-옮긴이), 즉 조용한 자기 성찰의 순간이 필요하게 마련이다.

따라서 학습에는 일종의 모순이 있다. 우리의 사고를 이해하기 위해서는 사고를 놓아줄 필요가 있다. 즉 문제에서 물러나면 문제에 대해 더 많이 배우게 되는 경우가 많다. 예를 들어 소프트웨어 설명서를 읽으면 페이지를 덮은 후에 많은 부분이 이해되며 직장에서 동료와 이야기하다 보면 그날 저녁 설거지를 하는 동안 엄청난 깨달음을 얻을 수 있다.

성찰은 단지 복습하는 기회 이상의 역할을 한다. 그 자체가 교육의 역할을 한다. 수면은 이 개념을 잘 설명해 준다. 우리는 생각을 명확히 하기 위해 잠을 자는 것이다. 낮잠을 자는 동안 우리는 지식을 효과적으로 정리한다.

수면은 매우 놀라운 결과를 보여 준다. 그것은 우리의 능력을 향상시키는 데 도움이 된다. 더 많은 수면은 더 높은 수입과 직결된다. 매일 밤 60분 더 자면 소득이 상승한다. 또한 수면은 체중 감량을 더 쉽게 만든다. 스포츠 분야에서 대학 운동선수를 대상으로 한 연구에 따르면 더 많은 수면을 취한 후에는 단거리 기록이 향상되며 손의 반응도 빨라진다고 한다.

학습에 관해서는 수면이 특히 중요한 역할을 한다. 내 동료 캐서린 브라운 Catherine Brown과 퍼페추얼 바포 Perpetual Baffour와 함께한 연구에 의하면 전국의 중학교가 등교를 1시간 늦추면 시험 점수가 거의 한 학년 상승한다고 한다. 다시 말해 등교 시간을 60분 늦추면 학생의 성적이 7학년 수준에서 거의 8학년 수준까지 올라갈 수 있다는 말이다.

우리가 스트레스, 분노, 외로움을 느낄 때는 무언가를 배우기가 매우 어려워지기 때문에 인지적 고요함이 필요하다. 어떤 감정에 휩싸이면 우리는 몰입하기 어려우며 성찰할 수 없다. 물론 매우 위험한 상황에서는 전화번호와 같은 기본적인 것을 암기할 수도 있다. 하지만 우리가 무언가를 제대로 이해하려면 정신적인 평온함이 필요하다.

내가 이를 매우 구체적으로 이해하게 된 것은 신경과학자 메리 헬렌 이모르디노-양Mary Helen Immordino-Yang 교수를 만나고 나서였다. 교수는 학습의 감정적 본질에 대해 중요한 연구를 많이 해 왔다. 서던캘리포니아 대학교에 재직 중인 양 교수는 마침 행사를 위해 워싱턴에 왔는데, 인터뷰를 위해 공항에서 자신을 픽업해 달라고 요청했다.

그날은 목요일 저녁이었다. 나는 트렁크에 양 교수의 여행 가방을 싣고 공항 터미널에서 출발하면서 몇 가지 질문을 하기 시작했다. 교수가 정성스레 답변을 했지만 나는 제대로 이해할 수 없었다. 교통 상황, 운전, 길 안내에 대한 스트레스 때문에 나는 교수의 설명에 제대로 집중하기 어려웠다.

고속도로에 들어서자 교수가 말하는 것에 조금 주의를 기울일 수 있었다. 하지만 단어는 알아들었어도 그 의미를 완전히 이해하지는 못했다. 양 교수는 "뇌의 기본 모드는 단순한 휴식 상태가 아닙니다. 그것은 능동적인 통합 메커니즘입니다"라고 설명했다.

내가 호텔로 가는 최적의 경로를 생각하며 거리와 신호등을 헤쳐 나가는 동안 교수는 "학생들에게는 내적 성찰에 참여할 수 있는 시간과 기회, 기술 그리고 격려가 필요합니다"라고 말했다. "역동적인 학습이란 사려 깊은 성찰과 정신적 시뮬레이션 사이를 왔다 갔다 하는 겁니다."

교수는 사람들이 성찰에 충분한 시간을 할애하지 않는다고 주장했다. 운전을 하거나 이메일을 확인하고 있지만 완전히 몰입하지는 않다는 것이었다. 무언가에 정신이 팔려 있기 때문에 사람들은 감정적인 평온함과 정신적인 집중력을 잃게 되고, 이는 의미 있는 이해를 방해한다. 교수는 사람들이 '생산적인 마음 방황productive mind wandering(의도적으로 정신적인 여유를 갖고 내면을 탐색하는 활동-옮긴이)'을 해야 한다고 주장했다.

최근 몇 년간 연구 논문에서 이와 비슷한 결론들이 쏟아져 나오고 있다. 예를 들어 고요한 숲길을 산책하면 문제를 해결하는 데 도움이 된다는 것이 밝혀졌으며 잠시라도 플라스틱 벽돌로 놀이를 하면 창의력 테스트에서 더 좋은 결과를 얻었다. 공상 또한 인지 능력을 향상시키는 것으로 나타났다. 이러한 종류의 성찰 활동은 메타인지에도 매우 중요하다. 우리는 평온한 시간을 경험한 후 자신의 생각을 훨씬 잘 되돌아볼 수 있으며, 잠시 멈추는 것만으로도 메타인지 능력이 향상될 수 있다.

실용적인 관점에서 말하자면, 사람들은 학습할 때 자신의 감정 상태를 고려해야 하며, 침착하고, 집중해야 하며, 준비되고, 중심을 잡아야 한다. 양 교수는 평온함은 심오한 학습을 하는 능력과 밀접한 관련이 있으며, 일정 수준의 정신적 평온이 없으면 진정한 이해는 불가능하다고 주장한다.

일부 기관에서는 사색을 더 많이 하고 첨단 기기 사용을 지양할 것을 권유한다. 일부 대학에서는 휴대폰을 금지했으며 프랑스는 데이케어 센터에서 와이파이 사용을 제한하기까지 했다. 다른 기관들도 '조용한' 공간을 마련했으며, 볼티모어의 마케팅 스타트업인 그르부Groove는 '대화 금지' 규칙이 있는 도서관을 만들기도 했다. 구글도 마찬가지다. 개방형 사무실로 유명한 이 테크 기업은 직원들이 정말로 집중해야 할 경우 별도의 개인 사무실을 예약하도록 권장한다.

대화가 끝난 후 나는 이러한 종류의 편안한 명상이 주는 이점을 직접 경험했다. 교수를 호텔에 내려 주고 집을 향해 출발하면서 내 마음은 복잡해지기 시작했다. 교수의 주장을 곰곰이 생각하며 내가 기존에 알고 있던 지식과 어떻게 연결될 수 있을지 고민하기 시작했다.

내 혼다 차가 도로 위를 부드럽게 주행해 집으로 가는 동안 나는 편안함을 느꼈다. 그리고 마침내 '우리의 두뇌가 일관된 이해를 구축하는 플랫폼'이며 사람들은 '학습하기 위해 내적으로 성찰해야 한다'고 한 그녀의 말을 이해할 수 있었다.

> **깜짝 퀴즈 #30**
> 다음 말에 맞다 또는 아니다로 답해 보자.
> "학생들은 자신의 사고에 대해 생각하는 방법을 배워야 한다."

느린 사고법을 이용하기

무언가를 배우려는 사람에게 양 교수의 연구는 어떤 의미가 있을까? 줄리어스 로빈슨Julius Robinson은 알고 있다. 그리고 그는 '주먹 쥐기The fist'라고 불리는 동작을 여전히 기억한다. 로빈슨은 당시 고등학교 1학년이었고 학교 유니폼(파란색 셔츠, 카키색 바지)을 입고 아무도 없는 교실에 크리스천이라는 소년과 마주보고 서 있었다.

로빈슨과 크리스천은 친구였는데 둘 다 말이 많고 외향적이었으며 항상 무언가를 적극적으로 하기를 원했다. 방 앞에는 통칭 뱀^{BAM}이라고 부르는 〈비커밍 어 맨$^{Becoming\ a\ Man}$〉 프로그램에서 나온 상담사가 서 있었다.

"크리스천, 이제 주먹을 쥐어봐"라고 상담사가 말하자 크리스천은 주먹을 쥐었다.

그러자 상담사는 로빈슨에게 "로빈슨, 그의 주먹을 펼 수 있겠니?"

로빈슨의 머릿속에 처음 떠오른 생각은 '잡고 벌리면 되겠지'였다.

로빈슨은 앞으로 나아가 크리스천의 손을 잡은 다음 벌리려고 했다. 하지만 크리스천은 웃으며 계속 주먹을 꽉 쥐고 펴지 않았다. 두 사람은 잠시 유쾌하게 몸싸움을 벌였고 크리스천은 로빈슨이 닿을 수 없도록 손을 더 높이 들었다.

붙잡고 잡아당기고 비트는 행위는 몇 분 더 계속되었다. 그때 상담사가 개입해서 크리스천에게 "크리스찬, 나를 위해 주먹을 펴 줄 수 있겠니?"라고 물었다.

크리스천이 손가락을 풀어 손을 펼지자 로빈슨은 "아, 알았다. 질문을 했어야 하는구나. 몸싸움을 할 게 아니었어"라고 생각했다.

사라 헬러$^{Sara\ Heller}$와 같은 연구자들에 따르면 '주먹 쥐기' 동작이야말로 잠시 멈추고 성찰하는 시간을 가지면 자신의 욕구를 성취할 가능성이 높아진다는 뱀 프로그램의 목표를 잘 요약한 것이라고 한다. 뱀에서 이는 '느린 사고$^{slow\ thinking}$'로 알려져 있다. 여러 면에서 양 교수의 연구에서 얻은 아이디어와 결과를 현실에서 응용한 것이다. 더 신중해지고, 감정을 확인하고, 더 침착해지면 더 나은 결정을 내리고 훨씬 더 많은 것을 배울 수 있다.

로빈슨에게 이 접근 방식은 새로운 것이었다. 그는 시카고에서 가장 위험한 지역 중 한곳에서 자랐다. 로빈슨의 형과 아버지는 모두 갱스터 디사이플스Gangster Disciples라는 갱단의 일원이었다. 그가 사는 사우스 사이드 동네에서는 한 달에 한 번 정도로 살인 사건이 발생했다. 폭행 사건이 일상이었고 서부 개척 시대와 전쟁터가 혼합된 듯했다. 그곳은 본능과 공격받았을 때의 즉각적인 반응을 중시하는 세계였다.

뱀 프로그램의 상담사인 피터 아고스티노Peter Agostino는 그날 로빈슨과 함께 '주먹 펴기' 동작을 진행했고 아고스티노는 곧 로빈슨의 멘토가 되었다. 그는 매주 로빈슨과 다른 뱀 학생들을 만나 친구와 가족에 대해 이야기하고 학교와 여자 친구에 대해 토론했다. 아고스티노는 학생들에게 명상과 심호흡 같은 이완법을 가르쳤다. "목표는 학생들이 더 건전하고 명확하게 생각하도록 돕는 것입니다"라고 아고스티노는 내게 말했다.

로빈슨은 자신의 삶에서 항상 '느린 사고'라는 도구를 사용하기 시작했다. 예를 들어 아버지와 말다툼이 벌어지면 그는 자신을 천천히 진정시키려고 노력했다. 학교 숙제를 해야 할 때는 심호흡을 하며 숫자를 세었다. 하나, 숨을 들이쉬고 내쉰다. 둘, 다시 숨을 들이쉬고 내쉰다.

로빈슨과 이야기를 해 보니 그는 최근 형과 말다툼을 했는데 언쟁이 격화되는 것을 피하기 위해 "그냥 TV 앞에 앉아서 호흡 운동을 했습니다"라고 말했다.

뱀의 감정 관리 기술 덕분에 로빈슨은 학교에서도 더 좋은 성적을 받았고 스트레스가 많은 순간에도 더 쉽게 집중할 수 있었다. 다른 십대들처럼 로빈슨도 힘든 순간들을 겪었고, 고등학교 시절에는 무단결석으로 정학 처분을 받기도 했다. 하지만 결국 로빈슨은 졸업식 무대에 올라 졸업장을 받았다. 그는 현재 직업이 있으며 대학에도 진학할 계획이다.

한편 실험 결과는 이 접근 방식이 맞는다는 것을 다시 한번 입증한다. 지아다 디 스테파노Giada Di Stefano가 이끄는 다국적 연구팀은 한 그룹의 피험자들에게 두뇌 퍼즐을 주고, 그 퍼즐에 대한 몇 가지 연습 세션을 제공했다. 그런 다음 피험자들은 선택을 해야 했다. 퍼즐을 더 연습하고 싶습니까? 아니면 결과를 곱씹어 보는 시간을 갖고 싶습니까?

디 스테파노의 연구에서 피험자들은 압도적인 비율로 더 많은 연습을 선택했지만 결과를 '다시 생각해 보고 감상을 쓰는' 행동을 선택한 그룹이 훨씬 더 높은 성과를 보였다. 다시 말해, 성찰하는 것이 추가적인 연습을 하는 것 보다 더 큰 영향을 미쳤다는 의미다. 연구진은 "'행동 위주의 사고방식'이 결과적으로는 학습에 좋지 않은 영향을 미친다"고 결론지었다.

깜짝 퀴즈 #31

다음 말에 맞다 또는 아니다로 답해 보자.
"다시 읽기는 학습에 매우 효과적인 방법이다."

깊이 생각하는 데에는 많은 노력이 필요하지 않다. 많은 집중력이 필요한 학습 과제에 참여하기 전에 사람들은 우선 불안한 생각을 떨쳐 버

리려고 노력해야 한다. 뱀 프로그램은 사람들에게 유용한 조언을 제공한다. 마치 로빈슨이 했던 것처럼 단순히 숫자를 세면서 호흡하는 행동 같은 것들이다. 하나, 숨을 들이쉬고 내쉰다. 둘, 다시 숨을 들이쉬었다가 내쉰다.

마찬가지로 명상도 도움이 된다. 명상은 우리의 생각을 늦추는 데 도움이 되며 현재 놀랄만큼 많은 사람들이 명상을 하고 있다. 배우 클린트 이스트우드 Clint Eastwood 와 하원 의원 팀 라이언 Tim Ryan 등이 명상을 한다. 스포츠 분야를 보면 시애틀 시호크스의 쿼터백 러셀 윌슨 Russel Wilson 에게는 '멘탈 전담 코치'가 있으며 클라우드 기반의 소프트웨어 업체인 세일즈포스 Salesforce 의 CEO 마크 베니오프 Mark Benioff 와 음악계의 거물 러셀 시몬스 Russel Simmons 같은 비즈니스 리더들도 모두 명상을 즐겨 한다.

혼자 있는 시간도 도움이 된다. 혼자서 시간을 보내면 생각의 속도를 늦추고 다른 각도에서 생각할 수 있으며, 논리적으로 더 나은 결론을 도출할 수도 있다. 또는 그저 자신의 사고에 대해 생각할 수도 있다. 마찬가지로 시각화 역시 결과를 개선하는 데 도움이 될 수 있으며 특정 상황에서 어떻게 할지를 상상하면 더 느린 형태의 사고를 할 수 있다.

구체적인 접근 방식이 무엇이든 중요한 것은 시간이다. 조지타운 대학교의 컴퓨터공학과 교수인 칼 뉴포트 Cal Newport 에 의하면 깊은 성찰적 사고를 하려면 사색, 글쓰기, 숙고를 위해 방해받지 않고 오랜 시간 집중해야 한다고 한다. 사업 계획을 작성하거나 중요한 시험을 준비하려면 방해 요소를 제거해야 하는데 그러기 위해서는 적어도 몇 시간 동안은 스냅챗이나 페이스북을 하지 말아야 한다. 뉴포트는 이런 행동을 '깊은 작업Deep Work'이라고 부른다.

전 국토안보부 장관 재닛 나폴리타노Janet Napolitano의 접근 방식은 '깊은 작업'의 한 예다. 예를 들어 나폴리타노 장관은 이메일을 하지 않는다. 그녀는 IT기술을 이용하지 않으면 훨씬 더 효과적으로 업무를 할 수 있다고 주장하며 누군가로부터 무언가가 필요하면 바로 전화를 건다고 한다. 이메일을 사용하지 않으면 "내가 집중해야 할 곳에 집중할 수 있다"고 장관은 기자들에게 설명했다. 다시 말해 천천히 생각할 수 있게 해 준다는 말이다.

우리가 배운 것을 다시 생각하는 이 과정에는 이상한 점이 하나 있다. 그것은 학습을 일종의 끝없는 과정으로 만든다는 점이다. 우리가 알고 있는 것을 끊임없이 재평가한다면 우리는 결코 멈출 수 없을 것이다.

이런 특징은 학습 과정의 핵심인 동시에 점점 더 현대 세계의 특징이 되고 있다. 결국 전문 지식 자체가 끊임없이 진화하고 있기 때문이다. 새로운 기술은 절대로 그 자리에 머물지 않는다. 나 역시 다른 모든 사람들과 함께 끊임없이 변화하는 환경에 있으므로 이 책이 출간된 지 며칠 되지도 않아 다른 연구 결과나 심지어 다른 사람의 트윗 한 줄로 인해 이 책의 내용이 구식이 될 수 있다. 대규모 연구 프로젝트가 발표되고 새로운 데이터가 공개되면 그동안의 모든 노력에도 불구하고, 이 페이지의 일부 구절은 현재가 아니라 과거의 것이 될 수 있다.

IT 도구를 사용하여 효율 높이기

좋은 소식이 있다. 바로 기술이 우리가 성찰하는 데 도움을 줄 수 있다는 점이다. 클라이브 톰슨Clive Thompson은 그의 명저《생각보다 더 똑똑하게 Smarter Than You Think》에서 오늘날 블로그는 구텐베르크의 인쇄기만큼이나 읽기와 쓰기에 많은 기여를 한다고 주장한다. 위키피디아와 같은 사이트는 강력한 지식의 민주화를, 트위터와 같은 커뮤니케이션 앱은 고대 로마의 논쟁만큼이나 격렬한 공개 토론을 촉발한다고 말한다.

"최신 IT 도구를 사용하면 과거에는 눈에 띄지 않았던 아이디어, 이미지, 개인, 정보 조각들 사이의 연관성을 발견할 수 있습니다."

이 주제는 이 책에서 이미 몇 번 다루었다. 마인드맵 도구는 우리가 생각하고 관계를 보는 데 도움을 줄 수 있으며 컴퓨터 시뮬레이션은 우리가 알고 있는 것을 연습하고 적용하는 데 유용하다. 안키와 같은 일부 소프트웨어 프로그램은 학습 간격을 늘려 망각을 늦추는 데 도움을 줄 수 있다. 이렇듯 기술은 우리가 가르치거나 기억하는 데 도움을 준다. 예를 들어 다빗 륀크비스트같은 경우는 새로운 코딩 기술을 배우기 위해 스택 오버플로우에서 질문에 답하며 며칠을 보내곤 했다.

모든 기술과 마찬가지로 학습 애플리케이션에도 장단점이 있다. 인터넷으로 연결된 장치는 일반적으로 지속적인 주의력을 키우지 못하며, 인터넷 접속이 자유로운 수업에서 학생들은 낮은 점수를 받는 경우가 많다. 심지어 단지 휴대 전화가 있는 것만으로도 집중력이 감소된다는 연구 결과가 있을 정도다. 즉 테이블 위에 아이폰이 보이기만 해도 집중력이 떨어진다는 것이다.

학습 도구는 종종 현란한 기술에만 치중하여 불필요한 장식과 주의를 산만하게 하는 요소들로 가득 차 있는 경우가 많다. 심리학자 리치 메이어는 이 분야에서 중요한 연구를 수행했는데 그는 기술을 활용한 학습에서는 단순함이 더 나은 결과를 낳는 경우가 많다고 주장한다. 실제로 여러 연구에 따르면 개인이 더 단순한 형태의 아이디어나 기술과 상호 작용할 때 더 나은 결과를 얻을 수 있다.

기술에 대한 이러한 논쟁에도 불구하고 변하지 않는 한 가지는 학습하는 방법을 배워야 한다는 것이다. 어떤 도구를 사용하든 이해를 하려면 의미를 찾기 위해 상당한 노력을 해야 한다. 이해는 의미를 찾는 집중적인 사냥이다. 아툴 가완디는 자신의 책 《체크! 체크리스트Checklist Manifesto》에서 의학, 공학, 비행기 조종과 같은 복잡한 분야에서 사람들이 오류를 줄이고 성과를 향상시키기 위해 체크리스트가 필요하다고 주장했다.

하지만 알고 보면 체크리스트조차도 명확한 한계가 있다. 이 기억 도구가 생산성을 높이기는 하지만 매우 인간적인 약점에 영향을 받는다. 예를 들어 자동차 정비사가 체크리스트를 이용해서 점검할 때 아래쪽에 있는 항목은 무시하고 맨 위에 있는 항목에만 집중하는 경우가 많다.

따라서 '깜빡이등 점검'과 같은 항목이 체크리스트의 시작 부분에 나타나면 정비사는 브레이크 라인 점검과 같이 하단에 나타나는 항목보다 깜빡이등에 더 많은 주의를 기울인다. 브레이크 라인이 깜빡이등보다 분명히 더 중요하지만 이런 일은 빈번히 발생한다.

누구도 체크리스트의 가치를 부정하지 않는다. 자동차 수리의 경우

체크리스트가 정비 업체의 수익을 20%까지 증가시키기도 하니 말이다. 하지만 혼다 자동차를 수리하든 다리를 설계하든 더 중요한 것이 있다. 그것은 무엇을 하든 그것을 하는 의미가 있어야 한다는 것이다. 이 점에서 우리는 사물을 이해하고, 기술에 집중하고, 능력을 연마하기 위해 노력해야 한다. 결국 체크리스트와 같은 가장 단순한 기억력 향상 기술조차도 우리가 어떤 활동에 의미를 가지고 참여하지 않으면 무의미한 보조 도구가 될 수 있기 때문이다.

따라서 기술에 대한 논의에서 마지막으로 강조하고 싶은 것은 배우기 위해 노력하라는 것이다. 의미를 찾고 계속해서 자신의 기술과 지식을 개발하고 성찰하는 데 집중해야 한다. 이러한 추진력은 성공한 많은 사람들에게서 분명하게 드러난다. 이는 정치에서도 마찬가지다. 예를 들어 대부분의 미국인은 연간 약 5권의 책을 읽지만 버락 오바마[Barack Obama]는 그 두 배 이상의 책을 읽는다. 스포츠도 예외가 될 수 없다. 2016년 NBA 결승전에서 대패한 후 르브론 제임스[LeBron James]는 바로 경기 영상을 돌려보며 반성하기 시작했다. 그는 "나는 이 기자회견장을 떠나자마자 더 나아질 수 있는 방법을 찾을 것입니다"라고 말했다.

비즈니스에서도 마찬가지다. AT&T의 CEO 랜달 스티븐슨[Randall Stephenson]은 어느 기자에게 누군가가 매주 최소 6시간 동안 새로운 것을 배우지 않으면 스스로를 '쓸모없게' 만들 위험이 있다고 말했다. 스티븐슨은 타이핑이나 기본 셈법을 처음 배울 때와 마찬가지로 지속적인 학습이 필수적이라고 생각한다.

"항상 자신을 재정비하고, 이제 그만 됐다고 생각해서는 안 됩니다."

맺는말

항공기 조종사라는 직업에는 상당히 큰 위험이 따른다. 747기 기장이 조종간을 잡을 때 그들의 손에는 수백 명의 생명이 달려 있다. 하지만 최근까지도 많은 조종사들은 중요한 훈련을 받지 못했다. 그들이 이런 전문성을 개발한 이야기를 통해 학습 과정에 대한 몇 가지 마지막 통찰력을 얻을 수 있다.

우선 노스웨스트 항공 255편의 이야기부터 시작해 보자. 1987년 8월 16일 저녁 이 비행기는 디트로이트 웨인 카운티 공항에서 이륙 준비를 하고 있었다. 목적지는 피닉스였고 조종석에는 존 마우스 John Mouse 와 데이비드 도즈 David Dodds 라는 숙련된 두 조종사가 있었다.

비행기의 모든 좌석은 만석으로 거의 150명이 넘는 인원이 탑승했다. 대학생, 신혼부부, 프로 농구 팀 피닉스 선즈 소속 선수, 콧수염이 촘촘하고 '캡틴 크런치 Captain Crunch'라는 별명을 가진 엔지니어, 남자친구의 이름이 새겨진 운동복을 입은 캘리포니아의 십대 소녀 등이 타고 있었다. 한편 네 살짜리 세실리아는 어머니와 남동생 사이에 앉아 있었다.

비행기가 게이트를 벗어나자 두 조종사는 농담을 나누고 콧노래를 흥얼거리는 등 기분이 좋아 보였다.

조종사들은 안전 점검 목록을 확인했다. 브레이크는? 이상 없음. 펌프는? 이상 없음. 회로 차단기? 이상 없음. 점검하는 도중에 활주로 변경과 비행기 무게에 대한 이야기를 나누었고, 관제사와 몇 차례 교신이 있었다.

마침내 조종사는 활주로를 달려가며 비행기 속도를 높였다. 그런데 마우스가 스로틀에 대해 언급했다. "스로틀이 유지가 안 돼요"라고 말하자 도즈가 "유지가 안 된다고요?" 되물었다.

"전원은 정상인데." 마우스가 말했다. "그런데 TCI$^{\text{Thrust Computer Indicator}}$ 설정이 해제되었어요."

비행기는 시속 160km를 넘는 속도로 맹렬히 활주로 위를 달려 이륙했다. 공중에 떠올랐지만 기체가 불안정해져서 바로 흔들리고, 비틀거리며, 휘청거렸다. 멀리서 보면 40톤짜리 항공기가 아니라 연 같았다.

조종석 내부에서는 실속 경고 시스템이 울리기 시작했다. 날개 하나가 건물에 부딪히면서 동체는 고속도로 한가운데로 날아가 미끄러지더니 폭발하며 불이 붙었다. 어린아이 한 명을 제외하고 비행기에 탄 사람 전원이 사망했다.

처음에는 엔진에 불이 붙어 비정상적인 기계적 고장으로 난 사고처럼 보였다. 활주로가 너무 짧아 비행기가 충분한 속도를 얻지 못했다는 이야기도 있었다. 수많은 사고에서 그랬던 것처럼 불행히도 비행기의 자동 양력 경고 시스템이 제대로 작동하지 않았다는 것이 밝혀졌다.

그러나 조사관들은 마우스와 도즈가 날개 플랩을 설정하지 않았음을 밝혀냈다. 날개 가장자리에 매달린 일종의 공기 방향타인 플랩은 양력을 얻게 해 주기 때문에 이것 없이는 대형 비행기가 날 수 없다.

많은 전문가들은 이에 대해 믿을 수 없다는 반응을 보였다. 비행기 플랩 설정은 차를 넣기 전에 차고 문을 여는 것과 같다. 반드시 해야 할 일이며 두 조종사에게는 활주로를 택싱하면서 보낸 10여 분 동안 문제를 해결할 수 있는 기회가 충분했다.

그러나 비행기가 흔들리는 동안에도 마우스와 도즈는 문제를 진단하지 못했다. 비행기가 이륙 후에 기우뚱거리는 동안에도 조종사들은 알지 못했던 것 같았다. 그들은 원인이 무엇인지 파악할 수 없었다. 국가교통안전위원회의 위원 한 명은 나중에 그 추락 사고가 '무자각$^{blind-ness}$' 문제였다고 기록했다.

그 사고 후 조종사들이 상황을 제대로 보고 배우도록 도운 것은 상황 인식 전문가인 미카 엔즐리$^{Mica\ Enesley}$였다. 그녀는 두 노스웨스트 조종사를 괴롭혔던 무자각을 자각으로 바꾸었다.

이 사고가 났을 때 엔즐리는 로스앤젤레스에 살며 남부 캘리포니아 대학교에서 시스템 공학 박사 과정을 밟고 있었다. 노스웨스트기 추락 사고는 일요일 늦은 밤에 발생했다. 그 후 며칠 동안 '운명의 반전이 가른 삶과 죽음' 같은 제목의 기사가 신문에 실리면서 엔즐리도 뉴스를 통해 그 사건을 들었다.

대학원 시절 엔즐리는 항공기 추락 사고의 원인에 대해 많은 생각을 했는데 어쩌면 주위 환경 인식의 한 형태인 상황 인식situational awareness(어떤 시점에 주위에 발생하는 상황을 인식하고 이해하는 능력-옮긴이)이 문제의 근본 원인일 수 있다고 생각했다. 상황 인식이라는 분야는 오랜 역사를 가지고 있으며 적어도 제1차 세계 대전 이후로 조종사들은 이 능력의 본질과 비행에서의 역할에 대해 논쟁해 왔다.

하지만 그 사고가 났을 당시 상황 인식은 여전히 모호한 개념이었고 종종 타고난 것, 즉 유전적 특징 같은 것으로 받아들여졌다. 하지만 엔즐리는 조종사가 아닌 엔지니어였다. 그녀는 극적인 이야기가 아닌 데이터를 원했다. 대학원 시절부터 엔즐리는 상황 인식에 대한 여러 실험을 수행하면서 상황 인식이야말로 시간이 두고 연마할 수 있는 기술임을 입증했다. 그것은 일종의 전문 지식이었고, 집중, 연습, 성찰을 통해 숙달할 수 있는 것이었다.

엔즐리는 예를 들어, 충분한 배경지식이 없다면 거의 모든 조종사가 문제를 잘못 읽을 수 있다는 것을 발견했다. 또한 인식이나 메타인지와 같은 메타 기술metaskills(특정한 상황에서 문제를 해결하고 적응하는 데 필요한 전반적인 능력-옮긴이)이 중요하며 이러한 기술이 없는 조종사는 심각한 실수를 저지를 가능성이 높다는 것을 발견했다. 그녀는 조종사가 뛰어난 상황 인식 능력을 가지려면 미리 계획하고 연습해야 할 뿐 아니라 다양한 상황이 서로 어떻게 연관되어 있는지를 알아야 스트레스를 받을 때 문제를 해결할 수 있다는 것을 처음으로 증명했다.

엔즐리의 실험 결과는 곧 항공사와 비행 학교에 도입되어 더 나은 교육 프로그램을 개발하는 데 일조했다. 그녀는 조종사들이 비행에 대한 보다 체계적인 이해를 개발하는 데 도움이 되도록 '만약what if'이라는 질문을 자신에게 해야 한다고 주장했다. 만약 이것이 작동하지 않는다면? 만약 이 일이 발생하지 않는다면? 만일 엔진이 작동을 멈춘다면?

엔즐리는 또한 상황 인식 기술을 머릿속으로만 이해할 것이 아니라 직접적으로 활용해야 한다고 주장했다. 이를 위해 엔즐리의 연구팀은 비행 시뮬레이터에서 조종사들과 함께 앉아 상황 인식이 어떻게 작동하는지에 대한 보다 구체적인 감각을 개발하도록 훈련시켰다. 동시에 엔즐리는 자신이 무슨 생각을 하고 있는지를 생각하는 것이 중요하다고 강조하면서 조종사들이 스스로에게 상황을 설명하고 자신들의 논리 루틴을 검토하는 자기 대화를 하도록 권장했다.

오늘날 공군의 비행 기초 훈련부터 의과대학의 여러 과정에 이르기까지, 여러 프로그램들이 엔즐리의 접근 방식을 가르치고 있다. 그녀의 연구가 미치는 영향을 명확하게 추적할 방법은 없지만 이런 노력이 항공 사고를 예방하는 데 도움이 되었다는 데에는 의심의 여지가 거의 없다.

노스웨스트 항공기 사고가 났던 시기에는 매년 2,000명이 비행기 추락 사고로 사망했다. 현재는 500명 미만으로 줄었다. 더 정확히 말하면 지난 40년 동안 조종사가 플랩을 설정하지 않아 발생한 추락 사고는 미국에서는 단 한 건도 없었다.

나는 상황 인식 훈련이 우리가 이 책에서 다루었던 학습 유형과 많은 유사점을 가지고 있다고 생각한다. 엔즐리가 그랬던 것처럼 우리도 집중적인 기술 구축의 필요성과 다양한 상황에서 관계의 중요성에 대해 많은 것을 다루었다. 또한 엔즐리와 마찬가지로 우리는 메타인지의 필요성과 실제 상황에서 불확실성을 수용하는 것에 대해서도 논의했다. 엔즐리의 표현대로 학습의 목표는 유형에 관계없이 '정보를 통합하여 의미를 창출하는 것'이다.

여러 면에서 상황 인식은 학습과 관련이 있다. 수학이나 읽기, 생화학이나 게임, 피아노 연주나 스웨터 뜨개질 등 분야에 상관없이 우리의 기술과 지식을 향상시키는 입증된 방법이 있으며 언뜻 보기에 상황 인식처럼 모호하고 불분명해 보이는 것조차 얼마든지 개발할 수 있다.

엔즐리는 상황 인식의 세 단계—인지, 이해, 예측—를 제시했다. 이 단계들은 이 책 전체에서 논의했던 단계와 크게 다르지 않다.

아래에 학습을 공부하는 단계를 다시 정리해 보았다. 이를 통해 목표 설정이 인지와 크게 다르지 않고, 이해가 관계 설정과 크게 다르지 않다는 것을 알 수 있다. 결국 각 쌍은 모두 일종의 숙달을 추구한다는 점에서 비슷하다.

가치Value: 배우고자 하는 의지가 없다면 학습은 불가능하다. 전문가 수준에 올라가기 위해서는 기술과 지식을 가치 있게 여겨야 한다. 더욱 중요한 것은 의미를 창출해야 한다는 것이다. 학습은 무언가를 이해하는 과정이라고 할 수 있다.

목표Target: 숙달의 초기 단계에서는 집중이 무엇보다 중요하다. 정확히 무엇을 배우고 싶은지 파악하고 목표와 대상을 정해야 한다.

발전Develop: 특정 유형의 연습은 다른 연습보다 사람들의 능력을 더 효과적으로 향상시킨다. 이 학습 단계에서 개인은 자신의 기술을 다듬고 성과를 높이기 위한 구체적인 행동에 적극적으로 참여해야 한다.

확장Extend: 이 시점에서 우리는 기본을 넘어 아는 것을 응용한다. 우리의 목표는 기술과 이해를 심화하여 보다 실질적이고 의미 있는 인사이트를 도출하는 것이다.

연결Relate: 이 단계는 모든 것이 어떻게 연결되는지 파악하는 단계다. 결국 우리는 단지 하나의 세부 사항이나 절차만 알고 싶은 것이 아니라, 그 세부 사항이나 절차가 다른 사실 및 절차와 어떻게 상호 작용하는지 알고 싶어 한다.

재고Rethink: 학습을 할 때는 실수를 저지르거나 과신에 빠지기 쉽다. 따라서 우리는 자신의 지식을 되돌아보고, 이해한 내용을 재평가하고, 경험에서 교훈을 배워야 한다.

이 단계들이 항상 순차적으로 발생하는 것은 아니다. 때로는 단순히 기술을 연마해야 할 때도 있고 어떤 때는 동기 부여가 잘 되지 않을 때도 있다. 시험을 위해 공부하든, 비행기의 플랩을 점검하든 다시 생각해 보는 단계는 항상 필수적이다.

동시에 우리는 종종 너무 앞서 나가기도 한다. 학교와 대학에서 실습 학습이 제대로 운영되지 않는 이유 중 하나는 너무 일찍 시작하기 때문이다. 연습도 마찬가지다. 사람들은 자신이 무엇을 개발하고 있는지 명확하게 이해하지 못한 채 구체적인 목표나 대상 없이 자신의 기술을 향상시키려고 하는 경우가 너무 많다.

이 모든 단계는 결국 우리가 전에 접했던 또 다른 주장과 연결된다.

즉, 학습은 과정이자 방법이자 시스템이며, 결국 사람들은 전문 지식을 얻는 데 더 능숙해질 수 있다. 일단 학습 방법을 알게 되면 거의 모든 분야에서 전문성을 갈고 닦을 수 있다. 전문가가 되기 위해서는 정신적으로 몰두하고, 전략적이고 신중하게 행동하며, 연습하고 확장시키며, 연관시키고 다듬어야 한다.

연구 초기에 나는 1980년대에 학습 방법 개척의 선구자였던 베리 짐머만을 만난 적이 있다. 뉴욕 시립 대학의 교수였던 짐머만은 뉴욕의 한 여학교에서 아나스타시아 키트산타스와 함께 다트 연구를 진행한 적이 있는데, 우리는 첫 번째 장에서 이에 관해 다루었다. 그 실험에서 학습 방법 팀의 젊은 여성들이 성과팀이나 전통적 지혜 팀보다 훨씬 더 나은 결과를 얻었다.

짐머만을 만났을 때 그는 은퇴한 상태였고, 파킨슨병 진단을 받았다고 했다. 떨리고 불안정한 목소리로 그는 학습에 대한 자신의 연구에 대해 설명하면서 학습은 개인이 자신의 결과를 모니터링하는 '피드백' 루프를 이용해야 한다고 설명했다. 우리는 그의 주요 연구들에 대하여 논의했는데, 연구 결과는 자기 효능감이 어떤 종류의 숙달을 달성하는 데 매우 중요하다는 것을 보여 주었다. 짐머만은 배우고 싶은 정보를 능동적으로 선택하고 구조화하는 것이 중요하다고 강조했다.

하지만 그는 무엇보다도 사람들이 자신의 학습을 스스로 주도해야 한다고 주장했다. 모든 사람이 '자기 학습 과정의 달인'이 되어야 한다고 말했다. 이는 내가 이 책을 통해 강조하고자 했던 원칙이다.

거의 10년 전에 미국 교육부는 학습법 혁신에 관한 보고서를 발표했

> **깜짝 퀴즈 #32**
>
> 다음 말에 맞다 또는 아니다로 답해 보자.
> "사람들은 자신이 배운 것을 정말로 이해했는지 파악하는 데 어려움을 겪는 경우가 많다."

다. 미국의 주요 학습 과학자들이 이 보고서를 개발했으며, 각 권장 사항은 학습과 기억의 본질적이고 실용적인 원칙을 명확히 설명하는 상당한 양의 연구를 기반으로 하고 있다.

그 보고서의 결론은 적어도 무엇인가를 배우고자 하는 사람들의 행동과 비교했을 때 예상과 매우 달랐다. 보고서는 짧은 퀴즈가 중요하다고 했으며 시간을 두고 학습을 분산시키면 효과가 있다고 주장했다. 또한 여러 '설명적 질문explanatory questioning(답을 요구하는 질문이 아니라 학생이 자신의 이해를 설명하고 논리적 사고 과정을 드러내도록 유도하는 질문—옮긴이)'과 다양한 예시 간의 '연결'을 보는 것이 중요하다고 강조했다.

다른 정부 보고서와 마찬가지로 극적인 예시나 흥미로운 그래픽은 거의 없었다. 텍스트는 건조하고 관료적인 문체로 작성되어 있었다. 사실 문서의 제목만으로도 숨이 탁 막히는 느낌이 들 정도였다. 그 제목은 '학생의 학습 향상을 위한 지침 및 연구 과제 구성'이었다.

하지만 무엇보다 주목해야 할 점은 그 보고서가 미친 영향이 거의 없다는 것이다. 대부분의 교사 교육 프로그램은 이 문서를 무시했으며 학교와 기업 연수 프로그램도 마찬가지였다. 내가 실시한 미국민 대상 설문 조사에서 대부분의 응답자가 자신이 교육에 대해 잘 알고 있다고 설명했음에도 불구하고, 이 핵심 주장에 대해 들어 본 사람은 거의 없었다. 브로르 색스버그Bror Saxberg 같은 몇몇 전문가들의 긍정적 언급이 없었다면 그 문서는 지금보다 훨씬 인지도가 낮았을 것이다.

하지만 최근 몇 년 동안 학습에 관한 새로운 이론은 탄력을 받았다. 수전 앰브로스, 댄 윌링햄, 리치 마이어와 같은 학자들이 중요한 전도사 역할을 했다. 헨리 로디거, 마크 맥대니얼, 베네딕트 캐리, 바바라 오클리와 같은 사람들이 이 주제에 대한 중요한 책을 쓰기도 했다. 정책 분야에서는 벤 라일리와 같은 전문가들이 국립학교에서 연구 기반 관행을 우선시하는 교육 정책을 적극적으로 추진해 왔다.

하지만 학습 방법은 여전히 변하지 않고 있다. 작은 변화만으로도 엄청난 차이를 만들 수 있는데도 변하지 않는다는 점은 참으로 놀랄만한 일이다. 루이 데로리에Louis Deslauriers 교수와 그의 연구팀은 대학 입문 과학 수업에서 실험을 실시했다. 학생이 첫 번째 시험에서 좋지 않은 성적을 받으면 데로리에나 그의 팀원 중 한 명이 약 20분 동안 학생들을 만나 연구 결과를 기반으로 한 조언을 제공했다.

학생들에게 전달한 조언에 대해서는 이미 이 책에서 많이 다루었지만 연구팀은 그것 말고도 '능동적인 참여'의 중요성을 강조했다. 데로리에 교수는 "무작정 여러 번 읽어서는 효과가 없습니다. 자신만의 설명을 만들어 각 학습 목표를 '달성'하려고 노력해야 합니다"라고 설명한다. 학생과의 면담에서 교수는 계획과 목표 설정에 대해서도 이야기하며 "특정 분야에 대한 능력을 향상시키기 위해서는 목표를 정하고 학습하라"고 조언했다. 마지막으로 데로리에 교수는 학생들에게 다양한 방식으로 아이디어를 접하여 이해도를 높이고 개념을 포괄적으로 설명할 수 있어야 한다고 말했다.

이 조언의 효과는 인상적이었다. 학생들은 시험 점수가 20점 이상, 즉 약 두 등급이나 상승하며 급격하게 결과가 향상되었다. 더욱이 데로리에 교수의 수업을 들은 학생들은 학습 시간을 더 늘리지 않았는데도 이런 결과가 나왔다. 이 새로운 접근 방식에는 더 많은 시간을 투자할 필요가 없었고 단지 학생들은 단순히 더 나은 방식으로 학습했을 뿐이었다.

이러한 연구 결과에도 불구하고, 대부분의 학교와 대학은 여전히 중세 시대에 머물러 있는 것처럼 보인다. 스탠퍼드 대학교의 조 볼러Jo Boaler 교수는 학부모를 위한 가이드를 발표하며, 어른들이 수학 문제와 관련해서 "아이들에게 절대 틀렸다는 말을 해서는 안 된다"고 했다.(어떠한 피드백도 없다면 학생들은 스스로가 맞았는지 틀렸는지 알 방법이 없다.) 내 딸의 담임 선생님은 아이의 '학습 스타일'에 대해 묻는다.(하지만 학습 스타일에 따른 학습 효과에 대해서는 아직 연구가 이루어진 것이 없다.) 텍스트의 핵심 내용을 밑줄 긋는 것처럼 상대적으로 소극적인 학습 방식은 교실에서 여전히 일반적인 관행이다.(이 관행은 별다른 효과가 없다.)

사람들은 종종 사무실에서 형광펜을 사용한다(일반적으로 좋은 학습 도구는 아니다). 퀴즈 쇼 〈제퍼디!〉의 챔피언 로저 크레이그는 학생들이 수십 개의 단어가 적힌 플래시 카드로 공부하는 것을 종종 목격한다고 말했다. 그는 그들에게 '틀린 방법이에요!'라고 조언한다.(카드당 단어 하나만 사용해야 효과가 있다.) 사람들은 종종 연설문을 여러 번 읽는 방식으로 연설을 준비한다.(내용을 어느 정도 알고 있다면 연설문을 안 보고 연습하는 것이 훨씬 좋다.) 인지 과학자 캐서린 로슨은 "교육이 의학과 같은 속도로 발전하지 못한 관계로 우리는 여전히 거머리를 이용해 나쁜 피를 뽑아내는 민간요법 수준에 머물러 있는 것입니다"라고 말했다.

더 좋은 학습 방식은 단순히 시험 점수 이상의 의미를 갖는다. 더 나은 교육에 투자하는 것이 미래의 성공을 보장하는 가장 효과적인 방법이 될 수 있다. 교육 수준이 높아지면 소득 증가와 흡연율 감소 같은 여러 이점이 자연스럽게 따라온다. 실제로 교육을 많이 받은 사람들이 더 장수하며, 더 만족스러운 삶을 사는 경향이 있다. 따라서 공부의 전략을 배우는 것은 21세기의 필수 요소이자 모든 사람에게 필요한 요소다.

이 책의 마지막에 학부모 또는 정책 입안자를 위해 간단한 사용 설명서를 첨부해 놓았다. 그 도구 모음 tool kit에서 당신은 학습 방법과 학습자를 지원하는 방법에 대한 맞춤형 조언을 찾을 수 있을 것이며 가족, 기업 및 정부가 모든 사람의 학습을 개선하기 위해 무엇을 해야 하고 무엇을 하지 말아야 하는지에 대해서도 논의했다.

그러나 조언만으로는 충분하지 않으며 책이나 안내서 또는 잠깐의 연습만으로는 부족하다. 왜냐하면 우리 모두는 학습 과정을 숙달해야 하며 학습하는 방법을 배워야 하기 때문이다.

도구 모음

학습자에게 유용한 전략

학습은 과정이자 방법인 동시에 숙달해야 할 분야다. 노력, 집중, 연습을 통해 전문성을 얻는 능력을 크게 향상할 수 있다. 목표 설정부터 핵심 개념의 복습까지 학습 방법의 주요 단계를 아래와 같이 요약했다.

가치를 발견하자. 배우고 싶은 마음이 없다면 학습은 불가능하며, 전문성을 얻기 위해서는 기술과 지식을 귀중하다고 여겨야 한다. 따라서 공부가 자신의 삶과 어떤 관련이 있는지 찾아보고 그 전문성을 자신에게 의미 있게 만드는 방법을 알아보자. 예를 들어 체조를 좋아하는 학생이 수학을 배운다면 회전과 관련된 수학 문제를 풀어 보는 게 좋다. 뜨개질을 배운다면 친한 친구에게 스웨터를 만들어 주자.

동시에 전문 분야에서 의미를 찾아내야 한다. 학습에서 중요한 것은 지식과 기술을 어떤 식으로든 의미있게 만드는 것이다. 따라서 여러 번 읽는 방법이나 형광펜으로 강조하는 수동적인 학습 방법은 사용하지 말자. 대신 스스로 문제를 만들어 풀어보거나 자신에게 설명하는 능동적인 학습 전략을 이용해야 한다. 텍스트를 정말로 배우고 싶다면 배우처럼 연기하고, 개념을 정말로 이해하고 싶다면 자신의 말로 설명해 보자.

다른 예로 복창repeat back이 있다. 누군가로부터 자세한 지침을 받으면 자신의 말로 이를 반복해 보자. 지침을 요약해서 말하면 새로운 지식을 생성하는 것과 마찬가지이며 정보를 기억할 가능성이 높아진다.

목표를 설정하자. 학습 초기에는 집중이 중요하다. 사람들은 배우고 싶은 기술이 무엇인지 정확히 파악해야 한다. 학습을 일종의 지식 관리라고 생각해야 하며 이를 잘하기 위해서는 목표, 마감일, 전략 등이 필요하다. 실제로 수백 건의 연구에서 명확한 목표를 가진 사람들이 '잘하기'와 같은 모호한 목표를 가진 사람들보다 뛰어난 성과를 보인다는 것을 보여 주었다.

학습 목표는 모호해서는 안 된다. 또한 지나치게 야심 찬 학습 목표는 너무 멀게 느껴져 역효과를 낼 수도 있다. 그런 목표는 인간의 감정적인 측면을 무시한다. 대신 쉽게 달성할 수 있는 목표를 가질 때 성공할 가능성이 더 높다. 따라서 '왈츠 배우기'와 같은 목표 대신 '일주일에 한 번 왈츠 레슨에 참석하기'처럼 달성하기 쉬운 작은 목표를 설정해야 한다.

학습 목표를 설정할 때 너무 쉬운 목표는 피해야 한다. 따라서 평소보다 약간 더 어려운 목표를 정해야 한다. 예를 들어 미술사를 배우는 경우 대부분의 사람들은 이미 어느 정도 익숙한 내용―렘브란트는 네덜란드 화가이며, 반 고흐는 후기 인상파에 속한다는 것 등―을 복습하는 것으로 시작한다.

그러나 학습은 사람들이 편안한 영역에서 약간 벗어나 이해하기 어려운 개념과 씨름할 때 발생한다. 따라서 미술사를 배우는 사람에게 다음과 같은 질문이 더 효과적일 수 있다. 알베르토 자코메티 Alberti Giacometti는 누구였나? 루이스 네벨슨 Louise Nevelson은 왜 그렇게 중요한 예술가로 인정받을까? 드가 Degas는 왜 최초의 모더니스트 화가로 여겨지나?

지식과 기술을 개발하자. 학습의 이 단계에서 사람들은 자신의 능력을 연마하고 성과를 향상시키기 위한 조치를 취해야 한다. 간단히 말해, 숙달 영역을 개발하기 위해 시간을 따로 할애하여 연습해야 한다는 말이다.

하지만 어떤 형태의 연습은 다른 연습보다 사람들을 더 완벽하게 만들 수 있다. 사람들은 반드시 자신의 지식을 인출하는 연습을 해야 한다.

한 유명한 연구에 의하면 어떤 구절을 다시 기억하는 연습을 한 피험자 그룹은 단순히 구절을 다시 읽은 사람들보다 훨씬 더 많은 것을 배웠다고 한다. 더 구체적으로 말하자면 이 글을 읽은 후 단순히 다시 읽는 것보다 스스로에게 질문을 던지는 것이 훨씬 더 많은 것을 배울 수 있다는 말이다.

피드백도 매우 중요하다. 우리는 제대로 하고 있는지, 잘못하고 있는지 알아야 하며, 단순히 성과를 모니터링하는 것만으로도 결과를 향상시킬 수 있다. 피드백 방식으로 어떤 사람들은 학습 일기를 좋아하고, 다른 사람들은 자신을 찍은 영상을 선호한다.

유용한 피드백은 학습 방향을 잡아 준다. 예를 들어, 당신이 스페인어로 수탉이 'pollo'라고 생각했다고 하자. 약한 형태의 피드백은 단순히 정답을 알려 주는 것이다.(틀렸습니다. 정답은 'gallo'입니다.) 또는 어떤 피드백도 주지 않을 수 있다.(다음 질문으로 넘어가세요.)

가장 효과적인 피드백은 관찰과 체계적인 접근 방식을 결합하여 적절한 결과를 얻을 수 있도록 하는 것이다. 예를 들어 수탉의 예시에서 가장 효과적인 피드백은 답이 틀렸다는 것을 알려 주고 약간의 힌트를 제공하는 것이다. (스페인어로 수탉에 해당하는 단어는 'g'로 시작합니다.) 만약 그래도 여전히 정답을 맞추지 못한다면 또 다른 힌트 ('ga'로 시작합니다.)를 제공하여 정답('gallo')을 얻도록 하는 것이다.

전문성을 확장하자. 학습 과정의 이 시점에서 우리는 기본 단계를 넘어 우리가 아는 것을 응용하기를 원한다. 즉 우리가 배운 기술과 지식을 구체화하기를 원하며 사람들은 기술을 확장함으로써 많은 것을 얻을 수 있다. 예를 들어, 대중 연설 능력을 향상시키고 싶다면 강의와 미디어 인터뷰 등 다양한 형태의 연설에 참여해야 한다.

사람들은 또한 자신에게 학습한 내용을 설명하고 "이것이 이해가 되는가?", "어떻게 작동하는가?"라고 스스로에게 질문함으로써 많은 것을 배울 수 있다. 이와 마찬가지로 어떤 개념이나 기술을 다른 사람에게 설명하면 역시 많은 것을 학습할 수 있다. 이것이 바로 그룹 작업이 매우 효과적인 이유이기도 하다. 동료에게 내용을 전달하면 더 많은 것을 얻을 수 있다.

이러한 모든 학습 방법에는 시간과 노력 그리고 고통 극복과 같은 정신적인 노력이 필요한 것이 사실이다. 또한 정서적 측면도 고려해야 한다. 그리고 아무리 사소해 보일지라도 진행 상황을 추적하고 성취를 인정하는 과정도 포함되어야 한다.

기술을 연결하자. 이 단계는 모든 것이 어떻게 연결되어 있는지 살펴보는 단계다. 결국 우리는 단편적인 세부 사항이나 절차만 알고 싶은 것이 아니라, 그 세부 사항이나 절차가 다른 세부 사항 및 절차와 어떻게 상호 작용하는지 알고 싶기 때문이다. 다시 말해 우리는 특정 전문 분야의 근본적인 시스템을 이해하고 싶어 한다는 말이다.

따라서 단순한 사실을 넘어 사물들이 어떻게 연결되어 있는지 살펴보아야 한다. 어떤 전문 분야 내의 관계를 탐구하는 질문을 스스로 해 보자. 이 분야에 존재하는 시스템은 무엇인가? 인과 관계의 본질은 무엇인가? 비유할 만한 것이 있을까? 이 정보를 나에게 어떻게 가치 있게 만들 수 있을까?

이와 관련하여 효과적인 기술 중 하나는 가상 시나리오를 만드는 것이다. 예를 들어 생물학을 배우고 있다면, 생명체가 시간이 지남에 따라 진화하지 않았다면 어떤 일이 벌어졌을지를 생각해 보는 것이다. 문학 작품을 읽는 것도 마찬가지다. 《로미오와 줄리엣》을 더 잘 이해하고 싶은가? 그렇다면 셰익스피어의 희곡에서 젊은 연인들이 죽지 않았다면 어떤 일이 일어났을지 생각해 보라. 캐플릿가와 몬테규가는 계속해서 불화를 이어 갔을까?

개념 지도는 전문 지식의 체계 속에서 연결 고리를 밝혀내는 강력한 방법이다. 지식과 기술 간의 관계를 그래픽으로 그려 보면 훨씬 더 많은 것을 얻을 수 있다. 또한 다양한 방법으로 연습을 해 보자. 연습 방식이 다양하면 관계를 더 잘 파악할 수 있다. 독학으로 웹사이트 구축 방법을 배우고 싶은가? 그렇다면 드루팔Drupal의 편집 기능과 워드프레스WordPress를 동시에 배워 보기 바란다.

자신이 알고 있는 내용을 다시 생각해 보자. 학습을 하다 보면 오류와 과신에 빠지기 쉬우므로 규칙적으로 자신의 이해 수준을 재평가해야 한다. "내가 정말 이 내용을 제대로 이해하고 있는가, 아니면 그냥 알고 있다고 생각하고 있는가?"라고 자신에게 물어보라.

이러한 상황에서는 다른 사람들이 큰 도움이 될 수 있다. 다양한 관점을 접할 때 우리는 더 효과적으로 학습할 수 있다. 정치학자 스콧 페이지Scott Page는 다양한 경험을 가진 사람들이 포함된 팀이 성공할 가능성이 더 높다는 사실을 입증했다. 따라서 어려운 문제를 해결하고자 한다면 배경이 다른 사람에게 도움을 구하는 것이 좋다. 회사의 골치 아픈 문제를 해결하고 싶은가? 그렇다면 회사를 청소하는 사람들로부터 의외의 해결책을 얻을 수도 있다.

한편 성찰의 시간을 갖고 배운 내용을 생각해 보는 것도 중요하다. 특히 다음과 같은 질문을 자신에게 해 보자. 내 생각은 어떻게 변했는가? 이 모든 개념이 어떻게 연결되는가? 이 과정을 통해 얻은 것은 무엇이며, 더 배워야 할 것은 무엇인가?

결국 우리가 어떤 분야를 공부하는 이유는 그 분야를 구성하는 사고방식을 이해하기 위해서다. 따라서 미시 경제학을 공부한다면 미시 경제 전문가처럼 생각하는 방법을 배우는 것이며 생화학을 배운다면 생화학 전문가처럼 생각하는 방법을 배우는 것이다. 그래서 교육 심리학자들은 "학습이란 조직적이고 이해 가능한 시스템의 구성 요소를 발견하는 과정이라고 생각하면 됩니다"라고 말한다.

부모, 교사, 관리자를 위한
학습 지원 전략

나이나 경험과 상관없이 학습자에게는 지원이 필요하다.

부모, 교사, 관리자가 학습자들의 전문성 획득을 도와줄 수 있는 몇 가지 방법을 다음과 같이 제시한다.

기대치를 설정하자. 학습은 결코 쉽지 않으며 거저먹는 방법은 없다. 전문성을 얻으려면 힘든 과정이 필요하게 마련이다. 부모, 교사, 관리자는 항상 학습자를 지지하고 격려해 주어야 하며 칭찬과 사회적 차원의 격려를 아끼지 말아야 한다.

그러나 결과보다는 과정에 초점을 맞춰 사람들이 동기를 유지하도록 해야 한다. 이를 구체적으로 말하면 '영리하다^{smart}'라는 말을 사용하지 않는 것이다. 캐롤 드웩의 연구에 따르면 '영리하다'는 말을 듣는 사람들은 현실에 안주해서 자신의 능력보다 낮은 수준으로 일하는 경우가 많다고 한다. 따라서 성과가 아닌 방법을 칭찬해야 한다. "정말 열심히 노력했구나.", "이건 좀 어려울 텐데.", "그래, 잘하고 있어"와 같은 식으로 말이다.

교사와 부모는 또한 엄격한 기준과 목표를 학생에게 전달해서 기대치를 느끼도록 해야 한다. 이러한 기준을 자신의 행동을 통해 보여줌으로써 도전에 대처하고 좌절에서 회복하는 방법을 보여 주어라. 혹시라도 문제가 생겼다면 타인과 자신에게 "이건 정말 배울 수 있는 좋은 기회야"라고 말하자.

학습 내용을 분산하자. 우리는 배운 걸 잊어버린다. 며칠이 걸릴 수도 있고, 몇 분이 걸릴 수도 있다. 학습한 내용은 금방 사라지곤 한다. 실제로 우리는 학습한 내용의 대부분을 몇 시간이면 다 잊어버린다.

학습할 때는 이렇게 잊어버릴 수 있다는 점을 늘 고려해야 한다. 따라서 잊어버린 내용을 다시 학습할 수 있도록 몇 주 또는 몇 달에 걸쳐 분산하여 학습해야 한다. 예를 들어 작은 플래시 카드 더미 여러 개보다 큰 플래시 카드 더미 하나를 공부하는 것이 훨씬 효과적이다. 큰 더미로 복습하면 오래전에 공부한 내용도 효과적으로 다시 검토할 수 있기 때문이다. 숙제도 마찬가지다. 모든 숙제를 하루 저녁이나 주말에 몰아서 하는 것보다 시간을 두고 분산하는 것이 훨씬 효과적이다.

기업도 이러한 접근 방식을 취해야 한다. 일회성 교육 프로그램 대신 직원들을 위한 교육을 분산시켜야 한다. 따라서 신입 사원 첫날에만 교육할 것이 아니라 주기적인 교육으로 핵심적 내용을 잊지 않도록 해야 한다.

집중력 향상. 사람들은 쉽게 주의가 산만해진다. 특히 학습 중에는 더욱 쉽게 집중력을 잃을 수 있다. 따라서 사람들이 학습에 온전히 몰두할 수 있는 환경을 조성해야 한다. 이는 음악, TV, 시끄러운 대화 등이 없는 공간을 의미한다. 많은 기업들이 이러한 추세를 인지하고 산만함을 유발하는 환경을 없애고 있다. 구글은 개방형 사무실로 유명하지만 이제는 직원들이 정말 집중해야 할 때는 개인 사무실을 예약하도록 권장한다.

마찬가지로 아이디어를 제시할 때도 핵심만 전달하는 것이 중요하다. 정보가 너무 많으면 사람들의 기억 용량에 과부하가 걸린다. 따라서 파워포인트 프레젠테이션을 만들 때 슬라이드를 그래픽으로 가득 채우면 곤란하다. 한 슬라이드에는 하나의 핵심 메시지만 담도록 하자. 또는 프레젠테이션을 진행하는 경우 청중이 산만해지지 않도록 주요 메시지를 명확하게 전달하고 자주 반복하여 청중의 집중을 유지하자.

실수 장려. 실패라는 말은 오랫동안 학습자에게 금기시되는 단어였다. 그러나 오늘날 우리는 성공하기 위해서는 실패가 필요하다는 것을 알고 있다. 실패를 통해 우리의 생각이 어디가 잘못되었는지 이해할 수 있기 때문이다. 또한 오류는 기억을 되살려 주므로 더 잘 공부할 수 있게 해 준다.

교사, 부모, 관리자는 실수를 칭찬함으로써 이를 장려할 수 있다. 예를 들어 급여 관리 소프트웨어를 만드는 슈어페이롤 SurePayroll 은 실수에 대하여 포상을 제공한다. 이 회사의 전 사장인 마이클 올터 Michael Alter 는 '최고의 새로운 실수상 Best New Mistake award'을 제정해 매년 수상자에게 수백 달러를 포상한다.

실수를 장려하기 위해 교사와 부모는 학생들에게 정답을 알려 주어서는 안 된다. 학생들이 스스로 어려움을 극복하도록 놔두어야 한다. 리사 손Lisa Son 교수는 "부모는 자녀가 불편함을 당연하게 느끼고 답을 몰라도 괜찮다고 생각하도록 해야 합니다. 장기적으로 가장 큰 교육적 효과를 얻으려면 개인이 자기 주도적으로 학습에 참여해야 합니다"라고 말한다.

유추 활용. 유추는 종종 IQ 테스트의 기억을 떠올리게 한다.(새는 둥지에 살고 〔 〕는 개집에 산다.) 그러나 유추는 진정으로 발명의 어머니 역할을 하는 경우가 많다. 요하네스 구텐베르크는 포도 압착기를 보고 인쇄기를 발명했고, 트위터는 문자 메시지와 소셜 미디어를 혼합한 형태다.

사람들은 유추를 활용하여 새로운 아이디어를 설명할 수 있다. 유능한 마케팅 회사들은 이를 잘 알고 있으며 새로운 제품을 소개할 때 이를 잘 활용하는 것으로 유명하다. 예를 들어 보험 회사인 스테이트팜은 오랫동안 '좋은 이웃처럼 스테이트팜이 함께 합니다'라는 광고 문구를 사용해 왔다.

유추는 혁신을 촉진할 수도 있다. 예를 들어 스타트업들은 자신의 서비스 내용을 설명하기 위해 우버를 자주 언급한다. 밀키트 배달 회사인 블루 에이프런은 자신을 고급 요리계의 우버라고 소개하며 DRYV는 드라이클리닝 업계의 우버라고 불린다.

복습 장려. 우리는 모두 과신하는 경향이 있다. 때로는 이것이 좋은 일이 될 수도 있다. 약간의 자신감이 없었다면 누구도 회사를 이끌거나 블로그를 꾸준히 운영하지 못했을 것이다. 그러나 학습에 있어서 우리는 종종 자신이 알고 있는 것보다 더 많이 알고 있다고 생각한다. 따라서 교사, 관리자, 부모는 학생들이 배운 것을 복습하도록 만들어야 한다.

카네기 멜론 대학교의 마샤 로벳은 강의를 마친 후 학생들의 과신을 방지하기 위해 한두 개의 서면 질문을 자주 한다. 로벳은 이 질문을 '래퍼'라고 부른다. 이는 학생들에게 이런 질문을 스스로에게 하도록 한다. 무엇을 배웠는가? 이해하기 어려웠던 것은 무엇인가? 불분명한 것은 무엇인가?

로벳에 따르면 래퍼 질문의 중요한 장점 중 하나는 학생이 오해하고 있는 부분과 학습을 향상시킬 수 있는 방법에 주의를 기울일 수 있다는 점이다. 로벳 교수는 학생들에게 가장 어렵게 느끼는 부분에 집중하라고 조언한다. '가장 헷갈리는 지점'이라고 부르는 부분을 강조함으로써 학생들은 자신의 학습 내용을 더 깊이 이해할 수 있는 것이다. 로벳은 이를 위해 "좋아, 내가 이 내용을 얼마나 잘 이해하고 있지?" 또는 "내가 어디에서 혼란을 겪고 있지?"와 같은 질문을 습관화해야 한다고 말한다.

정책 입안자를 위한 전략

학습은 이제 거의 모든 사람에게 필수가 되었다. 다음은 정책 입안자들이 개인의 학습 방법과 전략을 개선하고 국가의 학교 시스템을 향상시키는 데 도움이 되는 몇 가지 방법이다.

학습 방법을 가르치자. 학생들은 학습하는 방법을 배워야 하며, 정책 입안자는 다음 사항을 고려해야 한다.

- 목표 설정, 자가 퀴즈, 사고방식에 대한 사고와 같은 학습 전략을 학생들에게 가르치도록 학교를 지도한다.
- 교사 교육 프로그램을 강화하여 교사들이 과학 학습에 기반한 실용적인 교수 기술을 갖추는 데 우선순위를 둔다.
- 교육자들이 학생들이 새로운 기술과 지식을 습득하는 방법을 더 잘 이해하도록 훈련 프로그램을 지원한다.

교육 과정을 개선하자. 국가의 교육 시스템은 더 풍부한 형태의 학습을 지원하는 양호한 교육 자료가 필요하다. 정책 입안자는 다음과 같은 명확한 해결책을 시행해야 한다.

- 클릭커 사용과 같이 학습을 보다 능동적이고 참여적으로 만드는 프로그램을 지원한다.
- 장기간에 걸쳐 학습을 분산하는 등의 기술을 포함하여 학생의 학습을 향상시키는 개선된 교재 및 기타 교육 리소스의 사용을 장려한다.
- 학생의 관심사에 맞춰 학습 프로그램을 보다 맞춤화하여 학생들이 자신의 속도로 학습할 수 있도록 조정한다.

스마트 기술의 사용을 장려하라. 기술은 보다 효과적인 학습 방법을 습득하는 데 도움이 될 수 있지만 반면에 주의를 산만하게 하여 새로운 전문 지식을 습득하는 능력을 감소시킬 수도 있다. 학습과 관련하여 정책 입안자는 다음과 같은 모범 사례에 더 많은 투자를 해야 한다.

- 컴퓨터 기반 시뮬레이션과 같이 학습에 도움이 되는 기술의 사용을 장려한다.
- 교육 기관이 결과를 추적하도록 요구하여 대중이 무엇이 효과가 있는지 더 잘 알 수 있도록 한다.
- 모든 학생이 가정이나 학교에서 안정적인 초고속 인터넷에 접근할 수 있도록 보장한다.

교육의 정서적 측면을 지원하라. 학생들은 정서적으로 학습할 준비가 되어 있지 않으면 학습할 수 없다. 정책 입안자는 다음과 같은 방법으로 학생들을 보다 정서적으로 지원해야 한다.

- 비커밍어맨 프로그램과 같이 학생들이 자신의 정서를 관리하는 프로그램을 지원한다.
- 교육에 대해 보다 포괄적인 접근 방식을 채택하고, 무료 치과 또는 무료 돌봄 서비스를 제공하는 프로그램을 실시하도록 노력한다.
- 더 나은 학교 분위기를 조성하고 학교를 안전하고 환영하는 곳으로 만들기 위해 많은 노력을 기울인다.

사회적 학습social learning(타인과의 상호 작용, 관찰, 모방 등을 통한 학습 과정을 포괄적으로 설명하는 용어-옮긴이)**을 수용하라.** 학습은 종종 이성적인 만큼 감정적이기도 하며 정책 입안자는 다음과 같은 방법으로 학교 교육의 사회적 측면을 더 많이 지원해야 한다.

- 학교의 다양성을 장려하고 사회적 차별을 강화하는 주택 정책을 재고한다.
- 상담 교사 같은 직원을 더 많이 선발하여 학교 문화를 개선한다.
- 부모의 참여를 장려하고 가정에서 학생을 돕는 도구를 제공한다.

학습 환경을 재설계하라. 대부분의 교실은 중세 시대 이래 변한 것이 없다. 앉아서 듣기만 하는 수동적인 강의가 주어서 적극적인 참여 활동은 거의 없다. 정책 입안자는 이 공간에서 더 많은 혁신을 촉발하고 학습 과학에 기반하여 교실을 재설계하기 위해 더 많은 노력을 기울여야 한다.

- 보다 혁신적인 교수 및 학습 접근 방식을 취하는 교육 '스타트업'을 장려하고 지원한다.
- 프로세스가 아닌 학습 결과를 측정해 더 많은 실험을 장려한다.
- 학생들에게 인턴 기회를 제공하여 많은 경험을 하도록 한다.

감사의 말

여러 면에서 책을 쓰는 것은 배우는 것과 매우 비슷하다. 외부에서 보면 두 활동 모두 몇 시간 동안 방에 틀어박혀 책과 기사를 읽고 메모와 알림을 적는 등 혼자 작업하는 것처럼 보인다. 하지만 알고 보면 모두 다 매우 집단적인 노력이 필요한 행동이다.

이 점에서 내 첫 번째 감사는 이 책을 쓰는 동안 우아하고 인내심 있게 견뎌 준 아내 노라에게 돌아가야 할 것 같다. 아이들 레일라와 소냐도 주산 훈련부터 드래곤박스까지 온갖 '학습 활동'을 겪으면서 진심으로 나를 지지해 주었다. 크고 작은 방식으로 도움을 주신 부모님께 이 책을 바친다. 또한 저의 형 마르쿠스와 누나 카타리나 그리고 그들의 가족들에게도 많은 신세를 졌다. 실제로 머리속 주산 연습을 알려 준 사람은 카타리나였다.

로드데일은 내가 같이 일해 본 출판사 중 최고로 엄청난 도움을 주었다. 마리사 비질란테는 내가 그녀의 이름 철자를 잘못 썼을 때조차 사려 깊은 피드백과 큰 인내심을 보여 주었다. 캐슬린 슈미트는 이 책 전체를 이해하고 시종일관 지지해 주었다. 이지 휴즈, 앨리 모스텔, 케이트 비트먼에게도 특별한 감사를 드린다. 또한 무수히 많은 오류를 찾아내 나를 구해 준 교정 편집자 낸시 N. 베일리에게도 신세를 많이 졌다.

니라 탄덴, 카멜 마틴, 캐서린 브라운을 포함한 미국 진보 센터의 직원들에게도 큰 감사를 드린다. 또한 파멜라 봅, 맥스 맥클루어, 제이미 리안 던어웨이, 엠마 자발로스를 포함한 많은 연구원들의 지원을 받았다. 칼 챈슬러, 켄 스턴, 데이비드 몰다워, 리치 셰이를 포함한 많은 동료들이 초안을 읽어 주었다. 또한 여러 시간에 걸친 테이프를 녹취해 준 제릭 아스필라가에게 특별한 감사를 드린다.

본문에 언급되지 않거나, 언급되더라도 간략하게만 언급된 통찰력과 인터뷰를 제공해 주신 분들이 많다. 제시 챈들러, 딕 클락, 켄 크뇌딩거, 데이비드 데니얼, 짐 스티글러, 데이비드 미엘레, 스티브 플레밍, 폴 브루노, 벤 라일리, 카린 체노위스, 크레이그 제럴드, 리사 한셀, 마이클 프랭크, 에밀리 디엘, 어맨다 비섹, 제흐라 페이니르시오글루, 브리짓 핀, 로저 아제베도, 크리스 파리, 제이 후퍼, 잘 메타, 제인 더튼, 마이크 모저, 로버트 폰디시오, 데이비드 트리고, 데이비드 도메니시, 안젤라 더크워스, 조 레디쉬, 닉 안타리스, 스티브 플레밍, 주디스 하라키에비츠, 마크 맥데니얼, 로건 피오렐라, 데이비드 예거, 앤 마리 팔린카르, 데일 슝크, 필 위니, 타데우스 그리벨, 드미트리 크리스타키스, 아이라 윈더, 앤 레닝거, 메리-팻 웬더로스, 수전 골드윈-메도우, 페이얀 첸, 폴 실비아, 데이비드 화이트브레드 등에게 감사하다.

원저 힐스 초등학교, 어번 디베이트 클럽, WAMALUG, 브릭페어, 톰 사토의 소로반 수업에서 만난 분들이 주신 의견에도 감사를 표하고 싶다. 내 작은 실험에 본의 아니게 참여한 농구 코트의 친구들에게도 심심한 감사를 전한다. 마지막으로 이 책의 많은 부분을 쓸 수 있었던 아메리칸 대학교 법학 도서관에도 고맙다는 말을 전하고 싶다.

참고 문헌과 노트

아래의 책, 보고서, 연구 및 기타 문서는 여러분에게 유용한 가이드이자 자료입니다. 노트 섹션에서도 이 자료를 인용했습니다.

Ambrose, Susan A., Michael W. Bridges, Michele DiPietro, Marsha C. Lovett, and Marie K. Norman. *How Learning Works: Seven Research-Based Principles for Smart Teaching*. Kindle edition. San Francisco: Jossey-Bass, 2010.

Askell-Williams, Helen, Michael J. Lawson, and Grace Skrzypiec. "Scaffolding Cognitive and Metacognitive Strategy Instruction in Regular Class Lessons." *Instructional Science* 40, no. 2 (2012): 413–43. doi:10.1007/ s11251-011-9182-5

Benassi, Victor A., Catherine E. Overson, and Christopher M. Hakala. *Applying Science of Learning in Education: Infusing Psychological Science into the Curriculum*. Durham, NH: University of New Hampshire, 2014. http://teachpsych.org/ebooks/asle2014/index.php

Benavides, Francisco, Hanna Dumont, and David Instance, ed. *The Nature of Learning: Using Research to Inspire Practice*. Paris: OECD Publishing, 2010.

Bourne, Lyle E. *Train Your Mind for Peak Performance: A Science-Based Approach for Achieving Your Goals*. Washington, DC: American Psychological Association, 2013.

Bourne, Lyle E., and Alice F. Healy. *Training Cognition: Optimizing Efficiency, Durability, and Generalizability*. Hove, UK: Psychology Press, 2012.

Bransford, John D., Ann L. Brown, and Rodney R. Cocking, eds. *How People Learn: Brain, Mind, Experience and School*. Washington, DC: National Academies Press, 2000.

Brown, Peter C., Henry L. Roediger III, and Mark A. McDaniel. *Make It Stick*. Kindle edition. Cambridge, MA: Harvard University Press, 2014.

Carey, Benedict. *How We Learn: The Surprising Truth about When, Where, and Why It Happens.* New York: Random House, 2014.

Carnegie Mellon University. "Teaching Excellence and Educational Innovation." https://www.cmu.edu/teaching (accessed September 14, 2016)

Carpenter, Shana K., ed. "Improving Student Learning in Low-Maintenance and Cost-Effective Ways." *Journal of Applied Research in Memory and Cognition* 3, no. 3 (2014): 121–23. doi: 10.1016/j.jarmac.2014.07.004

Center for Teaching. Vanderbilt University. https://wp0.its.vanderbilt.edu /cft/ (accessed September 14, 2016)

Christodoulou, Daisy. *Seven Myths about Education.* London: Routledge, 2014.

Clark, Ruth C. *Building Expertise: Cognitive Methods for Training and Performance Improvement.* Hoboken, NJ: Pfeiffer, 2008.

Clark, Ruth C., and Richard E. Mayer. *E-Learning and the Science of Instruction: Proven Guidelines for Consumers and Designers of Multimedia Learning.* 2nd ed. San Francisco: Pfeiffer, 2007.

Claxton, Guy. *Hare Brain, Tortoise Mind: How Intelligence Increases When You Think Less.* 1st ed. Hopewell, NJ: Ecco, 1999.

Deans for Impact. The Science of Learning. Austin, TX: Deans for Impact, 2015. http://deansforimpact.org/the_science_of_learning.html

Derek Bok Center for Teaching and Learning. http://bokcenter.harvard.edu/(accessed September 14, 2016)

Dharma, Jairam, and Keith Kiewra. "An Investigation of the SOAR Study Method." *Journal of Advanced Academics* 20, no. 4 (2009): 602–29.

Dunlosky, John, and Janet Metcalf. *Metacognition.* New York: SAGE Publications, 2008.

Elder, Linda, and Richard Paul. *The Thinker's Guide for Students on How to Study and Learn a Discipline: Using Critical Thinking Concepts and Tools.* Tomales, CA: Foundation for Critical Thinking, 2002.

Ericsson, Anders K., and Robert Poole. *Peak: Secrets from the New Science of Expertise.* New York: Houghton Mifflin Harcourt, 2016.

Hattie, John. *Visible Learning: A Synthesis of Over 800 Meta-Analyses Relating to*

Achievement. London: Routledge, 2008.

Healy, Alice F., and Lyle E. Bourne Jr., eds. *Training Cognition: Optimizing Efficiency, Durability, and Generalizability*. 1st ed. New York: Psychology Press, 2012.

Hoffman, Robert R., Paul Ward, Paul J. Feltovich, Lia DiBello, Stephen M. Fiore, and Dee H. Andrews. *Accelerated Expertise: Training for High Proficiency in a Complex World*. Expertise: Research and Applications Series. Abingdon, UK: Taylor & Francis, 2014.

Koedinger, Kenneth R., Julie L. Booth, and David Klahr. "Instructional Complexity and the Science to Constrain It." *Science* 342 (2013): 935–37. doi: 10.1126/science.1238056

Lemov, Doug, and Norman Atkins. *Teach Like a Champion: 49 Techniques That Put Students on the Path to College*. 1st ed. San Francisco: Jossey-Bass, 2010.

Levy, Frank. *The New Division of Labor: How Computers Are Creating the Next Job Market*. Princeton, NJ: Princeton University Press, 2005.

Levy, Frank, and Richard J. Murnane. *Teaching the New Basic Skills: Principles for Educating Children to Thrive in a Changing Economy*. New York: Free Press, 1996.

Marzano, Robert J. *The Art and Science of Teaching: A Comprehensive Framework for Effective Instruction (Professional Development)*. Alexandria, VA: Association for Supervision & Curriculum Development, 2007.

Marzano, Robert J., Debra Pickering, and Jane E. Pollock. *Classroom Instruction That Works: Research-Based Strategies for Increasing Student Achievement*. Alexandria, VA: Association for Supervision & Curriculum Development, 2001.

Mayer, Richard E., and Logan Fiorella. *Learning as a Generative Activity: Eight Learning Strategies That Promote Understanding*. Cambridge, UK: Cambridge University Press, 2015.

McDaniel, Mark, and Cynthia Wooldridge. "The Science of Learning and Its Applications." in *Effective College and University Teaching: Strategies and Tactics for the New Professoriate*, eds. William Buskist and Victor A. Benassi, 49–60. New York: SAGE Publications, 2012.

McDaniel, Mark, Regina Frey, Susan Fitzpatrick, and Henry Roediger III, eds. *Integrating Cognitive Science with Innovative Teaching in STEM Disciplines*. St.

Louis: Washington University Libraries, 2014.

Nilson, Linda, and Barry J. Zimmerman. *Creating Self-Regulated Learners: Strategies to Strengthen Students' Self-Awareness and Learning Skills*. Sterling, VA: Stylus, 2013.

Nisbett, Richard E. *Mindware: Tools for Smart Thinking*. New York: Farrar, Straus and Giroux, 2015.

Nisbett, Richard E. *Intelligence and How to Get It: Why Schools and Cultures Count*. New York: W. W. Norton, 2010.

Oakley, Barbara. *A Mind for Numbers: How to Excel at Math and Science (Even If You Flunked Algebra)*. New York: TarcherPerigee, 2014.

Pashler, H., P. Bain, B. Bottge, A. Graesser,, K. Koedinger, M. McDaniel, and Janet Metcalfe. *Organizing Instruction and Study to Improve Student Learning* (NCER 2007–2004). Washington, DC: National Center for Education Research, 2007. Retrieved from http://ncer.ed.gov

Schwartz, Bennett L. *Memory: Foundations and Applications*. 2nd ed. Thousand Oaks, CA: SAGE Publications, 2013.

Schwartz, Bennett L., Lisa K. Son, Nate Kornell, and Bridget Finn. "Four Principles of Memory Improvement: A Guide to Improving Learning Efficiency." *International Journal of Creativity and Problem Solving* 21, vol. 1 (2011): 7–15.

Stigler, James W., and James Hiebert. *The Teaching Gap: Best Ideas from the World's Teachers for Improving Education in the Classroom*. New York: Free Press, 1999.

Wiggins, Grant, Jan McTighe, and Jay McTighe. *Understanding by Design*. Alexandria, VA: Association for Supervision & Curriculum Development, 1998.

Willingham, Daniel T. *Cognition: The Thinking Animal*. 3rd ed. Upper Saddle River, NJ: Pearson, 2006.

———. *Why Don't Students Like School? A Cognitive Scientist Answers Questions about How the Mind Works and What It Means for the Classroom*. San Francisco: Jossey-Bass, 2010.

노트

아래 메모에서는 제 자료의 출처를 개략적으로 설명합니다. 누군가를 인터뷰한 경우 텍스트에서 이를 명확히 하고 추가 출처를 제공하지 않았습니다. 인용문이 외부 출처에서 나온 경우 아래에 언급했습니다.

들어가는 말

The details from the dart study on page xiv come from interviews and from Barry J. Zimmerman and Anastasia Kitsantas, "Developmental Phases in Self-Regulation: Shifting from Process Goals to Outcome Goals," *Journal of Educational Psychology* 89, no. 1 (1997): 29.

For studies on the learning process on page xv, or what's often called "selfregulated learning," see Hester de Boer et al., *Effective Strategies for Self-Regulated Learning: A Meta-Analysis* (Gronigen: GION/RUG, 2013). Also see Kiruthiga Nandagopal and K. Anders Ericsson, "An Expert Performance Approach to the Study of Individual Differences in Self-Regulated Learning Activities in Upper-Level College Students," *Learning and Individual Differences 22*, no. 5 (2012): 597–609.

Mentioned on page xvi is Anastasia Kitsantas and Barry J. Zimmerman, "Comparing Self-Regulatory Processes Among Novice, Non-Expert, and Expert Volleyball Players: A Micro Analytic Study," *Journal of Applied Sport Psychology* 14, no. 2 (2002): 91–105; Barry J. Zimmerman and Anastasia Kitsantas, "Acquiring Writing Revision Skill: Shifting from Process to Outcome Self-Regulatory Goals," *Journal of Educational Psychology* 91, no. 2 (1999): 241. Also see Mark C. Fox and Neil Charness, "How to Gain Eleven IQ Points in Ten Minutes: Thinking Aloud Improves Raven's Matrices Performance in Older Adults," *Aging, Neuropsychology, and Cognition* 17, no. 2 (2010): 191–204.

For the survey results on page xvii, see Ulrich Boser, "Does the Public Know What Great Teaching and Learning Look Like?" Center for American Progress, forthcoming. Note that the survey was a convenience sample, which we weighted to reflect the nation as a whole. The document will be available on my Web site and the Center's Web site. On discovery learning, page xvii, see Louis Alfieri et al.,

"Does Discovery-Based Instruction Enhance Learning?" *Journal of Educational Psychology* 103, no. 1 (2011): 1–18. Also Richard E. Mayer, "Should There Be a Three-Strikes Rule Against Pure Discovery Learning?" *American Psychologist* 59, no. 1 (2004): 14–19.

For research on learning styles on page xvii, see Harold Pashler et al., "Psychological Science in the Public Interest," *Learning Styles: Concepts and Evidence* 9, no. 3 (2008): 105–19. Also see Thomas K. Fagan and Daniel T. Willingham, "Do Visual, Auditory, and Kinesthetic Learners Need Visual, Auditory, and Kinesthetic Instruction?" *American Educator* (Summer 2005): 31–35.

I first came across the Betsy Sparrow research on page xvii in this article: Katherine Hobson, "Google on the Brain: How the Internet Has Changed What We Remember," *Wall Street Journal,* July 15, 2011. The full study is Betsy Sparrow, Jenny Lui, and Daniel M. Wegner, "Google Effects on Memory: Cognitive Consequences of Having Information at Our Fingertips," *Science* 333, no. 6043 (2011): 776–78.

Also cited on page xviii is Linda A. Henkel, "Point and Shoot Memories: The Influence of Taking Photos on Memory for a Museum Tour," *Psychological Science* 25, no. 2 (2014): 396–402. For the quote about the brain on page xviii, I relied on James Gleick, "Auto Correct This!" *New York Times,* August 4, 2012. http://www.nytimes.com/2012/08/05/opinion /sunday/auto-correct-this.html

Much has been written about Otzi. For the text on page xvii, I relied on Brenda Fowler, *Iceman: Uncovering the Life and Times of a Prehistoric Man Found in an Alpine Glacier,* 1st ed. (New York: Random House, 2000). Also helpful was Bob Cullen, "Testimony from the Iceman," *Smithsonian,* http://www.smithsonianmag.com/science-nature/testimony-from-the-iceman-75198998/ (accessed September 13, 2016) and the Web site of the South Tyrol Museum of Archaeology, http://iceman.it/en/ (accessed September 20, 2016).

For the quote from educational psychologists on page xx, see Richard Paul and Linda Elder's *The Thinker's Guide for Students on How to Study and Learn a Discipline: Using Critical Thinking Concepts & Tools,* Foundation for Critical Thinking (2003). Also helpful was Lindsey Engle Richland and Nina Simms, "Analogy, Higher Order Thinking, and Education," *Wiley Interdisciplinary Reviews:*

Cognitive Science 6, no. 2 (March 2015): 177–92.

For more on Levy and Murnane's work on page xx, see Frank Levy and Richard J. Murnane, *The New Division of Labor: How Computers Are Changing the Way We Work* (Princeton, NJ: Princeton University Press, 2004). Ted Dintersmith first made the point to me about Levy and Murnane's self-driving car prediction. For a more recent take on the issue, see Derek Thompson, "What Jobs Will the Robots Take?" *The Atlantic,* January 23, 2014. http://www.theatlantic.com /business / archive/2014/01/what-jobs-will-the-robots-take/283239/

The report mentioned on page xxii was Ulrich Boser, "Return on Educational Investment: A District-by-District Evaluation of US Educational Productivity," Center for American Progress, January 2011. The 50 percent figure on page xxii comes from Scott Freeman, Sarah L. Eddy, Miles McDonough, Michelle K. Smith, Nnadozie Okoroafor, Hannah Jordt, and Mary Pat Wenderoth, "Active Learning Increases Student Performance in Science, Engineering, and Mathematics," *Proceedings of the National Academy of Sciences* 111, no. 23 (2014): 8410–415; published ahead of print May 12, 2014, doi:10.1073/pnas.1319030111. Note that the Freeman analysis looked only at STEM classes.

For the testing yourself study on page xxii, see J.D. Karpicke and J.R. Blunt, "Retrieval Practice Produces More Learning than Elaborative Studying with Concept Mapping," Science 331, no. 6018 (2011).

When it comes to the idea of thinking of learning as a process on page xxiv, I'm indebted to writer Bruce Schneier, who has made a similar argument when it comes to security. When it comes to the specific steps outlined, I credit the many who've described different learning phases, including Barry Zimmerman, Bracha Kramarski, Ruth Clark, John Flavell, and Kenneth A. Kiewra. The quote about learning as a survival tool on page xxii comes from Robert A. Bjork, John Dunlosky, and Nate Kornell, "Self-Regulated Learning: Beliefs, Techniques, and Illusions," *Annual Review of Psychology* 64, no. 1 (January 3, 2013): 417–44. doi:10.1146/annurev-psych-113011-143823

▷ 인용

Dunlosky, John, et al. "Improving Students' Learning with Effective Learning

Techniques: Promising Directions from Cognitive and Educational Psychology." *Psychological Science in the Public Interest* 14, no. 1 (2013): 4–58.

Jairam, Dharma, and Kenneth A. Kiewra. "An Investigation of the SOAR Study Method." *Journal of Advanced Academics* 20, no. 4 (2009): 602–29.

Kitsantas, Anastasia, Adam Winsler, and Faye Huie. "Self-Regulation and Ability Predictors of Academic Success during College: A Predictive Validity Study." *Journal of Advanced Academics* 20, no. 1 (2008): 42–68.

Kramarski, Bracha. "Promoting Teachers' Algebraic Reasoning and Self-Regulation with Metacognitive Guidance." *Metacognition and Learning* 3, no. 2 (2008): 83.

Kramarski, Bracha, and Tali Revach. "The Challenge of Self-Regulated Learning in Mathematics Teachers' Professional Training." *Educational Studies in Mathematics* 72, no. 3 (2009): 379–99.

Murnane, Richard J., and Frank Levy. *Teaching the New Basic Skills: Principles for Educating Children to Thrive in a Changing Economy.* New York:Free Press, 1996.

Plant, E. Ashby, K. Anders Ericsson, Len Hill, and Kia Asberg. "Why Study Time Does Not Predict Grade Point Average Across College Students: Implications of Deliberate Practice for Academic Performance." *Contemporary Educational Psychology* 30, no. 1 (2005): 96–116.

Yan, Veronica. *Learning Concepts and Categories from Examples: How Learners' Beliefs Match and Mismatch the Empirical Evidence.* University of California, Los Angeles: Pro Quest Dissertations Publishing, 2014.

Zimmerman, Barry J. "Self-Regulated Learning, an Overview." *Educational Psychologist* 25, no. 1 (1990): 3–17.

1장

Much has been written on the idea of framing, which is mentioned on page 3. My favorite study—cited here—is Aaron C. Kay et al., "Material Priming: The Influence of Mundane Physical Objects on Situational Construal and Competitive Behavioral Choice," *Organizational Behavior and Human Decision Processes* 95, no. 1 (2004): 83–96. For citations on page 4 for relevance in learning and what's known as "utilityvalue interventions," see Chris S. Hulleman and Judith M.

Harackiewicz, "Making Education Relevant: Increasing Interest and Performance in High School Science Classes," *Science* 326, no. 598 (2009): 1410–12. Also see Judith M. Harackiewicz et al., "Helping Parents to Motivate Adolescents in Mathematics and Science: An Experimental Test of a Utility-Value Intervention," *Psychological Science* 28, no. 8 (2012): 899–906.

On Minecraft on page 8, see Ryan Mac, David M. Ewalt, and Max Jedeur-Palmgren, "Inside the Post-Minecraft Life of Billionaire Gamer God Markus Persson," Forbes (March 2015). http://www.forbes.com/sites/ryanmac/2015/03/03/minecraft-markus-persson-life-after-microsoft-sale/ (accessed October 27, 2016); Tracy McVeigh, "Minecraft: How a Game with No Rules Changed the Rules of the Game Forever," *The Guardian*, November 16, 2013. http://www.theguardian.com/technology/2013/nov/16/minecraft-game-no-rules-changed-gaming; and Nick Statt, "Markus 'Notch' Persson: The Mind behind Minecraft (Q&A)," *CNET* (November 2013). https://www.cnet.com/news/markus-notch-persson-the-mind-behind-minecraft-q-a/ (accessed October 27, 2016). The quote on page 8 from the biographers came from the Guardian article. The Persson quote came from the *CNET* article.

The idea for the Minecraft point on page 8 came from Clive Thompson, "The Sims: Suburban Rhapsody," *Psychology Today* (November 2003), http://www.psychologytoday.com/articles/200311/the-sims-suburban-rhapsody (accessed October 27, 2016).

I first came across the work of Amy Wrzesniewski on page 8 in Tom Rath, *Are You Fully Charged? The 3 Keys to Energizing Your Work and Life,* Kindle edition. (Arlington, VA: Mission Day LLC, 2015). For Wrzesniewski's quotes and the quotes from the cleaning people on page 9, I relied on David Zax, "Want to Be Happier at Work? Learn How from These 'Job Crafters,'" *Fast Company,* June 3, 2013, https://www.fastcompany.com/3011081/innovation-agents/want-to-be-happier-at-work-learn-how-from-these-job-crafters (accessed September 18, 2016).

Also helpful was Amy Wrzesniewski, Justin M. Berg, and Justin Dutton, "Managing Yourself: Turn the Job You Have into the Job You Want," *Harvard Business Review,* June 1, 2010, https://hbr.org/2010/06/managing-yourself-turn-the-job-you-have-into-the-job-you-want (accessed September 18, 2016). Also see Lora Kolodny,

"The Latest Approach to Employee Training," *Wall Street Journal,* March 14, 2016, Business section, http://www.wsj.com/articles/the-latest-approach-to-employee-training-1457921560?tesla=y

On the study of student choice on page 10, see Erika A. Patall, Harris Cooper, and Susan R. Wynn, "The Effectiveness and Relative Importance of Choice in the Classroom," *Journal of Educational Psychology* 102, no. 4 (2010): 896. Note that too much choice, especially for people early in the learning process, shows limited outcomes. See Richard E. Clark, Paul A. Kirschner, and John Sweller, "Putting Students on the Path to Learning: The Case for Fully Guided Instruction," *American Educator* (Spring 2012): 7–11.

The work on seeking was pioneered by Jaak Panksepp. His quote on page 12 comes from Emily Yoffe, "Seeking," Slate (August 12, 2009), http://www.slate.com/articles/health_and_science/science/2009/08/seeking.html(accessed September 18, 2016).

For the discussion of situational motivation on page 13, I relied on Kenneth E. Barron and Chris S. Hulleman, "Is There a Formula to Help Understand and Improve Student Motivation?" *Essays from Excellence in Teaching* 8 (2006). Accessed August 7, 2006 from the Society for the Teaching of Psychology, http://list.kennesaw.edu/archives/psychteacher.html

Also very helpful was Suzanne Hidi and K. Ann Renninger, "The Four-Phase Model of Interest Development," *Educational Psychologist* 41, no. 2 (2006): 111–27.

When it comes to the Posse program mentioned on page 16, I relied on a number of resources, including Adam Bryant, "Deborah Bial of the Posse Foundation: Success Isn't Always about You," *New York Times,* October 4, 2014, http://www.nytimes.com/2014/10/05/business /deborah-bial-of-the-posse-foundation-success-isnt-always-about -you.html (accessed September 13, 2016).

Also helpful was "Quick Facts," *The Posse Foundation,* http://www.possefoundation.org/quick-facts (accessed September 13, 2016).

For the study on names on page 17, see David Figlio, "Names, Expectations, and the Black-White Test Score Gap," no. 11195, National Bureau of Economic Research (March 2005).

For more on the impact of social connections on learning on page 18, see C. Kirabo

Jackson, "Can Higher-Achieving Peers Explain the Benefits to Attending Selective Schools? Evidence from Trinidad and Tobago," *Journal of Public Economics Elsevier* 108 (December 2013): 63–77. Also see Victor Lavy and Edith Sand, "The Friends Factor: How Students' Social Networks Affect Their Academic Achievement and Well-Being," National Bureau of Economic Research (NBER) Working Paper no. 18430 (October 2012) and "The Effect of Social Networks on Students' Academic and Non-Cognitive Behavioral Outcomes: Evidence from Conditional Random Assignment of Friends in School," University of Warwick and Hebrew University Working Paper (May 2015).

For social networks and text anxiety on page 17, see Daena Goldsmith and Terrance Albrecht, "The Impact of Supportive Communication Networks on Test Anxiety and Performance," *Communication Education* 42, no. 2 (1993): 142–58.

For the contagious study on page 18, see K. Desender, S. Beurms, and E. Van den Bussche, "Is Mental Effort Exertion Contagious?" *Psychonomic Bulletin & Review* 23, no. 2 (2015): 624–31, doi: 10.3758/s13423-015-0923-3.

I first came across it in "Why Coffee Shops Boost Concentration," *Association for Psychological Science,* http://www.psychologicalscience.org/index.php/news/minds-business/why-coffee-shops-boost-concentration.html (accessed September 26, 2016).

The enthusiasm quote on page 19 comes from "WamaLTC: Club," *WamaLTC,* July 7, 2001, http://wamaltc.org/club.html (accessed September 11, 2016).

The math problem on page 20 is from K.B. Givvin , J.W. Stigler, & B. Thompson (2011), "What Community College Developmental Mathematics Students Understand about Mathematics, Part 2: The Interviews". *The MathAMATYC Educator,* vol. 2, no. 3, 4–18 and was reprinted with permission from the authors.

I'm indebted to my sister Katharina Boser and Max McLure for tipping me off to mental abacus, discussed on page 23. For academic research on the practice, see Michael C. Frank and David Barner, "Representing Exact Number Visually Using Mental Abacus," *Journal of Experimental Psychology: General* 141, no. 1 (2012): 134–49. Also see James W. Stigler, Laurence Chalip, and Kevin F. Miller, "Consequences of Skill: The Case of Abacus Training in Taiwan," American Journal of Education 94, no. 4 (1986): 447–79; and N. Brooks, D. Barner, M.

Frank, and S. Goldin-Meadow (under review), "The Role of Gesture in Supporting Mental Representations: The Case of Mental Abacus Arithmetic," 2016.

I quoted from Richard E. Mayer, *How Not to Be a Terrible School Board Member: Lessons for School Administrators and Board Members,* Kindle edition (Thousand Oaks, CA: Corwin, SAGE Publications, 2011). Also see Richard E. Mayer and Logan Fiorella, *Learning as a Generative Activity: Eight Learning Strategies that Promote Understanding* (Cambridge, UK: Cambridge University Press, 2015).

For citations on learning as doing on page 25, see John Dunlosky et al., "Improving Students' Learning with Effective Learning Techniques: Promising Directions from Cognitive and Educational Psychology," *Psychological Science in the Public Interest* 14, no. 1 (2013): 4–58. Note that the generation effect is not all that different from the testing effect, which is explored most recently in Peter C. Brown, Henry L. Roediger III, and Mark A. McDaniel, *Make It Stick* (Cambridge, MA: Harvard University Press, 2014) and Benedict Carey, How We Learn (New York: Penguin Random House, 2015).

For more on the generation effect and remembering words like "maison" on page 25, see Patricia Ann DeWinstanley and Elizabeth L. Bjork, "Processing Strategies and the Generation Effect: Implications for Making a Better Reader," *Memory and Cognition* 32, no. 6 (2004): 945–55.

When it comes learning as doing and higher order thinking, as on page 25, see Jamie L. Jensen et al., "Teaching to the Test . . . or Testing to Teach: Exams Requiring Higher Order Thinking Skills Encourage Greater Conceptual Understanding," *Educational Psychology Review* 26, no. 2 (2014): 307–29, and Luke G. Eglington and Sean H. K. Kang, "Retrieval Practice Benefits Deductive Inference," *Educational Psychology Review* (2016): 1–14.

Regarding the University of Washington on page 26, I've written about the program before. See Ulrich Boser, "Don't Hate Tests," *US News&World Report,* September 23, 2015, http://www.usnews.com/opinion/knowledge-bank/2015/09/23/testing-plays-a-key-role-in-education-accountability (accessed September 15, 2016), and I reused some of the language here.

Regarding handwriting on page 28, see Perri Klass M.D, "Why Handwriting Is Still Essential in the Keyboard Age," *New York Times,* June 20, 2016.

The idea that students need to be "thinking hard about knowledge" on page 29 comes from Dylan Wiliam's introduction to Daisy Christodoulou, *Seven Myths about Education* (London: Taylor & Francis, 2013).

For more on the idea of memory as a series of roads from page 20, see Jill Stamm and Paula Spencer, *Bright from the Start: The Simple, Science-Backed Way to Nurture Your Child's Developing Mind, from Birth to Age 3* (New York: Penguin, 2007).

The quote about connections and language attrition on page 30 is from Maureen Ehrensberger-Dow and Chris Ricketts, "Language Attrition: Measuring How 'Wobbly' People Become in their L1 [First Language]," (Baltmannsweiler: Schneider Verlag Hohengehren, 2010): 41–. Also helpful was "Language Attrition," *Wikipedia, the Free Encyclopedia,* https://en.wikipedia.org/w/index.php?title=Language_attrition&oldid=737109836.

Details regarding the new knee muscle on page 31 come from K. Grob et al., "A Newly Discovered Muscle: The Tensor of the Vastus Intermedius," *Clinical Anatomy* 29, no. 2 (2016): 256–63. Also helpful in this section was Ellen J. Langer, *The Power of Mindful Learning* (Reading, MA: Perseus Books, 1990), which provided the citation for the "meaningfulness" study.

For the Gates study on page 34, I relied on Bill and Melinda Gates Foundation, "Ensuring Fair and Reliable Measures of Effective Teaching: Culminating Findings from the MET Project's Three-Year Study. Policy and Practice Brief. MET Project," *ERIC* (January 2013), http://eric.ed.gov/?id=ED540958 (accessed September 18, 2016).

The Bill Gates quote on page 34 comes from Joe Nocera, "Gates Puts the Focus on Teaching," *New York Times,* May 21, 2012, http://www.nytimes.com/2012/05/22/opinion/nocera-gates-puts-the-focus-on-teaching.html (accessed September 18, 2016).

For additional details about Gates's interest, I also relied on Steven Brill, *Class Warfare: Inside the Fight to Fix America's Schools,* reprint edition (NewYork: Simon & Schuster, 2012). Note that I've done some work directly for the Gates Foundation and some of my work at the Center for American Progress is funded by the foundation.

▷ 인용

Berg, Justin M., Jane E. Dutton, and Amy Wrzesniewski. "What Is Job Crafting and Why Does It Matter?" Center for Positive Organizational Scholarship, Michigan Ross School of Business (2008).

Bransford, John D., and Daniel L. Schwartz. "Rethinking Transfer: A Simple Proposal with Multiple Implications." *Review of Research in Education* 24, no. 1 (1999): 61–100.

Chi, Michelene T. H. "Active-Constructive-Interactive: A Conceptual Framework for Differentiating Learning Activities." *Topics in Cognitive Science* 1, no. 1 (January 2009): 73–105.

Ferguson, Ronald F., with Charlotte Danielson. "How Framework for Teaching and Tripod 7Cs Evidence Distinguish Key Components of Effective Teaching." *Designing Teacher Evaluation Systems: New Guidance from the Measures of Effective Teaching Project.* Thomas J. Kane, Kerri A. Kerr, and Robert C. Pianta, eds. Hoboken, NJ: Jossey-Bass, 2014.

Freeman, Scott, et al. "Active Learning Increases Student Performance in Science, Engineering, and Mathematics." *Proceedings of the National Academy of Sciences* 111, no. 23 (2014): 8410–15.

Haskell, Robert E. *Transfer of Learning, Volume: Cognition and Instruction.* 1st ed. San Diego, CA: Academic Press, 2000.

Hyde, Thomas S., and James J. Jenkins. "Differential Effects of Incidental Tasks on the Organization of Recall of a List of Highly Associated Words." *Journal of Experimental Psychology* 82, no. 3 (1969): 472.

Panksepp, Jaak. "Affective Neuroscience of the Emotional Brain Mind: Evolutionary Perspectives and Implications for Understanding Depression." *Dialogues in Clinical Neuroscience* 12, no. 4 (2010): 533–45.

Ross School of Business. "Job Crafting Exercise." Center for Positive Organizations. http://positiveorgs.bus.umich.edu/cpo-tools/job-crafting-exercise/ (accessed September 14, 2016)

Singley, Mark K., and John Robert Anderson. *The Transfer of Cognitive Skill.* Cambridge, MA: Harvard University Press, 1989.

2장

Details about Dillon's turnaround on page 37 come from "Success Stories: Nothing Less Than the Best!" *Success for All Foundation* (2015), http://www.successforall.org/wp-content/uploads/2016/03/SFA_SuccessStories_Dillon.pdf (accessed September 29, 2016). Also very helpful was Alan Richard, "What's Happened in the Rural School District Obama Fought to Save," *PBS NewsHour,* http://www.pbs.org/newshour/updates/rural-school-district-obama-fought-save/ (accessed October 6, 2016).

The Obama quote on page 37 is from Jack Kuenzie, "Obama Visits School in SC 'Corridor of Shame,'" WISTV, http://www.wistv.com/story/6975244/obama-visits-school-in-sc-corridor-of-shame (accessed December 11,2016).

For more on the outcomes of Success for All, see Nick Lemann, "Schoolwork," *New Yorker* (2010), and WWC Intervention Report, "Beginning Reading: Success for All," Institute of Educational Sciences (August 2009), http://ies.ed.gov/ncee/wwc/EvidenceSnapshot/496 (accessed September 14, 2016).

For the point about knowledge management on page 39, see Paul Kloosterman, "Learning to Learn in Practice in Nonformal Education," *Learning to Learn: International Perspectives from Theory and Practice* (2014): 271.

The bird quote on page 39 comes from Dorothy V. Thomas, "Longtime City Teacher," Baltimoresun.com, http://www.baltimoresun.com/news/obituaries/bs-md-ob-dorothy-thomas-20140616-story.html (accessed April 8, 2015).

On page 41, I relied on John Sweller, "Story of a Research Program," *Education Review: A Multi-Lingual Journal of Book Reviews* 23 (2016). The detail on page 42 about the interaction of online instruction with background music comes from Ruth C. Clark, *Building Expertise: Cognitive Methods for Training and Performance Improvement,* 3rd ed., Kindle edition (location 1414), Hoboken, NJ: Wiley, Pfeiffer, 2008.

For more on the role of knowledge on page 47, see Daniel T. Willingham, *Why Don't Students Like School? A Cognitive Scientist Answers Questions about How the Mind Works and What It Means for the Classroom,* Kindle edition(location 235), San Francisco, CA: Jossey-Bass, 2009.

On page 46, I quoted from Daniel T. Willingham, "How Knowledge Helps: It Speeds and Strengthens Reading Comprehension, Learning, and Thinking," *American Educator* 30, no. 1 (2006): 30. Also see Daisy Christodoulou, *Seven Myths about Education* (Abingdon, UK: Routledge, 2014).

For the material science text on page 46, I quoted from Hemant S. Betrabet, Otmar H. Boser, Robert H. Kane, Susan McGee, and Thomas Caulfield, United States Patent and Trademark Office, *Dispersion Strengthened Lead-Tin Alloy Solder,* November 19, 1991, US5066544 A.

When it comes to speed reading on page 48, see Jeffrey M. Zacks and Rebecca Treiman, "Sorry, You Can't Speed Read," *New York Times,* April 15, 2016, http://www.nytimes.com/2016/04/17/opinion/sunday/sorry-you-cant-speed-read.html (accessed September 30, 2016). I'm also indebted to Robert Pondiscio for the point on reading and knowledge.

The language about the "easiest materials" on page 49 comes from Nate Kornell and Janet Metcalfe, "Study Efficacy and the Region of Proximal Learning Framework," *Journal of Experimental Psychology: Learning, Memory, and Cognition* 32, no. 3 (2006): 609–22. Also see Janet Metcalfe, "Desirable Difficulties and Studying in the Region of Proximal Learning," *Successful Remembering and Successful Forgetting: A Festschrift in Honor of Robert A. Bjork,* ed. Aaron S. Benjamin (New York: Psychology Press, Francis & Taylor Group, 2011). Also see Metcalfe's Web site, http://www.columbia.edu/cu/psychology/metcalfe/RPL.html (accessed November 12, 2016).

Regarding Bror Saxberg on page 51, see Bror Saxberg, "TEDxSF—emystifying the Human Mind," YouTube, https://www.youtube.com/watch?v=sEaQRzmV-xI (accessed November 12, 2016). Also see Frederick M. Hess and Bror Saxberg, *Breakthrough Leadership in the Digital Age: Using Learning Science to Reboot Schooling* (Thousand Oaks, CA: Corwin Press, 2013).

For the section on organizing knowledge on page 54, I relied on Arthur C. Graesser and Brent A. Olde, "How Does One Know Whether a Person Understands a Device? The Quality of the Questions the Person Asks When the Device Breaks Down," *Journal of Educational Psychology* 95, no. 3 (2003): 524. Also see Daniel T. Willingham, *Why Don't Students Like School? A Cognitive Scientist Answers*

Questions about How the Mind Works and What It Means for the Classroom (San Francisco: Jossey-Bass, 2010).

The Kaplan study on page 53 is Larry Rudman, John Sweller, and David Niemi, "Using Cognitive Load Theory for Improving Logical Reasoning for the LSAT," paper presented at the American Educational Research Association Conference, April 2013.

I wrote a profile of Matthew Carter and reused some of the language on pages 54 and 55. See Ulrich Boser, "A Man of Letters," *US News & World Report* 135, no. 6 (2016).

For more on Clark and cognitive task analysis on page 55, see Richard E. Clark, D. Feldon, Jeroen J. G. van Merrienboer, Kenneth Yates, and Sean Early, "Cognitive Task Analysis," *Handbook of Research on Educational Communications and Technology* 3 (2008): 577–93.

With regard to the idea of writing down what you know before learning on page 52, I relied on Robert J. Marzano, *The Art and Science of Teaching: A Comprehensive Framework for Effective Instruction*, 1st ed. (Alexandria, VA: Association for Supervision & Curriculum Development, 2007), and Natalie Hardwick, "How to Cook the Perfect Steak," *BBC Good Food*, http://www.bbcgoodfood.com/howto/guide/how-cook-perfect-steak (accessed September 14, 2016).

In the metacognition section on page 57, the text on "there's a right way and a wrong way" relied on John D. Bransford and Marcia Johnson, "Contextual Prerequisites for Understanding: Some Investigations of Comprehension and Recall," *Journal of Verbal Learning and Verbal Behavior* 11 (1972): 717–26.

Also very helpful in this section were Kimberly D. Tanner, "Promoting Student Metacognition," *CBE Life Sciences Education* 11, no. 2 (2012): 113–20, doi:10.1187/cbe.12-03-0033, and J. Girash, "Metacognition and Instruction," *Applying the Science of Learning in Education: Infusing Psychological Science into the Curriculum*, eds. Victor A. Benassi, C. E. Overson, and C. M. Hakala, 152–68 (Washington, DC: Society for the Teaching of Psychology, 2014), http://teachpsych.org/ebooks/asle2014/index.php For the details on prequizzing on page 60, see Lindsey E. Richland, Nate Kornell, and Liche Sean Kao, "The Pretesting Effect: Do Unsuccessful Retrieval Attempts Enhance Learning?" *Journal of Experimental*

Psychology 15, no. 3 (2009): 243.

For the emotional side of learning on page 61, I relied on Mary Helen Immordino-Yang's work, including for the language around emotion serving as a "bedrock" for learning. See, for instance, Mary Helen Immordino-Yang and Matthias Faeth, "The Role of Emotion and Skilled Intuition in Learning," *Mind, Brain & Education*, ed. David Sousa (2010), and M. H. Immordino-Yang, J. A. Christodoulou, and V. Singh, "Rest Is Not Idleness: Implications of the Brain's Default Mode for Human Development and Education," *Perspectives on Psychological Science* 7, no. 4 (2012): 352–64, doi:10.1177/1745691612447308

The details about Elliot on page 61 come from Antonio R. Damasio, *Descartes' Error: Emotion, Reason and the Human Brain* (New York: Random House, 2006).

For the studies on the connection between body and mind on page 62, see Carlo Fantoni and Walter Gerbino, "Body Actions Change the Appearance of Facial Expressions," *PloS One* 9, no. 9 (2014): e108211; Xue Zheng, Ryan Fehr, Kenneth Tai, Jayanth Narayanan, and Michele J. Gelfand, "The Unburdening Effects of Forgiveness: Effects on Slant Perception and Jumping Height," *Social Psychological and Personality Science* 6, no. 4 (2015): 431–38; and Jesse Chandler and Norbert Schwarz, "How Extending Your Middle Finger Affects Your Perception of Others: Learned Movements Influence Concept Accessibility," *Journal of Experimental Social Psychology* 45, no. 1 (2009): 123–28.

For the details on Jim Taylor on page 64, see Dr. Jim Taylor, "My Story: From 4'9 " to World-Ranked," Dr. Jim Taylor, 2015, http://www.drjimtaylor.com/4.0/my-story/ (accessed September 14, 2016). Also see Dr. Jim Taylor, "Inside the Ski Racing Mind: Mental Imagery, Seeing and Feeling Success in Your Mind's Eye," *Ski Racing*, April 18, 2011, https://www.skiracing.com/stories/inside-ski-racing-mind-mental-imagery(accessed September 15, 2016).

For the discussion of Bandura's work and the notion of self-efficacy on page 65, I relied on "Albert Bandura," *Wikipedia, the Free Encyclopedia*, September 3, 2016, https://en.wikipedia.org/w/index.php?title=Albert_Bandura&oldid=737561009 (accessed September 14, 2016). Also see "Albert Bandura Biographical Sketch," http://stanford.edu/dept/psychology/bandura/bandura-bio-pajares/Albert%20_Bandura%20_Biographical_Sketch.html (accessed September 14, 2016). I'm indebted to a profile of Bandura, which provided the idea that Bandura is a model of self-efficacy, by Christine Foster, "Confidence Man," *Stanford Alumni*, September/October 2006, http://alumni.stanford.edu/get/page/magazine/article/?article_id=33332" (accessed September 14, 2016).

For the point about project oversight on page 66, see Paul Kloosterman, "Learning to Learn in Practice in Nonformal Education," *Learning to Learn: International Perspectives from Theory and Practice* (2014): 271.

For the hundreds of studies on goal setting on page 66, see R. T. Golembiewski, *Handbook of Organizational Behavior,* 2nd ed., revised and expanded (New York: Marcel Dekker, 2001). Also see Thelma S. Horn, *Advances in Sport Psychology* (Champaign, IL: Human Kinetics, 2008).

The details—and quote—about the Pomodoro Technique on page 66 come from Francesco Cirillo, *The Pomodoro Technique* (New York: Simon & Schuster, 2014).

For more on Son's "withholding" approach on page 68, see Lisa K. Son and Nate Kornell, "The Virtues of Ignorance," *Behavioural Processes* 83, no. 2 (February 2010): 207–12, doi:10.1016/j.beproc.2009.12.005

For the work on teacher expectations on page 70, see Ulrich Boser, Megan Wilhelm, and Robert Hanna, "The Power of the Pygmalion Effect: Teachers' Expectations Strongly Predict College Completion," Center for American Progress (2014).

On my visit to Windsor Hills on page 71, I've discussed the experience before. See Ulrich Boser, "Separate and Economically Unequal," *US News & World Report*, June 17, 2015, http://www.usnews.com/opinion/knowledge-bank/2015/06/17/separate-and-economically-unequal-why-schools-need-socioeconomic-diversity (accessed September 15, 2016), and I reused some of the language here.

▷ 인용

Clark, Richard, Paul A. Kirschner, and John Sweller. "Putting Students on the Path to Learning: The Case for Fully Guided Instruction." *American Educator* 36, no. 1 (2012): 6–11.

DeBoer, Harry, Roel J. Bosker, and M. P. C. van der Werf. "Sustainability of Teacher Expectation Bias Effects on Long-Term Student Performance." *Journal of Educational Psychology* 102, no. 1 (2010): 168–79.

Dunlosky, John, and Janet Metcalfe. Metacognition. 1st ed. Thousand Oaks, CA: SAGE Publications, 2008.

Ginns, Paul, et al. "Learning by Tracing Worked Examples." *Applied Cognitive Psychology* 30, no. 2 (2015).

Hacker, D. J. M., C. Keener, and J. C. Kircher. "Writing Is Applied Metacognition." *Handbook of Metacognition in Education*, eds. D. J. Hacker, J. Dunlosky, and A. C. Graesser (New York: Routledge, 2009), 154–72.

Hoffman, Robert R., et al. *Accelerated Expertise: Training for High Proficiency in a Complex World*(Expertise: Research and Applications Series). Abingdon, UK: Taylor & Francis, 2013.

Lee, Chee Ha, and Slava Kalyuga. "Expertise Reversal Effect and Its Instructional Implications." *Applying the Science of Learning in Education: Infusing Psychological Science into the Curriculum*, eds. Victor A. Benassi, C. E. Overson, and C. M. Hakala (Washington, DC: Society for the Teaching of Psychology, 2014).

Sana, Faria, Tina Weston, and Nicholas J. Cepeda. "Laptop Multitasking Hinders Classroom Learning for Both Users and Nearby Peers." #Computers & Education 62 (2013): 24–31.

Veenman, Marcel V. J., Bernadette H. A. M. Van Hout-Wolters, and Peter Afflerbach. "Metacognition and Learning: Conceptual and Methodological Considerations." *Metacognition and Learning* 1, no. 1 (2006): 3–14.

3장

There's a large body of literature showing that practice doesn't make perfect. For the relevant text on page 77, see Eunsook Kim and Sung-Jae Pak, "Students Do Not Overcome Conceptual Difficulties after Solving 1000 Traditional Problems," *American Journal of Physics* 70, no. 7 (2002): 759–765. Also see E. Plant et al., "Why Study Time Does Not Predict Grade Point Average across College Students: Implications of Deliberate Practice for Academic Performance," *Contemporary Educational Psychology* 30, no. 1 (January 2005): 96–116, doi:10.1016/j.cedpsych.2004.06.001

For Mark Bernstein's story on page 79, I relied on Anders Ericsson, "Acquisition and Maintenance of Medical Expertise: A Perspective from the Expert-Performance Approach with Deliberate Practice," *Academic Medicine* 90, no. 11 (2015): 1471–86. Additional details come from Adetunji Oremakinde and Mark Bernstein, "A Reduction in Errors Is Associated with Prospectively Recording Them: Clinical Article," *Journal of Neurosurgery* 121, no. 2 (2014): 297–304.

For the Bernstein details and quote on page 81, see Mark Bernstein, "The Drop Attack," *Canadian Medical Association Journal* 172, no. 5 (March 1, 2005): 668–69, doi:10.1503/cmaj.050076, and Scellig Stone and Mark Bernstein, "Prospective Error Recording in Surgery: An Analysis of 1108 Elective Neurosurgical Cases," *Neurosurgery* 60, no. 6 (2007): 1075–82.

On page 80, I quoted from Dan Pompei, "Inside Gruden's 'Maniacal' Obsession with Football," *Bleacher Report*, May 12, 2016, http://bleacherreport.com/articles/2636358-inside-jon-grudens-maniacal-obsession-with-football (accessed September 28, 2016). Similarly, I relied on Julia Belluz, "We Spoke to 20 Experts about How to Lose Weight and Keep It Off. Here Are Their Surprisingly Simple Tips," Vox, May 2, 2016, http://www.vox.com/2014/11/27/7289565/weight-loss-diet-tips (accessed September 28, 2016).

Regarding the discussion of feedback on page 81, see John Hattie, *Visible Learning: A Synthesis of Over 800 Meta-Analyses Relating to Achievement* (Abingdon, UK: Routledge, Taylor & Francis Group, 2009). The rooster example comes from Bridgid Finn and Janet Metcalfe, "Scaffolding Feedback to Maximize Long-Term Error Correction," *Memory & Cognition* 38, no. 7 (2010): 951–61, doi:10.3758/MC.38.7.951; also helpful was John Hattie and Helen Timperley, "The Power of Feedback," *Review of Educational Research* 77, no. 1 (March 1, 2007): 81–112, doi:10.3102/003465430298487

Regarding the discussion of curriculum on page 81, see Ulrich Boser, Matthew Chingos, and Chelsea Straus, "The Hidden Value of Curriculum Reform: Do States and Districts Receive the Most Bang for Their Curriculum Buck?" Center for American Progress, October 14, 2015, https://www.americanprogress.org/issues/education/report/2015/10/14/122810/the-hidden-value-of-curriculum-reform/. The Gawande quote is from Atul Gawande, "The Coach in the Operating Room," *New*

Yorker, September 26, 2011, http://www.newyorker.com/magazine/2011/10/03/personal-best (accessed September 28, 2016).

For the Hattie quote on page 86, I relied on John Hattie, *Visible Learning: A Synthesis of Over 800 Meta-Analyses Relating to Achievement* (Abingdon,UK: Routledge, Taylor & Francis Group, 2009).

On explanations and feedback on page 84, I relied on Andrew C. Butler, Namrata Godbole, and Elizabeth Marsh, "Explanation Feedback Is Better Than Correct Answer Feedback for Promoting Transfer of Learning," *Journal of Educational Psychology* 105, no. 2, (2013): 290–98, and

Nate Kornell and Lisa K. Son, "Learners' Choices and Beliefs about Self-Testing," *Memory* 17, no. 5 (July 2009): 493–501, doi:10.1080/096 58210902832915

On Dragonbox on page 87, see Yanjin Long and Vincent Aleven, "Gamification of Joint Student/System Control over Problem Selection in a Linear Equation Tutor," *Intelligent Tutoring Systems,* 78–87, eds. Stefan Trausan-Matu, Kristy Elizabeth Boyer, Martha Crosby, and Kitty Panourgia (New York: Springer International Publishing, 2014), http://link.springer.com/10.1007/978-3-319-07221-0_47

The Willingham quote on page 88 comes from Daniel T. Willingham, *Why Don't Students Like School? A Cognitive Scientist Answers Questions about How the Mind Works and What It Means for the Classroom* (San Francisco, CA: Jossey-Bass, 2009).

With regard to repetition on page 89, see Graham Nuthall, *The Hidden Lives of Learners* (Wellington, NZ: NZCER Press, 2007). Also see Katherine Rawson and John Dunlosky, "Bang for the Buck: Supporting Durable and Efficient Student Learning through Successive Relearning," *Integrating Cognitive Science with Innovative Teaching in STEM Disciplines* (St. Louis, MO: Washington University in St. Louis, 2014), doi:10.7936/K7F769GZ The well-cited retrieval practice study on page 91 is from Henry L. Roediger and Jeffrey D. Karpicke, "Test-Enhanced Learning: Taking Memory Tests Improves Long-Term Retention," *Psychological Science* 17, no. 3 (2006): 249–55. Also cited here was J. D. Karpicke and J. R. Blunt, "Retrieval Practice Produces More Learning Than Elaborative Studying with Concept Mapping," Science 331, no. 6018 (2011): 772–75, doi:10.1126/science.1199327

Also cited on page 91 is Maria Konnikova, *Mastermind: How to Think Like Sherlock Holmes* (New York: Penguin, 2013). The retrieval practice approach regarding a pile of cards comes from Rachel Adragna, "Be Your Own Teacher: How to Study with Flash Cards," *The Learning Scientists,* February 20, 2016, http://www.learningscientists.org/blog/2016/2/20-1 (accessed September 13, 2016).

The Tarantino quote on page 90 is from Hoda Kotb, "From Video Clerk to Box Office Icon," *NBC News,* April 26, 2004, http://www.nbcnews.com/id/4817308/ns/dateline_nbc-newsmakers/t/video-clerk-box-office-icon/ (accessed September 13, 2016).

For more details on Hu's work on page 93, see Yuzheng Hu et al., "Enhanced White Matter Tracts Integrity in Children with Abacus Training," *Human Brain Mapping* 32, no. 1 (2011): 10–21, doi:10.1002/hbm.20996

Lots has been written about brain plasticity in recent years. Among them is S. Kuhn, T. Gleich, R. C. Lorenz, U. Lindenberger, and J. Gallinat, "Playing Super Mario Induces Structural Brain Plasticity: Gray Matter Changes Resulting from Training with a Commercial Video Game," *Molecular Psychiatry* 19, no. 2 (February 2014): 265–71, doi:10.1038/mp.2013.120

On page 94, I quoted from Martin Lovden et al., "A Theoretical Framework for the Study of Adult Cognitive Plasticity," *Psychological Bulletin* 136, no. 4 (2010): 659. Also see Edward Taub, "Foreword for Neuroplasticity and Neurorehabilitation," *Frontiers Research Topics: Neuroplasticity and Neurorehabilitation* 8, no. 544 (2014): 4–5.

Bennett Schwartz provided me with the example relating to Australia and its capital on page 95. Psychologists call this the "hypercorrection effect."

For more information, see Janet Metcalfe and David Miele, "Hypercorrection of High Confidence Errors: Prior Testing Both Enhances Delayed Performance and Blocks the Return of the Errors," *Journal of Applied Research in Memory and Cognition* 3, no.3 (2014): 189–97.

For details regarding Jordan Ellenberg's early life on page 96, I relied on Amy Goldstein, "A Sine of a True Genius," *Washington Post,* June 7, 1989, https://www.washingtonpost.com/archive/local/1989/06/07/a-sine-of-a-true-genius/a29172c8-d53f-45da-920c-4e2a407ce97e/ (accessed September 13, 2016). Also see Jordan

Ellenberg, *How Not to Be Wrong: The Power of Mathematical Thinking* (New York: Penguin, 2015).

On the Flynn effect on page 97, see Lisa Trahan, Karla K. Stuebing, Merril K. Hiscock, and Jack M. Fletcher, "The Flynn Effect: A Meta-Analysis," *Psychological Bulletin* 140, no. 5 (2014): 1332–60, doi: 10.1037/a0037173.

The error quotes on page 96 are from Kathryn Schulz, *Being Wrong: Adventures in the Margin of Error,* Kindle edition (New York: HarperCollins, 2010).

For the first quote from Herb Brooks on page 98, see Dave Kindred, "Born to Be Players, Born to the Moment," *The Washington Post,* February 23, 1980, http://www.washingtonpost.com/wp-srv/sports/longterm/olympics1998/history/memories/80-kindred.htm (accessed September 16, 2016).

There's some debate over the actual words used. See Bill Littlefield, "Hollywood Scores a 'Miracle' with Locker Room Speech," *WBUR,* June 18, 2016, http://www.wbur.org/onlyagame/2016/06/17/us-miracle-olympics-herb-brooks-origins (accessed September 16, 2016). For the second Brooks quote on page 103, see "Herb Brooks Quotes," Herb Brooks Foundation, http://www.herbbrooksfoundation.com/page/show/740804-herb-brooks-quotes (accessed September 16, 2016).

Details about the marshmallow test on page 100 come from Walter Mischel, *The Marshmallow Test: Mastering Self-Control* (Little, Brown, 2014). The self-talk study on page 98 is Sanda Dolcos and Dolores Albarracin, "The Inner Speech of Behavioral Regulation: Intentions and Task Performance Strengthen When You Talk to Yourself as a You," *European Journal of Social Psychology* 44, no. 6 (October 1, 2014): 636–42, doi: 10.1002/ejsp.2048

Also cited is Adam Winsler, Louis Manfra, and Rafael M. Diaz, "'Should I Let Them Talk?' Private Speech and Task Performance Among Preschool Children with and without Behavior Problems," *Early Childhood Research Quarterly* 22, no. 2 (2007): 215–31. I came across the study via Pyschnet.

For more on Dweck from page 101, see Carol Dweck, *Mindset: The New Psychology of Success, How We Learn to Fulfill Our Potential,* Kindle edition (New York: Ballantine Books, 2008). The point about the small impact of a few words in the Dweck studies came from BBC, "The Words That Could Unlock Your Child," *BBC News,* April 19, 2011, http://www.bbc.com/news/magazine-13128701

(accessed October 4, 2016). Also cited was Kyla Haimovitz and Carol S. Dweck, "What Predicts Children's Fixed and Growth Intelligence Mind-Sets? Not Their Parents' Views of Intelligence but Their Parents' Views of Failure," *Psychological Science* (2016): 0956797616639727.

▷ 인용

Brackett, Marc, et al. "Enhancing Academic Performance and Social and Emotional Competence with the RULER Feeling Words Curriculum." *Learning and Individual Differences* 22, no. 2 (2012): 218–24.

Cheryan, Sapna, et al. "Designing Classrooms to Maximize Student Achievement." *Policy Insights from the Behavioral and Brain Sciences* 1, no. 1 (2014): 4–12.

D'Mello, Sidney, et al. "Confusion Can Be Beneficial for Learning." *Learning and Instruction* 29 (2014): 153–70.

Ellenberg, Jordan. "The Wrong Way to Treat Child Geniuses." *Wall Street Journal*, May 30, 2014. http://www.wsj.com/articles/the-wrong-way-to-treat-child-geniuses-1401484790 (accessed October 7, 2016)

Ericsson, K. Anders. "Training History, Deliberate Practice and Elite Sports Performance: An Analysis in Response to Tucker and Collins Review—What Makes Champions?" *British Journal of Sports Medicine* 47, no. 9 (2013): 533–35.

Huelser, Barbie J., and Janet Metcalfe. "Making Related Errors Facilitates Learning, but Learners Do Not Know It." *Memory & Cognition* 40, no. 4 (2012): 514–27.

Klein, Gary. *Seeing What Others Don't: The Remarkable Ways We Gain Insights*. Kindle edition. New York: Public Affairs, Perseus Books, 2013.

Klein, Gary, Neil Hintze, and David Saab. "Thinking Inside the Box: The ShadowBox Method for Cognitive Skill Development." *Proceedings of the 11th International Conference on Naturalistic Decision Making*. Paris: Arpege Science Publishing, 2013.

Muenks, Katherine, David B. Miele, Geetha B. Ramani, Laura M. Stapleton, and Meredith L. Rowe. "Parental Beliefs about the Fixedness of Ability." *Journal of Applied Developmental Psychology* 41 (November 2015): 78–89.

Peary, Gerald, ed. *Quentin Tarantino: Interviews, Revised and Updated*. Jackson: University Press of Mississippi, 2013.

Protzko, John, J. Aronson, and C. Blair. "How to Make a Young Child Smarter: Evidence from the Database of Raising Intelligence." *Perspectives on Psychological Science* 8, no. 1 (2013): 25–40. doi:10.1177/ 1745691612462585

Rios, Kimberly, Zhen Hadassah Cheng, Rebecca R. Totton, and Azim F. Shariff. "Negative Stereotypes Cause Christians to Underperform in and Disidentify with Science." *Social Psychological and Personality Science* (2015): 1948550615598378

Schmidt, Richard A., and Robert A. Bjork. "New Conceptualizations of Practice: Common Principles in Three Paradigms Suggest New Concepts for Training." *Psychological Science* 3, no. 4 (1992): 207–17. doi: 10.1111/j.1467-9280.1992.tb00029

Steele, Claude M., and Joshua Aronson. "Stereotype Threat and the Intellectual Test Performance of African Americans." *Journal of Personality and Social Psychology* 69, no. 5 (1995): 797.

Steinberg, Laurence. *Age of Opportunity: Lessons from the New Science of Adolescence.* Kindle edition. New York: Houghton Mifflin Harcourt, 2014.

Yan, Veronica X., Khanh-Phuong Thai, and Robert A. Bjork. "Habits and Beliefs That Guide Self-Regulated Learning: Do They Vary with Mind-Set?" *Journal of Applied Research in Memory and Cognition* 3, no. 3 (2014): 140–52.

4장

When it comes to Jackson Pollock, I relied on a number of books, including Henry Adams, *Tom and Jack: The Intertwined Lives of Thomas Hart Benton and Jackson Pollock* (New York: Bloomsbury Press, 2009), Leonhard Emmerling, *Jackson Pollock* (Taschen: 2003), and Deborah Solomon, *Jackson Pollock: A Biography* (New York: Cooper Square Press, 1987).

The "workers work" quote on page 111 came from Caroline A. Jones, "Eyesight alone: Clement Greenberg's modernism and the bureaucratization of the senses," University of Chicago Press, 2005. The "controlled accident" quote came from the Emmerling biography. The "grand thing" quote on page 111 came from Jackson Pollock, *American Letters: 1927-1947.* (Polity, 2011).

For the quotes from the letter from Siqueros on page 111, see Jackson Pollock and Lee

Krasner Papers, "David Alfaro Siqueiros Letter to Jackson Pollock, Sandy Pollock, and Harold Lehman, 1936 Dec," Archives of American Art, Smithsonian Institution, 2016, http://www.aaa.si.edu/collections/items/detail/david-alfaro-siqueiros-letter-to-jackson-pollock-sandy-pollock-and-harold-lehman-13785 (accessed September 14, 2016). The *LIFE* magazine article on page 112 is Anonymous, "Jackson Pollock; Is He the Greatest Living Painter in the United States?" LIFE, August 8, 1949.

The "genius" quote on page 112 came from Naifeh Steven, and Gregory White Smith, *Jackson Pollock: An American Saga* (New York: CN Potter, 1989).

The "chaos" quote on the same page came from the Solomon book.

For the Smith quote on page 113, see Roberta Smith, "Review: Drips, Dropped: Pollock and His Impact," *New York Times,* December 31, 2015.

For the Taylor quote on page 114, see Jennifer Ouellette, "Pollock's Fractals," *Discover,* November 1, 2011.

For my descriptions of the making of *Kind of Blue* on page 114, I relied on Ashley Kahn, *Kind of Blue* (London: Granta Publications, 2001). On page 115, I also quoted and relied on Fred Kaplan, "Kind of Blue," *Slate,* August 17, 2009, http://www.slate.com/articles/arts/music_box/2009/08/kind_of_blue.html (accessed September 14, 2016).

The sheet music quote on page 115 is from Keith Waters, *The Studio Recordings of the Miles Davis Quintet,* 1965-68 (New York: Oxford University Press, 2011).

The Davis biography quote on page 115 is from Miles Davis, and Quincy Troupe, *Miles* (New York: Simon & Schuster, 1990).

To cite a few studies providing support for riffs on page 115, see Claire E. Weinstein, "Training Students to Use Elaboration Learning Strategies," *Contemporary Educational Psychology* 7, no. 4 (1982): 301–11. Also see Michelene T. H. Chi et al., "Self-Explanations: How Students Study and Use Examples in Learning to Solve Problems," *Cognitive Science* 13, no. 2 (1989): 145–82.

On Nisbett's work on page 119, see Richard E. Nisbett, *Mindware: Tools for Smart Thinking* (New York: Farrar, Straus and Giroux, 2015).

For the "sticky images" details on page 128, see Bob Harris, *Prisoner of Trebekistan: A Decade in* Jeopardy! (New York: Crown Publishers, 2006).

I'm indebted to Roger Craig for this idea.

For the citation on finger dexterity on page 122, see Sian Beilock, *How the Body Knows Its Mind: The Surprising Power of the Physical Environment to Influence How You Think and Feel* (New York: Atria Books, Simon & Schuster, 2015).

On debate programs on page 118, see Briana Mezuk et al., "Impact of Participating in a Policy Debate Program on Academic Achievement: Evidence from the Chicago Urban Debate League," *Educational Research and Reviews* 6, no. 9 (2011): 622–35.

For the "young students" study on page 119, see Stephen Gorard, Nadia Siddiqui, and Beng Huat, *Philosophy for Children: Evaluation Report and Executive Summary, July 2015* (London: Education Endowment Foundation, 2015).

For more details—and the slogan—from High Tech High, see Bob Pearlman, "Educational Leadership, Customizing Our Schools: Reinventing the High School Experience," ASCD, 2016. Also see Tara S. Behrend et al., "Gary and Jerri-Ann Jacobs High Tech High: A Case Study of an Inclusive STEM-Focused High School in San Diego, California," OsPrI Report 2014–03.

On page 119, I quoted from Lauren B. Resnick, *Education and Learning to Think* (Washington, DC: National Academies, 1987).

For the "holy place" quote on page 121, I relied on Ellen Maguire, "At Jackson Pollock's Hamptons House, a Life in Spatters," *New York Times,* July 14, 2006.

For the text on simulations on page 125, I relied and reused text from Ulrich Boser, "Gaming the System, One Click at a Time," Special Report: E-learning, *U. S. News & World Report,* October 28, 2002.

Also mentioned on page 126 is Kenneth R. Koedinger et al., "Learning Is Not a Spectator Sport: Doing Is Better Than Watching for Learning from a MOOC," *Proceedings of the Second (2015) ACM Conference on Learning Scale,* New York: ACM (2015): 111–120.

The details about Feynman and teaching on page 126 come from David L. Goodstein and Judith R. Goodstein, *Feynman's Lost Lecture: The Motion of Planets Around the Sun,* vol. 1 (New York: W.W. Norton, 1996). For the details on page 130, I relied on "Richard Feynman—ession IV," American Institute of Physics, https://www.aip.org/history-programs/niels-bohr-library/oral-histories/5020-4 (accessed September 16, 2016).

For the Protege Effect on page 127, see J. F. Nestojko et al., "Expecting to Teach Enhances Learning and Organization of Knowledge in Free Recall of Text Passages," *Memory & Cognition*, 42, no. 7 (2014): 1038–48, doi: 10.3758/s13421-014-0416-z. Also see Catherine C. Chase et al., "Teachable Agents and the Protege Effect: Increasing the Effort Toward Learning," *Journal of Science Education and Technology* 18, no. 4 (2009): 334–52.

On the value of uncertainty on page 130, see Marlene Schomer, "Effects of Beliefs about the Nature of Knowledge on Comprehension," *Journal of Educational Psychology* 82, no. 3 (1990): 498–504. When it came to the military on page 131, I relied on previous reporting as well as James Gibson, "Leaders First: How ROTC Is Changing for the Better," *Military1*, September 30, 2014. Also see Mark Hemingway, "Fixing ROTC: The Army Is Making Great Strides Reforming ROTC, and It's a Task Too Important to Be Neglected," *The Weekly Standard*, September 30, 2014, http://www.weeklystandard.com/fixing-rotc/article/781475 (accessed September 14, 2016). The quote on page 131 came from Rudy Chinchilla, "ROTC Curriculum Changes Will Reflect Modern Military Conflicts," *Daily Titan*, March 25, 2015, http://www.dailytitan.com/2015/03/rotc-curriculum-changes-will-reflect-modern-military-conflicts/ (accessed September 16, 2016).

I first came across Mark Runco's work, mentioned on page 131, in Po Bronson and Ashley Merryman, "Forget Brainstorming," *Newsweek*, July 12, 2010, http://www.newsweek.com/forget-brainstorming-74223 (accessed September 16, 2016). Also helpful in this section was Mark Runco, "Seven Critical Components of Creativity: Full Research Summary," *Center for Childhood Creativity* (2014): 1–19.

For more on Sawyer's work on page 133 , see Keith Sawyer, *Zig Zag: The Surprising Path to Greater Creativity* (San Francisco: Wiley, Jossey-Bass, 2013).

In regard to sourcing on the tulip crash on page 133, see A. Maurits van der Veen, "The Dutch Tulip Mania: The Social Politics of a Financial Bubble," *Journal of Political Economy* 97, no. 3 (2012): 535–60; Christian C. Day, "Is There a Tulip in Your Future? Ruminations on Tulip Mania and the Innovative Dutch Futures Markets," *Journal des Economistes et des Etudes Humaines* 14, no. 2 (2004): 151–70; and Mike Dash, *Tulipomania: The Story of the World's Most Coveted Flower & the Extraordinary Passions It Aroused* (New York: Three Rivers Press, 1999).

For the details about Scott E. Page on page 135, see *The Difference: How the Power of Diversity Creates Better Groups, Firms, Schools, and Societies* (Princeton, NJ: Princeton University Press, 2007). Also helpful in framing this specific work was Steven Johnson, *Future Perfect: The Case for Progress in a Networked Age* (New York: Riverhead Books, 2012).

Regarding Levine's work on page 136, see Sheen S. Levine et al., "Ethnic Diversity Deflates Price Bubbles," *Proceedings of the National Academy of Sciences* 111, no. 52 (2014): 18524–29, doi:10.1073/pnas.1407301111.

Levine also pointed me to the academic study that's quoted on page 123: Nancy DiTomaso, Corinne Post, and Rochelle Parks-Yancy, "Workforce Diversity and Inequality: Power, Status, and Numbers," *Annual Review of Sociology* 33 (2007): 473–501.

On technology and diversity on page 137, I found helpful Chris Paris, "The Wonderful—Yet Misunderstood—World of Wikis," *Seminarium*, April 11, 2014, http://seminariumblog.org/general/semtech/wonderful-yet-misunderstood-world-wikis (accessed September 16, 2016).

The quotes about Pollock's poor painting skills on page 137 come from the Solomon and Adams books, respectively.

For the description of the wheel study on page 139, see Daniel Kahneman, *Thinking, Fast and Slow* (New York: Farrar, Straus and Giroux, 2011).

The Feynman quote on page 139 comes from Richard P. Feynman, *Surely You're Joking, Mr. Feynman! Adventures of a Curious Character* (New York: W.W. Norton, 1997). The Davis quote on page 139 is from Gerald Lyn Early, *Miles Davis and American Culture* (St. Louis: Missouri History Museum, 2001).

▷ 인용

Barlow, Claire M., Richard P. Jolley, and Jenny L. Hallam. "Drawings as Memory Aids: Optimizing the Drawing Method to Facilitate Young Children's Recall." *Applied Cognitive Psychology* 25, no. 3 (2011): 480–87. doi:10.1002/acp.1716

D'Mello, Sidney, Blair Lehman, Reinhard Pekrun, and Art Graesser. "Confusion Can Be Beneficial for Learning." *Learning and Instruction* 29 (2014): 153-170.

Fiorella, Logan, and Richard E. Mayer. "The Relative Benefits of Learning by Teaching and Teaching Expectancy." *Contemporary Educational Psychology* 38, no. 4 (2013): 281–88. doi:10.1016/j.cedpsych.2013.06.001

Kuhn, Deanna. *The Skills of Argument.* New York: Cambridge University Press, 1991.

Krontiris-Litowitz, Johanna. "Articulating Scientific Reasoning Improves Student Learning in an Undergraduate Anatomy and Physiology Course." *CBE Life Sciences Education* 8, no. 4 (Winter 2009): 309. doi:10.1187/cbe.08-11-0066.

Mayer, Richard E., and Logan Fiorella. *Learning as a Generative Activity: Eight Learning Strategies That Promote Understanding.* Cambridge, UK: Cambridge University Press, 2015.

Okita, Sandra Y. "Learning from the Folly of Others: Learning to Self-Correct by Monitoring the Reasoning of Virtual Characters in a Computer-Supported Mathematics Learning Environment." *Computers & Education* 71 (2014): 257–78.

Osborne, Jonathan. "Arguing to Learn in Science: The Role of Collaborative, Critical Discourse." *Science* 328, no. 5977 (2010): 463–66.

Willingham, Daniel T. *Why Don't Students Like School? A Cognitive Scientist Answers Questions about How the Mind Works and What It Means for the Classroom.* San Francisco: Jossey-Bass, 2010.

5장

For the material on Albert Einstein on page 141, I relied on Walter Isaacson, *Einstein: His Life and Universe,* 1st ed. (New York: Simon & Schuster, 2007), and Isaacson, "The Light-Beam Rider," *New York Times,* October 30, 2015, http://www.nytimes.com/2015/11/01/opinion/sunday/the-light-beam-rider.html (accessed September 14, 2016). The Einstein quotes on pages 142 and 150 also come from the Isaacson book.

Also see John D. Norton, "Chasing a Beam of Light: Einstein's Most Famous Thought Experiment," *University of Pittsburgh,* April 14, 2005, http://www.pitt.edu/~jdnorton/Goodies/Chasing_the_light/ (accessed September 14, 2016).

For the details on the underwater experiment on page 142, I relied on John D. Bransford et al., *How People Learn: Brain, Mind, Experience, and School* (Washington, DC: National Academics Press, 2000). Also cited is Lindsey Engle

Richland and Nina Simms, "Analogy, Higher Order Thinking, and Education," *Wiley Interdisciplinary Reviews: Cognitive Science* 6, no. 2 (March 2015): 177–92, doi:10.1002/wcs.1336

With regard to the Goldstone study on page 146, see David W. Braithwaite and Robert L. Goldstone, "Effects of Variation and Prior Knowledge on Abstract Concept Learning," *Cognition and Instruction* 33, no. 3 (2015): 226–56.

For a longer explanation of the answer to the king problem, Goldstone explains: "Every kingdom needs to be assigned to one daughter. There are 7 possible daughters. If there were only one kingdom, there would be seven possibilities. If there were two kingdoms, then for every one of the 7 ways of assigning the first kingdom, there would be 7 ways of assigning the second kingdom (just because Gertrude is assigned France doesn't mean that Germany can't be assigned to her too), making 7 times 7 possibilities. Every additional country that needs to be assigned to a daughter multiplies by 7 the number of possible arrangements."

Note that interleaving doesn't always show benefits, at least in the early part of the learning process. Goldstone again: "David Braithwaite and I find that variation of problems that exemplify the same deep principle isn't always a good thing. In particular, the more you know, the more you can 'withstand' variation. People with relatively poor initial understandings of the relevant math principles benefit more from training with similar problems that don't show much variation."

For studies on mixing up practice on page 149, see Dennis K. Landin, Edward P. Hebert, and Malcolm Fairweather, "The Effects of Variable Practice on the Performance of a Basketball Skill," *Research Quarterly for Exercise and Sport* 64, no. 2 (1993): 232–37, doi:10.1080/02701367.1993.10608803. Also see Gavin Breslin et al., "Constant or Variable Practice: Recreating the Especial Skill Effect," *Acta Psychologica* 140, no. 2 (2012): 154–57.

The physics problem on page 148 is from B. H. Ross, J. P. Mestre, and J. L. Docktor, "Understanding How to Teach Physics Understanding," *Integrating Cognitive Science with Innovative Teaching in STEM Disciplines,* eds. M. McDaniel, R. Frey, S. Fitzpatrick, and H. L. Roediger (Saint Louis: Washington University Libraries, 2014). doi: 10.7936/K79G5JR7

The Steve Jobs quotes on page 150 are from Alan Deutschman, *The Second Coming of*

Steve Jobs (New York: Crown Business, 2001). The Gopnik quote on page 151 is from Alison Gopnik and Caren M. Walker, "Considering Counterfactuals: The Relationship between Causal Learning and Pretend Play," *American Journal of Play* 6, no. 1 (2013): 15. Alison Gopnik, Andrew N. Meltzoff, and Patricia K. Kuhl, *The Scientist in the Crib: Minds, Brains, and How Children Learn* (New York: William Morrow, 1999).

Also helpful on counterfactuals is Robert J. Marzano, *The Art and Science of Teaching: A Comprehensive Framework for Effective Instruction (Professional Development)* (Alexandria, VA: Association for Supervision & Curriculum Development, 2007).

I first came across the idea of discussing the instruction of Steve Brodner on page 152 in Cynthia Cotts, "Top of the Class: Some of NYC's Leading Professors Share Their Secrets," *Observer News & Politics,* January 21, 2015, http://observer.com/2015/01/top-of-the-class-nycs-top-professors/ (accessed September 26, 2016). Also see Frail Fiend, "Big Interview—teve Brodner," *Frail Fiend,* 2013, http://frailfiend.tumblr.com/post/85526528060/big-interview-steve-brodner (accessed September 26, 2016).

On hacking, the Raymond quote on page 153 comes from Eric Steven Raymond, "How to Learn Hacking," 2014, http://www.catb.org/esr/faqs/hacking-howto.html (accessed September 16, 2016).

For the details on Facebook on page 154, I relied on Andrew Bosworth (Boz), "Facebook Engineering Bootcamp," *Facebook,* November 20, 2009, https://www.facebook.com/notes/facebook-engineering/facebook-engineering-bootcamp/177577963919 (accessed September 16, 2016).

Also helpful was Mike Swift, "A Look Inside Facebook's 'Bootcamp' for New Employees," *Thestar.com,* April 18, 2012, https://www.thestar.com/business/2012/04/18/a_look_inside_facebooks_bootcamp_for_new_employees.html (accessed September 16, 2016). The Seligstein quote onpage 154 came from this Toronto Star article.

Also see J. O'Dell, "Bootcamp! How Facebook Indoctrinates Every New Engineer It Hires," *VentureBeat,* March 2, 2013, http://venturebeat.com /2013/03/02/facebook-bootcamp/ (accessed September 14, 2016); Michal Lev-Ram, "What I Learned at Facebook's Big Data Bootcamp," *Fortune,* June 13, 2013, http://fortune.

com/2013/06/13/what-i-learned-at-facebooks-big-data-bootcamp/ (accessed September 16, 2016); and Richard Feloni, "Facebook Engineering Director Describes What It's Like to Go through the Company's 6-Week Engineer Bootcamp," *Business Insider,* March 2, 2016, http://www.businessinsider.com/inside-facebook-engineer-bootcamp-2016-3 (accessed September 16, 2016).

The Zuckerberg quote on page 155 comes from Epicenter Staff, "Mark Zuckerberg's Letter to Investors: 'The Hacker Way,'" *WIRED,* February 1, 2012, https://www.wired.com/2012/02/zuck-letter/ (accessed September 16, 2016).

For the details on John Venn from page 155, see A. W. F. Edwards and Ian Stewart, *Cogwheels of the Mind: The Story of Venn Diagrams,* 1st ed.

(Baltimore: Johns Hopkins University Press, 2004). For my very short biography, I relied on "John Venn," *Wikipedia, the Free Encyclopedia,* https://en.wikipedia.org/w/index.php?title=John_Venn&oldid=737661555 (accessed September 4, 2016).

For the quote on page 156 about "visual aids," see John Venn, *Symbolic Logic* (Macmillan, 1881).

I first came across the Venn diagram idea in Richard E. Nisbett, *Mindware: Tools for Smart Thinking* (New York: Farrar, Straus and Giroux, 2015).

Lots of evidence supports the use of concept maps, mentioned on page 157. See, for instance, Jack W. Berry and Stephen L. Chew, "Improving Learning Through Interventions of Student-Generated Questions and Concept Maps," *Teaching of Psychology* 35, no. 4 (October 21, 2008): 305–12, doi:10.1080/00986280802 373841

For information on concept-mapping-like software on page 158, see James Fallows, "Interesting Software Update: Tinderbox How-To, Jerry's Brain," *The Atlantic,* March 9, 2015, http://www.theatlantic.com/technology/archive/2015/03/interesting-software-update-tinderbox-how-to-jerrys-brain/387181/ (accessed September 16, 2016). Also quoted is Steven Johnson, *Where Good Ideas Come From,* Kindle edition (New York: Penguin, 2010), 116.

For the Uber example on page 161, see Aaron Sankin, "Every Company That's Like Uber but for (Something)," The Daily Dot, August 7, 2014, http://www.dailydot.com/debug/its-like-uber-but-for/ (accessed September 16, 2016) and Geoffrey Fowler, "There's an Uber for Everything Now," *Wall Street Journal,* May 5, 2015, http://www.wsj.com/articles/theres-an-uber-for-everything-now-1430845789 (accessed November 6, 2016).

The text regarding Mary Gordon Spence on page 161 comes from "Stump the Chumps: Did Tom and Ray Make the Right Call? Was a Vacuum Leak Causing Mary Gordon's Car to Sing That High-Pitched Note?" April 2, 2011, Show 201114, *Car Talk*, http://www.cartalk.com/content/stumpchumps (accessed September 16, 2016). I also interviewed Spence.

For the quote about "everything you say" on page 161, see "Pikes Peak or Bust," Show 1613, Car Talk, http://www.cartalk.com/content/1613-pikes-peak-or-bust (accessed October 25, 2016).

The original Vapor 3000 study on page 160 is described in Mary L. Gick and Keith J. Holyoak, "Schema Induction and Analogical Transfer," *Cognitive Psychology* 15, no. 1 (1983): 1–38. The most recent study is James R. Kubricht, Hongjing Lu, and Keith J. Holyoak, "Animation Facilitates Source Understanding and Spontaneous Analogical Transfer," *Proceedings of the 37th Annual Conference of the Cognitive Science Society* (July 2015).

On page 166, I quoted from Douglas Hofstadter and Emmanuel Sander, *Surfaces and Essences: Analogy as the Fuel and Fire of Thinking* (New York: Basic Books, 2013). The book was also a very helpful resource.

For the "three strikes" mention on page 162, see John Pollack, *Shortcut: How Analogies Reveal Connections, Spark Innovation, and Sell Our Greatest Ideas* (New York: Penguin, 2015). For the Susan Sarandon quote on page 162, see Mike McPadden, "25 Years Ago, *Thelma and Louise* Popped Culture with Feminism," VH1 News, May 24, 2016, http://www.vh1.com/news/262555/thelma-and-louise-pop-culture-feminism/ (accessed October 25, 2016).

The jokes on page 162 come from Amanda Green, "20 of Steven Wright's Funniest Jokes for His 59th Birthday," *Mental Floss*, http://mentalfloss.com/article/60461/20-steven-wrights-funniest-jokes-his-59th-birthday (accessed October 25, 2016), and "'What's the Deal with...': 15 Jokes from Jerry Seinfeld on His Birthday," WCBS, http://wcbsfm.cbslocal.com/2013/04/29/whats-the-deal-with-15-jokes-from-jerry-seinfeld-on-his-birthday/ (accessed October 25, 2016).

The contract study on page 164 comes from Jeffrey Loewenstein, Leigh Thompson, and

Dedre Gentner, "Analogical Learning in Negotiation Teams: Comparing Cases Promotes Learning and Transfer," *Academy of Management Learning & Education* 2, no. 2 (2003): 119–27.

Regarding *Holy Blood, Holy Grail* on page 195, see Michael Baigent, Richard Leigh, and Henry Lincoln, *Holy Blood, Holy Grail* (New York: Dell, 2007).

For more on Gurpreet Dhaliwal and the superstar quote on page 168, see Katie Hafner, "For Second Opinion, Consult a Computer?" *New York Times,* December 3, 2012, http://www.nytimes.com/2012/12/04/health/quest-to-eliminate-diagnostic-lapses.html (accessed September 26, 2016).

Regarding Polya on page 170, see G. Polya and John H. Conway, *How to Solve It: A New Aspect of Mathematical Method,* 2nd ed. (Princeton, NJ: Princeton University Press, 2014). Also see Lee Dembart, "George Polya, 97, Dean of Mathematicians, Dies," *Los Angeles Times,* September 08, 1985, http://articles.latimes.com/1985-09-08/news/mn-2892_1_polya-george-mathematician (accessed September 16, 2016).

On page 172, I relied on Bernard Roth, *The Achievement Habit: Stop Wishing, Start Doing, and Take Command of Your Life* (New York: HarperCollins, 2015), and Tara Parker-Pope, "'Design Thinking' for a Better You," *New York Times,* Well section, January 4, 2016, http://well.blogs.nytimes.com/2016/01/04/design-thinking-for-a-better-you/ (accessed September 16, 2016).

▷ 인용

Burger, Edward B., and Michael Starbird. *The 5 Elements of Effective Thinking,* Kindle edition. Princeton NJ: Princeton University Press, 2012.

Chi, Michelene T. H., P. J. Feltovich, and R. Glaser. "Categorization and Representation of Physics Problems by Experts and Novices." *Cognitive Science* 5, no. 2 (1981): 121–52.

Cho, Young Hoan, and Kwangsu Cho. "Peer Reviewers Learn from Giving Comments." *Instructional Science* 39, no. 5 (September 2011): 629–43. doi:10.1007/s11251-010-9146-1

Fischer, David Hackett. *Historians' Fallacies: Toward a Logic of Historical Thought,* 1st ed. New York: Harper & Row, Publishers, 1970.

Foshay, Rob, and Jamie Kirkley. "Principles for Teaching Problem Solving." Technical

Paper 4. Bloomington, MN: Plato Learning, 2003.

Goldstone, Robert L., and Samuel B. Day. "Introduction to 'New Conceptualizations of Transfer of Learning.'" *Educational Psychologist* 47, no. 3 (2012): 149–52. doi:10.1080/00461520.2012.695710

Hofstadter, Douglas, and Emmanuel Sander. *Surfaces and Essences: Analogy as the Fuel and Fire of Thinking*. 1st ed. New York: Basic Books, 2013.

Jee, Benjamin D., et al. "Finding Faults: Analogical Comparison Supports Spatial Concept Learning in Geoscience." *Cognitive Processing* 14, no. 2 (May 2013): 175–87. doi:10.1007/s10339-013-0551-7

Kiewra, Kenneth A. "Using Graphic Organizers to Improve Teaching and Learning." IDEA Paper #51. IDEA Center, Inc. (2012). http://eric.ed.gov/?id=ED565284

Kilpatrick, Jeremy. "Polya on Mathematical Abilities." *The Mathematics Educator* 21, no. 1 (2011). http://tme.journals.libs.uga.edu/index.php/tme/article/view/229

Kirkley, Jamie. "Principles of Teaching Problem Solving." Technical Paper 4. Bloomington, MN: Plato Learning, 2003.

Lederman, Eric. "Journey into Problem Solving: A Gift from Polya." *The Physics Teacher* 47, no. 2 (2009): 94. doi:10.1119/1.3072455

Nesbit, John C., and Olusola O. Adesope. "Learning with Concept and Knowledge Maps: A Meta-Analysis." *Review of Educational Research* 76, no. 3 (2006): 413–48.

Novak, Joseph D. *Learning, Creating, and Using Knowledge: Concept Maps as Facilitative Tools in Schools and Corporations*. London: Routledge, 2010.

Novak, Joseph D., and Alberto J. Canas. "The Theory Underlying Concept Maps and How to Construct and Use Them." Technical Report. Institute for Human and Machine Cognition (2008). http://eprint.ihmc.us/5/

Paletz, Susannah B. F., Joel Chan, and Christian D. Schunn. "Uncovering Uncertainty through Disagreement." *Applied Cognitive Psychology* 30, no. 3 (2016): 387–400.

Parrotta, Pierpaolo, Dario Pozzoli, and Mariola Pytlikova. "Does Labor Diversity Affect Firm Productivity?" IZA Discussion Paper no. 6973 (2012). http://papers.ssrn.com/sol3/papers.cfm?abstract_id=2173663

Paul, Richard, et al. *Critical Thinking Handbook: 4th–6th Grades: A Guide for Remodeling Lesson Plans in Language Arts, Social Studies, and Science*.

Rohnert Park, CA: Center for Critical Thinking, 1990.

Polya, George. "On Learning, Teaching, and Learning Teaching." *The American Mathematical Monthly* 70, no. 6 (1963): 605–19.

Singh, Indra Sen, and Karren Moono. "The Effect of Using Concept Maps on Student Achievement in Selected Topics in Chemistry at Tertiary Level." *Journal of Education and Practice* 6, no. 15 (2015): 106–16.

Willingham, Daniel T. "Critical Thinking: Why Is It So Hard to Teach?" *Arts Education Policy Review* 109, no. 4 (2008): 21–32.

6장

Regarding Daniel Kahneman on page 175, see David Shariatmadari, "Daniel Kahneman: 'What Would I Eliminate If I Had a Magic Wand? Overconfidence,'" *The Guardian*, July 18, 2015, https://www.theguardian.com/books/2015/jul/18/daniel-kahneman-books-interview (accessed October 7, 2016).

On Markman on page 177, see Art Markman, *Smart Thinking: Three Essential Keys to Solve Problems, Innovate, and Get Things Done* (New York: Penguin, 2012).

On fluency on page 178, I relied on Shana K. Carpenter, Miko M. Wilford, Nate Kornell, and Kellie M. Mullaney, "Appearances Can Be Deceiving: Instructor Fluency Increases Perceptions of Learning without Increasing Actual Learning," *Psychonomic Bulletin & Review* 20, no. 6 (2013): 1 350–56.

Regarding the "article with images" and a professor "enthralling" a class on page 178, see the Carpenter study and Michael J. Serra and John Dunlosky, "Metacomprehension Judgements Reflect the Belief That Diagrams Improve Learning from Text," *Memory* (Hove, England) 18, no. 7 (October 2010): 698–711.

Regarding Victory Disease and Custer on page 179, see Major Timothy M. Karcher, *Understanding the Victory Disease: From the Little Bighorn to Mogadishu and Beyond* (San Francisco: Squibd, Pickle Partners Publishing, 2015).

On the issue of overconfidence on page 178, I relied on some text from a previous article: Ulrich Boser, "We're All Lying Liars: Why People Tell Lies, and Why White Lies Can Be OK," *US News & World Report*, May 18, 2009, http://health.usnews.com/health-news/family-health/brain-and-behavior/articles/2009/05/18/were-alllying-liars-why-people-tell-lies-and-why-white-lies-can-be-ok (accessed September 14, 2016).

Regarding inattentional blindness on page 181, see Alan D. Castel, Michael Vendetti, and Keith J. Holyoak, "Fire Drill: Inattentional Blindness and Amnesia for the Location of Fire Extinguishers," *Attention, Perception, & Psychophysics* 74, no. 7 (October 2012): 1391–96, doi:10.3758/s13414-012-0355-3

Also cited on inattentional blindness on page 182 is Christopher F. Chabris, et al., "You Do Not Talk about Fight Club If You Do Not Notice Fight Club: Inattentional Blindness for a Simulated Real-World Assault," *i-Perception* 2.2 (2011): 150–53. Also Daniel Kahneman, *Thinking, Fast and Slow* (New York: Farrar, Straus and Giroux, 2011).

For details on umpires and performance on page 187, see Brian Mills, *Technological Innovations in Monitoring and Evaluation: Evidence of Performance Impacts among Major League Baseball Umpires,* Working Paper, 2015, and Ben Lindbergh, "Rise of the Machines?" *Grantland,* November 8, 2013. http://grantland.com/features/ben-lindbergh-possibility-machines-replacing-umpires/ (accessed October 7, 2016). For the Dellinger quote on page 187, I relied on Noah Davis, "Umpires Are Less Blind Than They Used to Be," *FiveThirtyEight,* August 19, 2015, http://fivethirtyeight.com/features/umpires-are-less-blind-than-they-used-to-be/ (accessed October 7, 2016).

For more on Tom Hallion, including his quotes on page 187, see Ben Lindbergh and Evan Brunell, "A Lip Reader Deciphers the Umpire-Manager Arguments of 2012." *Deadspin,* January 25, 2013, http://deadspin.com/ 5978810/a-lip-reader-deciphers-the-umpire-manager-arguments-of-2012 (accessed September 15, 2016); "A Postgame Interview with Umpire Tom Hallion," Major League Baseball, October 26, 2008, http://m.mlb.com/news/article/3645414/ (accessed September 15, 2016). Also helpful was "Tom Hallion," *Wikipedia, the Free Encyclopedia,* May 19, 2016, https://en.wikipedia.org/w/index.php?title=Tom_Hallion&oldid=720995073 (accessed September 15, 2016).

The "unhappy customers" quote on page 186 is from Bill Gates, *Business the Speed of Thought: Succeeding in the Digital Economy* (New York: Grand Central Publishing, 1999).

The detail about Pat Metheny on page 197 comes from Gary Marcus, *Guitar Zero: The Science of Becoming Musical at Any Age* (New York: Penguin, 2012).

On changing test answers on page 197, see Philip A. Higham and Catherine Gerrard, "Not All Errors Are Created Equal: Metacognition and Changing Answers on Multiple-Choice Tests," *Canadian Journal of Experimental Psychology/Revue Canadienne de Psychologie Expérimentale* 59, no. 1 (2005): 28.

Regarding Roger Craig on page 190, I quoted from "How One Man Played 'Moneyball' with *Jeopardy!*" *NPR,* November 20, 2011, http://www.npr.org/2011/11/20/142569472/how-one-man-played-moneyball-with-jeopardy (accessed September 19, 2016). Also quoted on page 190 was Gary Wolf, "Want to Remember Everything You'll Ever Learn? Surrender to This Algorithm," *WIRED,* November 20, 2011, https://www.wired.com/2008/04/ff-wozniak/ (accessed September 19, 2016).

On forgetting and Med U on page 190, see Marcel F. D'Eon, "Knowledge Loss of Medical Students on First Year Basic Science Courses at the University of Saskatchewan," BMC Medical Education 6 (2006): 5, doi:10.1186/1472-6920-6-5; also see Vicki Langendyk, "Not Knowing That They Do Not Know: Self-Assessment Accuracy of Third-Year Medical Students," *Medical Education* 40, no. 2 (February 2006): 173–79, doi:10.1111/j.1365-2929.2005.02372.x

For the quote on page 191, from the website of the software Anki, see Anki, https://www.ankisrs.net (accessed September 14, 2016).

For more on forgetting on page 189, see W. Thalheimer, *How Much Do People Forget?* (April 2010). Retrieved October 19, 2011 from http://www.work-learning.com/catalog.html, and Paul Smolen, Yili Zhang, and John H. Byrne, "The Right Time to Learn: Mechanisms and Optimization of Spaced Learning," *Nature Reviews Neuroscience* 17, no. 2 (February 2016): 77–88, doi:10.1038/nrn.2015.18 For details on Verizon using spacing on page 194, see the staff-written article "Top 10 Hall of Fame Outstanding Training Initiatives," *Training Magazine,* February 4, 2016, https://trainingmag.com/trgmag-article/top-10-hall-fame-outstanding-training-initiatives-janfeb-2016 (accessed October 7, 2016).

On spacing on page 194, see M. A. McDaniel, C. L. Fadler, and H. Pashler, "Effects of Spaced Versus Massed Training in Function Learning," *Journal of Experimental*

Psychology: Learning, Memory, and Cognition, advance online publication (2013), doi: 10.1037/a0032184, and Nate Kornell, "Optimising Learning Using Flashcards: Spacing Is More Effective Than Cramming," *Applied Cognitive Psychology* 23, no. 9 (December 2009): 1297–317, doi:10.1002/acp.1537

On reflection from page 196, and the quotes on page 204, see Giada Di Stefano, Francesca Gino, Gary P. Pisano, and Bradley R. Staats, "Learning by Thinking: Overcoming the Bias for Action through Reflection," Harvard Business School NOM Unit Working Paper, no. 14–093 (2015): 14–93.

The quote from Tom Magliozzi on page 196 comes from Tom and Ray Magliozzi, *In Our Humble Opinion: Car Talk's Click and Clack Rant and Rave* (New York: Perigee Trade, 2000).

On reflection as a way to learn on page 199, see Barbara Oakley, *A Mind for Numbers: How to Excel at Math and Science (Even If You Flunked Algebra)* (New York: TarcherPerigee, 2014).

On sleep and productivity on page 199, see Matthew Gibson and Jeffrey Shrader, "Time Use and Productivity: The Wage Returns to Sleep" (July 10, 2014), http://econweb.ucsd.edu/~magibson/pdfs/sleep_productivity.pdf. I also relied on Cheri D. Mah et al., "The Effects of Sleep Extension on the Athletic Performance of Collegiate Basketball Players," *Sleep* 34, no. 7 (2011): 943–50.

For sleep and learning on page 199, see Stephanie Mazza, Emilie Gerbier, Marie-Paule Gustin, Zumrut Kasikci, Olivier Koenig, Thomas C. Toppino, and Michel Magnin, "Relearn Faster and Retain Longer: Along with Practice, Sleep Makes Perfect," *Psychological Science* 27, no. 10 (2016): 1321–30.

Regarding school openings and sleep, see Ulrich Boser, Catherine Brown, and Perpetual Baffour, "Early School Start Times and Student Outcomes," Center for American Progress, forthcoming.

On the benefits of reflection and outdoors on page 201, see Ruth Ann Atchley, David L. Strayer, and Paul Atchley, "Creativity in the Wild: Improving Creative Reasoning Through Immersion in Natural Settings," *PloS One* 7, no. 12 (2012): e51474. Regarding the study on bricks, see C. Page Moreau and Marit Gundersen Engeset, "The Downstream Consequences of Problem-Solving Mindsets: How Playing with LEGO Influences Creativity," *Journal of Marketing Research* 53, no. 1 (2016): 18–

30. Also cited is Jonathan Smallwood, Daniel J. Fishman, and Jonathan W. Schooler, "Counting the Cost of an Absent Mind: Mind Wandering as an Underrecognized Influence on Educational Performance," *Psychonomic Bulletin & Review* 14, no. 2 (2007): 230–36.

For more on Immordino-Yang on page 200, see Mary Helen Immordino-Yang and Kurt W. Fischer, "Neuroscience Bases of Learning," *International Encyclopedia of Education*, 3rd ed. (Oxford: Elsevier, 2010), 310–16. Also helpful is M. H. Immordino-Yang, J. A. Christodoulou, and V. Singh, "Rest Is Not Idleness: Implications of the Brain's Default Mode for Human Development and Education," *Perspectives on Psychological Science* 7, no. 4 (July 1, 2012): 352–64, doi:10.1177/1745691612447308.

Regarding the company Groove on page 201, see Hunter Stuart News, "Companies Are Rethinking the Open Office and It's About Time," *Huffington Post*, http://www.huffingtonpost.com/2015/02/12/open-offices-changing-to-include-private-space_n_6669666.html. On Russell Wilson on page 204, see "Russell Wilson Benefits from Working with a Mental Conditioning Coach," ESPN.com, June 28, 2016. http://www.espn.com/blog/nflnation/post/_/id/206434 On deep work on page 204, see Cal Newport, *Deep Work: Rules for Focused Success in a Distracted World* (New York: Grand Central Publishing, 2016).

The Napolitano quote on page 205 comes from Meghashyam Mali, "Napolitano Refuses to Use Email, Calls It 'Inefficient,'" *The Hill*, March 26, 2013, http://thehill.com/blogs/blog-briefing-room/news/290311-napolitano-refuses-to-use-email

The Thompson quote on page 205 comes from Clive Thompson, *Smarter Than You Think: How Technology Is Changing Our Minds for the Better* (New York: Penguin, 2013).

Regarding checklists on page 206, see Atul Gawande, *The Checklist Manifesto: How to Get Things Right* (New York: Metropolitan Books, 2009). Also Henry S. Schneider and C. Kirabo Jackson, "Checklists and Worker Behavior: A Field Experiment," *American Economic Journal: Applied Economics* 7, no. 4 (2015).

The quote from Randall Stephenson on page 206 is from Quentin Hardy, "Gearing Up for the Cloud, AT&T Tells Its Workers: Adapt, or Else," *New York Times*,

February 13, 2016, http://www.nytimes.com/2016/02/14/technology/gearing-up-for-the-cloud-att-tells-its-workers-adapt-or-else.html (accessed October 7, 2016).

For the LeBron James quote on page 207, see Dave McMenamin, "After Many Turnovers, LeBron James Looks for a Turnaround," *ESPN,* June 7, 2016, http://espn.com/blog/cleveland-cavaliers/post/_/id/2940 (accessed October 7, 2016).

▷ 인용

Bar-Eli, M., O. H. Azar, I. Ritov, Y. Keidar-Levin, and G. Schein. "Action Bias Among Elite Soccer Goalkeepers: The Case of Penalty Kicks." *Journal of Economic Psychology* 28, no. 5 (2007): 606–21.

Bjork, Robert A., John Dunlosky, and Nate Kornell. "Self-Regulated Learning: Beliefs, Techniques, and Illusions." *Annual Review of Psychology* 64, no. 1 (January 3, 2013): 417–44. doi:10.1146/annurev-psych-113011-143823

Dunning, David, Chip Heath, and Jerry M. Suls. "Flawed Self-Assessment: Implications for Health, Education, and the Workplace." *Psychological Science in the Public Interest* 5, no. 3 (2004): 69–106.

Dunning, David, Kerri Johnson, Joyce Ehrlinger, and Justin Kruger. "Why People Fail to Recognize Their Own Incompetence." *Current Directions in Psychological Science* 12, no. 3 (2003): 83–7.

Finn, Bridgid, and Janet Metcalfe. "Overconfidence in Children's Multi-Trial Judgments of Learning." *Learning and Instruction* 32 (August 2014): 1–9. doi:10.1016/j.learninstruc.2014.01.001

Halpern, Diane F. "Teaching for Critical Thinking: Helping College Students Develop the Skills and Dispositions of a Critical Thinker." *New Directions for Teaching and Learning* 1999, no. 80 (1999): 69–74.

Huelser, Barbie J., and Janet Metcalfe. "Making Related Errors Facilitates Learning, But Learners Do Not Know It." *Memory & Cognition* 40, no. 4 (May 2012): 514–27. doi:10.3758/s13421-011-0167-z

Kallet, Michael. *Think Smarter: Critical Thinking to Improve Problem-Solving and Decision-Making Skills.* Hoboken, NJ: Wiley, 2014.

Immordino-Yang, Mary Helen, and Kurt W. Fischer. "Neuroscience Bases of Learning." *International Encyclopedia of Education,* 3rd ed. (2010): 310–16.

Immordino-Yang, M. H., J. A. Christodoulou, and V. Singh. "Rest Is Not Idleness: Implications of the Brain's Default Mode for Human Development and Education." *Perspectives on Psychological Science* 7, no. 4 (July 1, 2012): 352–64. doi:10.1177/1745691612447308

Lovett, Martha C. "Make Exams Worth More Than the Grade." *Using Reflection and Metacognition to Improve Student Learning: Across the Disciplines, Across the Academy*, eds. Matthew Kaplan, Naomi Silver, Danielle LaVaque-Manty, and Deborah Meizlish. Sterling, VA: Stylus, 2013.

Pan, Steven C. "The Interleaving Effect: Mixing It Up Boosts Learning." *Scientific American*. http://www.scientificamerican.com/article/the-interleaving-effect-mixing-it-up-boosts-learning/ (accessed September 14, 2016)

Thornton, Bill, Alyson Faires, Maija Robbins, and Eric Rollins. "The mere presence of a cell phone may be distracting." Social Psychology (2014). Zimmerman, Barry. "Introduction." *Self-regulated learning: From teaching to self-reflective practice*, eds. Dale H. Schunk and Barry J. Zimmerman. Guilford Press, 1998.

맺는말

For the description of the airline crash, including the quotes on page 209, I relied on National Transportation Aircraft Accident Report, Northwest Airlines, Inc. McDonnell Douglas DC-9-82, N312RC, Detroit Metropolitan Wayne County Airport, Romulus, Michigan, August 16, 1987. Also see John Lauber, "Northwest 255 at DTW: Anatomy of a Human Error Accident," *Human Factors & Aviation Medicine* 36, no. 4 (1989). Lauber was also the source of the blindness quote on page 210. Also see the National Transportation Safety Board, Washington, D.C. 20594, *Safety Recommendation*, A-88-64 through -70, June 27, 1988.

I also relied on media accounts for details about the passengers on page 209, including Bill Peterson, "The Final Moments of a Flight to Disaster," *Washington Post*, August 23, 1987. Also see Steven R. Churm, "Flight 255: Life or Death Turned on Twists of Fate: 7 Who Died in Crash Shared Hope for Their Future in Orange County; 3 Who Missed Plane Saved by Luck," *Los Angeles Times*, August 23, 1987, http://articles.latimes.com/1987-08-23/local/me-3108_1_orange-county (accessed

September 26, 2016).

Mike Sakal, "Spirits Live on: Arizona Remembers Northwest Flight 255 Crash 25 Years Later," *East Valley Tribune*, August 15, 2012, http://www.eastvalleytribune.com/local/article_d74aac66-e66f-11e1-b0e0-0019bb2963f4.html (accessed September 26, 2016).

With regard to situational awareness on page 210, see Mica R. Endsley and Michelle M. Robertson, "Training for Situation Awareness in Individuals and Teams," in *Situation Awareness Analysis and Measurement,* eds. MicaR. Endsley and Daniel J. Garland (Mahwah, NJ: Lawrence Erlbaum, 2000): 349–66. Also Endsley and Daniel J. Garland, "Pilot Situation Awareness Training in General Aviation," *Proceedings of the Triennal Congress of the International Ergonomics Association and Human Factors and Ergonomics Society Annual Meeting* 44, no. 11 (2000): 357–60.

For the data on plane crashes on page 212, see Lisa Mahapatra, "How Many Planes Crash Every Year, and How Many People Die in Plane Crashes?" *International Business Times,* March 10, 2014.

For the quote from Boaler on page 216, see Jo Boaler, "Advice for Parents, from Professor Jo Boaler," youcubed.org (accessed September 26, 2016).

On the IES guide on page 214, see Harold Pashler et al., "Organizing Instruction and Study to Improve Student Learning. IES Practice Guide. NCER 2007-2004," National Center for Education Research, 2007, http://eric.ed.gov/?id=ED498555

For the physics study on page 215, see Louis Deslauriers, Ellen Schelew, and Carl Wieman, "Improved Learning in a Large-Enrollment Physics Class," *Science* 332, no. 6031 (2011): 862–64, doi:10.1126/science.1201783

▷ 인용

Endsley, Mica R. "Expertise and Situation Awareness." in *Cambridge Handbook of Expertise and Expert Performance,* eds. K. A. Ericsson, N. Charness, P. J. Feltovich, and R. R. Hoffman. New York: Cambridge University Press, 2006, 633–51.

Endsley, Mica R. and Michelle M. Robertson. "Team Situation Awareness in Aviation Maintenance." *Proceedings of the Human Factors and Ergonomics Society Annual Meeting* 40, no. 21 (1996): 1077–81.

———. "Situation Awareness in Aircraft Maintenance Teams." *International Journal of Industrial Ergonomics* 26 (2000): 301–25. Mayer, Richard. *Multimedia Learning*. Cambridge, England: Cambridge University Press, 2001.

도구

위에 언급된 출처 외에도 칼 와이먼 과학 교육 이니셔티브의 리소스도 참고했습니다.

For details on SurePayroll on page 224, see Leigh Buchanan, "Rethinking Employee Awards," *Inc.com,* July 5, 2011, http://www.inc.com/magazine/201107/rethinking-employee-awards.html.ces

퀴즈에 대한 답

이 책 전반에 등장한 퀴즈의 답을 공유합니다.

1. C
2. F
3. 맞다
4. C
5. B
6. 맞다
7. 맞다
8. 아니다
9. 맞다
10. C
11. B
12. C
13. B
14. 맞다
15. B
16. 아니다
17. 아니다
18. 아니다
19. D
20. C
21. A, E
22. 맞다
23. 맞다
24. B
25. 맞다
26. 맞다
27. 아니다
28. A
29. 맞다
30. 맞다
31. 아니다
32. 맞다

몇몇 퀴즈 질문에서는 〈네이처 리뷰 신경과학 15〉(2014), 817-24에 실린 폴 A. 하워드 존스, 〈신경과학과 교육: 신화와 메시지〉Neuroscience and Education: Myths and Messages에 의존했습니다. 자세한 내용은 다가오는 논문도 참조하세요: 울리히 보저, 〈대중이 학습을 위한 과학에 대해 아는 것〉What the Public Knows about the Science for Learning

공부의 전략

초판 1쇄 인쇄일 2025년 6월 27일
초판 1쇄 발행일 2025년 7월 10일

지은이 울리히 보저
옮긴이 조용빈

발행인 조윤성

편집 구민준 **디자인** 김효정 **마케팅** 김진규
발행처 ㈜SIGONGSA **주소** 서울시 성동구 광나루로 172 린하우스 4층(우편번호 04791)
대표전화 02-3486-6877 **팩스(주문)** 02-598-4245
홈페이지 www.sigongsa.com / www.sigongjunior.com

글 ⓒ 울리히 보저, 2025

이 책의 출판권은 ㈜SIGONGSA에 있습니다. 저작권법에 의해
한국 내에서 보호받는 저작물이므로 무단 전재와 무단 복제를 금합니다.

ISBN 979-11-7125-840-6 (03370)

*SIGONGSA는 시공간을 넘는 무한한 콘텐츠 세상을 만듭니다.
*SIGONGSA는 더 나은 내일을 함께 만들 여러분의 소중한 의견을 기다립니다.
*잘못 만들어진 책은 구입하신 곳에서 바꾸어드립니다.

┌─ **WEPUB** 원스톱 출판 투고 플랫폼 '위펍' __wepub.kr ─┐
위펍은 다양한 콘텐츠 발굴과 확장의 기회를 높여주는
SIGONGSA의 출판IP 투고·매칭 플랫폼입니다.